中央民族大学"985工程"
中国少数民族语言文化教育与边疆史地研究创新基地
中国少数民族地区基础教育研究中心

教育人类学研究丛书 第三辑

主编 ◇ 滕星

中央民族大学国家"985工程"二期重点建设项目
中国西部少数民族地区乡土教材开发的教育人类学田野调查与基础理论研究
项目编号：CUN985-2-3-3
香港乐施基金会资助项目
中国乡土教材收藏与研究
项目资助号：CNG-94697-01-0709A-K

中国乡土教材应用调查研究

滕星 ◎ 主编
李素梅　班红娟　张爱琴 ◎ 副主编

民族出版社

项目组成员名单

项目负责人：滕星（中央民族大学中国少数民族地区基础教育研究中心主任，教授、博士生导师）

项目组助理：李素梅博士、班红娟博士生

课题组成员：

李素梅（内蒙古师范大学副教授、中央民族大学教育学院博士）

班红娟（中央民族大学教育学院博士生、河南职业技术学院讲师）

李红婷（中央民族大学教育学院博士生、湖南省教育科学研究院副研究员）

张爱琴（中央民族大学教育学院博士生、宁夏大学教育科学学院讲师）

海　路（中央民族大学博士后流动站研究人员）

彭亚华（中央民族大学教育学院博士生）

温润芳（中央民族大学教育学院博士生）

萨玮玲（中央民族大学教育学院博士生）

金清苗（中央民族大学教育学院硕士生）

刘卓雯（中央民族大学教育学院硕士生）

陈　倩（中央民族大学教育学院硕士生）

蔡春虹（中央民族大学教育学院硕士生）

格　桑（中央民族大学教育学院硕士生）

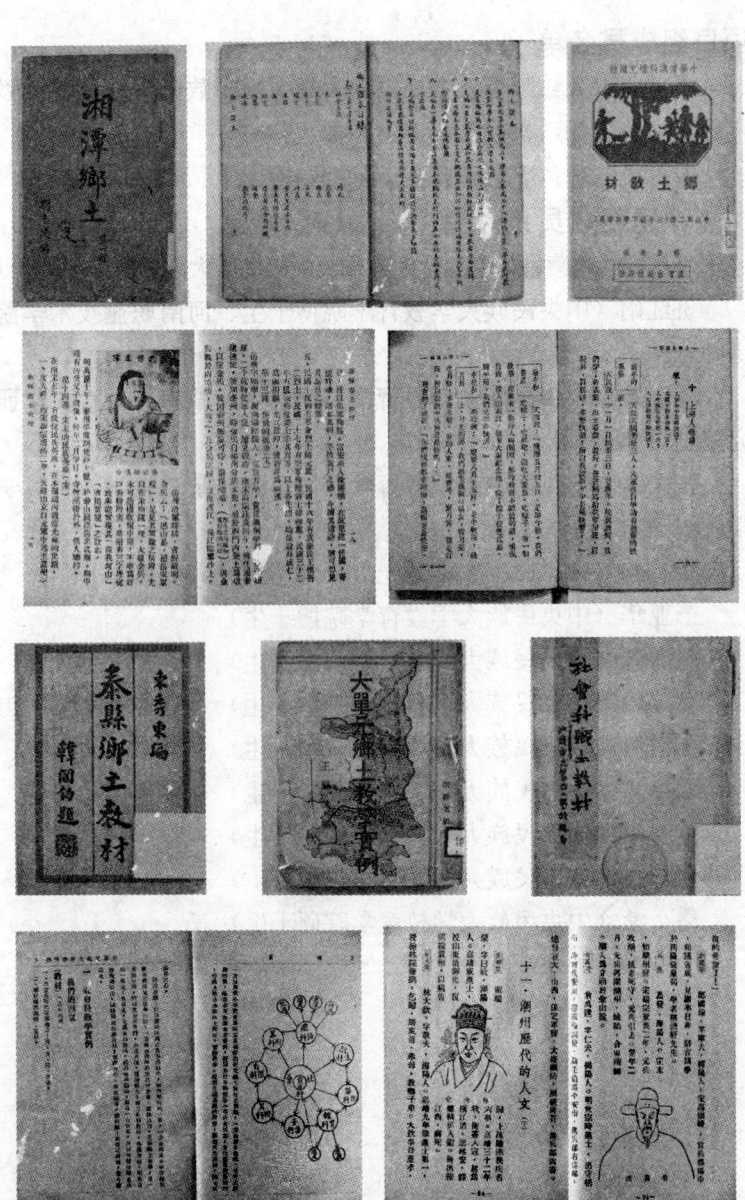

中华民国时期部分乡土教材图片

《教育人类学研究丛书》主编序言

一

人类学（Anthropology）是一门全面研究人及其文化的学科。它研究的一个重要方面是人类群体的文化传承与文化学习、文化交流与文化发展。教育学作为专门研究如何培养人类下一代问题的一门学科，也肩负着传递知识、传播文化的基本功能。这样，人类学和教育学之间就有了天然的脐带，教育人类学也由此成为二者之间有机联系的一座桥梁。

教育人类学（Educational Anthropology or Anthropology of Education）是由人类学与教育学相互交叉并通过科际整合而形成的一门综合性边缘学科，其核心研究领域是多民族国家的少数群体教育，包括少数民族教育、乡村教育、移民教育、多元文化教育等方面的内容。作为一门新兴的边缘学科，教育人类学吸收了包括哲学、人类学、教育学、心理学、生物学、社会学、政治学、历史学等多学科的研究成果。

国外教育人类学学科形成于20世纪中期，经过半个世纪的发展，形成了以欧洲德国、奥地利等国为代表的哲学教育人类学和以美国为代表的文化教育人类学两大流派。在文化教育人类学流派中，又可以划分为主要由人类学家组成的教育人类学理论学派和以教育学家组成的多元文化教育理论学派。

欧洲哲学教育人类学学派主要注重于从人的本质、教育的本质、人接受教育的可能性和必要性出发，从哲学的高度研究教育的理论与实践问题。

以美国为代表的文化教育人类学中的教育人类学学派，继承了英美文化人类学的理论框架、概念与田野调查方法，并用其研究教育的理论与实践问题；多元文化教育理论学派则从英美文化人类学那里继承了"文化相对论"的观点，并将其与美国的土特产——美国社会民族理论相结合来研究教育的理论与实践问题。其最初目标是为了捍卫以少数民族为代表的社会弱势群体的利益，其长远目标是想通过教育改革构建一个不分族群、社会阶层、性别、年龄、身体与智力差异的、乌托邦似的国家与全球多元文化社会。文化教育人类学的研究范围主要包括少数民族教育（包括移民教育和土著教育等）和多元文化教育等方面。

教育人类学在国外已有长足的发展，其学科地位早已确立，并对许多国家的教育改革、教育政策、教育规划、教育咨询等都产生了重大影响。

当人类进入 21 世纪后，随着国际上对全球一体化与民族文化多样性、文化差异与机会均等、多民族国家中主体民族与少数民族、国家一体化与文化多元化关系的讨论；随着知识经济社会的来临，人们对教育与社会弱势群体备加关注，教育人类学也随之成为社会与学术界瞩目的一门重要的学术研究领域。

二

中国大陆地区的教育人类学研究起步较晚，肇始于 20 世纪 80 年代初的少数民族教育研究，当时研究的重点是异文化和跨文化教育。20世纪80年代中期以后，大陆才开始系统引介西方教育人类学的学科知识，传播教育人类学的基本思想和理论方法。20世纪90年代以后，教育人类学获得了初步发展，不少学者开始尝试结合西方教育人类学的理论和方法研究本土的教育问题或试图建构本土教育人类学的理论体系，并对此进行了有益的尝试。

在20世纪80—90年代，大陆地区的教育人类学的研究一直被冠以"少数民族教育研究"，简称"民族教育研究"，其学科则被称为"民族教育学"，鲜有称为"教育人类学研究"或"教育人类学"的，究其原因有如下几点：

首先，这是由于人类学这门学科作为西方的舶来品，在20世纪初中期被引入中国时，产生的名称概念上的不统一，以及后来人类学在中国发展历史的影响。20世纪初中期，人类学在英美分为体质人类学和文化人类学两大体系；在欧洲大陆的德国和苏联则将人类学称为民族学。当时的学界泰斗蔡元培先生赴德国进修民族学，并将民族学这一学科概念首先引入中国，尽管后来的人类学家吴文藻及其学生费孝通、林耀华等人先后将英美的人类学这一学科概念引入中国。但是，由于20世纪50年代初的大学院系调整、民族识别工作、少数民族研究，以及西方英美人类学被错划为"伪科学"，而苏联的民族学则占据着统治地位等历史的原因，使大陆地区人类学在很长一段时期只能仅以民族学替代文化人类学这一学科概念。当前，在西方的人类学体系中，民族学基本上是作为社会文化人类学下的一门分支学科。而目前在中国的学科分类上，民族学和社会学都被划分在法学门类下，但人类学却被划分在社会学门类下。同一门学科被人为地划分在截然不同的学科门类中，造成了人们在学科概念上的混淆。

其次，早期大陆地区的教育人类学研究主要以少数民族教育为其研究对象，很少以教育人类学的田野调查方法扩大关注主体民族——汉族的正规教育与非正规教育。故一直以"少数民族教育"、"民族教育"和"民族教育学"加以称谓。

再次,由于该学科领域的许多研究人员对国外教育人类学学科的历史与发展,以及研究对象和研究范围并不十分了解,导致他们对教育人类学与民族教育学学科彼此之间的关系并不是十分清晰。当然,这是一个十分复杂并带有争论性的学术问题,在此不拟展开讨论。

20多年来,中国大陆地区教育人类学发展取得的重要成果主要包括以下几方面:

一是翻译引介了一批西方教育人类学的理论和著作,传播了教育人类学的基本思想和重要理念。

二是从理论上对这一学科进行深入探讨,试图结合国情研究大陆地区教育的发展问题或试图构建教育人类学的本土理论体系。

三是采用教育人类学的理论,关注异文化教育现象,提倡多元文化教育理念,寻求跨文化的了解和对话,特别是为研究民族问题和民族教育提供借鉴。

四是从人类学的视角切入,解读汉族的正规教育和非正规教育,探讨文化与教育的关系、教育的文化功能等,在一个更广阔的人文背景下探讨大陆地区的教育问题。

五是积极开展教育人类学的田野调查,出现了一批具有本土意义的教育人类学民族志作品。

六是在一些师范大学和民族院校陆续建立了相应的民族教育和多元文化教育教学科研机构,开设教育人类学课程,教育人类学人才培养模式逐步完善,学术科研队伍日益壮大。

七是在吸收西方教育人类学学科素养的基础上,进行本土理论建构,创造性地提出了一些符合中国国情的教育人类学理论。

八是以教育人类学研究方法为基础的多学科合作研究课题成果初见端倪,积累了一定的教育人类学本土研究经验以及与国际组织合作开展研究的经验。

近年来，中国大陆地区教育人类学出现了注重学科建设，注重在本土经验基础上探讨全球性议题，更加关注现实问题的解决的新气象。目前，大陆地区教育人类学的学科建设已走完学科萌芽阶段，由非学术化阶段开始步入初步学术化阶段。

三

在新世纪，为了进一步发展中国教育人类学，2001—2002年，民族出版社推出了由本人主编的"教育人类学研究丛书"第一辑。这是中国教育人类学研究方面的第一套丛书。其第一辑的出版，标志着中国教育人类学学科的发展已经进入了一个新的阶段。"教育人类学研究丛书"是一套开放性的学术丛书，它肩负着两个主要任务：一是系统介绍与评价国外教育人类学的理论与实践；二是在批判性继承国外教育人类学理论与方法的基础上，积累与展示中国本土教育人类学的理论与个案研究的最新和重大研究成果。它提倡走出书斋，用文化人类学的田野调查方法去研究当今中国的学校正规教育与社区、家庭的非正规教育，特别关注中国社会少数民族、妇女、残疾人和低社会阶层等弱势群体的教育问题，倡导书斋研究与田野调查相结合，即理论与实践相结合的学风；推崇百花齐放、百家争鸣的学术自由与理论创新的精神。

"教育人类学研究丛书"第一辑共5部著作，分别为：《西部开发与教育发展博士论坛》（滕星、胡鞍钢主编，2001）、《20世纪中国少数民族与教育——理论、政策与实践》（滕星、王军主编，2002）、《族群、文化与教育》（滕星著，2002）、《文化传承与教育选择——中国少数民族高等教育的人类学透视》（王军著，2002）、《文化环境与双语教育——景颇族个案研究》（董艳著，2002）。这5本著作的出版，在学术界产生了良好的影响，极大地推动了中国教育人类学的学科发展和中国西部民族地区教育理论与实践的发展。

2005年，由本人担任主任的中央民族大学国家"985工程"中国少数民族语言文化教育边疆史地研究创新基地——"中国少数民族地区基础教育研究中心"获准成立，这是国内"985工程"高校中首个以建设教育人类学学科为主要目标的研究机构。该中心力图在"985工程"的实施推动下，建设有中国特色的少数民族地区基础教育体系和教育人类学学科体系。

在中国少数民族地区基础教育研究中心的大力推动下，2008—2009年，民族出版社继续推出了由本人主编的"教育人类学研究丛书"第二辑共10部著作，分别为：《多元文化与现代性关系之研究——教育人类学的视野与田野工作》（钱民辉著）、《教育人类学的理论与实践——本土经验与学科建构》（滕星著）、《多民族文化背景下的教育研究》（滕星、张俊豪主编）、《多元文化教育——全球多元文化社会的政策与实践》（滕星主编）、《教育的人类学视野——中国民族教育的田野个案研究》（滕星、张俊豪主编）、《多元文化社会的女童教育——中国少数民族女童教育导论》（滕星主编）、《教育与社会发展——贵州苗族社区个案研究》（罗慧燕著）、《教育与族群认同——贵州石门坎苗族的个案研究（1900—1949）》（张慧真著）、《民族教育理论与政策研究》（滕星、王铁志主编）、《全球视野：教育领域中的族群、种族与国民性》（N. Ken Shimahara等主编，滕星、马效义等译）。这些著作中既有教育人类学基本理论和方法的探讨，也有深入细致的田野个案研究，较为集中地体现了20世纪90年代以来中国教育人类学的研究水平以及国外相关研究的进展。

2005—2009年，在中央民族大学国家"985工程"的支持下，中国少数民族地区基础教育研究中心实施了五个重点建设项目，分别为：

（一）中国西部少数民族地区经济文化类型与初中地方性校

本课程建构（滕星教授主持）；

（二）中国西部少数民族地区乡土教材开发的教育人类学田野调查与基础理论研究（滕星教授主持）；

（三）中国少数民族新创文字在教育教学中应用状况及存在问题调查研究（滕星教授和中央民族大学中国少数民族语言文学学院王远新教授联合主持）；

（四）中国西部少数民族地区农村基础教育政策、法规与管理体制研究（北京师范大学教育学院劳凯声教授主持）；

（五）中国西部少数民族地区农村义务教育投入与效益研究（北京大学中国教育财政研究所王蓉教授主持）。

在这五个项目建设的直接推动下，我们精心挑选了一批优秀的研究成果作为《教育人类学研究丛书》第三辑出版，这些作品分别是：

《经济文化类型与校本课程建构》（滕星、巴战龙、欧群慧等著）、《中国农村义务教育财政体制变革与义务教育发展：社会学透视——从税费改革到农村义务教育经费保障新机制》（郭建如著）、《西部民族贫困地区农村义务教育财政、资源配置与效益研究——基于云南、新疆、内蒙古等地贫困县的案例研究》（郭建如著）、《中国少数民族新创文字应用研究》（滕星、王远新主编）、《中国少数民族新创文字研究论文选集》（滕星、王远新、海路主编）、《在田野中成长——教育人类学田野日志》（滕星主编）、《新创文字在文化变迁中的功能与意义阐释——以哈尼、傈僳和纳西族为例》（马效义著）、《土族、羌族语言及新创文字使用发展研究》（宝乐日著）、《多元文化整合教育视野中的维汉双语教育研究——新疆和田中小学双语教育的历史、现状与未来》（艾力·伊明著）、《民族学校教育中的文化适应研究——贵州石门坎苗族百年学校教育人类学个案考察》（张霜著）、《社会变迁中的壮文教育发展》（张苗苗著）、《中国乡土教材的百年嬗变及其文化功能考察》（李素梅著）、《学校教育·地方知识·现代性——一项家乡人类学研究》(巴战龙著)、《人类学视野中的教育研究》(滕星、海路主编)、《书斋与田野——滕星教育人类学访谈录》(滕星等著)、《多元文化视野中的民族院校》(张俊豪著)、《中国乡土教材应用调查研究》(滕星主编)、《无根的社区 悬置的学校——湖南大金村教育人类学考察》(李红婷著)、《文化变迁中的文化再制与教育选择——西双版纳傣族和尚生的个案研究》(罗吉华著)、《云南省孟波镇中学多元文化教师民族志研究》(欧群慧著)。

我们相信,《教育人类学研究》系列丛书的出版,将在人类学与教育学学科之间搭起一座桥梁,它必将进一步推动人类学与教育学学科之间的相互渗透与整合,为人类学和教育学开辟出一块新的学术研究领域,从而为中国的教育改革作出贡献。

滕 星
2009年12月修订于中央民族大学独树斋

前　言

从 20 世纪 80 年代至今,在改革开放的大环境中,我国的教育不断进行着改革。进入 21 世纪以来,随着世界教育整体形势的变革,我国教育理论的本土化和国际化发展要求变得极为强烈和迫切。乡土教材是我国学校教育乃至整个中华民族传统文化的有机组成部分,在其一百多年的历史变迁中,总体上得到了长足的发展,成为教育文化不可缺少的部分,在百余年的历史发展中始终发挥着应有的作用,其对于中国非物质文化遗产的保护、少数民族文化的传承、学校与社区之间联系的加强、社区可持续发展和地方性知识的开发与利用,以及学生有效利用本土知识解决生计问题等,皆具有重要的历史和现实意义。

乡土教材即"在学科课程标准(或教学大纲)的范围内,结合学校所在地方的实际和特点而编写的教材。如乡土文学、乡土历史、乡土地理等。通常由学校或地方教育行政部门组织人员编写,内容主要是本乡本土的地理环境、文物史料、生产状况、文化设施、物产交通、内外贸易以及工农业发展的新成就等。"[①]

乡土教材的产生和发展是教育发展的一种必然,也是各国教育本土化和个性化发展的体现。从广泛意义上来说,我国的乡土

---

① 教育大辞典编纂委员会编:《教育大辞典》,第 1 卷,《教育学、课程和各科教学、中小学校》,284 页,上海,上海教育出版社,1990。

教材有几千年的历史,然而,从乡土教材的现代教育意义和概念上看,其发展演变则是近百年的事情。我国现代教育意义上的乡土教材作为学校教育的重要补充,产生于清末民初,是我国教育文化和优秀传统文化的有机组成部分,也是我国教育本土化最有力的见证。然而,对我国百年乡土教材的发生、发展和演变历程至今尚未有人进行系统整理。我们中国乡土教材研究中心的实践是新中国成立后,首次对乡土教材进行的搜集与研究工作,主要目的有两个:一是收集,二是研究。为了达到目的,我们在项目实施的过程中采取志愿者与项目组专业研究人员相结合、教材搜集与实验研究相结合、政府与非政府组织相结合的模式,依据大量散见的史料,进行系统的梳理分析,将我国百年乡土教材的发端、演变脉络总结为"三个时期"、"五次高峰",同时对乡土教材的应用现状做了大量的调查研究,"史现并重",以历史映射现实,以现实观照历史,以期能对我国乡土教材今后的发展产生些许影响。

  本研究为"中国西部少数民族地区乡土教材开发的教育人类学田野调查与基础理论研究",是中央民族大学中国少数民族地区基础教育研究中心主任滕星教授主持的中央民族大学"985工程"项目——"中国少数民族语言文化与教育研究基地建设"的子项目。本项目的研究经过了三个阶段:第一阶段(2006年5月至9月)进行了前期研讨、项目启动工作,主要收集乡土教材的相关资料并与教育部民族教育司、国家民委协商成立"中国乡土教材收藏与研究中心(筹)"和"中国乡土教材陈列室(筹)";第二阶段(2006年9月至11月)主要进行文献查阅与整理工作;第三阶段(2006年11月至2009年3月)为乡土教材收集、整理与研究阶段。在此阶段,项目组成员与广大志愿者分别到我国的各个地区收集乡土教材,并撰写乡土教材调研报告。在此基础上,我们撰写了"中国乡土教材应用调查研究",形成本书。

  本书所收论文主要是项目研究的成果,全书共分五大部分:

导论，主要介绍了本项研究的意义、方法、理论基础和相关文献，为本书提供理论背景及研究基础；第一部分为历史回顾，概要地阐述了我国乡土教材的百年嬗变和政策沿革，分析不同历史阶段乡土教材的内容、理论、法规，总结了百年乡土教材演变的历史轨迹、发展特点及相关政策；第二部分是对乡土教材项目实施情况的介绍；第三部分是对我国乡土教材的应用调查，集中了项目组成员及志愿者对不同地区乡土教材产生的背景、主要内容、使用范围、实际效果、存在问题及对策建议等方面的调查成果，是本书的案例研究部分；第四部分为总结和展望，通过对问卷、访谈、实物收集的结果进行分析总结，对乡土教材的未来作了一定的展望。

乡土教材的搜集与研究是一项长期而又艰巨的任务，本书的出版，只是一个阶段性的研究成果，意在解决我国乡土教材建设始终缺乏系统理论支撑的问题，满足广大乡土教材研究者的需求，并希望引起有关领导和更多研究者的关注，开创现代学校教育与乡土教育相结合的新领域。当然，我们的研究尚处于初步探索阶段，疏漏和瑕疵在所难免，本项目组成员将会在滕星教授的带领下，继续对我国乡土教材的发展进行追踪和考察，以期为中国各地乡土教材的开发和应用提供一个资源共享、经验交流的平台。欢迎更多有志之士的参与、支持！

编　者

2009 年 3 月

目 录

导论　研究的意义、方法、理论基础与研究综述……………（1）
　一、研究的目的与意义 ………………………………………（1）
　二、研究方法 …………………………………………………（4）
　三、理论基础 …………………………………………………（7）
　四、中国乡土教材研究综述 …………………………………（13）

第一部分　中国乡土教材的百年嬗变与政策沿革 ……（27）
　一、中国乡土教材的演进 ……………………………………（27）
　二、中国乡土教材的政策沿革 ………………………………（41）
　三、中国百年乡土教材发展演变的评价 ……………………（49）
　四、中国台湾地区乡土教育历史演进与评述 ………………（52）

第二部分　中国乡土教材的搜集与研究项目概况 ……（71）
　一、项目目标 …………………………………………………（71）
　二、项目进程 …………………………………………………（73）
　三、项目成果 …………………………………………………（79）

第三部分　中国乡土教材的应用现状调查 ……………（82）
　东北地区乡土教材调研报告 …………………………………（83）

  华东地区乡土教材调研报告 ………………………… (98)
  华南地区乡土教材调研报告 ………………………… (128)
  华中地区乡土教材调研报告 ………………………… (139)
  华北地区乡土教材调研报告 ………………………… (255)
  西北地区乡土教材调研报告 ………………………… (286)
  西南地区乡土教材调研报告 ………………………… (367)

第四部分　总结与展望 ……………………………………… (428)
  一、中国乡土教材应用现状的调查总结 …………… (428)
  二、中国乡土教材未来发展的展望 ………………… (439)

主要参考文献 ……………………………………………… (443)

附录一 ……………………………………………………… (453)

附录二 ……………………………………………………… (455)

附录三 ……………………………………………………… (458)

附录四 ……………………………………………………… (461)

附录五 ……………………………………………………… (463)

附录六 ……………………………………………………… (464)

附录七 ……………………………………………………… (465)

后　　记 …………………………………………………… (469)

导论　研究的意义、方法、理论基础与研究综述

乡土教材既是教育领域的问题，同时也是本土文化和传统文化的有机组成部分。一个国家乡土教材的历史不但能够很好的反映其乡土教育发展的历史轨迹，而且还可以直接反映一个国家对其传统文化的重视程度。对乡土教材历史与现状的研究，不仅具有明显的理论建设价值和教育实践指导意义，而且还具有重要的文化保护和传承意义。本研究围绕研究主题首先明确了指导研究的理论基础，然后根据本课题研究的需要确定了相关学科领域及其相应理论。在此理论框架下确定了研究范式，选择了具体研究的方法。

一、研究的目的与意义

（一）研究的目的

乡土教育作为学校教育的有机补充，担负着向下一代传授优秀传统文化的重任。乡土教育的内容主要通过乡土教材来体现，乡土教材建设的状况不但能够反映乡土教育发展的程度，而且还可以直接反映一个国家对其传统文化的重视程度。进入 21 世纪之后，各个国家将教育作为国家发展的最大动力，由此在世界范

围开始了新一轮的教育改革热潮。我国从20世纪80年代开始对教育进行了几次重大改革,随着我国整体教育的不断深入,乡土教育再一次受到重视,各地区纷纷从本地区实际出发建设了大量的乡土教材。而各地区在建设乡土教材的过程中缺乏有效的指导,因为到目前为止,在我国无论是教育部还是学界尚未对各地区建设的乡土教材进行集中研究,所以也就缺乏统一的有效指导。通过教育史的研究发现,我国乡土教材的建设由来已久,早在晚清时期就已经开始出现了系统的乡土教材,本研究就是对百年来我国乡土教材经历了何种演变、乡土教材中所反映的优秀传统文化、有何特点等进行了深入研究。

本研究并非一项纯粹的史学研究,研究的目的也并非只是填补我国百年乡土教材系统研究的空白,而是以乡土教材百年演变过程为纵向线索,以每一阶段不同地区乡土教材的内容目的为横向比较项量,通过对中国乡土教材百年嬗变的多维度分析,从现实需要出发,通过深入研究,创建乡土教材的系统理论,从而对我国乡土教材的现实建设提供系统的理论指导,以解决我国乡土教材建设始终缺乏系统理论之不足。在本项目的研究中通过收集各地区编写、出版、应用的乡土教材的现状调查,为我国乡土教材的编纂提供经验支持。

(二)研究的意义

1. 理论意义

众所周知,全球化、国际化是当今世界发展变化的潮流,不同国家、不同地区、不同民族都面临着本土文化与外来文化间的冲突,存在着如何应对国际化、全球化潮流对传统文化的冲击等问题。中国是个具有五千年优秀文化传统的发展中国家,我国自20世纪70年代末80年代初开始实施改革开放政策以来,就一直面临着适应国际化趋势和保持传统文化之间的"矛盾",三十余年来有关中西方文化的交锋、冲突和整合的讨论从未间断。经过几次重大的中西方文化关系的讨论之后,一些有识之士深切地认识到只有民族的才是国际的,我国优秀的传统文化是我们世世代代中华儿女生存立足之本。我国基础教育存在的最大弊端是过度重视普世性知识的传授,使学校教育与当地儿童的发展和地方经济社会等方面的发展相脱离,学校课程内容对当地儿童和地方经济社会等方面的具体情况的适切性差,不能满足其发展的现实需求,也没有尊重当地人民在教育方面的文化选择权。基础教育,特别是义务教育不仅要解决"进得来、留得住、学得好",关键是尊重当地人民的文化主体地位和文化选择权,解决学校课程,特别是课程内容的适切性问题,因此,各地区亟待开发挖掘当地乡土教材,以弥补基础教育的在课程方面的缺陷。由此可以知道,作为反映我国优秀传统文化的乡土教材,其建设发展的重任。

从文化保护的角度来看,乡土教材蕴含了深厚的民族传统文化,具有非常广泛深厚的大众基础,而且与广大劳动人民的生产生活密切联系甚至得到融合,所以,每个民族的传统文化在本民族的生存和发展中发挥着极其重要的作用。与国家主义课程中文化的传播形式不同,乡土教材中文化的传播大多是以辅助的形式传播,甚至它的传承方式往往是口耳相传。如果我们不刻意地挖掘、开发和保留,那么民族文化的某些内容即使是具有现实价值,也会不可避免地消亡。从某种意义上来看,这种消亡意味着民族个性、民族特征的消亡,意味着文化多样性的潜在消失。所以挖掘、抢救和保护民国以来的乡土教材,特别是民国时期的乡土教材意义重大。

2. 实践意义

我国乡土教材经过百年的嬗变已形成了明显的特点,呈现出鲜明的个性和特色,在我国近现代教育的发展变化中,不但发挥了建设课程理论的重要作用,而且为教育教学实践的改革方面提供了许多宝贵的经验。乡土教材实践方面的意义大多都与其特点有关。

乡土教材由于取材于乡土，而且大多以实用性为特点，所以对学生来说很多内容都较为直观。学生稍加注意都会从身边或自己的乡土中发现这些教材内容，并很快明白这些内容对他们日常生活和乡土生活中的实际用处，正因为如此，在乡土教材的实际教学活动中学生的参与意识往往比较强，师生之间的互动也会频繁。学生在学习过程中的重点不是死记硬背，而是实践操作；不是理解那些不知何时才能用得上的形而上的理论，而是在乡土环境中体验，通过体验进一步认识乡土，并对自己的乡土产生情感。对乡土的认识和情感反过来进一步激发学生的学习兴趣，促进学生的操作欲望，加强学生的应用意识。乡土教材的实用性特点，对我国学校教育的教学实践改革方面具有重要的参考意义。

长期以来我国教育始终受到国外教育发展的影响，从新中国成立前的欧、日、美教育思想和做法的影响到解放后受苏联教育的影响，而改革开放后在教育理论上又受到以美国为首的西方教育思想的影响。这一系列过程中国人始终没有停止过对教育的本土化建设和改造的探索，然而，我们很难说教育本土化改造已经完成了。乡土教材伴随乡土教育发展的历史时期，像陶行知先生这样的有识先辈们结合国情，扎根乡土，对中国教育的本土化建设做出了榜样性的贡献。从乡土教材在我国发展的整个历史中我们也可以看得到，乡土教材至少在客观上为我国教育的本土化建设发挥了不可替代的作用，也就是说乡土教材的本土性对我国教育理论到实践的本土化建设具有重要的启发意义。

二、研究方法

（一）研究范式

质性研究：在考察中国百年乡土教材的历史过程中，我们会有很多问题需要仔细思考并在方法论上解决。首先，乡土教材是个十分具体的问题，而百年中国的整个历史发展过程则是十分复杂、十分抽象的问题，如何处理具体事物与历史抽象之间的关系是本课题要面对的第一个问题；其次，在考察百年乡土教材的过程中，我们在多大程度上能够消解研究者的主观性而保证乡土教材嬗变的客观性，这是我们面临的第二个难题；第三，在对我国百年乡土教材进行系统考察过程时，如何解决纵向的历史与横向的空间发展之间的关系，这是我们面临的又一个难题；第四，在考察百年乡土教材时，我们的核心点到底是什么？是历史事实本身还是蕴含其中的文化？是以历史为本体还是以教育为本体？研究者所希望的价值是什么？解决这一问题是本项研究中所面临的最大难题；第五，至今为止还没有人对我国百年乡土教材进行整体系统的研究，这固然能够反映本研究的创新点，但是，也使得本课题在研究过程中缺乏了可参考的参照对象，这又是本项研究中必须面对的问题。基于本研究中要面临这么多难题和问题，促使我们在实际研究中必须要从研究范式上进行考虑，以解决以上的种种问题。通过相关资料的分析和本课题的性质，我们确定选择了研究的基本范式：质性研究。

关于质性研究具有诸多争论，有人将其作为研究方法，有人将其作为研究类型，我们将其作为一种研究范式。质性研究主张，个人或群体的思想和行为以及社会组织的运作是与他们所处的社会文化情境分不开的。比如要想了解和理解某一时期乡土教材为何如此，为何不是这样而是那样，那么就必须把这乡土教材放置到丰富、复杂、流动的社会发展历史中进行考察。通过一切可以利用的手段和条件，了解乡土教材发生和发展的全过程。自然探究的传统还要求研究者注重社会现象的整体性和相关性，对所发生的事情进行整体的、关联式的考察。在对清末民初乡土教材的开创期进行考察时，不仅要了解当时的乡土教材大多谓之"乡土志"，而且还必须了解乡土教材发生和变化的社会文化背景以及乡土教材与整体教育之间的关系。因为，质的研究认为，任何事件都不能脱离其环境与社会而被理解,理解涉及整体中各个部分之间的互动关系。对部分的理解必然依赖于对整体的把握,而对整体的把握又必然依赖于对部分的理解——这便形成了一个"阐释的循环"。

质的研究的主要目的是对被研究者的个人经验和意义建构作"阐释性理解"或领会(verstehen),研究者通过自己亲身的体验,对被研究者的生活故事和意义建构作出解释。因此,研究需要在自然情境中进行,研究者需要对自己的"前设"和"倾见"(bias)进行反省,了解自己与被研究者达到"解释性理解"的机制和过程。此外,研究者还要了解自己是如何获得对对方有意义的解释的、自己与对方的互动对理解对方的行为有什么作用、自己对对方行为进行的解释是否确切。

质的研究是一个演化发展的过程。这一范式认为,研究是一个对多重现实(或同一现实的不同呈现)的探究和建构过程。在实际研究过程中,研究者是社会现实的"拼凑者"(bricoleur),将某一时空发生的事情拼凑成一幅图画展示给读者。这时要采取的是"即时性策略",而不是按照一个事先设计好的、固定的方案行事的"计划性策略"。关于我国乡土教材的历史及其文化功能问题还没有人进行过系统研究,也没有什么可参照和参考的相关研究成果,因此根据质性研究的原理,我们必须承认自己的研究承载着个人的价值倾向,我们所做的一切不过是对乡土教材现象的一种理解和解释而已。当然本研究也由此不必受到事先设定的"科学规范"的严格约束。

从研究的基本思路看,质的研究主要采用的是一种归纳的方法。归纳的方法决定了质的研究者在收集和分析资料时走的是自下而上的路线,在原始资料的基础上建立分析类别。分析资料与收集资料同时进行,以便在研究现场及时收集需要的资料。资料呈现的主要手法是"深描"(thick description)(Geertz,1973a),透过缜密的细节表现被研究者的文化传统、价值观念、行为规范、兴趣、利益和动机。这一点对本课题的实际研究中产生了很大的意义。

（二）研究方法

本研究在相关理论的指导下，首先根据项目研究中所面临的问题，确定了研究范式，根据研究范式的要求在总体上主要采用了定性研究策略，并在实际研究当中具体采用了文献法、实物分析法等方法，辅助采用调查法。

文献法：通过文献查阅主要解决有关乡土、乡土教育、乡土教材以及文化、文化功能等方面的资料。确定历史时间、背景、概念内涵、政策法规和演变过程的轨迹。

实物分析法：系指对不同时期不同地区编写出版的乡土教育指导书、乡土教材的背景、内容、政策法规等方面的各种资料进行具体分析，解决不同时期乡土教育、乡土教材的主要内容和核心主张与侧重点、发展的连续性与中断之变化。

调查法：乡土教材存在至今，今昔之间有变化有继承，而今天的乡土教材对当今的人有何影响？人们如何看待乡土教材及其内容？对其存在持何态度？乡土教材与学校教育中的其他教材之间关系的看法如何等问题均需要调查和研究。

三、理论基础

乡土教育和乡土教材都蕴涵着丰富的文化内涵，都具有文化传承功能，二者的紧密关系从一般常识上来说也是显而易见的，即乡土教育活动中所使用的教材便是乡土教材。但实际上通过资料查阅和分析发现，乡土教育和乡土教材之间并非如此简单的关系来联结的。从现实的理论和实际意义上来说，乡土教材和乡土教育亦并非完全为必然的逻辑关系之产物，这在我国近百年的教育发展历史和现阶段教育中均为如此。之所以强调这一点，是因为乡土教育和乡土教材所承载的文化功能是不尽一致的。要想深入分析乡土教育和乡土教材所蕴含的文化内涵和功能，不仅需要对其进行本体论的分析，而且需要依据教育人类学的多种理论才能达到研究之目的。

（一）"文化化"理论

作为社会整体系统之组成部分的教育，与文化、人及其学习成长历来存在着极为复杂的关系。那么个体通过教育能够获得什么？应该获得什么？教育具有什么样的功能呢？罗赫（Werner Loeh）提出了"文化化"（Enculturation）理论及其概念。他认为：个体的成长发展过程实际上就是"文化化"的过程，而所谓"文化化"含有"文化的学习"之意义。教育的整个状况是文化的代际传递过程，并对个体的学习活动承担着帮助的功能。[①] 教育的文化人类学模式为："学习的帮助"的"互动的形式"。而在教育活动中"文化的学习"实际上是一种"价值"，教育的引导概念就是建立"价值系统"，并帮助学习。他还认为，人不可能离开文化，人的生活是由文化帮助达成完满，所以文化是人的生活形式。文化是可以把握的媒介，即文化可用做传播工具，在传播过程中，每一个体力求实现生活的愿望。实现这些愿望，需要获得教育的帮助，或者说需要学习。文化的核心可以认为是传统的理念，尤其文化价值对人的影响，就是文化化的根本过程。人的学习就是文化化，其成就包括对社会生活的适应，个人的表现，与社会团体的关系等。由于文化是与社会形态组合存在着的，所以"文化化"也可用"社会化"来把握。文化化的过程是在文化中进行，诸文化是陶冶的工具，人便成为文化的负荷者。文化通过人的活动、体验和学习不断在个体身上得到内化，从而

---

① 庄孔韶：《教育人类学》，59页，哈尔滨，黑龙江教育出版社，1989。

逐渐建构每一个体的"人格"或"个性",反过来说,人格的形成就是文化化的结果,因此人格的陶冶与个人的发展两者皆与文化化分不开的。人为了提升自己必须学习,学习内容在个体身上的不断内化而完成人的文化化。文化化的进程包括消极"适应的过程"和积极"活动的过程",然而这二者不是矛盾的,它反映了人文化化过程的不同阶段。

文化化过程不仅通过学校教育中的"传授"形式来完成,而且更需要不同个体之间的动态活动中得以实现,所以某种意义上说文化化就是社会互动过程。在社会关系中,人的学习常常是与他人共同进行的。人的学习或者经由传统,或者经由经验。总之学习导致与他人接触,人与人之间的接触形成了社会互动关系。用文化化的概念来看,可以认为教育是一种"文化化的科学",以文化为条件的科学。教育还可进一步认为是"文化化帮助"的互动形式。

人能力的获得过程既有先天遗传因素的影响,又有后天教育因素的影响,而人的先天因素和后天影响在文化变量上得到理论性的统一。利特克(M. Liedtke)借助赫胥黎和达尔文的进化论思想,认为世界进化的特点包括无生命的自然进化、生物的进化和文化的进化。[①] 其中文化的进化包含人的能力的形成——学习或知识的获取。利克特还受狄尔泰历史主义影响,认为人具有历史的本质,强调历史关联的把握,因为文化是发展的,所以,当前的问题往往能借助历史的回顾去分析解决。

(二)多元文化教育模式

多元文化教育是20世纪后50年,在英美等西方国家首先兴起并迅速在全球普及的一种思潮和社会与学校教育改革运动,它

---

① 冯增俊,万明钢:《教育人类学教程》,78页,北京,人民教育出版社,2005。

建立在文化多元主义和文化相对主义的理论基础之上,其理论假设是所有的文化不分先进与落后,都有其存在的合理性,文化差异性与多样性是人类生活的现实。文化多元主义的代表人物是美国的哲学、心理学教授赫瑞丝·凯伦(Horace Kallen)。文化多元主义认为,在一个多民族国家,每个民族群体都可以保留本民族的语言和传统文化,与此同时,他们也应融入到国家的共享语言文化中去。文化相对主义(Cultural-relativism)的代表人物是文化人类学家赫斯柯维兹。人类学的文化相对主义认为,每个社会文化都有它自己的特色,人的思想感情等都是由它的生活方式所塑造的。文化相对主义的核心是尊重不同文化的相互差异,谋求各种文化并存。

同样,在国家主流文化与少数民族文化、乡土文化之间也是一种多元并存的关系,乡土教材的研究旨在正确认识乡土文化与国家主流文化的关系。

(三)交换理论模式

在有关文化传递的一般性理论问题研究方面,吉尔林(F.C.Gearing 1976)提出了一种文化传递的交换理论模式[①],该理论模式的设想是:任何社会或群体的文化制度都是由一系列不同的却又连锁的含义的对等物组成。这些意义的对等物在一个群体的每一个成员和一些其他成员的经常性接触过程中曾被交换过。人与人之间在某种接触中(主要是指在非成年人与成年人、成年人与成年人之间)通过交换含义对等物来实现文化传递过程。群体每个成员之间知识的传递应是自由的,然而实际上知识的传递在跨越社会阶层时会遇到困难。因此各阶层的文化分布差异很大,是社会阶层的实际存在使文化的传递产生困难。这同传

---

① 庄孔韶:《教育人类学》,63页,哈尔滨,黑龙江教育出版社,1989。

统的科学学习理论大相径庭。传统的科学学习理论认为，学习是困难的，知识分布的最好解释是社会成员学习能力的分布。这一理论实际是从个体原因而非社会原因做为出发点的。交换模式理论认为文化传递发生于面对面的接触之中，特别是在成年人和孩子们之间。儿童向对他们施与影响的人学习时，必然会受到成年人所处社会阶层的影响，因而使儿童所接受的文化打上了社会阶层文化的烙印。每个人都有自己的一套认知图式，其内容包括背景影响、世界观和社会地位等。虽然认知图式在交往的双方可能不一样，但在人与人（例如老师与学生）的不断交往中，会导致一方或双方认知图式的改变，如果学生认知图式改变的方向趋向于教师的认知图式，则标志着教育的成功。

吉尔林还认为，社会阶层文化分布的差异正是"交换"模式使然。其中学校教育是促成这种复制的方式之一。一般来说，学校的公开课程并不去复制这种差异，然而在学校中由于有"隐性课程"存在使学校履行了复制的功能。造成学校复制等级"文化差异"的另一个缘由是教师享有相对于年轻人的权利，教师所具有的等级文化差异特征容易被学生潜移默化地接受。正因为如此，学校里教师和学生共同复制着社会等级文化与制度。

乡土教育和乡土教材在我国存在了百年，以后还会存在下去。在乡土教育和乡土教材存在价值与合理性解释方面教育人类学的生态学模式具有重要意义。该理论注重人类、群体行为、社会组织、价值、环境等要素之间的相互影响。该领域的研究者注意考察文化的设计、参与者选择的价值与实际行为，以及环境背景的历史联系。

（四）教育生态学模式

对教育人类学家来说，生态学构架包含的众多变量不可能一一顾及，常常要选择一个中心课题，汇集某些特定的生态学事实以便详尽地找到同学校教育的联系。于是在教育人类学运用生态学模式做研究的学者中出现了两种不同的分析类别与层次。有的研究者是在被研究的教育行为中寻找环境的影响；另外一些人则是试图研究社区环境同影响班级学习的学校环境之间的关系为宗旨。其实这两种研究均是微观系统的考察过程，二者的不同只在于具体研究过程考察的变量上。奥格布（Ogbu. J. U）认为，社区的某些阶层的成员有力地控制了地方教育（学校）系统。他的"学校教育的民族生态学"（Ethno ecology of Schooling）分析提醒人们说，不同派系的各种观点、兴趣和战略（设计），他们不同的经济政治手段，学校后报酬的不同方式，促使低收入的少数民族子弟在学校的失败出现高比率和永久化状况。所以奥格布断定初级学校的特点实际是对某种战略的适应与结果。[①] 这一理论观点对分析我国各阶段不同地区教育状况及其与之相应的乡土教育、乡土教材特点原因等方面具有指导启发意义。

分析我国乡土教材百年嬗变过程中的文化功能是相当复杂的工作，这一研究既要进行历史发展的宏观分析，又要进行某一时期教育系统运行的微观考察；既要对乡土教材的实际情况进行描述，也要对其文化功能进行深度解释。无论怎么分析，如何解释，关键是要有稳定而科学的理论指导。奥格布对教育参考的文化生态学模式力求弥补其他研究模式的缺陷。他把文化生态学和结构功能主义结合起来，同时又颇为重视在个人水准上的认知与行为要素分析。因此他的模式体现了对教育过程的多层次理解，使微观的与宏观的分析融为一体，其目的是将经济的、政治的、认知的和行为的结构整合为一个单一构架，将教育发展中的诸多变量进行了整合，这对我们的研究具有重要的理论指导价值。总之，文化生态学模式的关键概念是"适应"，是人同环境的整合联系，这无疑是文化生态学在教育领域的实践成果。该模式在一

[①] 哈经雄、滕星：《民族教育学通论》，北京，教育科学出版社，2001。

些场合的实践证明，结构的系统分析能发现社会成员中成功的人的图式（images），发现如何产生出自身成功进程的思想，明了社会成员在教育及个人选择中投入和努力的价值是怎样决定的，以及阐明人们对社会的或制度的作用（运作）的不同认识论何以产生并影响教育的决策等。

上述的各种理论对乡土教材问题的研究具有重要的方法论意义，这些理论能为本项研究提供明确的方向，使本研究具有层次性并提供一定的理论根据。

四、中国乡土教材研究综述

随着教育改革的推进和教育观念的多元化，几度起伏的乡土教育又被人们提上了研究和开发的日程，旨在弥补统编教材不足，保护、传承优秀地方文化。乡土教育的内容主要通过乡土教材来体现，乡土教材建设的状况不但能够反映乡土教育发展的程度，而且还可以直接反映一个国家对其传统文化的重视程度。正因为如此，搜集、开发我国乡土教材资源，具有深刻的理论与实践意义。而这一切行动的基础在于对乡土教材自产生以来的研究状况进行梳理。

通过大量的文献搜集与分析，可以发现：我国学者关于乡土教材的研究和分析主要是从宏观和微观两个层面进行，并存在以下几个基本视角。

（一）宏观方面

1. 乡土教材理论与实践的综合研究

在乡土教材理论与实践的综合研究中，民国时期几位前辈的论著较为全面。曹凤南的《小学乡土教育的理论与实际》（1936）、王伯昂的《乡土教材研究》（1948）、祁伯文的《乡土教育概论》（1934）、王骧的《乡土教育研究》（1936）、蔡衡溪的

《乡土教育纲要》（1935）等就是其中的杰出代表。在这些论著中前辈们对乡土教育和乡土教材的概念、目的、意义、价值等从理论和实践上进行了系统的阐述，至今，尚没有能超越几位前辈的。如曹凤南的《小学乡土教育的理论与实际》从乡土教育概论、乡土教材的编纂、乡土教育的实施三部分进行论述。蔡衡溪在《乡土教育纲要》中分乡土教育通论和乡土教育实施问题、乡土教育参考资料三部分进行分析，通论部分主要是就乡土教育的演进、各国乡土教育情况、乡土教育内容和范围、乡土教育的目的、价值、论据等方面为乡土教育奠定理论基础；第二部分实施问题中主要针对乡土教育的内容、乡土教材的搜集、编辑、实施进行论述的。既有理论分析又有实践铺垫，是一本较为系统的乡土教育著作。

2. 乡土教育和乡土教材的历史变迁

较早对我国乡土教育和乡土教材发展历史进行介绍的著作是祁伯文的《乡土教育概论》，该书第一章第五节中简要阐述了自光绪二十九年（1903年）十一月公布《奏定初级小学堂章程》到作者写作时三十余年中乡土教育和乡土教材的发展进程。1936年曹凤南主编《小学乡土教育的理论与实际》对乡土教育和乡土教材的发展也以专门章节的形式做了论述，较祁伯文的论述更为详尽，为后来乡土教育及乡土教材的研究留下了宝贵的参考资料。此后很少有人对乡土教材的发展史进行论述和梳理。转至2008年中央民族大学李素梅和滕星发表的《中国百年乡土教材演变述评》一文，及李素梅博士的毕业论文《中国乡土教材的百年嬗变及文化功能的考察》可以说是当下对我国大陆近百来乡土教材历史较为系统的论述。其依据大量散见的史料，对乡土教材近百年来的发展历史进行了系统的梳理分析，将中国百年乡土教材的发端、演变脉络总结为三个时期五次高峰期，认为中国乡土教材源于舶来成于传统；伴随于乡土教育运动；适应于教育改革运动，普及面广而作用为补充。①

3. 国外乡土教育和乡土教材的介绍与研究

最早对国外乡土教育和乡土教材进行介绍的依旧是王骧、祁伯文、曹凤南等，他们对当时德国、日本、意大利、挪威、瑞典、苏俄、英美等国乡土教育的起源及当时的发展状况及代表人物的观点作了简单的介绍，在一定程度上反映了当时乡土教育和乡土教材研究思想的热潮。近期关于国外乡土教育和乡土教材介绍的论著和文章都非常少。可见且较为系统的论述是学实对日本实施乡土教育的历史、目的、意义、形式、原则等方面的研究。其中在乡土教育的形式中提及了日本乡土教材实施情况：按专门教学科目编写乡土教材，诸如：乡土地理、乡土历史、乡土政治、乡土经济、乡土文化和乡土风俗等教材。② 但是无论是前人还是来者，关于国外乡土教育和乡土教材的介绍都没有与我国进行比较研究。

（二）微观方面

1. 乡土教材的编写

乡土教材开发与研究的成果表述以论著、教科书和文章三种形式居多。从内容上可以划分为应用型和研究型两类。乡土教科书大都属于应用型，而关于乡土教材的理论论著和文章则属于研究型成果。

就乡土教科书而言，由于乡土教材本身的地方性特征，在乡土教材的开发与研究过程中，大多以行政区域划分为标准进行编写的，大到省市，小到县、乡、学校，如：《禄丰县小学乡土教材》（1942）、《泰县乡土教材》（1947）、《广东省乡土教材》

---

① 李素梅、滕星：《中国百年乡土教材演变述评》，载《广西民族大学学报》（哲学社会科学版），2008（1）。

② 学实：《日本的乡土教育》，载《外国教育研究》，1990（4）。

(1946)、《我校的乡土教育》(1935)；有的乡土教材以学科为标准进行开发、研究，如《社会科乡土教材》(1946)；也有相当一部分乡土教材将地域与学科有机结合，如《四川历史》(1942)、《福建乡土史地》(1939) 等。

乡土教材编写的理论研究成果也比较丰富。梁上燕在《乡土教材编辑法》(1939) 民团周刊社会中对乡土教材的价值、乡土教材与补充教材、编辑乡土教材的原则、编辑乡土教材的方法进行了简要的论述。王骧在《乡土教育研究》中对乡土课程的编制、怎样编写乡土教材、各科乡土教材的编纂及实例以专门章节的形式进行了系统的论述。祁伯文也对乡土教材的选编范围、标准、方法、要目进行了论述。曹凤南指出乡土教材应采用心理排列：由旧到新、由近到远、由易到难、由简到繁、由具体到抽象、由基本到高深。[1] 刁乃萍、张景仪对当时乡土教育和乡土教材实施情况进行调查，提出乡土教育的编写应具有目的性、真实性、可读性。[2] 许海瀛、李海维在 1987 年编写初中乡土教材《我爱吕梁》的前三个分册《吕梁历史》、《吕梁地理》、《吕梁实用技术》的过程中体会到，在乡土教材的建设上应遵循三条原则：一是乡土教材的建设要与当地社会主义建设发展的需要相适应；二是乡土教材的建设要与当地的教育发展状况相吻合；三是乡土教材的建设要与委颁教学计划和教学大纲的要求相一致。[3] 郅昆山则认为根据《中学地理教学大纲》和新颁布的中学《地理课程标准》对乡土地理教学的要求，根据国家课程地方化的原则，拉萨市编写的第一本《拉萨市乡土地理》教材应突出思想新、地方特

---

[1] 曹凤南：《小学乡土教育的理论与实际》，83 页，上海，中华书局，1936。
[2] 刁乃萍、张景仪：《略论乡土教育与乡土教材的编写与教学》，《教育探索》，1988 (5)。
[3] 许海瀛、李海维：《编写乡土教材过程中应遵循的三条原则——〈我爱吕梁〉乡土教材的编写实践及体会》。

色浓、实践性强和有利于培养学生热爱家乡的情感。① 可见，每一个时期对于乡土教材的编辑都有各自的时代特色，但乡土教材的本质特征——地方性和教育性则是名家之言的聚焦所在。

2. 乡土教材的开发与实施

对学科乡土教材的实施情况的研究是目前乡土教材研究中最为丰富的一部分，科目范围涉及地理、历史、语文、英语、美术、音乐、生物、劳动技术、社会等，尤以历史、地理研究成果最为丰富；研究的内容包括乡土教材的教学目的、教学方法、教学原则等方面。以论著形式表现的如王懋德的《大单元乡土教材实例》(1934)、白砥民的《历史课中乡土教材的教学》(1958)等；也有一些担任乡土教材教学的一线教师以论文形式进行经验交流。如张传海对《临沂历史》乡土教材的实施发表了个人见解，认为乡土历史教学可弥补统编教材的不足。地方历史与全国历史有密切的联系，同时又有本地区、本民族的特色，学生不但应全面地了解祖国历史，也应具体地了解本地区本民族的历史。而现行的中国历史教材，其着眼点是放在全国历史发展的总进程上；不可能把每个地区的历史都包括在内，所以乡土历史的设置是科学的，是教材的补充。较教材来说，乡土教材对学生更具亲切感、真实感；这是它的优势。② 近年来，各高校的硕士、博士研究生对学科乡土教育及乡土教材进行研究，为时下乡土教材的开发增添了生命活力。如西北师范大学硕士研究生王海霞在其学位论文《中学乡土地理教育及教材建设初步研究》③ 中对兰州市中学乡土地理教育的现状及开发情况从理论和实践上做了较为系统的调查研究和论证。

---

① 郅昆山：《编写拉萨市乡土地理教材的几点建议》，《民族教育研究》，2006(1)。

② 张传海：《浅谈乡土教材的使用》，《中国农村教育》，2006(5)。

③ 王海霞：《中学乡土地理教育及教材建设初步研究》，西北师范大学 2006 年硕士研究生学位论文。

3. 乡土教材价值、功能和范围的拓展

乡土不仅仅是一个空间概念,也是一个时间概念,具有历史性。不同地区的乡土文化在不同历史时期呈现不同的特征。因此,乡土教材的功能、价值和范围也随着历史、文化的变迁而有所变化。曹凤南认为乡土教育的价值在于:适应社会需要、适应儿童心理、培养爱乡爱国的情感。[1] 蔡衡溪等也对乡土教材与生产教育、劳动教育、乡村教育、家庭教育等的关系进行了全面地阐述,但当时所论述的这些教育类型与乡土教育和乡土教材的关系是具有历史情境条件的,与今天我们所讲的各种教育之间的关系是有区别的。应该说,乡土教材的这一定位是当时救亡图存的社会历史环境的必然产物。

新中国成立以后,乡土教材功能范围进一步拓展,呈现多元化趋势。从爱国教育进一步转向德育功能的开发,其中既包括爱国主义教育,也包括思想品德教育、素质教育等,可以说,在新的历史时期乡土教材的德育功能在广度和深度上都较以前更为博大和深刻。贾晨光认为:让学生了解家乡、热爱家乡是学校教育的重要内容。学校教育要以思想品德教育为主线,明确乡土教学目标、科学组织教学过程、改革评价制度,根据家乡的变化、科技的发展随时修订、充实乡土教材;根据季节变化调整教学的顺序等,促进学生自主发展。[2]

乡土教材是相对于国家统编中小学教材而言的。因此,一直以来,乡土教材的研究大多是围绕中小学开展的。但"乡土"内容的广博性以及教育内部结构的整体性,致使乡土教材的范围冲破基础教育的局限,向其他教育领域扩散,从基础教育扩展到中等教育、高等教育、成人教育、职业技术教育、远程教育。乡土

---

[1] 曹凤南:《小学乡土教育的理论与实际》,8~12 页,上海,中华书局,1936。

[2] 贾晨光:《利用乡土教材贯彻素质教育》,载《山东教育》,2007(26)。

教材的功能也呈现多元化趋势。这是乡土教材的时代性、情景性和社会适应性的表现。虽然这种走势至今仍非常微弱，但其存在则是历史的创新与进步。

(1) 乡土教材与民族教育

乡土教育与民族教育的关系，祁伯文在1934年其论著《乡土教育概论》第三章第一节中有所论述，但当时所讲的民族教育是中华民族的教育，而不是后来以及现在意义上的少数民族教育，这是由当时的社会历史发展背景决定的。最近，对乡土教材与民族教育论述较为全面的是刘惠民、涂文安的《乡土教材在民族教育中的特殊作用》一文，他们指出：在少数民族地区，乡土教材可以帮助学生增强民族意识、熟悉民族历史，了解民族风情，掌握生产知识，为宏扬民族文化，振兴民族经济服务。充分发挥乡土教材在民族教育中的特殊作用，是民族教育就当加以研究的一个重要课题。[1] 钱丽花、赵北扬等介绍了甘肃肃南二中老师与中央民大"中国西部少数民族地区经济文化类型与初中地方性校本课程建构"课题组成员一起重编新的裕固族乡土教材的过程和经验，[2] 是大学与中小学共同开发民族地区乡土教材的典型案例之一，但在理论上未做深入的阐释。吴玉玲在把乡土教材与校本课程联系起来，对宁夏回族乡土文化校本课程的开发和实施进行了研究。认为：在新课程改革初期，宁夏的灵武市是率先进入课改的试验区，并掀起了宁夏校本课程开发的浪潮，校本课程的内容也日益丰富，但是有关少数民族文化的校本开发尚处在初级阶段，尤其是没有形成系列化的开发体系。宁夏回族乡土文化校本课程的开发和实施，是充分利用本地区蕴藏的回族文化资

---

[1] 刘惠民、涂文安：《乡土教材在民族教育中的特殊作用》，载《中央民族学院学报》，1988（5）。

[2] 钱丽花、赵北扬等：《裕固族乡土教育"更上层楼"》，见《中国民族报》，2007。

源,开发出体系化的校本课程。有利于学校特色的形成,促进学生的个性全面和谐发展,促进教师的发展,丰富国家课程的内容,起到保护和传承回族文化的作用。①

(2) 乡土教材与职业技术教育

何正太认为编写和运用乡土教材,对中小学基础教育的问题研究得多,而对乡土教材在职业技术教育中的作用探讨得少。职业技术教育和乡土教材之间,存在着共同的特殊性,都具有实用性和实践性。他列举了所在学校四川省灌县都江职业高中编写和运用乡土教材的实践和经验,得出结论:职业技术教育教材建设要因地制宜,采用灵活多样的形式,不能盲目追求知识的系统性和理论的深度,要充分利用乡土教材于教学,办出职业技术教育的地方特色,体现社会需求的实用性和就业需求的实践性。② 任子义认为人才的培养,一靠教师,二靠教材。农村中等职业技术学校,要想办出水平,办出特色,除运用适于各专业的规定教材外,还必须依靠当地经济发展的状况,根据当地经济发展的需要,编写一定数量的乡土教材,一可弥补原有教材的空缺,二可作为普通教材的补充,使其成为农村职业技术学校教材的重要组成部分。加强农村中等职业技术学校的乡土教材建设,要充分反映地方性特征,反映我国经济文化的多样性,注意其实用性的原则,学以致用,服务当地经济发展的需要。③ 从侧面反映了乡土教材运用于职业技术教育领域的过程中对经济文化类型进行关注的重要性和迫切性。

(3) 乡土教材与成人教育

陈庚午提出:应当重视乡土教育,给乡土教材以一席之地,

---

① 吴玉玲:《宁夏回族乡土文化校本课程的开发和实施》,西北师范大学,2006。
② 何正太:《职业技术教育与乡土教材》,载《教育与职业》,1989 (1)。
③ 任子义:《乡土教材要反映地方性特征》,载《职教论坛》,1999 (8)。

让它在社会主义成人教育中发挥重要作用。激起成人学员的爱国主义热情；教育成人学员热爱家乡，开发家乡，建设家乡；促进理论与实践的联系，密切联系本地生产建设实际，增长学员的实际工作能力和生产技能。乡土教材丰富了成人教育的教学，而成人教育又开拓了乡土教材的广阔前景。①

(4) 乡土教材与现代信息技术教育

乡土教材与现代信息技术的结合具有重要的理论与实践意义。不但为现代信息技术教育的运用注入新鲜血液，同时，也为乡土教材的开发增添了生命活力，为长期以来困扰学者们的"乡土教材的适应性"问题提供了有效的思维途径。张明成、李海英结合其所在学校在多媒体乡土教材实践过程中的经验，简要论述了多媒体乡土教材的内容、形式、目的，建设方案和初期实验成果及推广与交流。认为建设多媒体乡土教材的目的在于完善三级课程体系、丰富教学内容、提高教材魅力；建设多媒体乡土教材的条件是创作成本低、适应性强；多媒体教材的形式灵活多样，以录像（音）、图片、课件等形式为主，文字或模型为辅，以教学案例为主，素材与综合软件为辅，具有开放性，允许使用者进行编辑修改，以提高其适应性生命力。②姚朝军对浙江桐庐瑶琳中学开发的软件式的种养业乡土教材进行了描述：将教学及有关内容制成软件，教学时可上机阅读，也可根据教学需要打印各种讲义。软件教材采用积木式的结构形式，与传统的专业教材比较，能够提高教学效果，实现资源共享，激发学生的学习积极性，降低学习难度。③

---

① 陈庚午：《乡土教材的地位和作用》，载《成人教育》，1990（4）。
② 张明成、李海英：《建设多媒体乡土教材的探讨与实践》，载《电化教育研究》，2002（9）。
③ 姚朝军：《乡土教材的软件化及其功能》，载《职教论坛》，2000（11）。

(5) 乡土教材与教师教育

目前,关于乡土教材与教师教育的关系仍旧局限于教师职前培养上,对教师教育的一体化认识不足,尤其是忽视了乡土教材任课教师的在职培训。杨载田就课程设置、时间安排、课程结构、教师队伍建设和实践教学基地建设等问题对高师地理科学专业的乡土地理教学作初步探讨。认为乡土地理学是一门综合性、发展性和教育性很强的区域地理课程。① 苏筠,王静爱则认为乡土地理教学强调区域性、实践性,但不同区域的教学对于学生实践能力的培养内涵应该是一致的,尤其针对高师学生而言,应该重视乡土地理理论基础和实践规范的学习。从身边的、生活中的人地关系问题入手,以校园及周边、城乡过渡带为实践基地,采用立项申报制由学生自行组队并确定研究命题,并用管理科研项目的规范流程来组织实践活动。通过范式化教学,提升学生的创新能力和实践技能。陈磊则以建构主义理论为指导思想,阐述了其对高等师范院校《乡土地理》学习的几点启发。即以培养学生学习兴趣为出发点,引导学生通过探究式学习、问题解决学习、合作学习等方式来构建乡土地理知识,帮助学生营造知识构建的真实情景,促进学生的交往活动。② 以上几位都是从地理学科的角度谈乡土教材在教师教育中的开发与建设。杨建伟对乡土音乐在高师音乐教学中的有机融合进行论述③。而杨世敏是从乡土音乐教材在中师音乐教育中的作用出发论述乡土音乐教材对于开发中师学生的音乐潜能、培养学生的文化素养、提高学生的音乐素

---

① 杨载田:《高师乡土地理课程教学探索》,载《福建地理》,2003 (1)。
② 陈磊:《建构主义与高等师范院校〈乡土地理〉课程的学习》,载《安徽农业科学》,2006 (21)。
③ 杨建伟:《乡土音乐在高师音乐教学中的有机融合》,载《科教文汇(上半月)》,2007 (2)。

质、丰富中师音乐的教学内容等方面的独特作用。①

4. 台湾乡土教育与乡土教材研究

由于历史与政治原因,目前大陆对台湾地区乡土教材的研究比较少。近几年,随着两岸关系的改善,教育上的交流日渐增多,两岸学者对台湾乡土教材开发的讨论也越来越多。比较有代表性的是西北师范大学万明钢教授,他通过对台湾乡土教育发展历史的回顾,考察了台湾乡土教育的目标、内容和教学模式的演变过程。着重分析了近十多年来围绕乡土教育问题开展的讨论,以及政治势力尤其是台独势力利用乡土教育培育"台湾意识"和塑造所谓"新台湾人"的政治倾向。在台湾乡土教材方面的介绍较为简略,指出台湾并没有统一的乡土教育教材,乡土教育的教材和活动设计,都是由学区、乡和县组织教师来统筹编写的。编写的原则是由近及远、由简到繁、由具体到抽象。乡土教材内容的范围随学生的年级增长而逐渐扩大。② 与此同时,台湾学者也在大陆一些教育杂志上发表了关于台湾乡土教育和乡土教材的论文,如台湾师范大学陈国川在《地理教育》2007 年第 1 期中对台湾中学地理教育的改革与实践进行了简要论述③。

通过对我国乡土教材近百年来研究成果的归纳,我们可以看到,乡土教材的发展过程在取得可喜成绩的同时,也存在许多不足。作为后来者我们的历史使命就是:继往开来!

(三) 乡土教材研究与开发取得的成绩

1. 乡土教材诸多理论与实践著作

在一百年的演进过程中乡土教材的文本成果取得了一定的成

---

① 杨世敏:《浅谈乡土音乐教材在中师音乐教育中的作用》,毕节师范高等专科学校学报,2000 (2)。

② 万明钢:《台湾乡土教育研究》,见《西北师范大学学报》(社会科学版),2001 (11)。

③ 陈国川:《台湾中学地理教育的改革与实践》,地理教育,2007 (1)。

绩，为后世乡土教材的研究奠定了深厚的历史与理论基础。对乡土教材理论与实践进行提炼的专著如曹凤南的《小学乡土教育的理论与实际》(1936)、王伯昂的《乡土教材研究》(1948)、祁伯文的《乡土教育概论》（1934)、王骧的《乡土教育研究》(1935)、蔡衡溪的《乡土教育纲要》(1935)等就是其中的杰出代表。但是，这都是新中国成立前的研究成果了，建国后，关于乡土教材理论与实践综合研究的专门著作几乎没有，曾天山和王鉴等虽然也在各自著作的章节段落中提及和论述乡土教材，但相比之下，不够系统和深入。

此外，各地也编写出版了一些乡土志和乡土教科书。远一些的如《上海乡土志》(1907)、《江宁乡土志》(1918)、《海宁县乡土志》(1918)、《泰州乡土地理》(1908)、《锡金乡土地理》(1906)；近一些的如《天津地理》(1974)、《北京历史》(1996)等。总体而言，在这些乡土教材中，乡土教材的开发存在地域和历史发展的不平衡性，东部地区在数量和质量上优于西部地区。

2. 乡土陈列室和研究中心的创建

在王骧、曹凤南、祁伯文等学术前辈的著作中都曾提及乡土陈列室、乡土展览馆以及乡土教材设备的完善等方面，对于乡土教材实施和保存都具有十分重要的意义。可惜的是在此后的几十年这部分内容很少有人提及。2007年10月15日在香港乐施会的支持和资助下，中央民族大学滕星教授主持的"中国乡土教材搜藏与研究"项目工作正式开始，项目组在对民大、乐施会、天下溪项目点初中、小学乡土教材编写及使用的现实考察的基础上，通过收集各地区编写、出版、应用的乡土教材，创建了我国第一所乡土教材收集与研究中心，作为我国乡土教材研究、建设的窗口和平台，对我国乡土教材的建设具有重要的历史和现实意义。

3. 乡土教材相关课题、项目的开展

目前，国内关于乡土教材开发与研究的工作主要由中央民族大学、西南师范大学和西北师范大学的课程研究中心在实施，如1997年—1999年，由西北师范大学组织协调，西北师范大学教科院万明钢教授具体负责的中国—加拿大合作研究项目"为藏族基础教育编写乡土教材"选定甘南藏族自治州为类型研究对象。用藏汉两种文字对照，反映藏族普遍文化和甘南藏区乡土文化的生态环境、生产生活、历史、艺术等七个方面内容的综合性乡土教材。对弘扬民族文化、传授乡土知识具有十分的意义。此外，新疆师范大学的孟凡丽教授也主持了西北少数民族地区乡土教材开发研究；四川师范大学的巴登尼玛教授，1995年应邀赴加拿大多伦多大学，研究设计"中－加合作项目，CIDA资助，中国西北少数民族乡土教材研究"项目，并为中方该课题负责人。中央民族大学的乡土教材研究工作主要是以滕星教授为主要负责人展开搜集、研究与建设工作的。充分发挥了各自研究中心的资源优势。

与此同时，近年来国际NGO组织对中国西部少数民族地区教育给予了极大的关注，有力地推动了地方民族文化乡土教材的开发与建设。如联合国教科文组织资助了《民族贫困地区妇女、女童教育研究》，甘肃省教育厅中英项目办资助了《中欧甘肃基础教育项目教材研究》，世界自然基金会资助了《西北少数民族地区中小学环境教育发展研究》，福特基金会资助了《甘肃省少数民族贫困地区基础教育发展研究》和《甘肃省积石山县保安族基础教育发展》等。NGO组织为中国少数民族地区教育研究注入了极大的活力和动力。

（四）中国乡土教材研究存在的主要问题

第一，从研究的视角上讲，乡土教材宏观层面的研究理论基础薄弱，缺乏相关的学科支撑。从已有的文献看，我国专家学者对乡土教材进行的研究，大都局限于乡土教材的概念、价值、目的、功能等领域，而对与此相关的哲学、心理学、教育学、人类学理论未予以充分的关注，也没有从这些学科的视角对乡土教材进行反观。乡土教材微观层面的研究也主要是经验描述性的，真正实证性的研究几乎没有。

第二，从研究的内容上讲，局限于某个学科或者某些侧面。尤其以乡土地理和乡土历史研究居多，而对其他学科乡土教材的开发和研究较少，能够综合所有各个学科、各个方面的研究更少。对乡土教材的编写模式、教师培训的研究、以及民族文化与乡土文化在乡土教材的统一、地方知识与国家知识的协调、不同经济文化类型中乡土教材实施的比较研究等方面论述有限。

第三，从研究的方法上讲，局限于各类乡土教材的文本分析、经验描述，缺乏将文献法、观察法、访谈法、问卷法等多种研究方法以及静态研究与动态研究在乡土教材研究领域的综合运用。

第四，从研究的主体上来讲，当前理论研究方面，主要为中央民族大学、西南师范大学和西北师范大学三所学校；实践研究方面，散见于各地中小学教师。理论与实践力量之间缺乏长期的合作，研究力量有待整合，迫切需要更多更强有力的组织机构加入。

第五，从研究的范围上讲，仅是局部性的区域研究，没有突破地域限制，地方大学缺乏强有力的支撑，需要更多的研究资源的调配和整合。

（李素梅　滕　星　张爱琴）

第一部分 中国乡土教材的百年嬗变与政策沿革

从某种意义上说,乡土教材的产生和发展是教育发展的必然,也是各国教育本土化和个性化发展的必由之路。我国乡土教材作为学校教育的重要补充,产生于清末民初,距今已有一百多年的发展历史。它是我国教育文化和优秀传统文化的有机组成部分,也是我国教育本土化的最有力见证。然而,对我国百年乡土教材的产生、发展和演变至今尚未有人进行系统整理。本书依据大量散见的史料,试图对我国百年乡土教材的发端、演变脉络及政策沿革进行系统的梳理分析和较为详尽的阐述,以期对我国乡土教材今后的发展产生点滴的促进作用。

一、中国[①]乡土教材的演进

考证我国乡土教材的发端,需追溯我国乡土教育的渊源。在我国,清末新政期间,晚清政府推行的一系列新政都以日本和德国为楷模。在程美宝先生的研究中曾提及"在笔者所见的乡土教

---

① "中国乡土教材的演进"、"中国乡土教材的政策沿革"、"中国百年乡土教材发展演变的评价"这三部分内容仅论述"中国大陆",对台湾地区的论述见于"中国台湾地区乡土教育历史演进与评述"。——编辑注

材中,有编纂曾提及'乡土史教授倡于德人柴尔支门'①;另一可兹为据的资料是序于1907年的江西省《新修建昌县乡土志》,该县知事在总序中提到他在'丙午(1906)春遣小儿光藻游学东瀛,万里邮函,得询悉日本小学校儿童教授要法,皆从乡土入手为多'②。可见,德国和日本是清末'乡土教育'概念的重要来源。"③光绪二十七年(1901)一月底,清政府开始在多个方面进行改革,废科举、立学部、兴学堂等措施陆续出台。光绪二十九年(1903)十一月公布的奏定初级小学堂章程,历史、地理和格致三科内容均以乡土研究为中心。鸦片战争以后,阶级矛盾、民族矛盾不断激化,清朝面临内忧外患,为了摆脱这种形势,洋务运动、维新运动相继在全国各地展开。随着对外交流的加强,国内教育界已经熟悉了当时西方课目体教材的编制方法,在乡土教育被提上日程后,课目体的乡土教科书也就开始出现了。与此同时,教育必须纳入国家的统一管理中,亟需制订一个体例规范。清政府为此在1905年颁布《乡土志例目》,作为乡土教材编纂指导方案。按照清政府的想法,鼓励各地按照新颁《乡土志例目》尽快编纂乡土志,把乡土志基本内容设置为历史、政迹录、兵事录、首旧录、人类、户口、氏族、宗教、实业、地理、山、水、道路、物产、商务共十五门,每门的内容都有详细要求,并以之为各地推行乡土教育的基本素材。《例目》吸收了传统地方志的基本体例和内容特色,基本上是地方志体例,由此奠定官方编写乡土教材的基本格局。所以,从总体上看,乡土教科书、乡土教材和乡土志一开始是并行不悖地存在的,只不过前者多由

---

① 转引自程美宝:《由爱乡而爱国:清末广东乡土教材的国家话语》,载《历史研究》,2003(4),70页(原注释,黄佛颐,《广东乡上史教科书》,光绪三十一年粤城时中学校刊本,《编辑大意》)。
② 《新修建昌县乡上志》,《总序》,(出版时地不详),序,于光绪三十三年。
③ 程美宝:《由爱乡而爱国:清末广东乡土教材的国家话语》,载《历史研究》,2003(4),70页。

民间教育界人士所编，基本上都采用课目体，而后者则更带有官办的色彩，全部是《例目》规定的十五目体例。随着时间的推移，二者的体例、名称之间的区别才逐步弱化。

这样看来，早期的乡土教材主要包括两类，一是根据《例目》编纂的"乡土志"，二是按照当时为适应教育改革而兴起的各类新式教科书的模式而编撰的"乡土教科书"。两者在形式、内容以及编纂动机方面虽有区别，但在内容、概念和词汇的运用上却有着某种姻缘。它们之间既有联系，又有区别。晚清政府进行教育改革时，在全国小学开展乡土教育并编定《乡土志例目》作为模式，直接导致乡土教材的产生和兴起。

（一）中国乡土教材发展的第一个时期：清末—20世纪初

以1903年《奏定学堂章程》及1905年《乡土志例目》为标志，中国掀起了乡土教材研究的第一次高潮。清末民初我国出现的小学乡土教材是"乡土志"与乡土教科书，是清末民初教育改革的产物。以"乡土志"作为书名，较早出现的是清光绪十七年（1891）吉林《打牲乌拉地方乡土志》、黑龙江《宁古塔地方乡土志》、《阿勒楚喀乡土志》，但它们只是应当时纂修省志的需要，收集整理并向上呈报的材料，属于普通的地方志，与后来大量出现、作为小学教材的乡土志有本质的区别。① 1903年清政府颁布《奏定学堂章程》，规定历史、地理、格致三科内容主要以乡土研究为主。之后，教育界提出要加强对儿童的乡土教育，编写出了一些乡土教材，如1904年《锡金乡土历史》、《锡金乡土地理》②等等。虽然癸卯学制明确指示小学堂要实行乡土教育，但对于应

---

① 马大正：《新疆乡土志稿·序言》，全国图书馆文献缩微复制中心，1990。黄曙光：《乡土志述略》，《中国地方志通讯》，1984（4）。二者都认为昊大献山西《保德州乡土志》编辑于光绪五年（1879），把它当作最早的乡土志，有误。

② 王兴亮：《清末民初乡土志书的编纂和乡土教育》，载《中国地方志》，2004（2），43页。

该采用什么教材,却无进一步规定。可见,清末教育改革过程中,编纂教科书的责任,实际上是由个别学堂、教师和出版社承担的。乡土教材既须因地制宜,不可能有自上而下、全国性的编纂计划。但政府又要对教育统一管理,于是在 1905 年,清政府颁布了《乡土志例目》为乡土教材的编纂提供了范例,于是作为小学乡土教材的乡土志开始大量涌现,如《辑安县乡土志(全)》、《双阳县乡土志》、《闽县乡土志(二)》、《大孤山乡土志》、《开通县乡土志》、《西安县乡土志》、《珲春乡土志》、《双山县乡土志》、《安广县乡土志》、《黑龙江乡土志》、《怀德县乡土志》、《扶余县伯都纳乡土志》、《辽源县乡土志》等。后来,1910年 8 月吴允让辑著《东阳乡土历史》、《东阳乡土地理》共六册,并附全县地图一张,实开全国自编教材进行乡土教育之先。[①] 此阶段,我国乡土教材研究也进入第一个高峰期。

总之,清末新政期间,为响应政府提倡乡土教育的政策,地方上的读书人纷纷编纂乡土志和乡土教科书作为初等教育的教材。这些教材的编纂,大多受当时各种新思潮的影响。这股编纂乡土教材的热潮虽属昙花一现,却反映了清末宪政改革期间,在各种新思潮的影响下,清政府积极推动教育改革,为我国乡土教材兴起奠定了基础。

(二)第二个时期:民国时期 1910 年—20 世纪三四十年代

这一时期又分三个阶段:辛亥革命时期、抗日战争时期及解放战争时期。其中,以 1932 年教育部颁布《小学课程总纲》为标志,乡土教材研究进入了第二次高峰期。

[①] 中国人民政治协商会议浙江省金华市委员会文史资料工作委员会编,我国最早的乡土教材《金华文史资料,教育专辑》(第 5 辑),167 页,杭州,浙江人民出版社,1989。

1. 辛亥革命时期

从光绪三十三年（1907年）起，一直到民国十二年（1923年）止，初等小学不设史地科目，所以有些小学在民国二年（1913年）时，特设乡土教材，以做补充。但是官方并不提倡，即不规定于课程中，故而后来成立了常识科，在表面可以弥补缺憾，而乡土科也就废止了。然而低年级的各科教学，却大都仍注重环境四周的事物，体现乡土教育的精神。民国政府重新制定了学制，并屡加修改，对乡土教育工作始终很重视。这一阶段编写的乡土教材有1919顾缉明编、正言出版社出版的《乡土教材》；杨敷施等编、镇海县动员委员会文教组出版的《高级国语课本》等。

中华教育改进社在民国十一年（1922年）至十五年（1926年）间，对于我国教育的改革做出了很大贡献。召开年会时，常有关于实行乡土教育的决议。这一时期所见乡土教材有1922年侯鸿鉴编、奇树明新学校出版的《晋江乡土志》；1923年刘千俊编的《湘潭乡土》。"全国教育会议报告（乙编）"中写到："小学儿童的读物，应该顾到两方面：甲是全国公共的教材，乙是本地方特有的教材。国定的课程和国家审定的教科书，当然只可顾及全国公共的一方面；但本地方所特有的一方面，自也不可放弃。所以除将本地方所特有的教材，在教学时和全国公共的教材对比研究等外，可准各地方教育行政机关自编关于本地方特有的乡土教材的补充读物。"[①] 但以后实际编纂者寥寥无几，足见各地对于地方教材的忽视了。

1930年5月（民国二十九年），蔚县职业学校以县志为依据编辑的《蔚县乡土地理志》由蔚县周刊社印刷出版。它起到了让

---

① 中华民国大学院编纂：《近代中国史料丛刊续辑》（429），《全国教育会议报告》（一、二），592页，北京，商务印书馆，1928。

人们了解蔚县,热爱家乡的作用。① 这时能见到的乡土教材有:1930年沈石如编、高邮县立第一小学出版的《高邮县乡土表解》;李清悚、蒋子奇编,南京书店出版的《首都乡土研究》;1931年傅恩岭编、南开中学出版的《南开中学东北地理教本》等。

2. 抗日战争时期

民国时期实施国民教育,各科均使用教育部审定的教材。除国定本外,有的学校在国语课中选讲含有民族意识和有关抗日战争的文章,有的学校还舍《公民》课本而用自选教材。民国十八年(1929年)八月,教育部公布的小学课程暂行标准将乡土教材包含于各科作业要项和教学要点里。1931年10月县政府遵照国民革命军二十一军司令部加授"乡土教材"的指令,乡各高级小学印发了《乡土教材编辑条例》,② 由各校自编乡土教材,农职校由授课教师自编讲义。

民国二十一年(1932年)十月正式课程标准颁布,关于乡土方面的规定更多。在《教学通则》的第二条、第十五条以及公训、卫生、体育、社会、自然、算术、劳作、美术、音乐各科教学中均有乡土内容的具体规定。③ 此后乡土教材的研究便掀起了第二次高潮。

国民政府在颁布课程标准之后,各省市厅局对于乡土教材的搜编采取积极行动。"九一八"国难以后,国人盛倡的民族教育、救国教育、国防教育、生产教育,都以研究本地历史地理、教授乡土教材、培养儿童的爱国爱乡的观念为重要任务,于是乡土教育更为重要了。如1934年毛觉吾编、鄞县教育局铅印本《鄞县

---

① 周清溪:《蔚县最早的乡土教材〈蔚县乡土地理志〉蔚县文史资料选辑》,第十二辑,中国人民政治协商会议河北省蔚县委员会文史资料委员会,73页,2002。

② 国务院法制局中华人民共和国法规汇编辑委员会:《中华人民共和国法规汇编》,1958年1月—6月,445页,北京,法律出版社,1958。

③ 蔡衡溪编:《乡土教育纲要》,5页,北京,大华书局,1935。

小学乡土教材》以及1936年黄国才编、鄞县教育局铅印本高级小学教材，[①]内容涉及地理、历史等。对历史上倭患、与日本的关系和浙东史学等介绍较详细。

关于乡土教材的编纂，各省情况不同。这一时期，差不多全国各小学对于乡土教育都在全面实施，涌现出了大量的乡土教材，有1934年夏雨农等编、江山县教育局出版的《江山县小学乡土教材参考资料》，王懋德编的《大单元乡土教材实例》；1935年，陕西省教育厅编辑室编的《各科乡土教材》；1936年大同县乡土教材编委会编、同和书局出版的《大同县乡土教科书》；1938年昆明实验教育局编、昆明实验教育局出版《修订昆明县小学乡土教材》；1939年毛觉吾编、鄞县县政府出版的《鄞县战时乡土教材》；1940年柳定生著、钟山书局出版的《四川历史》；1941年林观得编、建国出版社出版的《福建地理》；1942年张荫椿等编，刘诚、高时良校订，福建省政府教育厅出版的《福建省中心国民学校乡土补充教材第1、2册》；1943年高时良著、徐君梅等编、福建省政府教育厅编辑委员会出版的《福建省的文化》等丛书；1945年曹钧石、马精武等编，正言出版社出版的《乡土教材》等等。同时也出现一批乡土教材论著，如1934年蔡衡溪编、大华书局出版的《乡土教育纲要》，1936年曹凤南编、上海中华书局出版的《乡土教育的理论与实际》，王骧编、新亚书店出版的《乡土教育研究》，1935年徐阶平著、开华书局出版的《实际的小学教材研究》，谢永臧编、省立福州师范学校第二附属小出版的《我校的乡土教育》和《我们的福州教学大纲》；1936年水心著、正中书局出版的《怎样编辑地方教材》；1939年梁上燕著、民团周刊社出版的《乡土教材编辑法》等。

在编纂乡土教材、实施乡土教育的各省中，由以江苏、浙江

---

① 《宁波词典》编委会：《宁波词典》，306页，上海，复旦大学出版社，1992。

两省最为突出。民国二十三年（1934年）六月，"江苏省小学教师半月刊"曾特刊乡土教材专号，刊载了十三篇文章，① 对于乡土教材的各个方面，都有论及，可算个是我国第一本讨论乡土教材的专著。同年八月，"浙江教育行政周刊"亦发刊乡土教育专号，主要刊载了十四篇文章，② 对乡土教育的理论方面的问题进行了阐述，民国二十四年（1935年），"江苏省小学教师半月刊"又特刊乡土教学实施报告号，刊载了十一篇文章，③ 对各地乡土教学实施的不同方式进行报告。1935年，上海实小还成立了本校的乡土陈列室。这一时期，乡土教材的研究是全方位的，对乡土教材的目的、意义、内容、范围、教学方法等方面进行了全面深入的研究，可以说乡土教材研究达到了鼎盛时期。

3. 解放战争时期

解放战争时期乡土教材呈现相对衰落态势。这一时期仅能看到的有1948年吴志尧编、商务印书馆出版的《小学乡土教学》、王伯昂编著、商务印书馆出版的《乡土教材研究》两本专著，乡土教材也寥寥无几，主要有1946年钟旭元、李次民编、广东省政府教育厅出版的《广东省乡土教材》，李聪编、缙云师范学校出版的《云县乡土教材》，汕头市第四小学校编、汕头市第四小学校出版的《社会科乡土教材》，1947年束秀东编《泰县乡土教材》，姚铭盘等编、小学教材出版社的《无锡乡土新课本》，1949年陈宗棠著、编者自刊出版的《四川乡土常识》。但这一时期乡土教材的内容有了一些变化，加入了政治、文化、文学、经济、英雄人物等内容。如在《泰县乡土教材》中，分4部：甲、史地

---

① 小学教师半月刊（乡土教材号）第一卷第十八期，江苏省教育厅编印，民国二十三年六月。

② 浙江教育行政周刊（乡土教育专号），第五卷，第四十九、五十号合刊，浙江省教育厅印行，民国二十三年八月。

③ 《江苏省小学教师半月刊（乡土教学实施报告号）》，第二卷，第十九期，江苏省教育厅编印，民国二十四年六月。

概况；乙、民族英雄史迹；丙、政治和文化；丁、经济与社会。① 杨大恩在1940年《石阡乡土教材辑要》的《自序》的叙述中，我们也可以了解当时乡土教材的历史背景及其所要达到的目的。这一时期的乡土教材也突出文学、经济的内容，在1949年，私立大道中学、私立甘棠中学的国语教师，舍课本的一些内容，选讲鲁迅、巴金的作品；史地课亦结合社会政治经济实际，突出爱国主义思想，以社会发展的必然趋势选讲教材。这一时期内容上虽有一些变化，但爱国的主题没变。

（三）第三个时期：新中国成立至今

这一时期又分为三个阶段：第一阶段，新中国成立到1966年；第二阶段"文化大革命"时期；第三阶段，改革开放以后。其中，以1958年颁布的《教育部关于编写中小学、师范乡土教材的通知》为标志，乡土教材研究迎来了第三次高潮；以1987年6月，以国家教委在浙江建德召开了全国乡土教材工作会议为标志，乡土教材研究进入第四次高峰期；1999年，《中共中央国务院关于深化教育改革全面推进素质教育的决定》及2001年教育部颁布的《基础教育课程改革纲要》，乡土教材研究迎来了第五次高峰期。

第一阶段（新中国成立到1966年）。新中国成立后，教育的重要任务之一是扫盲，除统编教材外，主要的补充教材是扫盲教材，全国各地出现了一批扫盲教材。如1952年罗徵撰、河北人民出版社的《两条道儿走哪边》，1959年宁夏回族自治区文教厅编、宁夏回族自治区人民出版社的《工农阅读练写课本第一册》，文字改革出版社出版的《扫盲阅读课本上册》、《拼音识字课本试用本第二种下册》等，1960年健富编著，江苏人民出版社的

---

① 束秀东编，丁作彬等校：《泰县乡土教材》，1、2页，南京，中央印务局，1947。

《公社一年》等。新中国成立初对乡土教材提及的较少,在1952年的博物一科中有所涉及,如在《怎样教博物》中就有所提及。1958年1月23日,教育部颁发《教育部关于编写中小学、师范学校乡土教材的通知》,① 通知强调,中小学和师范学校地理、历史、文学等科教学都要讲授乡土教材。此后,各地为落实《通知》精神,纷纷编写乡土教材,成立教材编写处,编写地方教材。

从1958年到1965年大部分省市均编写了本省的乡土地理、乡土历史大约几十种,如1958年贵州省教师进修学校编、贵州人民出版社的《贵州地理》,王维屏编著、江苏人民出版社的《江苏省乡土地理教材》,1959宝应县文教局教研室编、宝应出版社的《宝应县乡土地理教材》,广东省教育厅编、广东人民出版社的《广东省中学历史乡土教材试用本》,河南省教育厅教学指导委员会编、河南人民出版社的《河南省语文乡土教材试用本第一分册》;内蒙古自治区教育厅教研室编、内蒙古人民出版社的《内蒙古自治区中学历史乡土教材代用课本》,1961年浙江教育学院编、浙江人民出版社的《初中中国历史第一册浙江乡土史教材》,1962年浙江教育学院编的《初中中国历史第三册浙江乡土史教材》,1963年黑龙江省教育学院编、黑龙江人民出版社的《黑龙江省野生植物利用试用本》,1964年四川省教育厅教学研究室编、四川人民出版社的《四川地理》,1965年云南省教育厅审编、云南人民出版社的《云南省初级中学地理乡土教材试用本》,至此乡土教材的编纂掀起了新的高潮。但这一时期有关乡土教材研究的论著几乎没有看到,文章也很少,能够看到的只有

---

① 《新中国法制研究史料通鉴》编写组:《新中国法制研究史料通鉴(第6—11卷)》,10174页,北京,中国政法大学出版社,2003。

《我们在历史教学中运用乡土教材的点滴经验》,[1] 在个别教育理论书籍中、章节中有所涉及,如《乡土教材在教学过程中的引用和运用》。[2] 所讨论的也是乡土教材在教学中的应用,很具体,无系统讨论。

第二阶段("文化大革命"时期1966年—1976年)。这一时期乡土教材的研究几乎是空白,看不到相关的论著,乡土教材只有1976石门县蒙泉中学语文乡土教材编选组、常德地区教学辅导站出版的《语文乡土教材选编》,1975年上海市虹口区教师进修学校编、上海人民出版社的《小学语文乡土教材资料》,1971年上海人民出版社的《压不住的怒火》,1974年北京市教育局教材编写组编、人民出版社的《地理》(上册)几本。这一阶段乡土教材的研究几乎是空白时段。

第三阶段(改革开放以后)。党的十一届三中全会,同样给乡土教材的编纂与研究带来了勃勃生机,为了贯彻落实教育必须为社会主义建设服务的方针,加强学生的爱国主义教育,国家教委于1987年6月3日至6月7日在浙江省召开了全国乡土教材工作会议,到1990年底,据不完全统计,3年中,各地编写的乡土教材达2000种以上,包括了地理、历史、生物、思想品德、音乐、美术等学科,涉及到小学、初中、高中各年级。"[3] 这一时期,就有关乡土教材如何选编的问题,有许多相关论述,如

---

[1] 河北省涿县一中史地教研组:《中学历史教学经验选集第一集》,192页,北京,人民教育出版社,1959。

[2] 沙茨基(В. П. Шацкий)(苏)著,左翼译:《教学中理论与实际的联系》,60页,北京,人民教育出版社,1958。

[3] 国家经济体制改革委员会编:《中国经济体制改革1991》,北京,改革出版社,1991。

《乡土教材的编选》、①《怎样自编乡土教材》、②《编写出版德育乡土教材》③、《怎样组织学生自编乡土教材和开展采集民风活动》④《编写出更多更好的乡土教材来》等。有关乡土教材搜集、使用及作用方面的研究也比较集中，如《乡土教材在历史教学中的作用、乡土教材的搜集和使用》⑤、《乡土教材的运用》⑥、《利用乡土教材，进行爱国主义教育》⑦还有关于乡土教材建设及调查报告，如《榕江乡土教材、定番县乡土教材调查报告》⑧、《乡土教材和社会调查》⑨。这一阶段的乡土教材论著有1992年陈胜庆编著、测绘出版社的《乡土地理教育新论》，1992年杨慎德编著、测绘出版社的《中学乡土地理教学与研究》，1992年崔粲著、辽宁教育出版社的《历史教学论纲要》等。这些论著主要是某一领域的具体论述，针对乡土教材系统的、整体的论著还没有。

有了地方课程，就要开发一些地方教材。今天的地方教材与20世纪80年代提出的乡土教材是有区别的。20世纪80年代中期经历了一次中小学教学计划、课程、教学大纲和教材的大改革、大调整，此项改革和调整一直持续到20世纪90年代初期。

---

① 王前新、周明星：《创新教育全书·第2卷》，1020页，北京，九洲图书出版社，1999。

② 顾明远主编：《中小学学校工作实用全书，学校教学工作卷》，62页，北京，北京师范大学出版社，1996。

③ 陶西平：《北京市普通教育年鉴》，359页，北京，北京出版社，1993。

④ 王铎全主编：《教师之友》，710页，上海，文汇出版社，1991。

⑤ 王前新、周明星：《创新教育全书·第2卷》，117~119页，北京，九洲图书出版社，1999。

⑥ 于魁荣编著：《小学历史启蒙教育》，173页，北京，光明日报出版社，1989。

⑦ 刘德印，北京宣武区琉璃厂小学科研室编：《提高教师素质培养学生能力实验课题论文集》，106页，北京，军事谊文出版社，1996。

⑧ 丁世良、赵放：《中国地方志民俗资料汇编·西南卷上、下》，641、664页，北京，北京图书馆出版社，1991。

⑨ 费孝通著：《人的研究在中国》，110页，天津，天津人民出版社，1993。

当时提出，为了改变教材存在不同程度的脱离民族、地区、学校和学生实际的状况，教材建设从"一纲一本"转到"一纲多本"，逐步做到中小学有可供选择的多种教材。为此，提出了除通用教材以外，还要编写地方教材（包括乡土教材、中小学劳动（劳动技术）课教材和本地需要的补充教材）。这些教材由地方编写和审定，在本地区推荐使用。由此可知，今天的地方教材与20世纪80年代的乡土教材的共同点在于，都是为了促进教材的多样化，使教材更适应不同民族、地区、学校和学生的需要。无论是地方教材还是乡土教材，《纲要》的颁布，给这些教材留有了一定的空间，地方有责任开发、设置国家课程以外的、留有空间给地方的、学年课时总数和周课时数控制在国家所规定的范围内的课程。① 也就是说，国家课程也给地方改编和开发课程留出了空间。此外，在国家课程里也有一部分要适应地方的需要，由地方来补充、完善和改编。

新课改为学校乡土教育的创新发展注入了生机，给乡土教材带来了发展的空间。新课改着眼于培养学生创新能力和实践能力，强调课程内容、学生现实与社会生活的联系，呼唤生活世界的回归，课程综合化成为课改的重要趋向，并设置综合实践活动课程。在许多省市，一批校外乡土教育基地得到培育和开发。乡土教育正在新理念的引领下进入中小学教育改革的视野。

此后的几年间，各地纷纷编写出版自己的乡土教材，到2006年数千种乡土教材问世，内容也逐渐丰富起来，有关乡土教材的文章有数十篇，更多的教育专家及教育人士投身于乡土教材的研究，一些基金会及民间机构，如香港乐施基金会、北京天下溪教育机构也都把目光锁定在这一领域，为乡土教材的开发研究采取了一系列措施。中央民族大学中国少数民族地区基础教育

---

① 卓晴君、徐岩：《关于地方课程建设的几点思考》，《中国教育学刊》，1~4页，2002（4）。

研究中心将"中国西部少数民族地区乡土教材开发的教育人类学田野调查与基础理论研究"作为"985工程"项目的内容之一,并积极筹备成立"中国乡土教材搜集与研究中心"、"中国少数民族地区乡土教材陈列室"。官方对乡土教材的收藏与研究也给与高度重视,教育部民族教育司曾发函给少数民族地区,协助搜集乡土教材,中央民族大学中国少数民族地区基础教育研究中心同时发起了"中国乡土教材搜集志愿者招募活动",其目的一是通过深入研究,创建乡土教材的系统理论,从而对我国乡土教材的建设提供系统的理论指导,解决我国乡土教材建设始终缺乏系统理论之不足;二是通过搜集、保护、研究乡土教材,抢救并开发我国乡土教材资源,为我国乡土教材研究提供一个多面向、高水平的资源和研究平台;三是有效联合各方面力量,培养学术团队,建立一个推动我国乡土教材研究和开发的基地;四是通过乡土教材的收集开发,建设一个资料完善、条件完备的乡土教材共享资源库,以保护与传承我国优秀传统文化,促进我国教育本土化的发展。为了交流、推广项目的经验和方法,进一步推动我国基础教育课程改革的进展,2009年10月9日至10日,该中心与中国教育学会教学论专业委员会在北京共同主办了"课程与文化:中国乡土知识传承与校本课程开发研讨会"。来自中美两国及海峡两岸的教育学、人类学、民族学、社会学等学科的专家学者,教育部、国家民委的官员,美国福特基金会、香港乐施会等公益机构代表,以及基层学校管理者和教师等近200人与会。会议共收到论文70余篇,20余位专家作了主题报告,50余位代表作了分组专题发言,主办单位还展出了中国乡土教材收藏与研究中心(筹)珍藏的清末至今的3000多册乡土教材。本次会议从历史、现实、理论三个维度,讨论了乡土知识传承的内涵与特色、广泛交流了乡土知识传承的经验与方法,此次研讨会为进一步推动我国乡土教材和校本课程开发事业的发展,为民族地区基础教育课程改革提供了新的发展思路。本次会议是20世纪30年代晏阳初、梁漱溟、陶行知等教育家从事民国乡村教育运动以来我国首次以乡土知识传承和校本课程开发为主题的大规模、高规格的会议。中国教育学会会长顾明远教授和教学论专业委员会理事长裴娣娜教授认为,用人类学的方法研究与各民族的教育,是中国教育研究发展的一个重要方向,这次会议在中国乡土教材的开发和应用历史上具有开拓性的意义。鉴于本次会议的重要意义,国内如新华网、人民网、国家民委网、教育部网、搜狐网和新浪网等重要网站以及很多地区教育网均先后争相报道,《瞭望》杂志也深度报道了本次会议。这对全国重视乡土知识、乡土教材以及传统文化具有十分重大的意义。至此,乡土教材的开发与研究进入了第五次高峰期。

综上所述,纵观百年乡土教材的研究,无论是理论研究还是实践探索,都是某一时期、某阶段的研究,研究的内容也只是从意义、目的、编纂动因、内容范围、编写过程、实施等方面进行,但在乡土知识、乡土课程、乡土教材等核心概念做明晰界定,对已有的实践研究成果获得的生动丰富经验进行理性提升,对国家建设模式与乡土知识的传承以及有效处理国家课程与乡土课程的关系,乡土知识与文化重建,乡土教材研究人本教育化的学术动因等方面,到目前为止,学界还尚未进行集中、系统的研究,还有待于进一步的探讨。

二、中国乡土教材的政策沿革

乡土教材政策是中国近代社会政治发展的产物。乡土教材在反映和书写历史的同时,也深深地打上了历史的烙印。纵观中国乡土教材发展的的百年历程,不难发现,乡土教材的发展史实质上就是一部中国社会政治发展史的缩影。教育教材的发展无不服务和受制于全国政治、经济、文化、思想意识形态的发展状况和发展水平。社会安定,则教材多样化的空间就大,乡土教材开发的权力和空间就广；相反，社会动荡，乡土教材发展便受到阻碍，甚至会出现停滞或倒退现象。因此，在梳理中国乡土教材百年发展历史轨迹的同时，对中国乡土教材的政策沿革进行专门的分析和总结，是促进乡土教材发展的必要保证。

（一）清末民初乡土教材政策

1840年鸦片战争以后，阶级矛盾、民族矛盾不断激化，清政府面临内忧外患的局面。为了摆脱这种形势，洋务运动、维新运动相继在全国各地展开。光绪二十九年（1903）十一月，新出台的《癸卯学制》对小学乡土教育提出明确要求：一、二年级历史课学习"乡土大端故事及本地古先名人之事实"；地理课学习"乡土之道里、建置，附近之山水，次及于本地先贤之祠庙遗迹等类。"三年级历史课学习"历朝年代国号，圣主贤君之大事。"地理课学习"本县、本府、本省之地理、山水，中国地理之大概"。可见，乡土教育的提出既是晚清政府加强自身统治的内在需要，更是面对外侮，国内朝野一致的爱国主义要求。这一政策出台以后，许多国内教育界人士编写了一些乡土教科书和乡土教材，这些乡土教材大多采用课目体。

与此同时，为了将乡土教育纳入国家的统一管理体系，1905年，京师编书局监督黄绍箕按照癸卯学制的要求编订并由学部下发了《乡土志例目》作为全国编纂乡土教材的指导方案。《乡土志例目》吸收了传统地方志的基本体例和内容特色，按照地方志体例，把乡土志基本内容设置为历史、政迹录、兵事录、耆旧录、人类、户口、氏族、宗教、实业、地理、山、水、道路、物产、商务共十五门，每门的内容都作详细要求。《例目》由各省学务处下发到省府州县，要求地方严格执行，由此奠定了官方编乡土教材的基本格局。此后，全国各地掀起了编纂乡土志书的高潮。我国目前保存的乡土志书，大多是在光绪末年至宣统这几年间遵照《乡土志例目》体例编纂的。

辛亥革命以后，民国政府虽重新制定了学制，但仍然对乡土教育工作很重视。1914年，教育部催促各县编纂乡土志或乡土教科书；1916年，教育部规定"教授地理宜先注意于乡土之观察，以引起儿童之兴味及其爱乡思想"①；1929年4月，第二次全国教育会议在南京召开，通过改进全国教育方案中关于改进初等教育的计划，在课程方面，有"各市县可在课程中斟酌本地状况，编制乡土教材及实施细目，用来代替课程中的某部分……"②的规定。同年8月，教育部公布《小学课程暂行标准》将乡土教材包含于各科作业要项和教学要点里。民国二十一年（1932年）十月正式课程标准颁布，关于乡土方面的规定更多。在教学通则的第二条、第十五条以及公训、卫生、体育、社会、自然、算术、劳作、美术、音乐各科教学中均有乡土内容的具体规定。③ 1933年12月，国民政府颁布《小学法》，其中第九条规定小学教科书应注重各地方乡土教材；1937年，教育部又颁布训令，"二年制短期小学教材应采用部编课本为原则，各地方为适应需要起见，得酌量编订乡土补充教材"；④ 1938年4月，中国国民党临时全国代表大会制订《战时各级教育实施纲要》，规定应注重各地方清末民初乡土志书的编纂和乡土教育乡土教材。从清末至民国时期，乡土志书、乡土教材的编纂工作始终没有间断。

抗日战争、解放战争时期，整个社会处于动荡之中，乡土教

---

① 中国历史档案馆，高等小学校令施行细则：《中华民国史档案资料汇编三辑"教育"分册》，469页，南京，江苏古籍出版社，1991。

② 曹凤南编：《小学乡土教育的理论与实际》，23页，上海，上海中华书局印行，民国二十五年九月。

③ 蔡衡溪编：《乡土教育纲要》，5页，大华书局出版，1935。

④ 中国历史档案馆：《教育部检发二年制短期小学暂行规程及课程标准总纲的训令》，《中华民国史档案资料汇编五辑"教育"编》，638页，南京，江苏古籍出版社，1991。

材的发展也陷入困境。

(二) 新中国乡土教材政策发展历程

新中国成立后，政治和经济的发展大体经历了恢复、停滞和发展三个阶段：

1. 新中国社会恢复阶段的乡土教材政策

中华人民共和国成立以后，恢复和发展人民教育成为当务之急，但是，全国政治、经济、文化、思想意识形态等呈现多元性，各地教育状况千差万别，语言文字很不规范和统一。为尽快结束这种局面，实现国家的统一和政权的巩固，我国借鉴苏联的教育经验，在教育上强调中小学课程管理的国家宏观控制，实行国家高度统一课程教材政策，课程计划和课程标准全国统一。1949年12月23日—31日，教育部召开第一次全国教育工作会议。会议提出教育必须为国家建设服务，学校必须向工农开门，这成为当时指导教育和教材编写的指导思想。教材的编写和使用权集中于国家，这是新中国成立以来，教材编写使用权力的第一次回收，乡土教材也不例外。

20世纪50年代中后期，国家政权初步巩固，社会基本稳定，党和国家领导人认识到教材的统一性所出现的问题，乡土教材的开发受到关注。1958年1月23日教育部下达了《教育部关于编写中小学、师范学校乡土教材的通知》。《通知》对乡土教材的选材标准、内容、选材范围、教学时间、审定机构都做了比较详尽的规定，并进行举例说明。该《通知》是中华人民共和国建国以来对乡土教材规范较为完整、全面的正式文件。更值得一提的是，当时就已经充分认识到中小学乡土教材与师范学校的紧密关联性，提出了中小学和师范学校地理、历史、文学等科教学都要讲授乡土教材的要求。[①] 在乡土教材编写上对中小学和师范学校协调发展的态度是此后乃至今天我们在提倡乡土教材开发时，政府文件中所未关涉的。但这时，乡土教材的地位仍处于补充教材的位置，提倡分散插入教学。同年8月，中共中央、国务院发布了《关于教育事业管理权力下放问题的规定》，该规定指出，今后教育部的任务之一是"组织编写通用的基本教材、教科书"，"各地方根据因地制宜、因校制宜的原则，可以对教育部和中央主管部门颁发的各级各类学校指导性教学计划、教学大纲和通用教材、教科书，领导学校进行修订和补充，也可以自编教材和教科书。"9月，教育部又发出通知，今后各地可以自编教材，教育部不再颁发教学用书表。于是，很多地方教育部门和学校都开展了编教科书和教学参考书的工作。这是中华人民共和国成立以来第一次将教材编写和使用权下放给地方。但由于当时地方编写乡土教材的能力较为有限，不能编写出适合当地发展需要的教材，效果不好，只好将教材的编写使用权统一收回。

1959年中共中央转发教育部党组《关于编写普通中小学和师范学校教材的意见》，指出：鉴于1958年底自编教材中存在问题，普通中小学教材应保证全国必要的统一性和应有的水平，教育部负责制定中小学和师范学校的指导性教学大纲，编写通用教材供各地采用，地方可因地制宜作适当变动，并编写补充教材和乡土教材。虽然提出地方可以编写乡土教材，但相对于之前，乡土教材的编写管理权有回攻趋势。课程的统一性和学术性进一步得到加强。

2. 新中国社会停滞阶段的乡土教材政策（1960年—1976年）

大跃进时期，在阶级斗争扩大化的背景下，受"共产风"、"浮夸风"的影响，乡土教材的民族性、地方性、教育性被政治

[①] 教育部：《关于编写中小学、师范学校乡土教材的通知》，《中华人民共和国国务院公报》，1958（5）。

性所掩盖,"服务政治,结合生产,联系实际,保证基础"成为当时编写乡土教材的原则,甚至提出"政治挂帅,思想先行,文教干部齐上阵,全体教师当尖兵,艰苦奋战五十天,教材改革放卫星"的口号,形成群众性的编写教材高潮,出现了对原有教材大砍大削的现象,使教材建设遭到严重破坏。① 尤其是1962年中共中央八届十中全会,毛泽东在会上提出"千万不要忘记阶级斗争",于是"以阶级斗争为纲"就成为一切工作的指导思想,在教育工作指导思想上再次造成混乱。

1966年开始的"文化大革命",给我国的经济建设和社会发展造成了严重破坏,社会动荡不安,也使我国的教育工作受到严重损失,教育失去应有的秩序。十年文革期间,原先的课程计划全部被废止,由各地区自行编定的教学计划、教学大纲和教材,处于无政府状态。表面上看,似乎实行了"课程教材多样化",实际上教育秩序混乱不堪,教材质量严重下降,教育受到严重影响。

3. 改革开放后的乡土教材政策(1978年至今)

"文化大革命"结束后,党和国家对教育进行拨乱反正和恢复重建。从1978年底开始,以中国共产党的十一届三中全会召开为标志,我国进入了社会主义建设的历史时期。在新的历史时期,国家恢复并重新编订了全国统一的课程与教材,实行课程教材统一管理政策,教材混乱的局面得以纠正。

20世纪80年代中期,尤其是党中央作出了经济体制改革的决定,实行社会主义市场经济制度以后,国家的教育得到了很好的恢复和发展,社会政治生活、经济和文化等状况发生了很大变化,国内的客观实际和国际形势向教育提出了新的挑战。国家积极主动地适应新形势的需要,在中小学教育中实行课程教材多样

---

① 金发文:《编写乡土教材的初步体会》,南昌,江西教育,1959(2)。

化。乡土教材的研究与开发工作重现生机。1986年，国家教委制定了《义务教育全日制小学初级中学教学计划》，于1990年正式执行。《计划》中明确规定"某些课程新的教学大纲，拟将80%左右课时用于统一的、共同的内容，20%左右的课时用于各地需要的内容，即乡土教材。"《计划》颁布后，有些地区组织人力编写了乡土教材，加强了乡土教育，但多数地区还没有重视这项工作，思想上还有阻力，工作上还缺乏经验。

1987年《中共中央关于教育体制改革的决定》指出："教育必须为社会主义建设服务，社会主义建设必须依靠教育"，这成为指导我国教育改革的总方针，也是进行乡土教材建设的主要依据。1987年6月3日至7日在浙江省召开了全国乡土教材工作会议。会议讨论了乡土教材建设的意义，研究确定了乡土教材编写的方针、内容、编写的形式、范围。但仍然强调乡土教材在学术观点上要与全国教材一致，作全国教材的补充。[1] 1987年10月10日，国家教委颁布了《全国中小学教材审定委员会工作章程》，规定：为适应本地区或本学校使用而编写的教材（乡土教材、选修教材、补充教材等），由省、自治区、直辖市教育行政部门审查，报国家教育委员会备案。省、自治区、直辖市教育行政部门根据需要可建立相应的中小学教材审查机构。

1990年5月4日至8日在南京召开了全国乡土教材建设经验交流会。会议总结和交流了近几年各地编写乡土教材、深入开展乡土教育的经验，评选了优秀的乡土教材，以进一步推动乡土教材的建设。据不完全统计，从1987到1990年的3年时间里，全国各地编写的乡土教材达2000种以上。[2]

1996年国家教委颁发的《全日制普通高级中学课程计划（试验）》明确规定，学校应该"合理设置本学校的任选课和活动

---

[1] 巴克良：《国家教委召开乡土教材会议》，课程·教材·教法，1987（8）。
[2] 肃南二中资料：《中央电化教育馆全国教育技术研究规划课题申请评审书》。

课",并且规定这一部分课占周总教学时数的20%～50%。到了1999年召开的全国教育工作会议上,《中共中央国务院关于深化教育改革全面推进素质教育的决定》中指出:"试行国家课程、地方课程和学校课程",确立三级课程体系。

2001年6月,国家教育部颁布了《基础教育课程改革纲要(试行)》(以下简称《纲要》)。《纲要》中提出国家、地方和学校三级课程管理体系,鼓励校本课程的发展,此后出现了许多根据《纲要》精神编写的地方教材和校本教材。这样就明确把地方课程和学校课程分别作为国家整个课程体系中的一个重要组成部分,作为三级课程管理中的一级,把地方和学校也作为管理和开发课程的主体之一。因此,地方课程的建设,对于新一轮课程改革目标的全部实现、新的课程体系的全面建立来说至关重要。2003年教育部颁布条例,允许各地自己开发本土教材,一批教育界人士和民间机构,迅速进入这个领域。北京天下溪教育咨询中心就是其中之一。从2005年起,"天下溪"每年都要举办一次乡土教材编写与使用研讨会。

2006年10月8日,教育部民族教育司下达了《关于协助搜集少数民族地区乡土教材的函》,2006年11月24日,教育部民族教育司又下达了《关于报送协助搜集少数民族地区乡土教材有关负责人名单的便函》,要求各地相关部门协助做好少数民族地区乡土教材的搜集和整理工作。

2007年3月,国务院办公厅印发了《少数民族事业"十一五"规划》。规划共提出了11项主要任务和11项重点工程,其中包括努力提高少数民族教育科技水平和大力发展少数民族文化事业两项任务以及实施民族基础教育帮扶工程和少数民族文化发展工程。这无疑为乡土教材的进一步发展提供了更多的政策支持和社会保障。

三、中国百年乡土教材发展演变的评价

（一）我国乡土教材源于舶来成于传统

从广义上说，乡土教材在我国自古就有之。但本文中所论的乡土教材是指近代开始的学校教育产生以后，相对于学校教育中所用的通用教材而言的。所以，从此意义上来说，我国的乡土教材这一概念源于舶来，是从西方引进并加以改造而成的。而这一过程的可贵之处在于从西方引进的同时就与我国的传统得到有机结合，很快就完成了本土化。正因为如此我们才有理由说，我国的乡土教材虽然源于舶来却成于传统。乡土教材的这种由外来迅速转化为本土化的过程对我国当前教育改革具有重要启示。改革开放以来，我国教育领域从国外引进了许多理论，但是从理论到实践上均出现了不适应于我国实际需要和实际情况之问题，分析其原因无非就是产生于西方文化之上的教育理论与我国的传统不适应。引进具有先进理念的教育理论本身无可厚非，然而，只引进不加改造却不如不引进，因为如此做法在客观上将张扬西方文化而无视我们自己的传统，置我优良的本土文化为西方文化的附属。

（二）我国乡土教材伴随于乡土教育运动、适应于教育改革运动

伴随清末时期改良运动而出现的乡土教材，在此以后的近半个世纪中始终与不同时期的乡土教育运动相联系，从而便带有某种政治色彩和部分承担"教育救国"之使命。辛亥革命时期我国的乡土教材得到极大的发展，"五四"运动时期也得到很大的提倡，很多本土的和从西方学成归来的教育家，如梁漱溟、陈鹤琴、陶行之、蔡元培等都纷纷投身到乡土教育改良运动中，将西

方教育思想和我国的优良传统紧密结合，纷纷办学，编写教材，其中就出现了大量的乡土教材。这一方面探索了我国乡土教育发展的有效途径，另一方面也大大促进了我国乡土教材的发展。就是说，20世纪上半叶我国乡土教材发展的最大特点就是以乡土教育运动为动力，以为政治服务为目的。

在我国近百年的历史变革中，曾经出现过许多次的教育改革运动，有局部地区的，也有全国性的；有自上而下的，也有自下而上的；有影响较大的，也有影响较小的。而这些运动都带有浓重的救国强国的政治色彩和中国本土化的民族主义特点。所以，无论教育改革运动是作为政治改革的有机部分还是作为相对独立的教育发展事业，我国这些年来的教育改革运动都有个共同之处：探索我国教育的本土化改造和与时代相适应的道路。正是这一共同性，每一次的教育改革运动，都围绕了教育中国化这一核心，从而或多或少地推动了乡土教材的发展，反过来不同时期的乡土教材都反映出了适应于教育改革运动的目的和需要。

（三）乡土教材普及面广而它的作用却为补充

我国的乡土教材从一开始就在全国各个地区得到普及，辐射面极为广泛。无论是在大城市，还是在偏僻的乡村山区，无论是人口密集的汉族地区还是人口稀少的少数民族地区，都先后出现了种类和数量众多的乡土教材。全国在同一时期内不同地区的乡土教材虽然在内容上不尽相同，但是在学校教育中乡土教材的地位则是同样的，那就是乡土教材是作为学校教育的有效补充而得到发展的。乡土教材的这一定位在我国近百年的历史中未曾变化过。这是因为在我国近百年的历史发展变化过程中，学校教育一直是贯彻国家主义的最有力武器，所以学校教育的发展变化都是自上而下进行的。学校教育从来就不是某一个体、团体或某一思想的产物，而是国家主义的产物，所以，学校教育以及作为其补充的乡土教材一直是由国家安排、调整的。也只有这样，乡土教材才能得到如此广泛的普及，才能合理地成为学校教育的有效补充。

（四）乡土教材政策是国家意识形态的表现形式之一

乡土教材是国家和社会发展需求的产物，是国家意识形态的表现形式之一。统编教材和乡土教材都有各自存在的价值，统编教材与乡土教材之间地位的变换，不是简单的加减问题，也不是谁在国家课程体系中所占比例多少的问题，而是国家需求与地方需求的统一性和优先性问题。由此，不难理解统编教材和乡土教材所代表的统一性和多样性的辩证统一。中小学教材要在统一基本要求的前提下实行多样化，不能脱离统一基本要求大谈多样性。因此，是否实行和什么时候实行课程教材多样化政策，不是个人意志的产物，而是国家客观实际的需要，必须结合一定的历史背景和实际情况。我国教育史上，大部分时间全国基本上实行教材统一化政策，这是我国的国情决定的。

（五）乡土教材发展的局限

简而言之，我国乡土教材在百年演变过程中，具有以下几个方面的局限：一是乡土教材有发展空间无实施保证。随着《纲要》的颁布，乡土教材如同地方教材一样有了一定的发展空间，而不同的是，国家把地方课程及其教材明确纳入整个国家课程体系之中，纳入整个国家课程管理体制之中，等于是赋予了地方课程及其教材一定的合法地位，全国各地在组织实施国家课程的同时，都必须建设好自己的地方课程及其教材；而对乡土教材，过去只是提倡而已，没有把它正式纳入国家课程管理体制之中，没有赋予它一定的合法地位，对各地执行与否无任何约束，没有一定的实施保障，乡土教材的发展难免受阻。二是体系上与学校教育的其他内容相对脱节。学校教育的主要内容是具有完整体系和严密逻辑的知识，而乡土教材反映的则是地方性的松散常识，二者在体系上始终存在着脱节，这不但影响了学校教育的质量，而且也影响着乡土教材本身的发展；三是其功能作用或被夸大或被忽视。乡土教材过去曾一度被赋予救国强国之使命，而近些年来客观上又一度被赋予教育理论本土化的突破口，这是对乡土教材功能的夸大。而近几十年来恢复高考以后，随着高考对基础教育的客观控制，在学校教育中乡土教材却形同虚设，这同样会影响学校教育的健康发展；四是缺乏相应的师资。乡土教材反映的是我国不同地区的乡土文化，而在培养师资的高一级学校中没有相应专业设置，所以，乡土教材的教学工作基本上是由其他主科教师兼任，这反映了乡土教材在学校教育中的地位，也反映了乡土教材发展的局限性；五是相应的理论建设不够。我国乡土教材尽管经历了百年的演变，但是至今仍没有完整的理论建构；六是经验一直没有得到有效总结。我国百年的乡土教材可谓丰富多彩，但是，如果想要全面了解却是一件及其困难的事情，原因是至今我国百年乡土教材尚未有人进行系统的总结和整理，这无疑会阻碍我国乡土教材的发展。

总之，我国乡土教材在百年发展演变过程起起落落，但始终具有时代特点。纵观以往的乡土教材研究，都是某一时期、某一阶段的研究，研究的内容也只是从意义、目的、内容范围、编纂、实施等方面进行，而对百年来我国乡土教材建设的过程、百年来我国乡土教材经历了何种演变、乡土教材中所反映的优秀传统文化如何等等问题，到目前为止，在我国无论是教育界还是学界均未进行集中系统的研究。

（滕　星　李素梅　张爱琴）

四、中国台湾地区乡土教育历史演进与评述

台湾乡土教育发展的历史起起伏伏，可以从几个关键点将台

湾的乡土教育划分为四个时期，对台湾乡土教育发展过程中的特点进行了深入的分析和评价，有利于人们在全球一体化背景下认识乡土教育的发展趋势。

费孝通先生在其《乡土中国》写有这样一段话："我初次出国时，我的奶妈偷偷地把一包用红纸包裹着的东西，塞在我箱子底下。后来，她避了人和我说，假如水土不服，老是想家时，可以把红纸包裹的东西煮一点汤吃。这是一包灶上的泥土。……使我更领略了'土'在我们这种文化里所占和所应当占的地位了。"[①] 这一段话透过一个小故事告诉我们"乡土"是何其的重要，无论是在个人的情感中，还是在我们的文化中。

乡土教育，可以说是传递"乡土"情最为适宜的方式，乡土教育是一个古老而又崭新的课题，但是在全球一体化的趋势中理解什么是乡土教育，如何实施乡土教育，学术界都有着各种纷争。台湾的乡土教育在20世纪70年代开始兴起，发展到今天其过程起起伏伏，其中有许多地方可供我们借鉴。

（一）何谓"乡土"？何谓"乡土教育"？

1. "乡土"的内涵

对于"乡土"的定义在台湾学术界一直未有确定的说法，不同的学者有不同的看法和认识。在笔者收集整理有关文献后，发现有五十多种关于乡土的定义，可以说每一位学者对"乡土"都有自己的见解。但笔者认为学者夏黎明对"乡土"定义的分析较为透彻和全面。

夏黎明（1988）认为，乡土有三方面的内涵，即乡土的主体、乡土的客体、客体与主体的联系。"乡土的主体"是指在乡土的概念中，具有"能够活动的、赋予意义的、构成对象的"特

---

① 费孝通著：《乡土中国》，5页，上海，上海人民出版社，2006。

性的部分。具体而言,亦即"人"的本身。乡土的客体是指在"乡土"的概念中,相对于主体,外在于主体的那一部分。客体是主体意向的对象,客体的意义及其特征必须在主体意义的脉络中,才能被经验得到。定义中指出的"地方"、"环境"或"本乡"、"本地"、"居所"等词都是意指"乡土的客体",它具有实际的物质空间存在。主体与客体的联系是指乡土的主体与客体并非彼此孤立,其间有某些桥梁在,使两者发生相互关系,主体才因此被称为主体,客体才因此被称为客体。定义中所提及的"生长"、"活动"、"接触"、"经验"等词所代表的意涵就是"乡土主体与客体的联系"。①

学界对"乡土"一词虽没有一个共识,但这些定义也有很多共同点,归纳起来,其中最为重要的有以下几点:

(1) 乡土是情感的。乡土不是出生地、成长地,就是长期居住地,这些地方都是在引起个体的情感后,才被认同为乡土的。没有情感,任何地方都不能称为"乡土"。

(2) 乡土是有具体对象的。乡土除了情感的主因素外,并不是虚幻的,总是有一个具体的对象,一个具体的地方,这个地方或大或小,可能因年龄、个人经历等因素影响而不相同,但"乡土"是确实存在的。

(3) 乡土是可变的。一是乡土因个体生长地、居住地变迁而发生变化,乡土并不是唯一的。过去传统农业社会,个体很少离开出生地,乡土具有唯一性;随着现代工商业的发展,人们的生长地、居住地不断变化,个体的情感体验也不再局限于一个地方,因而乡土也不再只有一个地方,而是有多个。

二是乡土的可变性还体现在乡土范围确定上的伸缩性。当个体在不同的场景时,引发的情感是不同,因而对乡土的确定也是

---

① 夏黎明:《乡土定义分析》,《台东师院学报》,283~299 页,1998 年创刊号。加入夏黎明的定义。

不同的。在小的场景中时,其乡土的范围就小;在大的场景中时,其乡土的范围就大。

2. 乡土教育的内涵

台湾学界对乡土教育的理解是纷繁复杂,因而要给"乡土教育"下一个定义也是非常难的。学者黄玉冠认为"乡土教育是指给予学生认识乡土生活环境的教育。其内涵包括认知、技能与情意三方面。主要目标不仅在使学生认识、了解所居住的乡土环境,更在于建立情感的认同与联系,进而使乡土居民能贡献心力于乡土建设之发展,这是一种带有主观认同的情感教育。"[①] 黄政杰指出,"乡土教育简单地说便是学生学习乡土文化的一种教育,以乡土文化的学习作为此类教育的主要目标。"[②] 林瑞荣则认为"乡土教育在使学生认识自己生长或长期居住的乡土,使其认同乡土并愿意加以改善。"[③] 欧用生总结乡土教育具有几项特征:一是乡土教育是一种人格的教育,二是乡土教育是一种生活教育,三是乡土教育是一种民族精神的教育,四是乡土教育是一种世界观的教育。[④]

从这些对"乡土教育"的理解来看,乡土教育着重于情感的认同,辅以知识与技能学习,通过具体知识与技能的传递,进而升华为情感。从认识和了解乡土,到喜欢和认同乡土,再到改善和建设乡土。

但这里所讲的乡土教育仅限于学校范围内,而乡土教育的范

---

① 黄玉冠:《乡土教材发展与实施之分析研究——以宜兰县为例》,台湾师范大学教育研究所硕士论文,1994,未出版。

② 黄政杰:《乡土教育的课程设计》,《师友月刊》,9~12页,1994(6)。

③ 林瑞荣:《国民小学乡土教育的理论与实践》,17页,台北,师大书苑,1998。

④ 欧用生:《乡土教育的理念与设计》,载于台湾师范大学教育研究中心(主编):《乡土教育系列研讨会(1)——乡土教育的理念与实施座谈会资料》,7~17页,1994。

围应是很广的,乡土教育渗透于家庭和社区生活之中,并起着潜移默化的作用。

(二)台湾乡土教育发展的历程

台湾的乡土教育与大陆的乡土教育,在清朝将台湾割让给日本以前是相似的,自甲午战争失败,台湾被迫割让给日本后,台湾的乡土教育就走上了与大陆不同的发展轨迹。二战后国民党退守台湾,以期反攻大陆,在台湾实行与大陆完全不同的政治、经济、文化政策,乡土教育的发展因此也与大陆呈现出极其不同的进程。这里拟从台湾割让给日本(日本殖民时期)、二战后、乡土教育单独设科与并入各领域为关键点来划分,分四个时期来说明台湾乡土教育发展的历程。

1. 日本殖民时期(1905—1945年)

有的学者认为台湾的乡土教育在日本殖民统治时期得到发展,"台湾在日本统治期间,曾经展开大规模之乡土教育运动。"[①] 但是日本殖民时期的乡土教育是殖民者同化、控制台湾,便于其殖民统治,因而日本推行的乡土教育认同的乡土是日本殖民地国家。日本为了达到其殖民的目的,在乡土教材中很少涉及台湾的历史,周婉窈在分析日本殖民台湾时学校所使用的第三期国语读本时指出,"国语读本中所呈现的台湾,是缺乏历史的台湾,也就描写'眼前'的台湾,至于把台湾带到'眼前'这个时点的'过去'却避而不谈。换句话说,我们只看到台湾的'空间'样式,而看不到它的'时间'纵深,仿佛这是个没有过去的社会——虽然课文中有'今昔之比',但是那样的过去是为了衬

---

① 詹茜如:《日据时期台湾的乡土教育运动》,台湾师范大学历史研究所硕士论文,1页,1993,论文提要。

托'现在',在叙述上,带给读者的历史感是很薄弱的。"① 吴文星认为日本殖民时期台湾的乡土教育运动的特点有：以乡土教育贯彻日本的"国民教育";强调与日本历史相关的台湾乡土史;乡土地理的基本作用是日本"国民教育"的资料;乡土教材是为了贯彻日本"国民教育"目标的载体。②

日本殖民时期台湾的乡土教育是日本殖民台湾的一种方法和策略,日本企图用乡土教育同化台湾人民,乡土教育的任务是使台湾人民认同日本的历史与文化,而割断台湾与大陆历史和文化的联结。因此,编写教材时就在这一原则下刻意地将中国大陆历史和台湾历史抽离,而嫁接上日本的历史,期待通过"乡土爱而国家爱"的方式,使台湾当时年轻的一代爱上日本。

2. 二战后至单独设科的时期（1945—1993 年）

从二战后到单独设科前的这段时期,台湾的政治局势几经变幻,经历了"二二八事件"、戒严、退出联合国、与日美断交、解严等历史事件,台湾乡土教育藉由着"本土意识"的发展呈现出从不受重视到受重视的过程。

（1）二战后至 20 世纪 70 年代

1945 年,梦魇般的第二次世界大战终于结束,发起侵略战争的日本成为了战败国,正义取得了胜利,根据战后协议,日本将台湾归还给中国,由当时的国民政府行使对台湾的管辖权。在国民党治理台湾期间,为了尽快去除日本殖民时期的影响,并且因为台湾是国民党"反攻大陆"的跳板,国民党在台湾推行的是"大中华"的教育策略。因此,"国语教育"、"大中华教育"和"民族精神教育"成为当时教育的主旋律。下面两个事件可以反映

---

① 周婉窈：《实学教育、乡土爱与国家认同——日治时期台湾公学校第三期"国语"教科书的分析》,"中央研究院"《台湾史研究》,第四卷,1997（2）,37 页。

② 吴文星：《日治时期台湾乡土教育之议论》,《乡土史教育学术研讨会论文集》,153～164 页,1997。

出当时的教育状况：1965年国民党政府通令推行"各级学校加强推行国语实施计划"，规定各级学校师生必须随时随地使用国语，学生违犯者依"奖惩办法"办理。1967年"中华文化复兴运动推行委员会"成立，强调恢复中华固有文化，中小学课程全面响应，极力促使学生潜心体认中华文化的博大精深。① 这些官方行为强化了台湾对中国文化历史的了解与熟悉，增加台湾对中国的向心力，以"中国意识"和"中华文化"为主流。

但这一时期进行的所谓"社区中心教育"和"生活教育"课程与乡土教育有着某些相似的地方。

20世纪50年代受美国社会中心教育影响，台湾也开始着手进行社会中心教育的教学实验。1952年，台湾实行"社会中心学校"实验计划，从1953年开始，1953—1958年台湾实行社会中心教育的中小学校，计有52所。② 社会中心学者主张学校教育不应与社会生活相脱节，学校课程当取材于广大的社会，强调课程材料以直接的生活经验为主，是以在试办的学校中均将"乡土教材"的补充作为教学的重点之一。部分学者亦因社会中心学校是"为当地社区所有，为当地社区所治，为当地社区所享的学校"，并且是根据当地社区实况办理的学校，而直言"社会中心教育就是乡土教育"③。当时社会中心学校运动的理念，与乡土教育在理念有相似地方的，都注重了解和认识实际的生活环境，强调学校教育应多采用社区的多种资源作为教材内容。但由于在50年代社会中心教育所倚重的"社区"并没有发展成熟，同时由于当时台湾的大环境并不具备社会中心教育所需要的"地方分权"、"生活中心"

---

① 台湾"教育部"编：《第四次中华民国教育年鉴》，205～206、440～441页，台北，正中，1974。
② 唐钺、朱经农、高觉敷主编，孙邦正修订：《教育大辞书》，656页，1964。
③ 彭震球：《社会中心教育与乡土教育》，台湾省教育厅编：《社会中心教育论集》，15～20页，1950。

和"弹性自由"等条件而仅仅只是昙花一现。①

1962年7月,国民党政府公布实施"国民学校修订课程标准",其中有一项内容要求重视"生活教育"。以发展儿童完整的人格,要求老师利用广大的自然界和社会,作为活的教材,指导儿童从事社区调查、社会服务等活动,促其在实际生活中观察体验,使生活与教育打成一片,知识与行动打成一片②,这就是台湾的"生活教育"课程。但与当时的主流不相适应,这些规定也形同虚设,没有达到其设立的初衷。

(2) 20世纪70年代至乡土教育单独设科

20世纪70年代,大陆取得了一系列外交上的胜利,而台湾则于1971年退出了联合国,接着美日与台湾断交;1980年发生了"美丽岛"事件,1986年民进党成立,1987年解除戒严、党禁、报禁,社会政治变迁使得国民党"一年准备、二年反攻、三年扫荡、五年成功"的妄想破灭,"大中华"意识受到质疑,"本土意识"抬头,其中以"乡土文学论战"最有代表性。"乡土文学论战"始于70年代初期,而密集期则在1977年4月至1978年1月之间。在这场论战中以陈映真、黄春明、王祯和、王拓、杨青矗等人为代表倡导现实主义的"乡土文学",而以银正雄、朱西宁、彭歌、余光中等人为代表则批驳"现实主义的乡土文学"具有"台独意识"、"阶级意识",更直接指出"乡土文学"是大陆"工农兵文学"的翻版,③ 在社会政治转型的大背景下,这场文学论战被注入了浓厚的政治色彩。

---

① 张建成主编:《多元文化教育:我们的课题与别人的经验》,70~71页,台北,师大书苑,1990。

② 台湾"教育部"编:《第四次中华民国教育年鉴》,200~201页,台北,正中,1974。

③ 1977年8月20日,余光中也在《联合报》上发表《狼来了》一文,一口咬定台湾的乡土文学就是中国大陆的"工农兵文学",其中若干观点和毛泽东的《在延安文艺座谈会上的讲话》,"竟似有暗合之处"。

教育与社会和政治是紧密相联的,这一时期在教育领域也出现很多要求"地方教育分权"、"开放教科书"的呼声和行动。1980年,由当时民进党与无党籍执政的县市政府(共有7个县市:台北县、宜兰县、新竹县、彰化县、高雄县、屏东县,嘉义市)共同举办第一次"本土语言教育问题"学术研讨会,会后各县市编撰了很多乡土语言教材。但乡土教育正式具有"官方身份"则是在1993年台湾"教育部"修订公布《国民小学课程标准》,1994年修订公布《国民中学课程标准》,1995年5月公布的《国民小学课程标准实施要点》规定小学新课程标准自1996学年度起实施,1995年4月公布的《国民中学课程标准实施要点》规定初中新课程标准自1998学年度正式使用。① 具体规定为:自1996学年度起,国小"乡土教学活动"自三年级起,分四年逐年实施;每周一节,课时为四十分钟;"乡土教学活动",自三至六年级实施,除应配合各科教学外,各校亦得视地方性,弹性安排方言学习及乡土文化有关之教学活动,指导学生学习;有关乡土教学活动之相关教材,各主管教育行政机关应成立委员会自行编辑提供学校使用,各校亦得成立小组编写补充教材。② 从1998学年度起,国中一年级,分为历史篇、地理篇、社会篇,每周三节上"认识台湾"的课程,取代现在国一历史、地理、公民与道德三科;而国一课程除音乐、美术外,另增设"乡土艺术活动"一科,每周一节。③ 这标志着台湾乡土教育正式单独设科,在以后的几年乡土教育得到了长足发展。

3. 单独设科时期(1993—1998年)

从1993年乡土教育"官方身份"被确认后,在台湾各地掀

---

① 台湾"教育部"网站中的教育大事年表,http://history.moe.gov.tw/milestone.asp,2009年11月15日。
② 台湾"教育部":《国民小学课程标准》,1993。
③ 台湾"教育部":《国民中学课程标准》,1994。

起了乡土教育的热潮。这股热潮表现最为明显的就是各地乡土教材的编写,全台湾319个乡镇几乎都编有乡土教材和乡土教育辅助资料。据林雅雯1994年统计,当时有台北市、苗栗县、台中县、台中市、南投县、彰化县、嘉义市、嘉义县、台南县、高雄市、高雄县等11个县市已有"比较明显列为国小教材"的乡土教材,共计有20多册,另外还有许多可供乡土教学活动参考的资料。① 1996年汤芝萱的《台湾乡土教材目录初编》中统计有168册,② 除了1994年已编有乡土教材的县市外,又增加了基隆市、新竹县、桃园县、云林县、台南市、宜兰县、花莲县、台东县、屏东县、澎湖县、金门县等县市,在收录的乡土教材中也有国中乡土教材的统计。③ 而林瑞荣于1998年统计国民小学乡土教材的资料中,基本上台湾所有的县市都有了乡土教材,教材数量达到171种,其中有的一种教材有很多册。④ 当时除了一般学校进行的乡土教材的编写,以原住民为主的学校也开展了轰轰烈烈的民族文化乡土教材的编写。从1993学年度起,台湾省"教育厅"拟订了一系列原住民乡土文化教材研编工作,包括有1994年的"原住民乡土文化教材收集、编制研习"、"原住民乡土文化教材初稿审查",以及1994至1995年的"原住民乡土文化教材试教",与"制作原住民乡土文化教材专辑"。并择定十所学校,每族教材,以一年半的时间,进行收集素材、认编和教学实验工作。⑤ 根据文献和通过对参与当时乡土教材编撰等各项工作人员

---

① 林雅雯:《台湾省各县市国小乡土教育教材初步调查》,《国教辅导》,第33卷,1994(4),26～28页。

② 在此篇文章前面的说明中作者提到所编录的乡土教材是自1986年以来编写的,但实际上1993以前编写完的只有七册,而1991年以前的只有两册,可见这些教材绝大部分都在乡土教育单独设科后编写完成的。

③ 汤芝萱:《台湾乡土教材目录初编》,《文讯》,1996(4),38～42页。

④ 林瑞荣:《国民小学乡土教育的理论与实践》,81～107页,台北,师大书苑,1998。

⑤ 吴天泰:《原住民教育概论》,203页,台北,五南国书,1998。

的访谈可以罗列出以下轨迹：乡土教材一般是由各县市委托乡镇编写，主要是在国民小学开展，由当地的耆老、教师和专家学者构成编审人员，其中编写最为主要的是国民小学的教师，特别是当地的教师，由他们收集、整理、撰写和修改乡土教材，完成后再请各大高校的专家教授审查，最后出版。编好的乡土教材由乡镇发放给教师进行教学，在课程设置上多是根据教育部门规定的课时来安排，但教学时的内容和方法由教师自由掌握。此外，乡土教材除了纸本教材外，还有辅助的音像资料和教具等，有的学校还设计开发了网站，进行交流和宣传。

当时除了乡土教材的编写，还有许多其他的措施来推动乡土教育的开展与实施。一是台湾的教育主管部门拟定了长期性（1995至2001年）的项目辅助计划，该计划拟定补助项目先后顺序为：（1）编辑乡土活动教材；（2）编辑乡土活动教材教师手册；（3）办理乡土教学教师研习；（4）制作教学媒体；（5）乡土教学资源搜集建档。二是举办各种研习班，让教师进行乡土教育相关内容的进修和学习，其中也包括原住民和其他族群的母语研习。三是为了统整乡土教育资源，在各县市设有乡土教育资源中心，起到提供乡土教育资料和推广乡土教育的目的。四是在当时师范学院设立了乡土教育研究中心或乡土教育研究所，主要是为指导各地编写乡土教材，提供各种专业知识的辅导。同时这一时期从教学一线的教师到专家学者都对乡土教育、乡土教材、乡土教学、乡土课程发表自己的见解和看法，其内容从乡土教育的相关概念、乡土教育的理论到具体的实施都有探讨，其中期刊论文有150多篇，博硕论文有120多篇，[①] 还有一部分专著问世，其中较有代表性的有黄政杰、李隆盛主编的《乡土教育》、林瑞荣

---

① 这些期刊与博硕论文是以"乡土教育"、"乡土教材"为查询关键词，以台湾图书馆的网络为查询载体，其余相关"乡土"的关键词的文章未计入其中，其他媒介的文章也未计入其中。

著的《国民小学乡土教育的理论与实践》、郑英敏等编辑的《乡土教材教法》，各个高校和研究机构还举办了很多研讨会，出版了很多论文集，如《乡土史教育学术研讨会论文集》、《乡土文化教育学术研讨会论文集》等。

在单独设科期间，由于采取了各种措施和方式来推动乡土教育，乡土教育蓬勃发展。但这一时期对乡土教育的评鉴比较少，台湾的教育主管部门在1996至1998学年度组织学者专家对各县市的乡土教育进行了访视与评鉴，但其着眼点在于鼓励，不是真正的评鉴；而且学术上的反思与总结也比较少。1998年台湾的"教育部"颁布《国民教育阶段九年一贯课程总纲纲要》，将乡土教育并入各学习领域，台湾各界从下到上都投入到了九年一贯课程的研究与学习中，乡土教育的热潮逐渐退去。

4. 并入各领域时期（1998年至今）

随着台湾的社会变迁，"多元"、"开放"成为教育业者必须面对的现实，为了顺应教育改革的需要，台湾的"教育部"于1998年9月，颁布了"国民教育阶段九年一贯课程总纲纲要"（以下简称1998课程纲要），规定乡土教育不再单独设科。后于2000年3月颁布"国民中小学九年一贯课程纲要"（以下简称"2000课程纲要"），在此纲要中阐明的基本理念为：跨世纪的九年一贯新课程应该培养具备人本情怀、统整能力、民主素养、乡土与国际意识，以及能进行终身学习之健全国民。其中乡土与国际意识方面：包括乡土情、爱国心、世界观等（涵盖文化与生态）。九年一贯课程将各科划分为七大领域：语文、健康与体育、社会、艺术与人文、自然与生活科技、数学和综合活动。在社会领域中包含历史文化、地理环境、社会制度、道德规范、政治发展、经济活动、人际互动、公民责任、乡土教育、生活应用、爱护环境与实践等方面的学习。在课程实施中规定，"国小一至六年级学生，必须就闽南语、客家语、原住民语等三种乡土语言任选一种修习，国中则依学生意愿自由选习。学校亦得依据地区特性及学校资源开设闽南语、客家语、原住民语以外之乡土语言供学生选习。"在地方政府的行政权责中规定,"地方政府得依地区特性及相关资源,发展乡土教材,或可授权学校自编合适的乡土教材。"在这个课程纲要中对各个领域的授课时数也给予了规定,其中与乡土教学最为密切的社会科时数应占总时数的10%~15%,以每周总时数为20~30节数来计算,则社会科时数约为2~5个节数,并规定"在符合领域学习节数的原则下,学校得打破学习领域界限,弹性调整学科及教学节数,实施大单元或统整主题式的教学。"① 到现在,在2008年颁布的"国民中小学课程纲要"(以下简称"2008课程纲要")中,将乡土教育改为了本土教育。

在课程改革的同时,关于教科书的开放也在如火如荼地进行。由于教科书与乡土教育、乡土课程、乡土教学紧密联系,对于教科书开放的进展有必要介绍清楚。学者蓝顺德对台湾教科书的开放审定进程进行了仔细的总结,并列出了表格,② 从其所列的重要事项来看,台湾中小学教科书的开放伴随着台湾的教育改革,其过程是逐步开放的,科目从艺能学科及活动科目到其他主要科目,学校从小学到中学;对于教科书的编撰方式,采用了过渡的方式,并不是一下就全部由民间机构来编印,而是实行国立编译馆与民间机构并行到民间机构独立编印的方式,如1995年台湾"教育部"宣布,国民小学教科书配合新课程标准之实施,自1996学年起全面逐年开放为审定本,为确保品质无虞、供应无缺、价格平准,国立编译馆继续编辑国语、数学、社会、自然、道德与健康等五科教科书,与民间版本一并送审发行。

以现行南一版的国民小学《社会》教材为例,具体介绍其中

---

① 台湾"教育部",《国民中小学课程纲要》,2000。
② "中华民国"课程与教学学会主编:《教科书之选择与评鉴》,高雄:复文国书,9页。

有关"乡土"的内容,以期更为清楚地了解台湾乡土教育的现状。台湾小学的社会科是从三年级开始的,一、二年级是将社会、艺术与人文、自然与生活科技三个领域合并为生活一科来学习。南一版的国小《社会》从三年级到六年级,每一个年级根据学期分为上下两册,共有8册。

从三年级的《社会》教材来看,着重于家庭与学校的生活。四年级两册都是关于家乡的内容,包括家乡的名称与位置、家乡的生活环境、家乡早期的开发、家乡的人口与变迁、家乡的产业与变迁、家乡的交通与生活、家乡的故事与早期建筑、家乡的习俗与节庆、家乡的资源与生活、家乡生活的古往今来、家乡新挑战、共创我家乡等。五年级的内容着重于介绍台湾的历史与自然属性,内容主要为台湾的地理范围、自然环境、交通城乡发展、台湾不同时期的历史等。六年级上册介绍是台湾的社会与文化,包括的内容有经济与生活、法治与生活、台湾社会的变迁、台湾的传统文化、文化的传承与创新等;六年级下册的一部分介绍世界的情况,另一部分则结合台湾来看国际,内容有从台湾看世界、经贸全球化的挑战、地球的环境问题、全球性的社会问题、台湾的国际关系以及努力的方向等。①

从以上叙述来看,南一版的国小《社会》教材是以同心圆的方式来编写的,即从家庭—学校—家乡—台湾—世界。这些内容除了世界的部分,其余应该都属于乡土教育,最为贴近的应该是四年级的家乡部分,但这些内容并不是以学生所在的家乡为编写的对象,而是提出主题,列举一些各地比较常见的情形来说明。也就是说南一版的教材并没有针对某一个地方来编写关于乡土的内容,而是就普遍存在的现象来阐述,这就需要授课老师根据当地的实际情况进行教学设计,因此弹性很大,不具有约束力。如

---

① 参见台湾"教育部"审定南一书局出版的国小社会三年级至六年级教材,2009。

果老师重视当地的乡土文化传承，学生因此就可能学到较多关于自己乡土的知识，如果不重视结果则相反。在南一版的小学《社会》教材中对台湾的介绍应是最多的，五年级两册和六年级上册，内容也比较全面和丰富，便于学生了解台湾这个"大乡土"。

乡土语言是乡土教育的主要方面，在"2000课程纲要"中要求国小学生必须从闽南语、客家语、原住民语中选修一种，国中则依学生意愿自由选习。因此各个民间教材出版机构根据这一规定，也出版了族语教材。如康轩版就有闽南语和客家语的教材，每种语言的教材共有十二册，采用单元组织方式，每册三个单元，每单元包含课文及练习，并配有老师备课用书。但是，民间出版机构并不出版原住民语教材，原住民语教材由专门的研究机构出版，其中较为有代表性的是政治大学原住民族研究中心出版的原住民族语言教材，这套教材共计9阶，每阶依族语分为40册，每册又包含学习手册及教师手册2本，共计720册。[①]

将乡土教育并入各领域与教科书的开放是台湾教育改革的结果，从课程大纲、实行的教材到实际的教学实践来看，乡土教育现在仍是普遍存在的，只是从热潮时期的"显学"变成了平静时期的"隐学"。

(三) 特点

1. 台湾的乡土教育政治意味非常浓厚，教育性屈从于政治性

为什么会这样？因为台湾乡土教育的兴起与发展一开始就带有较强的政治目的，而不仅仅只是从教育的面向来发展。

台湾的乡土教育受日本的影响很深。日本在20世纪30年代

[①] 林修澈：《政大版原住民族语言教材编写的回顾与展望》，"行政院"原住民族委员会编印：《舞动民族教育精灵——台湾原住民族教育论集（民族教育）》，114页，2006。

兴起乡土教育，一战后，由于日本的民主改革，教育界受自由主义、民主主义、地方自治思想的影响，反对威权划一的教育，尤其是反对国家自上而下控制教育的方式，要求开放教科书。同时，一战后的世界民族主义得到极大的发展，很多新兴国家建立，这一民族主义思潮对日本的影响甚为深远。日本在这一时期倡导"民族反省"，开始具有地方主义的视野，强调对乡土的认识与对乡土爱的培养。① 台湾的乡土教育是在70年代特别是在1987年政治解严后得到重视，台湾在经历一系列政治社会事件后，本土意识和主体意识获得了极大的发展，反对国民党的威权统治，反对国民党实行的"大中华"教育，乡土教育承担了反对国民党对教育集权管理的重任，并就此轰轰烈烈地展开。随着政局的更替与教科书的开放，各地方均可以自行编辑教材，各学校也可自行选择教材，教育集中管理的模式不复存在，这时乡土教育已完成了其设立初期的任务，台湾的乡土教育也就不再单独设科，而是并入到各领域之中，在学术界中也出现了"本土教育"胜过"乡土教育"的现象。

2. 台湾的乡土教育的系统性较强

台湾的乡土教育从无到有，从学习他人到自己实践，在这过程形成了具有自己特点的政策制定、教材编选、课程设置、教学方式等。台湾乡土教育在单独设科和并入各领域后在各方面又有着区别。单独设科时国中的乡土教材最早是由国立编译局统一组织人员进行编写；国小乡土教学活动的教辅材料多由县、市、乡自行编选，课程设置一般按照教育管理部门的规定，乡土教学活动也多组织户外教学。在单独设科时还就乡土教育进行了专门的师资培育，在各地都有师资培育中心，各地的师范高等院校还派出很多专家学者指导或是参与乡土教材的编写。为搜集编写乡土

---

① 詹茜如：《日据时期台湾的乡土教育运动》，10～15页，台湾师范大学历史研究所硕士论文，1993。

教材的资源，整合各种乡土资源和更好地利用乡土资源，各地还成立了"乡土资源中心"，在大学和科研机构也相继成立了许多乡土教育研究中心。

并入各领域后，首先是教育管理部门组成课程纲要委员会，由委员会编写课程纲要，接着由出版公司组织成立编写委员会按照课程纲要编写教材，由教育管理部门委托国立编译馆成立审查委员会审查教材，审查委员一般有八九位委员，人员构成有课程专家、官员、教师等，最后由各个学校根据自身的需求来选择教材。但由于并入各领域后，乡土内容不需要再单列出来教学，需要的专门师资不是特别多，除了乡土语言教学上需要很多专门的教师外，别的科目少有需要专门的教师；另外由于在单独设科时，各种乡土教材的编写都已经完成，有些还投入了使用，并入各领域后不需要再编写专门的乡土教材，所以乡土资源中心的未来发展也是不容乐观的。

3. 台湾的乡土教育受海外的影响较大

从前述台湾乡土教育的发展历程来看，台湾的乡土教育最初发展是受日本乡土教育的影响，在20世纪50年代受到美国"社会中心教育"的影响，在20世纪70年代后乡土教育兴盛发展的一个重要理论基础就是美国的多元文化教育理论。

(四) 几个值得思考的问题

第一，台湾的乡土教育受政治因素的干扰，受海外各国教育改革的影响，在政策的制定上较仓促和不连续，因此，在实施过程中存在着难以适应和无法深入的现象。当台湾的本土意识抬头和发展的时候，出于各界的压力与要求，台湾"教育部"于1993年颁布将乡土教育单独设科的规定，并于1996年开始在国中实施教学。为了促进乡土教育的发展，实行了教育补助专案，用以资助乡土教材编选、乡土教学活动的开展等。随着时局的变迁，台湾"教育部"又于1998年颁布乡土教育不再单独设科，而是将乡土教育并入各学习领域，并将于2000年开始实施教学。这样看来，将乡土教育单独设科进行教学仅三四年时间，时间之短让参与人员特别是教师连相关经验都还未来得及总结，又得投入到九年一贯课程的适应中。同时许多以前编写的乡土教材、乡土教学活动辅助资料也失去了用武之地，造成资源浪费。

第二，乡土教育与族群教育的纠结。在九年一贯课程中规定"乡土语言"为国小的必修课程。在现在的教科书都有关于各族群语言的内容，如前面所举的康轩版。而"客家语"、"闽南语"和"原住民语"都属于乡土语言的范畴，但从实质来看，这些都是族群的语言，是本族群区别于他族群最为重要的标志。族群与乡土是两个有着不同内涵的概念，是不是可以将两者揉合在一起进行教育，还是值得我们深思的。另外，在实际操作应如何做，是在学校中开所有族群语言课程，还是只开一个主要族群的课程，这些都是需要认真思考的。如果所有的族群语言都开的话，那面临的是要有足够的师资配备、语言教材的支撑、教学方法的丰富，这些对单一的学校来说，应该是不易做到的，特别是在现今教师高度流动的社会。但是如果只开设学校学生所属主要族群语言的课程，如何处理少数族群学生语言学习的问题也需深思。所以，有的学者提出乡土教育应以"地域为主"，在族群学生相对集中的学校，可以补充族群教育的相关教材[①]。

第三，台湾乡土教育有着重于某一方面教育的可能，乡土地理范围面临着被扩大化的局面。乡土语言由于被列出来作为国小的必修课程，因而在具体执行中得到重视，各个出版社都有单独的教材，而且学校实际操作中也着重在这一方面，笔者在台湾一些国中小采访时问起现在学校有什么乡土课程、乡土教学活动，得到的答案最多的就是乡土语言课程和教学，除了乡土语言被列

---

① 姚诚：《人与土地的思考——论"族群意识"与"乡土意识"》，International Journal of the Humanities, 1996（6），159~173页。

为必须选修的课程外,更为重要的原因则是乡土其他内容的弱化。乡土教育并入各领域后,所有乡土内容主要并入到社会科学领域、艺文领域等。翻看这些教材,大都涉及的乡土的范围不再是以小乡土而是"台湾"这个大乡土,可见县市乡的乡土内容已经很少,台湾乡土教育的乡土地理范畴已经扩大,与乡土多重地理范畴已相去甚远。

(吴 杰)

第二部分　中国乡土教材的搜集与研究项目概况

"中国西部少数民族地区乡土教材开发的教育人类学田野调查与基础理论研究"是中央民族大学中国少数民族地区基础教育研究中心主任滕星教授主持的中央民族大学"985工程"项目中国少数民族语言文化与教育研究基地建设的子项目，并得到香港乐施会的大力支持。项目开展的三年里，在国家教育部、民委以及地方教育行政部门的支持和配合下，在滕星教授的指导下，通过项目组成员和广大志愿者的努力，项目研究取得了丰硕的成果，但也存在诸多的问题和不足，为此对项目目标和开展情况及相关成果进行概述，以期能得到社会各界的关注和支持。

一、项目目标

（一）长期目标

1. 为乡土教材的开发提供理论指导

从现实需要出发，通过深入研究，创建乡土教材的系统理论，从而对我国乡土教材的现实建设提供系统的理论指导，以解决我国乡土教材建设始终缺乏系统理论之不足。为国家进行教材改革提供理论参考，为各级学校进行乡土教材的开发提供理论指导。

2. 乡土教材研究学术梯队建设

组成团队，建设一支在乡土教材研究方面具有高水平的学术梯队。创建政府、大学、NGO合作开展项目的模式。

3. 总结、推广成功经验

在对民大、乐施会、天下溪项目点初中、小学乡土教材编写及使用的现实考察的基础上，为我国乡土教材的编纂提供经验支持和现实参考范例。

4. 创建乡土教材研究、交流的平台

在本项目的研究中通过收集各地区编写、出版、应用的乡土教材，创建我国第一所乡土教材收集与研究中心，作为我国乡土教材研究、建设的窗口和平台，这对我国乡土教材的建设具有明显的应用价值。

（二）具体目标及项目活动

1. 对中国乡土教材发展演变的百年历史考察

这一部分的研究依据我国社会历史发展变化的线索，将我国近代历史划分为晚清时期、民国时期和新中国时期三大阶段，分别考察我国不同历史阶段乡土教材建设发展的主要特点，具体分析不同历史阶段乡土教材的目的、内容、理论、法规，总结出百年乡土教材演变的历史轨迹和发展特点。

2. 对我国乡土教材建设实施的现实考察

在广泛收集不同历史阶段编写和出版的乡土教材的基础上，依据经济文化类型理论，以甘肃省、云南省为考察点，进行乡土教材建设、使用状况、效果等方面的田野考察，通过史现比较研究，为少数民族地区乡土教材开发提供成功经验模式。

3. 建设中国乡土教材收集与研究中心及陈列室

项目通过各种可能的形式在全国范围内搜集百年来的乡土教材，并将民国以来近百年来的各种乡土教材（包括乡土教材、校本教材、扫盲教材和各种补充读物等及教参），按编写机构（省区、州、县、市、乡、村寨）、学习时段（幼儿园、小学、初中、高中）、学科内容（历史、地理、自然、社会、政治、经济、艺术）、少数民族文字编写及汉文编写等分类形式收集起来，在中央民族大学建成"中国乡土教材收藏与研究中心"。为我国乡土教材研究提供一个充分交流的平台，以达到资源共享、更好地促进我国乡土教材建设的目的。

4. 举行相关国际学术研讨会

通过国际国内学术会议和各种有效渠道，与国内外同行学者进行研讨，一方面能够相互学习、广泛交流，另一方面将我国乡土教材建设尤其是少数民族乡土教材的研究成果向国内外学者进行宣传。

二、项目进程

（一）启动阶段：（2006年5月至11月）

1. 收集乡土教材的相关资料（2006年5月至9月）

这一活动是在2006年5月至9月间进行的。主要是在国家图书馆和网络上查找收集乡土教材相关资料，2006年5月下旬至7月底项目组成员查阅、收集乡土教材，8月初至9月中旬对查阅到的资料进行分类、整理。

2. 与教育部民族教育司、国家民委协商成立"中国乡土教材收藏与研究中心"和"中国乡土教材陈列室"（2006年6月至10月）

为了推动中国乡土教材搜集工作的进展，促成"中国乡土教材收藏与研究中心"和"中国乡土教材陈列室"的尽快成立，教育中心就"在少数民族地区搜集乡土教材、成立少数民族地区乡土教材陈列室"一事与教育部民族教育司多次磋商。2006年9

月20日，中国少数民族语言文化与教育研究基地项目组负责人滕星教授带领项目组有关人员到教育部民族教育司，就成立"少数民族地区乡土教材陈列室"一事与该司进行第二次磋商，双方就关于在少数民族地区搜集乡土教材、成立陈列室的意义、收集乡土教材的内容要求、分类要求等具体事宜上进行了细致的讨论，双方达成共识：由教育部民教司向各地下发"关于协助搜集少数民族地区乡土教材的函"。

3. 阶段成果总结（2006年6月至11月）

在此阶段，项目组成员利用国图拍照、扫描到一批民国时期的较为珍贵的乡土教材，如：1919年正言出版社出版的《乡土教材》、1923年刘千俊编的手抄本《湘潭乡土》、1934年王懋德编《大单元乡土教材实例》和黄素封著商务印书馆出版的《南天乐园》、1941年夏武汉编写的《西康义敦县乡土教材》、1947年束秀东编《泰县乡土教材》等。同时，也查到并拍照了一批非常珍贵的乡土教育教材的刊物、著作原件，如：民国23年《江苏省小学教师半月刊》（乡土教材专号）、《浙江教育行政周刊》（乡土教育专号）、民国24年蔡衡溪编《乡土教育纲要》、民国25年曹凤南编《乡土教育的理论与实际》、1936年王骧编新亚书店出版的《乡土教育研究》、民国36年水心著《怎样编辑地方教材》、民国37年吴志尧编的《小学乡土教学》，并且复印了这一时期的部分乡土教材及文献。目前已分类整理出乡土教材名录5册：《乡土教材目录及提要》、《民国到建国期间乡土教材书目》、《少数民族地区乡土教材书目》、《校本教材》、《扫盲教材》以及民国时期乡土教材与乡土教材著作。

与此同时，教育部民族教育司于2006年10月8日向各省市、自治区、直辖市教育厅有关部门下发了"关于协助搜集少数民族地区乡土教材的通知"（教民司函〔2006〕69号）。2006年11月24日又下发了《关于报送协助搜集少数民族地区乡土教材有关负责人名单的便函》。这一举措，使中国乡土教材研究项由初步的资料检索进入全面搜集乡土教材实物的操作实施阶段，也使得中国乡土教材的搜集和调查由个别地区、个别机构（个人）开始进入到国家有关部门的决策视野，即在中国大陆地区首次以官方介入的形式在全国范围内（首先是少数民族地区）搜集乡土教材实物，乡土教材的搜集和研究工作开始由民间走向官方，由地方走向全国。目前，全国包括西藏、新疆、青海、浙江、内蒙等十几个省区都已经确定了搜集乡土教材的联系人，已初步建立了一支强大的搜集队伍，形成了覆盖面极广的搜集网络。

这两个函的出台，是中国大陆地区第一次以政府的身份在乡土教材领域出台的正式文件，这使得中国乡土教材的搜集和调查开始进入到国家有关部门的决策视野，乡土教材的搜集和研究工作开始由民间走向官方。

（二）第一阶段：首期志愿者活动（2006年12月至2007年5月）

虽然中国乡土教材的搜集和调查开始进入国家有关部门的决策视野，然而，大量的乡土教材不是保存在学校或图书馆，而是散存于民间的，仅仅单纯地依靠官方行政的途径来搜集中国乡土教材，手段过于单一，还不足以对潜藏于民间的丰富多彩的乡土教材资源进行全面的挖掘和整理。而且，搜集和调查少数民族地区的乡土教材，必然也涉及到对汉族地区乡土教材的研究。如果只是单纯在少数民族地区搜集乡土教材，内容和范围过于狭窄，忽视了汉族广大地区无比丰富的乡土教材资源，这将是一个极大的缺憾。因此，从各方面的因素来看，乡土教材的搜集工作，首先必须在搜集途径和搜集范围上进行更新和充实。2007年1月10日，滕星教授和项目助理李素梅对2007年的乡土教材研究项目工作进行了深入讨论和缜密规划，形成了"官方与民间相结合，利用多种力量"和"全国一盘棋"的研究思路，其中一项重要内容就是决定依靠民间志愿者的力量来征集各地乡土教材。

2007年1月10日上午，李素梅助理对2006年乡土教材项目工作进行了总结，对2007年的项目工作也进行了规划。在此基础上，滕星教授提出了很多富有建设性的建议，形成了"官方与民间相结合，利用多种力量"和"全国一盘棋"的战略决策。滕星教授认为，必须加大力度，立即着手加强乡土教材的搜集与研究工作。除了对原有的资料文献进行进一步深入分析之外，还应该依靠民间志愿者的力量来征集各地乡土教材。即联合校团委和学生会，发动中央民族大学的广大学生利用寒假回乡期间搜集乡土教材。

2007年1月18日上午，项目组成员海路向校团委正式提交《关于在我校招募中国乡土教材搜集志愿者、开展假期社会实践活动的通知》，校团委周浩书记于当天中午将《通知》修改之后发布在中央民族大学的门户网站和校团委网站上。此外，在中国人民大学、北京师范大学的bbs上也发布了相关信息，还给北京晨报、中央人民广播电台新闻网、人民网、中青网、搜狐等等新闻网投了稿，并通过张贴校园海报进行广泛宣传。

第一阶段报名的志愿者登记在册的共49人，还有一些未在册的志愿者，总共50多人，覆盖了宁夏、山东、湖北、云南、河北、四川、天津、贵州、重庆、山西、湖南、黑龙江、辽宁、河南、福建、吉林、广西、浙江、甘肃、广东等二十多各省市地区。2007年3月，项目成员接待了首批志愿者，志愿者有二十多人交来乡土教材两百多本。此次上交的乡土教材数量虽不是很多，但已超出了我们的预期，为"中国乡土教材的收藏与研究"和"少数民族地区乡土教材陈列室"奠定了初步的基础。

(三) 第二阶段：第二期志愿者活动（2007年6月至2007年9月）

2007年6月，"中国乡土教材收藏与研究中心"（筹）与校团委合办的第二期中国乡土教材搜集暑假志愿者招募活动前期工作开始。活动进展较为顺利，截止到 7 月 30 日共有 34 名同学报名参加。2007 年 7 月 3 日，中央民族大学中国少数民族地区基础教育研究中心主任滕星教授、中国乡土教材搜集与研究项目负责人李素梅博士亲自对本次活动招募到的部分志愿者进行了培训，使志愿者明确了搜集乡土教材的目的、方法和意义，为暑期乡土教材搜集工作的顺利开展奠定了基础。2007 年 9 月，乡土教材小组成员立即对暑假期间的乡土志愿者活动工作进行成果的验收。志愿者中共有 11 人交来乡土教材近 140 余本，乡土教材调查报告 8 篇。

（四）第三阶段：第三期志愿者活动（2007 年 12 月至 2008 年 3 月）

鉴于前两届招募志愿者活动的经验，本次的志愿者招募活动自 2007 年 12 月 24 日起，就通过张贴海报、到学生宿舍分发宣传动员资料、电子邮件、电话咨询等众多方式开始进行。2008 年 1 月 14 日晚 19 点在南睿楼 2—2 教室，中国乡土教材搜集与研究项目执行人彭亚华博士亲自对本次活动招募到的志愿者进行了培训。经过项目小组成员的努力和乡土教材志愿者的积极参与，收集的乡土教材已经覆盖 12 省、市、自治区、直辖市，共计 425 本，经项目组精选，有 217 本乡土教材符合要求。内容涵盖语文、数学、英语、社会、劳动技术、美术、音乐、双语教育等多个领域；在教育类型层次上，不仅包括幼儿园、小学、初中和高中，而且还涉及到成人教育、扫盲教育和职业技术教育等方面；在时间上从民国到解放初再到改革开放至今，反映了我国乡土教材发展的历史，同时也呈现出乡土在教材编写、使用过程中的不足和问题，为后续的收藏和研究提供了丰富的现实资源。

(五)第四阶段：第四期志愿者活动（2008年6月至2008年9月）

2008年6月10日上午九点半，项目组成员在办公室召开2008暑假志愿者招募准备工作会议，拉开了乡土教材第四期志愿者活动的序幕。参加会议的人员有班红娟、张爱琴、彭亚华、刘卓雯、蔡春红、朴红月。6月24日项目组在文华楼举行了中央民族大学暑假乡土教材志愿者培训活动。9月，项目组共收到18名志愿者上交的成果，此次上交成果形式也更加多样，有乡土教材实物（原本、复印本、磁带）共317本、乡土教材调查报告18篇（纸质和电子版两种）、乡土教材分类表，此外还有田野及乡土教材照片、问卷统计与分析、采访稿与采访分析、访谈记录、DV影像资料以及PPT和光盘、图片等等。

(六)第五阶段：第五期志愿者活动（2008年11月至2009年3月）

第五期志愿者招募活动于2008年11月份就开始了准备工作，2008年11月17日下午三点，项目组成员在办公室召开了2008—2009年寒假志愿者招募会议，商讨本次志愿者招募相关事宜。会议参加人员有：班红娟、刘卓雯、萨玮玲、温润芳、格桑。这次活动是招募志愿者人数最多的一次，有120多人报名。最后有61名志愿者上交成果，收到乡土教材调查报告61篇，乡土教材700多本，是历次乡土教材收集与调查活动成果最为丰硕的一次。

三、项目成果

（一）项目工作指标的总体完成情况

1. 基层学术组织建设

经过项目三年的建设，乡土教材研究已经形成一个网络——以乡土教材项目负责人滕星教授为中心，教育部民族教育司和国家民委科教司为协助，民大项目组成员为主力，天下溪教育咨询中心和地方教育局为辅助的乡土教材辐射状研究的网络组织。

2. 创新团队建设

优秀的创新团队，需要高素质成员，尤其要有合理的学科和素质结构。乡土教材项目团队是以乡土教材的开发与保护研究这一重大课题为基础，跨地区、跨部门、跨学校组建而成的。团队成员学历层次较高、学科专业分布广，成员包括民族大学教育学院滕星教授、教育人类学专业的硕士生、博士生以及志愿者（五届志愿者共300多人次），志愿者大多来自中央民族大学的各个院系，专业范围涉及教育学、人类学、政治学、社会学、心理学、经济学、法学等学科领域，形成了学科互补效应。

3. 原创性研究和人才培养

从项目开展以来，除对全国各地各个时期开发的乡土教材实物进行收集以外，项目组负责人和项目组成员还对乡土教材进行了广泛和深层的研究，有关于中国百年乡土教材历史嬗变和文化功能的考察，有关于民族地区乡土教材开发理论和政策基础的研究，也有对内蒙、河南、宁夏、湖南等地乡土教材的深入考察与研究。

（二）项目工作成果

1. 政策形式成果

与教育部和国家民委相关主管部门协商出台乡土教材相关政

策。在滕星教授的带领下,教育中心就"在少数民族地区搜集乡土教材、成立少数民族地区乡土教材陈列室"一事与教育部民族教育司多次磋商,最终达成共识。教育部民族教育司于2006年10月8日向各省市教育厅有关部门下发"关于协助搜集少数民族地区乡土教材的通知"(教民司函[2006]69号),2006年11月24日又下发了《关于报送协助搜集少数民族地区乡土教材有关负责人名单的便函》。这一举措,使中国乡土教材研究项目由初步的资料检索进入全面搜集乡土教材实物的操作实施阶段,也使得中国乡土教材的搜集和调查由个别地区、个别机构(个人)开始进入到国家有关部门的决策视野,即在中国大陆地区首次以官方介入的形式在全国范围内(首先是少数民族地区)搜集乡土教材实物,乡土教材的搜集和研究工作开始由民间走向官方,由地方走向全国。

2. 社会效益

(1)收藏:经过五期项目组成员和志愿者的收集活动,项目组收集的乡土教材已经覆盖28个省、自治区、直辖市,共计达到了1817本,此外还有拍照、扫描民国时期以及建国初期的乡土教材28本,可以说达到了一个陈列室展出的基础藏量,为后续的收藏奠定了基础。

(2)联系:项目已与各少数民族地区教育部门专门负责乡土教材人员(22人)建立固定联系,确定了从点到面尽可能广泛地与地方建立联系的基础。

(3)组建:在项目进行的过程中,我们在教育部民族教育司、国家民委的协助下,正在筹建乡土教材陈列室、乡土教材收藏与研究中心,这些机构的建立对于乡土教材的收集、研发和保护具有及其重要的意义,对于我国系统研究、开发乡土教材,保护、继承、发扬民族文化和地方文化,具有一定的现实意义和重要的理论价值。

3. 文本成果

截至目前，项目组共收集到包括内蒙、云南等 28 个省、自治区、直辖市的乡土教材 1942 本。按地区依次为，内蒙 555 册、云南 248 册、广西 163 册、新疆 108 册、甘肃 90 册、贵州 79 册、宁夏 97 册、四川 69 册、河南 68 册、湖南 53 册、北京 72 册、湖北 54 册、黑龙江 49 册、吉林 35 册、山东 29 册、辽宁 27 册、福建 23 册、重庆 25 册、安徽 16 册、青海 14 册、江苏 12 册、河北 12 册、山西 10 册、广东 12 册、天津 7 册、陕西 6 册、台湾 6 册、海南 5 册。其中用少数民族文字编写的有 477 册，占 24.6%，汉字编写的有 1465 册，占 75.4%。

4. 理论研究成果

截至目前，项目组在滕星教授的带领下，理论研究卓有成效，发表、形成以及在研的理论成果有：

（1）项目主持人滕星及助理李素梅博士在《广西民族大学学报》（哲学社会科学版）2008 年第 1 期发表论文《我国百年乡土教材演变述评》

（2）李素梅：中国乡土教材百年历史嬗变和文化功能考察

（3）滕星、李素梅：中国乡土教材百年历史与现实应用之研究报告

（4）李素梅：内蒙古乡土教材的现状调查

（5）班红娟：河南乡土教材的历史变迁

（6）张爱琴：民族文化乡土教材的开发模式与功能

（7）陈倩：多元文化整合教育视角下的乡土教材研究——以《瑶文化进校园知识读本》为个案

（8）刘卓雯：教育人类学视野下的湿地地区乡土教材开发研究

（项目组）

第三部分　中国乡土教材的应用现状调查

　　本部分内容主要是项目组成员及乡土教材收集志愿者对于各地乡土教材的调查报告。"中国乡土教材收集志愿者活动"是从2006年底开始的，是在教育部民族教育司、国家民委教育科技司协助下，由中国少数民族地区基础教育研究中心暨中国乡土教材收藏与研究中心（筹）与校团委联合举办的假期社会实践活动。这项活动的实施主体主要是中央民族大学的在校大学生，参加志愿者活动的同学既有本科生，也有硕博研究生，以本科生居多。他们来自中央民族大学的教育学院、管理学院、历史系、少数民族语言文学系、民族学与社会学学院、经济学院等多个院系，学生生源所在地遍及北京、天津、四川、云南等二十多个省、自治区和直辖市。项目组对每期志愿者进行招募和培训，鼓励志愿者在假期回乡期间，深入家乡所在地的学校（特别是中小学校）、档案馆、图书馆、出版社、书店对乡土教材进行收集与调查。收集与调查乡土教材可以使年轻一代大学生了解乡土现状，培养学生热爱家乡、建设家乡的浓厚感情，在此基础上完成收集任务和调查报告。这些报告经过反复的筛选和修改，按照东北地区、华东地区、华南地区、华中地区、华北地区、西北地区、西南地区进行分类整理，以一些典型省份或地区为田野点，对其乡土教材的编写、应用和发展状况进行调查，从这些调查报告中我们可以清楚地了解到我国不同地区乡土教材发展及应用的现状。本部分内容也涵盖了项目组成员对于一些地区乡土教材的调查报告以及对于乡土教材的深度思考。

东北地区乡土教材调研报告

黑龙江牡丹江市乡土教材调查报告

"千里之行，始于足下"，"最原始的、最基本的、最唯物的教材，就是乡土教材"。教育学家徐特立曾这样强调过乡土教材的重要性。家乡、故乡对远离故土生活的游子们来说，是充满亲切和温暖的词语，承载着有些忧郁的乡愁。但如果让人们列举出家乡的种种优点时，却常常得不到确切的回答。这时的失语，可能是因为我们对家乡太熟悉了，以致熟视无睹。

当然我们热爱"生于斯，长于斯"的地方，熟悉家乡的山川草木，对家乡的美景美食如数家珍。这些感性认识来自于乡土大环境的熏陶，而学校课堂上的统编教材却缺少这种乡土性。现在统编教材的体例和内容则更适合实现普及教育的目的和应试教育的指标。因此乡土教材作为对统编教材的补充，其编写内容结合了地区的具体情况，并可通过对本地区学生教学情况的调研做及时的修改和修订，在最大程度上做到融思想性、知识性、趣味性于一体。乡土教材的出现尤其在课堂上的讲授，也是贯彻"知行合一"健康教育理念的具体实践，是使学生紧密联系学习和乡土社会实践的良机。乡土教材的一大特点是"就地取材"，就地取材的学习理念更易于培养学生的动手操作技能以及探索发现问题和解决问题的能力。在此次社会实践过程中，我从乡土教材和社会生活两个切入点做了一些调查工作，力图就乡土教材对学生的指导性作用,在学生认识社会和了解自己过程中所起的作用得出一些结论。

一、调查的主要过程

时间	活动
8.15—8.16	在市图书馆查询相关教材资料
8.16—8.18	走访市新华书店及相关小学,搜集近期学校使用的乡土教材;访谈授课老师,对教材内容及教授方法进行深入了解
8.18—8.20	调查使用过乡土教材的同学,寻访当时使用情况及效果
8.20—8.23	利用所搜集素材,撰写报告并修改

二、调查的主要内容

此次乡土教材收集,在众人的帮助下,我总计收集了五本关于乡土教育的教材。涵盖了小学的主要科目,比如音乐、思想品德、自然、劳动以及初中的劳动技术。调查内容主要围绕以下内容展开:

(一)所收集乡土教材产生的背景

省教育机构编写的教材主要供全省小学生和初中生学习。如劳动技术,分为城市版和农村版,是黑龙江省教育学院依据国家教委印发的《九年义务教育全日制中学劳动技术课教学大纲(送审稿)》编写的。教学目的是为培养学生正确的劳动观、热爱家乡和热爱劳动人民的思想感情,养成良好的劳动习惯,初步掌握一些生产劳动基础知识和基本技能等。又如音乐教材,其编写目的是为使学生从小热爱我国的民族音乐、建立民族自信心、开阔视野,继承和发扬民族的传统文化,由黑龙江省乡土教材编写组编写。再如《自然》,黑龙江省小学乡土教学资料,说明内部临时使用,由教育学院初教部编写。

由牡丹江市编写的《小学思想品德课补充教材》是根据国家教育委员会颁发的《九年义务教育小学思想品德课教学大纲》的要求,由牡丹江教育学院小学补充教材编写组结合牡丹江市具体情况编写。

(二)乡土教材主要内容(以《自然》、《思想品德》、《音乐》为例)

《自然》主要围绕相关自然知识展开,以解释小行星的命名开始,介绍了黑龙江独特丰富的野生动物物种,如东北虎、鹤、白鹳、中华秋沙鸭、哈士蟆和狼獾等。特有的植物种类也在介绍范围之内,如蕨菜、榛子、蘑菇等。在区域地理部分以各个市县的物产为线索,突出了市县特点和丰饶物产。最后从环保视角综述黑龙江省的自然资源和环境,并倡导环境保护的理念,使同学们对家乡在理性认识的基础上更加深了热爱之情。

《思想品德》作为统编教材的补充部分,以牡丹江地区独有的事例为同学们树立学习的榜样。故事读来真实可信,语言平实活泼,既有对家乡风物的深情描绘,也有对先进人物的特写采访。

《音乐》乡土教材主要介绍了黑龙江省少数民族的音乐。生活在黑龙江省的民族主要有:汉族、满族、蒙古族、回族、朝鲜族、达斡尔族、鄂伦春族、赫哲族、柯尔克孜族、锡伯族、俄罗斯族等。在漫长的历史过程中,各民族繁衍生息在黑龙江畔,形成了具有独特风格的音乐,并由此构成了丰富多彩的黑龙江省民族音乐。

(三）乡土教材的使用范围、实际效果

《劳动》在小学为必修科目。在素质教育逐渐深入的现实环境下，此本教材教授情况较好。在被调查的小学——新荣小学和立新实验小学，均有专职教师教授此书。在立新实验小学，还开设有与劳动技能相关的课外兴趣小组。

《音乐》在小学课程标准中占有比较重要的位置。大部分时间老师教授的是统编教材的内容，对于民族歌舞部分涉及很少，基本上是囿于场地和设备的原因，也与教师对于课程内容准备不充分、理解不是很透彻有关。但学校组织有相关的歌舞小组供同学选择参加。

《自然》基本作为小学自然课的补充阅读资料。小学自然课在多年的教学过程中已经形成了比较规范的教学方式，试验和作业都在老师指导下完成。在立新实验小学，四年级以上的学生每学期参加一周的课外实践：观察果树或在校园饲养场喂养动物。在此过程中，同学们对家乡的物种植物有了更加深刻和直观的了解。

《思想品德》为小学的补充教材，基本上作为阅读材料，教师在教学过程中采用问答形式解决课后问题。

初中对于劳动技术课程不是很重视，只是在初一每两周安排一课时的内容，主要采取自学的方式，学生普遍反映课堂基本形同自习。

（四）乡土教材的应用特点

1. 教材内容

乡土教材的特殊性，使得其内容不可能如统编教材般面面俱到。因而教材编写者主要选取家乡比较具有代表性的人、物、景致进行深入描写。如《思想品德》课本，对于革命烈士马骏的英雄事迹进行了详尽的描述，使得学生在学习过程中能够通过文字

领略到家乡英雄的风采。另如《音乐》教材,主要介绍了朝鲜族的歌舞,同学们在平时对朝鲜族歌舞都不陌生,对这种文艺表演形式比较喜爱,教材编写者抓住同学的兴趣所在,为同学们认识家乡、了解家乡提供了简易可操作的范本,丰富了课堂的教学内容。

2. 同学反馈

对于介绍家乡物产和风景的内容,同学们比较感兴趣。如镜泊湖,基本上每位同学都到过此地旅游,对当地的景色有直观的认识,因此在课本上学习到关于镜泊湖更加深入的地理知识的时候,同学接受起来就会充满兴趣,并且更容易将感性认识上升为理性认识。

对于比较陌生的物产,因教学手段的局限,同学们只能通过文字了解一些大概的情况。

3. 教材知识的更新

教材在编写上要有可持续理念,方法上要不断创新,在环保意识的宣扬上要有所增强,在介绍珍稀野生动物的篇目中,删除了野生动物具有食用功能的介绍,以培养学生爱护动物,保护动物的朴素观念。

4. 学校和任课老师的反馈

小学的教授情况远好于初中,小学的素质教育更容易落到实处,学生通过乡土教材的书本知识和老师的多手段的授课方式,进一步了解了家乡。老师也在不断摸索更加有效率、有趣有益的教学手段,因为在素质教育飞速发展的今天,学生素质的培养也成为考核教师素质很重要的指标之一。

5. 关于课时和考核安排

小学基本保证音乐、劳动、思想品德每周各两课时。考试时间早于主要科目,笔试以老师的复习题范围为主,素质考核则主要测试学生的实践能力。

（五）对策建议

乡土教材在学校教学体系中属于补充和附属，其教材的编写不可能调动更多的人力和物力资源，因此在教材的选择和使用上范围比较狭窄。在教授的过程中，按照国家统一课程标准对于课时的规定，一些富于当地特色的内容可能要在讲授统编教材之后才能教授，老师所掌握的时间比较有限，学生接受的过程因此变得十分匆忙。

小学时期，校方比较重视音、体、美、劳动等课程的乡土内容的教授。家长对于此问题也比较理解，认为是提高学生素质行之有效的方法。但初中开设相关科目的学校数目骤减、课程时数被压缩、师资不足，学生对于课程内容感到厌倦。种种原因造成了在应试教育重压下乡土教材的逐渐式微。对于这种客观事实，校方可能有更好的解释，如考虑到升学压力和家长对课程设置的疑虑等，也有学生主观上因课业负担沉重而无暇顾及更多科目的原因。对于初中学生，了解家乡的时间可能更多地放于课外，在课堂外捕捉家乡的魅力片段和变化点滴。

三、调查的收获与启示

通过对学校任课教师和同学的访谈，笔者深感到升学压力对课程设置的影响。乡土教材的推广不在于一朝一夕，在统一课标、统一考试和严格划定的分数线下，学好统编教材恐怕是学生最明智和现实的选择。

乡土教材的出现在一定程度上弥补了大一统教材灵活性不足的缺点，在编写体例和内容组织上都可以更加活泼和新颖。而小规模的试用对于当地的素质教育和课改提高也不啻为很好的试验样本。乡土教材的覆盖面很广，可以渗透到各个科目。"不仅可作教科书的补充，同时它本身就是现实的、活生生的教科书，它可以鼓励青少年以及一切教育者和受教育者,以研究地方乡土为出发点,进而认识本国,认识世界,认识整个宇宙"(徐特立语)。从这个意义上说,乡土教材的讲授可以反过来促进课程质量的提高,提高学生的学习热情,激发他们的创造才能。

归根结底,乡土教材关涉到民族认同的问题。课程教材建设的民族化问题具体来说是从国家化延伸到地方化和乡土化,使课程教材建设更具有地方特色,使民族化更加具体生动,而生动的课程和教材更易于学生接受。在全球化的浪潮中,做世界公民固然是时代的必然选择,但在我们的精神世界中,我们要寻找个人身份的归宿点,在这方面,乡土教材可能为我们打开了一扇新的希望之门。

(赵思齐)

黑龙江双鸭山市宝清县和辽宁盘锦市大洼县乡土教材调查报告

一、调查的主要过程

首先,笔者去了大洼县的几家书店,由于第一次去辽宁,对当地并不熟悉,去了几家书店都没有找到符合条件的书籍。但这并没有打消笔者的工作热情,笔者又到出版社进行咨询,得知当地小学生用书——《可爱的盘锦》应该属于乡土教材,由于当地的学校已经放假,笔者只好向个别同学咨询,最后终于搜集到第一本乡土教材——《可爱的盘锦》。在2007年2月22日,笔者回到家乡黑龙江省双鸭山市宝清县,由于时间有限,笔者还是先从图书馆入手,此后又去了新华书店、天奇书店以及一些二手书店,还去了出版社进行咨询。由于是自己的家乡,地理位置比较熟悉,笔者又到家乡的特殊教育中心、教育局、学校等地,咨询老师,并对家乡的小学生进行了调查。时间紧,任务重,在短短的五天里,笔者搜集到了爱我中华全国系列知识丛书《爱我中华 爱我双鸭山》和爱家乡教育知识手册《美丽的家乡 可爱的宝清》两本书。在此期间,设计了调查问卷,对个别同学进行了采访,对乡土教材的使用情况进行调查、总结和分析。

二、调查的主要内容

(一) 乡土教材——《可爱的盘锦》

1.《可爱的盘锦》乡土教材产生的背景

《可爱的盘锦》编写的目的是使广大中小学生了解当地历史、关注当地经济建设与社会发展,更加热爱家乡。自2001年问世以来,深得各界的关注。随着辽宁省盘锦市经济的发展和社会的进步,特别是为了满足教育教学的实际需要,编委会修订了这本乡土教材,其中,增加了有关生态的内容和近年来涌现出来的农业方面的典型人物。引用的资料力求准确和全面,截止时间基本为2003年年底,张佳余、项来业、吴力复、王希胜、张娜、高佳禾、刘钟灵、张冬梅等同志参加了这次修订,最后由编写委员会研究定稿。

2.《可爱的盘锦》乡土教材的主要内容

《可爱的盘锦》由历史、地理、人物、经济和社会发展四部分组成,具体包括盘锦市优越的自然条件、丰富的自然资源、生态城市建设、水产业发展以及保护环境等地理常识,还讲述了盘锦市悠久的历史、一些杰出人物以及盘锦市的现代化城市建设、喜人的交通成就、第三产业的崛起等内容。

3. 该乡土教材的适用范围及其实际效果

该教材是盘锦市对本市中小学生进行家乡教育的地方性教材。经过调查分析，该教材使用的情况并不理想：老师为了抓成绩，并不太重视教学，而大部分小学生还没有主动学习地方性教材的意识，有的同学甚至没翻过该教材，部分家长也因此不理解地埋怨学校花钱购买没有用的书。

4. 存在的问题

学校和老师对该教材的教学不够重视，课时安排不够合理。

5. 对策建议

编写该教材应多加一些图片，提高学生的兴趣，学校、老师应该高度重视该书的教学安排，可通过考核等方式督促学生学习。

(二) 乡土教材——《爱我中华 爱我双鸭山》

1. 《爱我中华 爱我双鸭山》乡土教材产生的背景

《爱我中华 爱我双鸭山》是"爱我中华全国系列知识丛书"之一，由中共双鸭山市委宣传部编写。在编写过程中得到了丛书编委会、中共双鸭山市委、双鸭山市人民政府及社会各界的关心和帮助。市委书记杨永茂为本书题词，市委副书记张文树、副市长何明志担任顾问，有关部门领导审阅了书稿。丛书编委会和出版社同志最后审定书稿；于1995年3月编著完成。该书以爱国主义为旋律，将中国的历史、国情、省情、我国面向现代化建设的优势和劣势及所面临的机遇和挑战告诉青少年，使青少年立足现实，树立理想，为中华之崛起而迈出坚定的步伐。该书是时代风云的摄像机，是弘扬民族精神的教科书，是振兴中华的进行曲，对青少年进行爱我中华教育、加强青少年思想政治工作大有帮助。

2. 《爱我中华 爱我双鸭山》乡土教材的主要内容

《爱我中华 爱我双鸭山》从社会、经济、文化、教育、科技、体育、名胜等方面，全方位的再现了中华民族的沧桑历史，讴歌古往今来各省、市、自治区为中华民族做出杰出贡献的模范人物，使青少年为中华民族和本地区的模范人物而自豪，从而增强"爱我中华，振兴祖国"的自觉心，进而建立自尊心、自爱心和自强心。

3. 《爱我中华　爱我双鸭山》乡土教材的适用范围、实际效果

《爱我中华　爱我双鸭山》是双鸭山市中小学所学的地方性教材，效果比较理想。大部分老师和家长都比较认可。

4. 存在的问题

《爱我中华　爱我双鸭山》教材写得比较详细，但趣味性不足，学生学习兴趣不是很高。

5. 对策建议

增强文章的趣味性。

(三) 乡土教材——《美丽的家乡　可爱的宝清》

1. 《美丽的家乡　可爱的宝清》乡土教材产生的背景

《美丽的家乡　可爱的宝清》是由黑龙江省双鸭山市宝清县教育局于2005年3月编写的，目的是增强学生热爱家乡的情感，使学生从小就对家乡有比较深刻的了解。了解家乡悠久的历史、丰富的自然资源、独特的旅游景观，使每一位宝清人为生长在这片沃土上而感到自豪，为前辈留下的宏伟基业而感到骄傲；使学生从小努力学习科学文化知识，培养建设家乡的意识，将来用自己的智慧和汗水把宝清建设成一个经济繁荣、政治文明、人民富裕、环境优美和社会和谐的现代化城市。

2. 《美丽的家乡　可爱的宝清》乡土教材的主要内容

《美丽的家乡　可爱的宝清》介绍了宝清的地域、地貌、历史、自然资源、旅游景观、纯朴向上的宝清人以及快速发展的经济和社会事业，也介绍了立体开发的美好前景。

3. 《美丽的家乡　可爱的宝清》的适用范围和实际效果

《美丽的家乡　可爱的宝清》篇幅短小，内容全面，图片详略得当，深受老师和学生的好评。该书是小学生学习的爱家乡教育知识手册，使用效果非常好，不仅学生愿意学，许多家长在闲余时间也经常翻看本书。

（崔宝艳）

黑龙江哈尔滨市乡土教材搜集调查报告

一、调查的主要过程

深入家乡的图书馆、黑龙江省档案馆、新华书店、中央书店及邻居朋友家中，进行了搜集工作。同时，在此过程中通过交谈访问对教材及教参适用情况作相关的了解。

二、调查的主要内容——以《音乐五线谱》（第三册）为例

（一）《音乐五线谱》乡土教材产生的背景

《音乐五线谱》是九年义务教育四年制初级中学教科书，经全国中小学教材审定委员会 2001 年审查通过。在通过后不长时间，即 2002 年出版发行，并在哈尔滨市初级中学范围内使用。

作为编著机构的黑龙江省教育学院是权威性的机构，这在一定程度上保证了这套教材的质量。黑龙江省教育学院是一所集全省基础教育、职业与成人教育、教师教育、现代教育技术教学研

究、中小学教师与校长培训、成人高等学历教育、全日制高等职业教育于一体的省级高等本科师范院校,具有培训、教研、指导的职能,是全省基础教育教研指导中心和中小学教师培训主阵地。黑龙江教育出版社是一家地方性专业出版社,出书范围为:各级各类学校及职业教育教材、教学辅助用书、教育理论、学术专著等。

该教材的意义在于培养学生的审美能力和情趣,使学生的情操在音乐欣赏中得以升华,更深地领悟自然之美与人文之美的完美结合;同时在享受世界音乐盛宴之后,又以地方曲目相佐,使学生更深入透彻地了解地方文化,从小培养对地方文化的热爱并进而延伸为对家乡的深切情怀,也在地方特色决定的民族多样性中注入民族团结、和谐共存的思想。另外,在欣赏中通过教师的讲解辅导,使学生在音乐基础知识方面有所收获,是一本寓教于乐、理论与实践相结合的乡土教材。

(二)《音乐五线谱》乡土教材的主要内容

全书共分四个单元,另有附录。其中以著名曲目的欣赏为主,辅之以地方曲目及表演形式,最后杂之以儿童歌曲和几种乐器的简单入门学习。在每个曲目之前及之后都附有文字说明,包括作者生平、乐曲类型及其特点、演奏乐器及其简要介绍、曲调节奏、感情基调等。在每个单元后面还有总的思考练习,作为全单元内容的总结概括。此乡土教材最大的亮点在于乡土成分的注入,即各少数民族民歌、民谣、少儿歌曲的加入和地方经典表演形式的穿插。这些成分的注入无疑是这本教材作为本地学生了解家乡面貌、培养热爱家乡的感情的关键,也是它能成为一本名副其实的乡土教材的基础。作为一本具有一定内涵及价值的教材,其中实践部分的加入,更是为其增色不少。可以说,从编排的内容上来说,这是一本不可多得的好教材。

(三)《音乐五线谱》乡土教材的使用范围、实际效果

据捐献此乡土教材人士的介绍，该教材在黑龙江省哈尔滨市初级中学二年级范围内广泛适用，但对于哈市周边范围的情况则无从可考。音乐课是一门不参加升学考试而纯以陶冶情操、加强德育、缓解其他课业压力的课程。这本教材以其丰富的内容及其内容的有趣、新颖吸引了学生的注意，同时也给授课教师解决了如何教授的一大难题。以往老师纵使使出浑身解数也很难勾起学生学习的兴趣，而这一乡土教材的问世能够使学生真正注意以自己身边的文化为学习内容，在潜移默化中受其影响，将知识深入脑海。学生普遍反映，该乡土教材使他们在学习中真正得到了放松和享受，家长也认为，实践的机会对孩子们日后的发展具有一定的积极影响。

(四) 存在问题

不可否认的是，这本乡土教材以其丰富的内容、多样化的题材、环节化的教授，不仅受到学生与老师的欢迎，也赢得了家长的喜爱。该本教材对弘扬地方文化、培养学生爱家乡的美好情怀、引导学生形成多民族和谐相处、携手共进的思想具有非常重要的意义。

然而，教材本身也存在一些弊端和缺漏之处。首先，限于音乐课课时较少的限制，该教材是没有办法全部讲完的，纵使该教材有丰富的内容和活泼的教学方法，单元性、环节性显著，目的却很难完满达到。其次，音乐课多半以表演为最后考核的方式，很少会以试卷形式进行，纵使学生再天资聪颖，一周只有一小节的音乐课，学生不可能在短短一个学期的时间内掌握乐理知识，音乐更多的是课后的一种调剂与消遣。因此本教材中教授的乐器基础表演，只能流于形式，学生很难在无充裕时间练习的情况下学有所成。表演也多以唱歌跳舞的方式进行，内容大多不限于书

本,这样由于没有考核压力,学生往往不用心学习。再次,由于哈尔滨市学生大多以汉族为主,教师队伍也以汉族为主,对于少数民族民歌、民谣的讲解可能流于表面化,不能讲出其深刻的内涵,也很难就现有内容进行相关的扩充,由此可能引起学生的消极情绪,这样,也难以实现书本编写的目的。最后,乡土教材的编写大体上都具有一个逻辑模式,然而本教材似乎在此方面尤为欠缺。虽然前面笔者提到单元性和环节性,但其单元性仅限于形式上的单元结构,细研究,似乎每个单元都遵循着同一模式,先世界名曲,后传统曲目或地方曲目,并未有明显的循序渐进。虽然在学习过前面的内容后,到附录部分可以学习乐器的演奏,然而由于课时所限,往往无法正常学完本教材所有内容,因此各单元间的衔接很成问题,不利于学生的全面学习。

(五)对策建议

针对上面提出的不足之处,笔者以为,今后在编写此类教材时,应充分考虑课时不足的因素,使教材在整体上具有进阶性,即使内容不能全部传授完,学生还是可以从中获得裨益,在知识上具有跨层次而不是松散的进步。另外,笔者认为,涉及地方曲艺形式的内容应当重点讲授,着重培养学生的爱家乡情怀及意识。因为,世界名曲等,在学生今后的求学生涯中,无论身在何处,都会听到或涉及,而具有地方特色的家乡小调或民歌民谣,多只在家乡才能听到,这正所谓乡音难求。因此,教师在教授过程中可以不拘泥于课本的次序安排,不妨以自己认为最合乎逻辑和发扬乡土特色的顺序进行教授,真正体现乡土教材的优势。最后,也是最难办到的一点是,教师应在讲授过程中着重讲解音乐深处的文化内涵及感情内容,以引起学生的共鸣,而不是以纯乐理性内容作为讲授重点。因为,此乡土教材的适用人群毕竟是面临升学压力的学生,并非专事音乐的艺术特长类学生,因此,没有必要要求学生在繁重的课业压力之外过多地涉及乐理知识,不如以文化内涵和感情基调作为讲解重点,这样既符合本教材的精神,也能佐以其他课业的学习,更能引起学生的共鸣。

三、调查的收获与启示

此次乡土教材的搜集是笔者第三次参与乡土教材的搜集活动,正因如此,笔者对乡土教材的搜集有相当多的感触。乡土教材的搜集与调查活动,既对挽救濒危文化、维护家乡文化并促其继续流传具有重要意义,而且对扩展调查员人脉、锻炼调查员交际能力和提高其综合能力,具有实践意义。

乡土教材,作为乡土文化的载体,传承着民间的乡土文化,哺育着乡土人民的情怀,更为乡土历史的考证提供了丰富和真实的资料。因此,乡土教材不仅是学生学习本土文化的蓝本,更是为广大学者提供学术证据的珍贵文献。看着黑龙江省图书馆地方文献陈列室中摆放的一本本书籍,一部部地方考,那古朴的版本,恍然尤散发着墨香。它们是一个地区走过的历程的见证,是一种文化衍生的承载。古拙的版本,老旧的封面,掩不住其中的精华,那份珍贵反而因了这份古旧而更加完满。抚着横开的硬皮纸书面,那份历史的厚重感悄然升腾,责任感也在心中更加坚定。可以说,如果不是乡土教材搜集调查活动,笔者也许没有机缘去地方文献陈列室浏览书籍,也就不会有这样深刻的体会。正是从这些书籍中得到了家乡的历史知识,对家乡的感情有了进一步的升华,转而使笔者对家乡的历史博物馆有了更浓厚的兴趣。于是,笔者又利用假期的闲暇时间参观了索菲亚教堂,那里呈现着哈尔滨这座古老的城市的全部发展历程,从第一本杂志到第一座学校,从全国最早的三个百货公司之一到世界最长的步行街……这座城市在不同文化的相互碰撞中发展出自己特有的性格,在不懈奋斗的传统精神的促使下充满活力,快速地发展着。正是通过乡土教材搜集调查活动使笔者对自己家乡的过去有了更完整的认识，完成了对家乡过去和现在的连结，不再对家乡的过往处于迷惘的状态。这种清晰不仅是一种知识的积累，而且是家乡情得以升华的关键和基础。同时，在笔者的带动下，朋友又与笔者同访了哈尔滨市文庙和哈尔滨市犹太文化历史纪念馆。这一次"寻宝之旅"使我们这帮年轻人焕发了为这座城市，为自己的家乡贡献自己力量的热情。

（王　伶）

华东地区乡土教材调研报告

山东省德州市乡土教材搜集调查报告

乡土教材作为统编教材的补充和地方教育的载体，有其悠久的发展历史和重要的现实意义，但当前其发展却面临种种危机。鉴于此，我们为抢救乡土教材这一重要文化资源，进行了乡土教材的搜集工作。希望通过对乡土教材的搜集，推动政府出台一系列保护乡土教材的政策并向国民普及乡土教材的相关知识，提高国民对该文化资源的重视和保护力度。

根据中央民族大学中国少数民族地区基础教育研究中心暨"中国乡土教材收藏与研究中心"（筹）的活动要求，在中央民族大学的支持下，笔者于2008年2月寒假回乡期间，深入山东省德州市的学校、教育行政机构、档案馆、图书馆、书店并寻访有关个人，对本地的乡土教材进行了搜集与调查。

一、搜集乡土教材分类

（一）第一类：供学校系统使用的乡土教材

1.《拥抱大自然（第二册）》

主要内容：通过对自然界有关问题的设置，把身边熟悉的事物、纷繁的自然现象与其产生的原因联系起来，在带领学生领略多姿多彩的大自然的同时，通过探究、了解自然变化的规律，掌握研究自然的方法，培养亲近自然的情感，养成爱护自然的习惯，从而认识自然、善待自然，并培养学生实践、探究以及团队合作的能力。

使用要求：供山东省德州市初中二年级学生使用。授课时数为13课时。

2.《领略民族文化》

主要内容：通过对民族文化的介绍，培养学生的民族精神及其感悟、探究、合作、实践的能力，激发学生的主人翁精神。

使用要求：作为学生的课外读物，供山东省德州市九年级学生使用。要求老师在学生学习过程中，给予一定学习方法的指导和教材内容的讲解。

3.《齐鲁历史名胜》

编写背景：根据教育部《基础教育课程改革纲要（试行）》关于地方课程建设的精神，根据《山东省义务教育地方课程和学校课程实施纲要（试行）》组织编写的学习活动指导书。

主要内容：以齐鲁历史名胜为载体，在使学生了解本省历史文化名胜的同时，对齐鲁历史文化及其当代价值进行自主性的思考和探究，开发齐鲁文化的教育功能，激发同学们的民族自豪感和自信心，培养爱祖国、爱家乡的情感。

使用要求：该书要求学生运用多学科的知识储备和跨学科获

取知识的能力,在开放性的探索活动中,将学到的知识进行渗透式的综合运用。

4.《实践活动》系列教材

编写背景:《实践活动》系列教材是根据省教育厅《山东省义务教育地方课程和学校课程实施纲要（试行）》的精神,依据山东社会、教育和自然环境特点确定编写的。

主要内容:该书着眼于素质教育的时代特色,以探究学习为课程的基本学习方式,以主题探究为课程编写的呈现形式,突出课程的综合性、实践性、开放性、生成性和自主性等特点,培养学生的创新精神和实践能力。该系列教材充分体现了地方课程的学科特点和初中学生探究活动的生理、心理特点,力求使国家课程、地方课程和学校课程相互配合,形成目标一致、内容开放的课程体系。

使用要求:不以讲授知识为目的,而是为学生搭建一个自主获取知识的平台,让学生充分展示自我、发展自我。

5.《齐鲁乡情概观》

编写背景:《齐鲁乡情概观》是山东省高等师范专科学校乡土教材,是在山东省高等师范院校深化教育改革、进行教材建设的背景下编写的,它填补了该省高等师范院校乡土教材建设的空白。

主要内容:先从全省概况入手介绍山东的地理、历史、经济、教育和社会事业,再从以上方面分别介绍省内各大城市。内容丰富,史料翔实。

使用目标:要求师范专科学校的毕业生在学完之后,具备指导初中学生从事家乡社会主义建设的知识和能力,了解全省及市、地的有关知识,以便在任教后,以自己的知识和示范作用,指导教育初中学生,激发他们热爱家乡、建设家乡的热情,更好的为家乡建设贡献自己的聪明才智。

6.《德州地理》

编写背景:《德州地理》是根据国家教育部颁发的《九年义务教育全日制初级中学地理教学大纲(试用)》规定和山东省教育厅关于加强乡土地理教学的要求,结合德州市实际编写的。旨在通过教学,使学生了解德州、热爱德州,树立起为建设美好家乡、发展家乡经济文化而奋斗的崇高志向。

主要内容:从自然地理和人文地理的角度介绍了德州市,如地理位置、气候、行政区划、经济发展和交通运输等。

使用要求:《德州地理》供全市三年制初中二年级和四年制初中一年级学生在学完《山东省地理》后使用,授课时数为5课时。

7.《德州简史》

编写背景:《德州简史》是依据国家教委颁发的《九年义务教育课程方案》及山东省教委的有关文件精神编写的。旨在通过教学,能够加强对广大青少年爱祖国、爱家乡的教育。

主要内容:按照时间先后顺序,介绍了从先秦到现代德州的发展概况,大量的插图和原始资料增加了学生的感性认识,可读性强。

使用要求:《德州简史》安排在初中二年级使用,在完成《中国历史》(国家统编教材)的教学任务后,集中安排5～6课时进行教学。所学内容列入初二下学期考核范围和中考范围。

8.《山东省地理》

编写背景:《山东省地理》是根据原国家教委颁发的(九年义务教育全日制初级中学)《地理教学大纲》和教育部颁发的《地理课程标准(7～9年级)》编写的。旨在通过教学,使学生了解山东、热爱山东,树立起为建设美好家乡、为祖国富强和人民富裕而奋斗的崇高志向。

主要内容:详细介绍了山东省的情况,包括地理位置、自然条件、农业、工业、交通运输业、旅游业、城市发展及涉外经济,体验性强,突出了区域地理特征,体现了人地关系协调和可持续发展的观念。

使用要求:供全省初中学生使用。教学可安排在《中国地理》(国家统编教材)之后,授课时数为10~12课时,学校可根据实际情况,统筹安排教学时间。

9.《山东历史》

编写背景:根据国家教育部颁发的九年义务教育全日制初级中学《历史教学大纲(试用)》,并在原有的1988年编写的《山东历史》乡土教材基础上重新编写。旨在通过教学,加强对青少年热爱家乡、热爱社会主义祖国的教育。

主要内容:按历史进程,分为"古代山东"、"近代山东"、"现代山东"三大部分,从政治、经济、文化等方面介绍了山东的情况,有清晰的时间脉络和分析思路。

使用要求:适用于初级中学一、二年级,授课时数为8课时。在教学进程中,这些课时可以集中使用,也可以结合中国历史教材的有关内容,穿插使用。本书的大字部分为必修内容,小字部分为阅读内容。

(二)第二类:供非学校系统使用的乡土教材——各地社会概况介绍

1.《天南地北德州人》

编写背景:《天南地北德州人》为适应社会主义商品经济发展的需要,发挥本地人缘地缘优势,加强对外联系,促进本市经济和各项事业发展,本书编委会汇集德州籍人士,编成本书。

主要内容:收录德州籍在外地工作人员1028人,主要对象是党政军机关、企事业单位科级以上负责人和中级以上科技人员,逐一简要介绍了他们个人的有关情况,并登载了由本人提供的照片。除此之外,本书对德州各区、县均有简介。

2.《德州区情》

编写背景：是在中国共产党建党 70 周年前夕，中共德州地委向党的生日的献礼之作。

主要内容：比较全面、系统地反映了德州地区人民在党的领导下，经过建国四十多年的艰苦奋斗，在政治、经济和各项事业建设中取得巨大成就的资料书籍，内容全面，资料翔实。有助于外地人士了解德州地区的历史和现状，为促进德州的经济和社会发展献计献策，而且能够使全区人民看到本地区发展的潜力和优势，更加深刻认识和了解自己的家乡，从而以更炽烈的热情去建设和改造家乡，为实现祖国的"四化"大业做出贡献。

3.《德州市民办事指南》

编写背景：随着改革开放的深入，城市的规模不断扩大，人民的生活水平有了较大的提高，生活方式和生活观念发生了重大变化。为适应这些变化，许多新部门、新设施相继建立，一些新法规、新制度、新办事程序也陆续制定和实施。该书在及时解决市民遇到的疑难问题的同时，也加强了对办事部门的监督，督促其廉政建设，提高工作效率。

主要内容：围绕市民最关心的、与日常生活关系最密切的 100 多项事情，诸如衣食住行、休息娱乐、旅游购物、入托入学、劳动就业、婚丧嫁娶、诊病就医等，分成 24 类，以现行的政策规定为依据，分别予以详细介绍。

4.《德州地区概况》

编写背景：《德州地区概况》是为了继承地方历史文化遗产，给各级领导及部门提供基础信息和数据，使史志工作更好地为四化建设服务而编写的。

主要内容：包括德州地区建制沿革、自然条件、经济状况、文化事业、重大事件、著名人物、名胜古迹七个方面。

5.《德州市四十年》

编写背景：《德州市四十年》是在中华人民共和国建国四十

周年之际，为了总结历史经验，激励今人、教育来者而编写的，亦作为对国庆四十周年的献礼。旨在能让全市广大的青年干部、工人、农民和学生了解过去，珍惜现在，把握未来，培养无私的奉献精神，学好建设四化的本领。

主要内容：介绍了新中国成立以来德州地区政治、经济、文化以及各种社会事业的发展情况，章节明晰，史实丰富。

6.《解放德州之战（资料选编）》

编写背景：《解放德州之战（资料选编）》是在德州解放四十周年之际，为纪念这次战役的胜利而编写的。旨在使读者发扬革命传统，以先烈为榜样，不畏艰难，奋发努力，按照党中央的部署，加速经济体制改革的步伐，为实现党的十二大提出的宏伟目标而奋斗。

主要内容：记录了这次战役的史实，缅怀了这次战役的主要指挥者、当时的渤海军区司令员袁也烈同志和在这次战役中牺牲的烈士们。

7.《德州党史人物传略（第一辑）》

编写背景：《德州党史人物传略（第一辑）》是在全面建设小康社会、加快推进现代化建设的大背景下，为发扬革命先烈和英雄模范的光荣传统，解放思想，同心同德，与时俱进，开拓创新而编写的。

主要内容：主要收录了新民主主义革命时期曾经在德州市现辖区域内工作战斗过（或原籍是德州市）且有一定影响的党史人物，共329名。

8.《青岛路路通》

编写背景：《青岛路路通》是在青岛市对外开放程度加强、旅游业大力发展的背景下，为方便来青岛的游客和办事人员而编写的一本简述青岛社会概况的口袋书。

主要内容：分章节介绍了青岛的地理、交通、办事机构及联系方式、观光导游、饮食、娱乐休闲等，内容全面，方便快捷。

9.《曲阜观览》

编写背景:《曲阜观览》是在曲阜市文化旅游业大力发展的背景下编写的。

主要内容：重点介绍了曲阜市的名胜古迹，如孔府、孔庙、孔林等，其次介绍了与曲阜有渊源的著名历史人物及其艺文佳话、石碑等。历史韵味深厚，史实资料翔实。

二、乡土教材的实际使用效果

（一）供学校系统使用的乡土教材

该部分教材在前期使用时的效果并不理想。原因是多方面的：第一，教材内容单一，展现形式单调，文字、图片搭配不当，不符合学生的心理发展需要，不能很好的培养学生的兴趣；第二，教学形式缺乏创新，不能体现教材的特点，课堂气氛不活跃；第三，由于应试教育的观念根深蒂固，学校只重视学生的考试成绩，忽视了对学生其他素质的培养，以致没有认识到乡土教材的重要性，考试科目挤占乡土教材课时的现象较为普遍，乡土教材扮演的更多的是课外读物的角色，从而直接导致乡土教材教学成果的削弱。

但近几年来，该部分乡土教材的教学成果有了明显改观。首先，教材从设计上遵循了学生的心智发展规律，附有大量图片、史实，图文并茂，教材内容不仅包含乡土知识，还包括国学、民族文化、心理健康等，可以帮助学生拓宽知识面，利于学生的成长及学习；其次，教学方式上，体现出了乡土教材参与性、实践性的特点，从各个角度提高学生的参与度，让学生在学习知识的同时培养能力；最后，学校逐步摒弃了应试教育观，大力发展素质教育，以培养学生能力、健全人格为重，使乡土教材与素质教育相互促进，打开了一个良好的局面。

(二) 供非学校系统使用的乡土教材

该类教材面向大众，种类齐全，具有地域性强、可读性强、内容丰富、资料翔实、方便实用等特点。在推动群众了解家乡的同时也方便了其生活，收到了很好的效果。

（吕娅妲）

江西省宜春市乡土教材搜集调查报告

乡土教材是在学科课程标准（或教学大纲）的范围内，结合学校所在地方的实际和特点而编写的教材。如乡土文学、乡土历史、乡土地理等。它适应各地的实际需要，体现了课程内容的地方性。乡土教材能够适应我国各地发展不平衡的实际需要，弥补统编教材的不足。因此，乡土教材的建设是整个基础教育教材建设的一个重要组成部分。

头上的天，脚下的地，人们生于斯长于斯的一方水土，正是教育所应当依赖的最基本的素材，这是许多乡土教材编写者编写教材的出发点。中国急速的城市化进程令大部分乡村孩子面临终有一天离开乡土的命运。背井离乡之时，怎样看待曾经的家乡，不屑、歧视还是充满珍视，在大一统的教育中，这些问题没有被给予解答。乡土教材的编写者希望借助乡土教材回答此类问题，并尝试提供一种"珍视乡土"的价值观。所以乡土教材不仅仅是增加学生对一些乡土的了解，更主要的是建立与乡土文化及父老乡亲的精神血缘联系。

一、调查的主要过程

2008年1月21日—1月23日我们在县史志办、教育局和图书馆进行了乡土教材的搜寻记录工作。首先是在县史志办,虽然教育方面的文献较多,但是却没有完整的相关乡土教材的使用记录。于是我们前往教育局,找到了当地学校使用过的乡土教材的部分记录。

2008年1月24日—1月26日进入家乡的中小学图书馆和各大书店,搜集曾经使用过的乡土教材。

2008年1月27日前往家乡所属的上一级市级单位宜春市,在宜春新华书店和图书馆搜寻县属单位未存档的乡土教材。

2008年1月28日—2月4日走访《江西省万载中学群芳谱》主要编者、使用过乡土教材的学生及其老师、家长。

二、调查的主要内容——以《宜春历史》、《江西省万载中学群芳谱》为例

(一)《宜春历史》

1. 产生背景

宜春有着五千年的历史,自古以来,物华天宝、人杰地灵。今天,所有的宜春人,应当为之自豪。但是,这些光荣的历史,都是前辈们用热血和生命写就的,我们不仅要弥足珍惜,而且必须戮力同心,认识家乡、热爱故土,为建设平安、和谐宜春,为创建国家卫生城市,为建成江南休闲旅游城市,为宜春更加美好的明天,努力学习。

2. 编写特点

再版的《宜春历史》,不仅对内容进行了大幅扩充,而且从

课节标题、编排体例到课文内容进行了全面刷新,以适应形势发展的需要;同时还增加了让学生参与的实践操作,以增强学生的综合能力。

3. 主要内容

介绍了宜春各地的历史,取得过的科技和文学方面的成就,宜春的名胜古迹、民间艺术和名产方物,对本地重要人物的生平和主要作品做了较为详尽的介绍。

4. 适用范围、使用实际效果

该教材是宜春市对全市范围内的初中生进行家乡教育的地方性教材。我们走访调查发现,该教材使用的情况并不理想。学校只是在开学时将教材与其他课本一起发放给学生,并未组织老师开设专门的课程对教材进行讲解。并且多数学生在课后没有主动地去学习,甚至都不知道其具体内容是什么。而部分家长认为这种教材对学生的学习成绩并未起到提高的作用,不该给学生发这种教材。

5. 存在的问题

学校、学生、家长都对此教材没有足够的重视。学校较少对学生开展家乡知识教育的活动,使得学生对这方面的知识抱以无所谓的态度。而由于应试思想的深入,家长对这方面的教育也很不重视。

6. 对策建议

建议学校多开展关于家乡知识教育方面的活动,对学生进行爱家乡教育,增强学生的相关意识。可以适当地开设一些课程,让老师给同学们讲解关于家乡的乡土知识,或者带领同学们去参观当地的历史博物馆,使教学形式更加灵活,使同学们更易于接受。

(二)《江西省万载中学群芳谱》

1. 产生背景

当今世界科技进步,工业发达,但同时也带来了环境污染等问题，生态平衡遭到破坏。青少年是祖国的未来，使他们从小就增强生存意识、生态意识、环保意识，是学校义不容辞的职责。遵循"三个面向"的战略思想，学校有必要加强对学生的生物科学知识教育。有九十年办学历史的万载中学，自然条件得天独厚，拥有一个纯天然的"植物宝库"。

2. 编写特点

本书所介绍的植物均为万载中学校内生长的各种植物，包括植物园内的各种珍稀品种。由万载中学生物教研组全体成员共同编著，内容丰富，介绍全面。

3. 适用范围与使用效果

该教材在万载中学九十年校庆时分发给学校的部分老师和学生。经走访当年获得此教材的老师和学生，他们都认为此书极大地丰富了他们的生物知识，拓展了他们的视野，是一本不可多得的乡土教材。

4. 存在的问题

未能在全市大范围内推广宣扬此书，使得只有当时在读的学生和在校的老师才有可能看过此书，而且并未将此书放入学校或者县图书馆供读者查阅。

5. 对策建议

应将现存的书放入学校图书馆或是县图书馆，使广大市民都可以看到。

在中学生物教学方面，可以将此书作为课外读本，以丰富同学们的生物知识。可以组织同学参观万载中学植物园，进行实地考察，既增加趣味性又可以增长知识和提高动手能力。

三、调查的收获与启示

21日，刚回到家的我们，还没来得及好好休息，就开始联络各个可能有乡土教材记录的单位和学校。因为我们一直都很渴望更多地了解家乡的过去和发展,希望可以借此机会大饱眼福。我们最先去的是县史志办和图书馆,那里的工作人员都很热情,忙着给我们寻找资料。可是,那里并没有关于曾经使用过的乡土教材的完整记录,只是找到了几本相关的书,对于它们是否曾经作为教材使用,还需要求证相关老师和同学。然后,我们又到了教育局、学校及新华书店,在教育局和学校,转辗于多个部门之间。

我们开始明白了那些在基层搜集各种材料的工作人员的辛苦,因为越是基层,相关的管理就越薄弱,相关的记载就更不齐全。仅仅通过寻找文字记录来完成整个搜集工作是不可能的,更多的是要亲身走访那些使用过教材的学生和老师。

在调查的过程中,令人遗憾的是:无论是教育局还是学校,都没有专门管理乡土教材使用或者保存的机构与人员。教育局也只是有零星的记录,而在使用教材最为直接的学校,也没有形成系统的管理体系。甚至图书馆和教务处的工作人员也不能给出相关的文字记载。所以,我们搜集到的大部分乡土教材,都是通过搜寻在读的学生的教材所获得的。而乡土教材在使用的过程中,更是远远没有起到它本该起到的作用,大部分人只是把它看作一种形式教育,忽略了它真正蕴含的家乡理念和人文气息。

乡土教材是家乡宝贵的精神财富,也许是因中考及高考的压力,学校及学生忙于准备各种考试,而忽略了乡土教材的管理和学习,从而造成了学校不清楚、老师不明白、学生不学习的状况。乡土教材的内容及编排也较为单一,比如《宜春地理》,只是一味地介绍理论,没有相应的图片作参考,缺乏趣味性和观赏性。很多学生表示,看这样一本内容无聊死板的书还不如去看内容更为丰富的小说、杂志。我们还发现,多数乡土教材都是发给了初中生。我们认为,对学生进行乡土教育应该从小抓起,从小学就开始培养同学的这种思想和意识。

在此,我们真诚地希望,各中小学能够积极地多给学生提供可以了解家乡的窗口和途径，并且努力使教育形式更加灵活化，教材的编者应努力使教材更加多样化和更富有可读性，使得家乡的文化可以传承并发展下去。

（潘　琴　宋立亭）

江苏南通乡土教材搜集调查报告

一、调查的主要过程和主要内容

2009年2月10日—2009年2月15日，在暑假期间，笔者在家乡南通进行乡土教材搜集调查工作，一共搜集到7本乡土教材，其内容涉及到南通人文历史、自然地理、民俗文化、社会、经济等相关内容。

第一站：通州市兴仁镇高岸村

由于在寒假期间，学生们都放假在家，所以2月10日，笔者在家附近的高岸村学生中进行乡土教材搜集。很幸运的找到一名叫吴培培的初中学生，由于她以前书本保存得比较好，所以她给我找出了四本乡土教材《江苏历史》、《江苏地理》、《语文补充阅读（第八册）》和《金陵文化》。这四本书都是江苏省中小学校地方课程教材，编写的历史不长，一般都是2001年以后的，分别由中国地图出版社、凤凰出版社和江苏教育出版社等出版，有着浓重的乡土气息，主要内容为江苏的历史、地理还有省会南京的历史文化，《语文补充阅读》则是对苏教版《语文》的一个补充，虽然是江苏省内编写的，但是在书本中没有提到任何乡土特色的内容或者词语。

在与吴培培同学的谈话中我得知，在学校里由于升学的压力，同学之间根本没有时间阅读这些书籍，每天就是重复地做题，老师也不是很重视，有的时候，语文数学外语都占用副科时间，生物、历史、地理这样的课程都上不全，更不必说这种不考试的乡土知识了。

在采访过程中吴培培的母亲过来了，对于我们所谈论的内容，她发表了自己的意见，"现在的教育考试制度，决定了孩子们必须要根据它所制定的游戏规则来学习，要想考出好成绩，孩子们就必须得放弃好多东西。乡土教材对孩子整体素质提高是有所裨益的，但是在中考、高考指挥棒下，孩子们也只能放弃了。要想让乡土教材发展下去，现行的教育考试制度要有所改革。"

第二站：通州市石港镇坝桥村

2月12日，笔者利用去亲戚家串门的机会，在石港镇坝桥村进行乡土教材搜集。在这个村笔者找到一个中专生孙燕，她对笔者的来访很是热情，但是由于以往的书籍保存得不是很好，所以只给我找到两本书，一本是《不忘历史》，一本是《吴文化》。《不忘历史》是由凤凰出版社为了纪念中国人民抗日战争胜利60周年而编写的，其中对南京大屠杀进行了生动的描述，让下一代谨记日本侵略者对我们惨绝人寰的大屠杀，不忘那段沉痛的历史，努力学习，报效祖国，复兴中华。据孙燕同学说这本书有中学版，小学版，小学拼音图文版，她给我的是中学版的。

《吴文化》是对江苏各地文化的一个总体介绍，有历史、地理、工艺、戏剧、名胜古迹等内容，可以说就是一个旅游大百科。内容翔实，语言文字优雅，体现了南方人的优雅和温和。孙燕同学说，以前在学校里没有时间学习这些知识，现在快毕业找工作了，出了校门，才知道乡土知识的重要性。她说希望学校以后能够开设乡土知识课程并且加强师资力量，让学生们学习更多的乡土知识。

第三站：兴仁横港学校

2月14日，笔者到兴仁横港学校对教导主任徐锦成老师进行乡土教材的访问。徐老师的办公室内放着许多教科书和参考书，虽然都是苏教版的，但是笔者上学时使用过这种教材，个人认为没有江苏的内容，没有搜集的价值。在经过一番翻找之后，徐老师找到了《文化江苏》。这本书是学校发给本校学生阅读的地方课程教材，2005年由苏州大学出版社出版，与先前得到的《吴文化》、《金陵文化》在内容上存在一定的相似性。

在采访中了解到，横港学校在2001年到2003年间对乡土教材和教育还是比较重视的，氛围比较浓，但是后来逐渐淡化了。徐老师还说曾经参加过学校乡土教材《横港的港、路、桥》的编写，后来由于气氛变淡，也就搁置了，原先的稿件也找不到了，所以到现在这本书也逐渐被老师们所淡忘。徐老师对于这本书的出版寄予了很大的希望，可是在没有资金支援的情况下，也就只能不了了之。

当问及乡土教材在学校教育当中应该处于什么样的位置时，徐老师回答道："就个人的理解来讲，当然也是一种愿望，乡土教材几乎要和主科处于一种平等的地位，要同样重视，甚至是分外重视，因为这些就是同学们成长的根，是走出这个小天地的人的一种动力，包括知识的、情感的等等；对于不能走出这个小天地的学生，家乡是他永远生活的地方，是一辈子生存发展的地方，所以说他们对自己生存的天地应该有一个比较全面的理解，应该有深厚的感情。"

第四站：南通书城

2月15日，为了了解南通市民对乡土教材的态度和乡土教材在书店里的销售情况，笔者来到南通书城。出乎笔者的意料，书架上到处是参考书籍和专业书籍，或是各种畅销书，根本就没有乡土教材的一席之地。因此笔者询问了工作人员。工作人员给笔者的回答是，乡土教材一般都是学校和他们预订，然后他们给学校发货，实际操作中不会留在图书馆内，因为很少会有人理会这些书，阅读的多是一些老人，如果需要的话，他们会再与出版社沟通。

虽然此趟没有找到乡土教材的有关书籍,但是笔者发现了一个事实,如今书店也是随着中考、高考的指挥棒所转动,考试内容以外的书籍很难得到他们的青睐。

二、调查的收获与启示

虽然在这次的调查过程中遇到了一些挫折,但我还是从中得到了一些收获和启迪。就从《文化江苏》(中国地图出版社出版)来说说我所获得的知识。

在祖国的东部沿海,有一个美丽富饶的的省份——江苏,居长江、淮河下游,北接山东省,南连上海市和浙江省,西邻安徽省,东滨黄海,是中华民族祖先最早活动的地区之一,也是我国较早进入文明社会的地区。江苏有着源远流长的历史和灿烂辉煌的文化。当经济和文化中心南移之后,江苏在中华文明的历史长卷中就占有着举足轻重的地位。这本《文化江苏》以初中生的知识结构和接受能力为前提,设计了"方圆览胜"、"人物剪影"、"风俗取景"、"艺术大观"、"乡土吟唱"五个单元,从文化现象和文化内涵上为读者介绍了江苏文化。

在"方圆览胜"单元中又分为八课介绍,"先民遗存"将我们带到了远古的石器时代和春秋战国争霸时期,发现"南京人"遗址、草鞋山遗址和被称作"岩石上的文明"的连云港将军崖岩画,俯瞰中国最古老的地面城池"淹池";"帝王陵寝"中介绍了徐州龟山汉墓、南京的孙权陵、南朝陵寝、扬州的隋炀帝陵和南京朱元璋的明孝陵;"革命史迹"中介绍了南京中山陵、雨花台烈士陵园、盐城新四军纪念馆和徐州淮海战役烈士纪念馆;"潋滟波光"带领我们领略长江边上的港口、淮河的夜景、大运河的风光、太湖的秀美、洪泽湖的浩渺;"空濛山色"介绍了徐州云龙山、南通狼山、连云港花果山、南京紫金山,明丽的江苏青山如黛,恰似一幅情景交融的水墨山水画,说不尽的秀丽与多情;"园林胜境"又介绍了苏州拙政园、无锡寄畅园、扬州个园、南京秦淮河;"清风寺观"介绍了镇江茅山宫观、金山寺、南京栖霞寺、苏州寒山寺;"水乡古镇"给读者们介绍了有名的周庄、同里,灵动的乡土田园,悠悠江南,同样的乡土,不一样的古镇。

每一个单元都如同第一单元一样,主要介绍本单元中最具特色或最精华的部分。除此之外,还引申拓展,延伸介绍与之相关的知识,并通过设计轻松活泼的教学活动,兼顾知识和实践两个方面,寓教于乐,增进了学生对江苏文化的理解,帮助他们进一步认识了家乡的生活环境,引导学生学以致用,提高了他们的实践创新能力,与此同时,也增强了学生爱祖国、爱江苏、爱家乡的情感。值得一提的是,在第五单元"乡土吟唱"中大量节选了著名诗人和作家的诗歌和文学作品,让学生们在阅读欣赏诗歌、文学作品的过程中,更增强了他们对家乡的自豪感。

江苏,无论是江北的楚汉山色,还是江南的小桥流水,无论是典雅秀美的古典园林,还是千姿百态的乡野民居,都彰显着独一无二的个性。就其文化而言,也独具特色。将这样秀丽的景色、灿烂的文化,介绍给下一代,让他们了解家乡的一切,熟悉这里的一草一木,将有助于他们的成长。

江苏是有名的教育大省,曾听人说中国的教育看江苏,江苏的教育看南通。这在很大程度上说的是应试教育,如果说到素质教育,真实情况又如何呢?作为江苏的下一代,笔者认为如果要真正发展乡土教材,那么,就如同那位家长所说,改革现行的教育考试制度是必由之路。

(吴维丽 王 幽)

江苏省盐城市乡土教材搜集调查报告

一、调查的主要过程

笔者对乡土教材的调查与搜集开始于 2008 年寒假,即 2008 年 1 月 25 日至 2 月 15 日。其间走访了射阳县教育局、图书馆、档案馆、各大书店、各大中小学校。

时间安排如下:

1 月 25 日—2 月 1 日:搜集相关资料、阅读文献

2 月 1 日—2 月 12 日:走访盐城市射阳县教育局、图书馆、档案馆及各大书店寻找当地乡土教材

2 月 13 月—2 月 15 日:进行深入访谈

2 月 15 日—3 月 20 日:撰写报告并修改

二、调查的主要内容(以《江苏历史》为例)

(一)产生背景

乡土教材《江苏历史》是为落实《爱国主义教育实施细要》,按照《九年义务教育初中历史教学大纲》的规定而编写的,编写的目的是让学生通过学习江苏地方历史,了解江苏历史沿革、变化,了解历史上江苏的政治、经济、文化发展的概况和重要的历史事件、人物及历史现象,认识到现实是历史的延续。了解江苏历史,能更好地了解江苏的今天和展望江苏的未来。爱家乡是爱祖国的起点,乡土历史教育在爱国主义教育中有着特殊的作用。通过学习江苏地方史,使学生更加热爱家乡,认识到爱家乡是爱

祖国的具体表现，激发建设家乡的积极性。

（二）主要内容

《江苏历史》按照时间顺序全面系统地介绍了江苏的历史发展脉络，主要包括古代史、近代史和现代史三大部分。在内容安排上，该教材有以下三大特点：

1. 该教材是按照《九年义务教育历史教学大纲》编写的。大纲中"处理教学内容的若干原则"是编写《江苏历史》的指导性原则，因此该教材中的基本观点、基本提法和重要概念，都与大纲和义务教育中国历史教材保持一致。

2. 该教材基本仿照义务教育历史教材的体例格式，采用编年体与纪事体相结合，即按时间先后顺序编排，突出江苏地区发生的重要历史事件和江苏籍的重要历史人物。

3. 该教材图文相间，配以一定数量的历史地图、示意图和文物古迹图，力争使教材图文并茂，在一定程度上，能够激发学生的学习兴趣，增强学生的感性认识。

（三）存在的问题

本教材是为初中一年级和二年级编写的，江苏各级各类中学基本没有使用过本教材，对其重视程度远远低于国家统编历史教科书。此次回乡调查中，我特别采访了射阳县实验初中、射阳县第二中学和射阳县第四中学的一些初中二年级的同学。上述学校近几年没有采用此教材，因此他们对此教材一无所知。就此情况，我又走访了教育部门的相关领导，得知他们对于该教材的教学计划是：（见下表）

章节	目录	所用课时
第1课	远古	1课时

续表

章节	目录	所用课时
第2课	夏商西周春秋	1课时
第3课	战国秦汉	1课时
第4课	三国两晋南北朝	1课时
第5课	隋唐五代十国	1课时
第6课	宋元	1课时
第7课	明清	1课时
第8课	鸦片战争	1课时
第9课	太平天国	1课时
第10课	民族资本主义工业的兴起和发展	1课时
第11课	辛亥革命	1课时
第12课	第一、二次国内革命战争	1课时
第13课	抗日战争	1课时
第14课	解放战争	1课时
第15课	国民经济的恢复和社会主义改造的基本完成	1课时
第16课	社会主义全面建设开始	1课时
第17课	社会主义现代化建设的新时期	1课时
第18课	社会主义时期的文化	1课时

从调查的情况来看，大多数初中借口教学时间不够，没有按照以上教学计划严格执行。教师在教学上的不重视，也导致学生对此教材的不重视。

(四) 对策建议

乡土教材在使用过程中的重视程度不够，很大程度上是由于当地教育部门、学校、老师对乡土教材作用的认识不到位，再加上不是国家统编教材，没有统一考试的制度，实施的效果不太理想。就此，提出以下建议以供大家参考，期望能对今后乡土教材的使用有一定的促进作用。

1. 将乡土教材与统编历史教材相结合，充分利用有限的教学时间，补充讲解乡土史料，激发学生们的"乡土情怀"。

2. 利用历史上的小故事和现实生活中的相关事例，增强学生热爱家乡、报效家乡的观念，树立正确的人生观、价值观。

3. 有计划地组织专题讲座，进行实地教育。如可以利用每年春秋郊游的机会，组织学生到室外实地参观，有助于激发他们的兴趣。

（严海生）

福建省罗源县乡土教材搜集调查报告

一、调查过程

在2008—2009年的寒假，笔者参加了收集乡土教材的志愿活动，共搜集了来自福建省罗源县的乡土教材4本，涉及人文历史、自然地理、社会经济、畲族文化等内容。

2月14号，笔者坐1小时的车到县城。

首先，笔者到了福州民族中学，对那里刚来报名的几个学弟、学妹进行访谈和问卷调查，并向正在那里就读的弟弟要了两本乡土教材，分别是《福州民族中学畲族文化专辑》和《畲族民谣》，大致了解了他们对乡土教材的认识与看法。接着，在学校里转了一圈，因为在笔者到这所学校之前，报名早已经结束，没有见到任何老师。在对他们的了解与问卷调查中，发现说到乡土教材时他们的第一反应是小学时读过的《乡土》，经解释后他们才知道其实他们现在也有所谓的乡土教材，只是并不知道笔者所说的乡土教材，而且在学习的压力下他们没有在意这些书。

在接下来的时间里，笔者和几个高中同学了解他们对于乡土教材的认识、看法和意见，并进行了问卷调查。但当笔者向他们索要乡土教材时，发现不是卖了，就是找不到了。

就这样笔者离开了县城，回到了自己的老家。第三天，笔者到自己的母校飞竹中心小学对几个学弟学妹进行问卷调查，并针对乡土课的实施情况进行了访谈，由于他们的年龄还太小，显得有些拘束，不大敢把自己的想法说出来。在我的不断鼓励与解释下，他们渐渐放开，有时还抢着说，大体的内容是他们认为《乡土》这本书内容不够吸引人，而且对于五、六年级的同学来说，在忙于语文、数学以及英语这些主要科目的情况下，基本不会把时间花在《乡土》这样无关紧要的课程上，上课也只是敷衍老师。对于他们来说在《乡土》书里最熟悉的，可能就是那些有趣的故事或者有关自己家乡（只是小乡镇）的传说。

笔者的发现：同学们希望《乡土》的内容能更有趣些，书的样子也更好看一些。但笔者认为，这只是暂时的心血来潮，当书变样之后，它仍然不是主要科目，同学们还是只会抱着看看读读的心态过一遍就不再理它。因为在笔者还是小学生时，《乡土》书只有密密麻麻的文字，而现在它已经完全变样，有了图画，文字的排版稀疏了，以前大片的文字也用简洁的语言概括了，读起来没有了原先的烦躁感与厌恶感，一幅幅插图也颇为有趣。然而，现在的学生依然觉得不大有趣，我想问题不仅仅在书的编辑上，还与学生们自己的认识有关。

为了能更多地了解乡土教材的使用情况，笔者通过飞信对几个来自不同小学及乡镇的高中同学进行了访谈，了解到他们对乡土教材的了解程度各不相同，他们大都同意要学乡土教材，要了解家乡，也对乡土教材提出了不同的建议：有同学觉得对民众心理特点讲述得很少；还有同学觉得就是死板了些，都是好严肃的描述性语句……对此，他们还提出了自己不同的设计，如：以时间为线索；以"我"所说的各个版块为主要内容；讲述变化发展；或者设计得生动些，增加些有趣的例子故事，总之能够提高读者的阅读兴趣……

笔者的体会：不同地方的学生对乡土教材的了解程度不一样。大学生对于小学时代的书已经忘得差不多了，当让他们提出意见和建议时，大多数都说忘了那时的内容是什么了。但是他们都认为应该学习乡土文化，也能说出读乡土书的好处。在被问到乡土教材应该怎么设计时，他们都各抒己见。

二、调查的内容分析（个案分析）

（一）《福建省小学乡土教材·福州篇》（五年级全册、六年级全册）

1. 产生背景

《福建省小学乡土教材·福州篇》是贯彻国务院《关于基础教育与发展决定》，根据《基础教育课程改革纲要》的精神，为适应福建省社会经济发展的需要而编写的地方教材。这是一套带领同学们领略自己家乡的历史、文化、自然、民俗等内容的教材，它把爱国主义的有关内容也纳入其中，符合《爱国主义教育实施纲要》提出的要爱祖国、爱家乡的要求。

2. 主要内容

每一套教材分上下册，五年级全册共有36课，六年级全册共35课。五年级全册主要内容为：介绍人杰地灵、风光秀丽的福州城、罗源县、闽侯县，一些美丽神奇的旅游景点、文化景点（如左海公园、文林山革命林园、西湖、石鼓山、卧龙山庄等等）和一些地区的传说、历史故事、名人名事和土特产等，内容丰富；六年级全册主要内容为：欣欣向荣的福州城及其总体规划，长乐市、台江区、经济开发区、寿山石雕、茶亭、塔、寺、山、湖、湾、度假村、桥、纪念馆、船政以及畲乡风情、趣闻，一些历史事件（如中法马江战役）、传奇人物故事（如林则徐、张元干、刘元栋、高士其、邓拓等）、学术上的成就和一些工程等。

3. 使用范围

《福建省小学乡土教材·福州篇》五年级全册供福州市小学五年级使用，六年级全册供福州市小学六年级使用。

4. 实际效果及存在问题

虽然提倡结合班队活动、实践活动进行学习，但在实际的教学过程中并没有太多的活动，同学们也不大在意这门副科。家长也只是希望自己的孩子将语文、数学、外语三科学好就行。学生们希望里面的内容能有趣些，但仅限于对家乡（小范围）的描述或传说会有一点点印象而已。

5. 对策建议

希望在教学过程中能提高同学们的兴趣，老师能够带领同学们参加更多有关乡土教育的活动，让同学们自主地喜欢上乡土，通过活动了解乡土知识。

(二)《福州民族中学（初中）畲族文化专辑》

《福州民族中学（初中）畲族文化专辑》是由福州民族中学校本课程编委会编写的，主要是对畲族的介绍。全书介绍了畲族的图腾崇拜、迁徙史、畲族人民英勇斗争史、罗源畲族文化概述、畲族音乐、舞蹈、博大精深的服饰文化、罗源畲族地理气候生态和农业、闽东畲族教育史述略、畲族在改革开放中的巨大变化等。

该书是初中学生的读本，受到许多畲族同学以及他们的家长的喜爱。笔者在调查中发现：同学们每每翻看时，总会感受到自己民族的特点。

(三)《畲族民歌》

《畲族民歌》是一本畲族民歌的专集,共收录了不同时间不同情景下畲族人民所唱的民歌 81 首。有些歌还能在爷爷奶奶辈的口中听到,或者在畲族百姓结婚典礼中听到。

(雷祖明)

福建省武夷山市乡土教材调查报告

一、调查的主要过程及结果

2009 年 1 月 11 日早晨 8:38 分到达家乡火车站,简单休整之后,于 15 日开始进行乡土教材调研活动。根据自己对家乡的了解和查到的信息资料,开始了以下行动:

行动方案一:1 月 15 日寻访本市档案局(馆)[①],以期从卷宗的记载中知晓本土历史。但由于种种原因,未能进入馆内,实地调研没有结果。于是,只好在第二天上网查找相关网络资源。

收获:武夷山市档案馆馆藏 48437 卷档案 93 个全宗。其中:明清档案 2 卷 98 件;民国档案 8035 卷 13 个全宗;闽北革命历史档案 345 卷 960 件;新中国成立后文书档案 29755 卷;馆藏照片 2765 张;馆藏图书、刊物等资料 8389 册。包括:赤石暴动史料、崇安县台民垦务所、台湾抗日义勇队、少年团史料、日寇轰炸崇安县调查材料、报告等。

[①] 武夷山市档案局集中管理,负责接收、收集、整理、保管全市档案,并对本市机关、团体、企事业单位和其他组织的档案工作实行监督和指导。

行动方案二：1月19日－21日集中精力到当地新华书店继续调研工作，整理搜集到的信息，并于23日重回新华书店补充所需资料。

　　收获：在"茶文化丛书"和"旅游图书"专柜里有好多介绍画武夷山的自然景观、乡土文化、民俗风情的书籍。例如：海风出版社于1999年出版的《世界遗产地·中国优秀旅游城市·武夷山》；海潮摄影艺术出版社于2003年出版的《武夷山村野文化》；海峡文艺出版社于2003年出版的《欧风美雨》等。这部分书籍虽没有进入课堂，成为学生们的课本，却为大多数当地居民及游客敞开了武夷山的胸怀，"执卷流连，若难遽别"。

　　行动方案三：利用春节（1月26日至2月9日）走亲访友的契机，继续我的调研之路。在姨妈家发现了《烟草专卖法律服务手册》（南平市烟草专卖局）和《福建烤烟生产技术》（福建科学技术出版社）这两本专门发放给当地烟农的实用书籍。在听了笔者的想法之后，姨妈慷慨地捐献出了《烟草专卖法律服务手册》这本书。

　　2月3日初中同学聚会和2月10日高中同学聚会时，与曾经的几名好友说明乡土教材调研项目后，她们也给予了热情地帮助。

　　此外，笔者还有幸与三位老师（他们分别执教于武夷山一中、武夷中学、余庆小学）畅谈"乡土教材"这一话题。同时，在走访余庆小学时，五名热心的小学生向笔者叙说了他们乡土教材课程的相关情况。

　　收获：锁定具体目标——小学生群体，他们是乡土教材的主要受众。

二、调查的主要内容——以《福建省小学乡土教材·闽北篇》为例

　　在将近一个月的调查与总结之后，笔者得出以下结论：
　　使用对象为非学校系统的乡土教材比较零散，且利用效率不

高；使用对象为学校系统的乡土教材分为高中、初中、小学（三至六年级）以及幼儿园，其中小学生较有效地利用了针对他们编写的乡土教材。

（一）该类乡土教材产生的背景

《福建省小学乡土教材》是贯彻国务院《关于基础教育改革与发展决定》，根据《基础教育课程改革纲要》的精神，为适应福建省社会经济发展的需要而开发的地方课程教材，经福建基础教育教材管理领导小组审查通过，由福建少年儿童出版社出版。目前，武夷山市小学使用的是"闽北篇"。

在学校中专门开设一门"乡土教材"课程是为了让同学们了解自己的家乡，热爱自己的家乡，从而热爱我们的国家。从祖先、先辈的辉煌业绩中，学习他们为一块石、一撮土开始建设自己家园的坚强意志，学习他们为一个信念、一种情怀奉献自己的崇高精神。本课程提倡同学们结合班队活动、综合实践活动进行学习，在学习上鼓励同学们之间进行合作学习，开展自主性、研究性学习，充分利用家乡的社会、自然等资源，培养自己搜集、处理和利用信息的能力，提高自身的综合能力。

（二）该类乡土教材的主要内容

根据不同年龄段小学生的兴趣特点及接受能力，三、四年级的乡土教材内容涵盖风景名胜、英模人物、民俗文化、珍奇名产和民间故事五个部分；五、六年级的乡土教材内容包括闽北的社会主义建设与发展和相关阅读材料两个部分。

阅读着乡土教材就如同在饱览家乡山水，也正是这类乡土教材，关于家乡武夷山的介绍部分在同学们心中播散下了"热爱故土"的种子，如：《武夷山名的传说》诉说着催人泪下的远古故事，彭武、彭夷这两个名字深深印在人们脑海中，"武夷魂"成为武夷山一道亮丽的风景线；《余庆桥》记录下了武夷山市南门街南端那座拱形厝桥的历史，余庆桥成为武夷山世界文化遗产的组成部分，路人可以在桥上避风躲雨，也可以在此进行商业贸易；《武夷茶艺十八道》中的大红袍、肉桂享誉中外，武夷茶艺已成为闽北民俗风情的一个代表性内容；《香菇与香姑》传递出了"善心有善报"的讯息；《武夷山市》让同学们全面地了解自己家乡的地理位置、物产资源、行政区划等相关情况……"奇秀甲东南"的家乡既得天之道、地之利，亦得人之和、物之宜。

《福建省小学乡土教材·闽北篇》正是一套带领同学们领略自己家乡的历史、文化、自然、社会、民俗等内容的好教材。

（三）该乡土教材的使用范围

《福建省小学乡土教材·闽北篇》供小学三至六年级学生使用，目前武夷山市小学普遍采用本套教材。

（四）实际效果及存在问题

总体来说，"乡土教材"这门课程的开设，对青年一代的思想道德教育和爱乡爱国情怀培养起到了促进作用。由老师带动学生，进而又由学生促动家长，使得大部分当地人对家乡的山山水水有了更深的接触和了解。特别是2007年，我市教育系统全面开展"我知武夷、我爱武夷"主题教育活动。在取得较好的成果之后，大家把"我爱武夷"更好地落实在日常行动中，知荣辱，树新风，争当文明市民。

但是，仍有小部分家长认为"乡土教材"只是所谓的"副科[①]"，不需认真对待。同时，某些教授乡土教材的老师只是照本宣科地把课本内容读给学生们听，而且这门课程无须进行记诵和考试，客观上消减了学生们的兴趣，使乡土教材的使用效果下降。

---

① 在当地，副科是指相对于语文、数学等主要科目而言的，无须记背和进行考试的科目。

（五）对策建议

在调研过程中，一位老师告诉笔者，市教育局组织力量认真编写的小学至高中全套《武夷山市乡土教材》，将于2009年8月底投入使用。这意味着《福建省小学乡土教材·闽北篇》将被取代，完完全全地属于武夷山市的乡土教材将会更有针对性，对不同年龄段学生讲授不同册次的知识点，使学生逐步对武夷山有更系统、更全面的认识。

与此同时，《武夷山市乡土教材》的宗旨在于使广大中小学生了解"乡土状"、培养"乡土情"，进而热爱家乡、建设家乡。因此，笔者有以下几条建议。首先，在各学校加大"我爱武夷"主题的宣传①力度，继续营造爱武夷的浓厚氛围。构建学校、家庭、社会"三位一体"道德教育网络。其次，让学生走出课堂，感受武夷山之可爱。各校可有计划地组织学生走进景区，走进大安坑口老区，走进城村古城，走进下梅城村古民居，走进朱子故里，走进工业园区，去饱览奇丽的风光，了解光荣的革命历史，观赏凝结民族智慧的古建筑，感悟厚重的朱子理学文化，体会武夷山市巨大的发展变化。再次，在全市定期（如每年举办一次）开展"寻找乡土、唱我乡音、写我乡情"活动。引导学生广泛收集、阅读有关武夷山的书籍、报刊资料，了解武夷山历史名人、革命志士，懂得一些民风民俗，知道土特名产，学唱优秀山歌童谣等。

（沈文霞）

---

① 我爱武夷的山山水水，我爱武夷的街街巷巷，我爱武夷的宾朋好友，我爱武夷的一草一木，我爱武夷的人文历史，我爱武夷的投资环境。

华南地区乡土教材调研报告

广西壮族自治区南宁地区乡土教材调查报告

"乡土教材"是相对国家统编教材而言的，以讲述乡土历史和现实中最具代表性的人、事、物为主，内容涵盖当地的历史沿革、自然地理、社会经济发展状况、民族风情习俗、宗教信仰、语言文化等。民进广西区委会政协委员提出，随着现代教育的价值观日益城市化、国际化，一些青少年对本土文化有认识上的陌生感以及情感和心理上的疏离感，而乡土教育则能建立青少年与乡土的精神血缘联系，也关系到优良传统的继承。

《基础教育课程改革纲要》提出了实行国家、地方和学校三级课程管理的举措。地方课程和学校课程（统称乡土教材）的设置促进了课程决策和管理的民主化、科学化，推进了课程与实际的结合，有利于充分发挥地方教育资源的作用，促进人才培养质量的提高。

作为一名乡土教材搜集志愿者，希望此次实践能为家乡乡土文化的传承与保护、家乡乡土教育的拓广尽微薄之力！

一、调研的主要过程

（一）调查前的准备

在进行了一定的资料收集，确定了研究方向、研究目的后，笔者开始着手制作调查问卷和访谈大纲。

1. 确定调查对象和调查方式。将调查对象分为四类，分别是：广西民族高中教师、兴江小学的学生、一些家长、未婚的成年人。采用问卷调查,并选择其中有代表性的个体进行访谈。

2. 制定调查问卷和访谈大纲。由于本次调查以亲临调查地点发放调查问卷并做一些深入访谈的形式进行,所以调查问卷与访谈大纲对此次调查的成败和调查结果有着举足轻重的意义。调查问卷项目中心已给出,因此我根据调查目标,认真参考相关的资料,并咨询老师,制定了访谈大纲。

(二)调查进行时

1. 2008年1月18日,在细雨纷纷中,在刺骨的寒风里,笔者向着目的地——兴江小学进发。

这一日已是该学期结束的最后一天。时间非常紧迫,笔者争分夺秒,争取在有限的时间内完成既定的任务和目标。十分幸运的是,这一天恰好开家长会,教师、学生和家长集聚一堂,给笔者的调查工作提供了许多的便利。

当家长们坐在教室里聆听老师们的学年汇报时,笔者开始对等候在外的学生们进行调查。由于小学生的理解能力和判断能力还较弱,采用了一问一答的调查方式。虽然这样的方法会使速度相对减慢,但是却大大提高了问卷的有效性和真实性。小学生们都非常活泼可爱,他们对调查充满了兴趣,争相成为调查对象,因为他们的积极配合,使得此次调查得以顺利地进行。汇报结束后,许多家长走出教室找寻孩子。笔者抓住这个机会,对家长进行了访谈。家长们都非常的淳朴善良,他们对我的调查给予了积极的配合。

傍晚时分,校园里已经人影稀疏,笔者在几个热心的小学生的带领下,走进教师办公室,准备开始另一项任务——对教师的访谈。老师们对我的到来非常欢迎,他们热情地接待了我,对于我提出的问题,给予了真诚、中肯的答复。由于时间已经很晚,笔者不好意思占用老师们太多的时间,因此在对三个老师进行访谈后,就结束了这一天的调查。

2.2008年1月19日,笔者在和高中的老师约好之后,踏上了回母校的路途。对于此次回校调研,母校老师给出了极大的热情,对于笔者所提出的问题都是有问必答,最后,还赠送了笔者几本乡土教材。在访问过老师后,已是下午三点,因县教育局离母校很近,故笔者直接去了教育局。在说明此次的调研课题之后,县教育局的黄主任就问题的主旨和笔者做了深入讨论,阐述了广西乡土基础教育的现状和一些政府政策,以及他对乡土基础教育的理解。访谈结束后,为了让我能更清晰地了解广西乡土基础教育,黄主任送了大量的相关资料,并留下联系方式,告诉笔者如有需要可以随时联系他,获取所需资料。黄主任表示了他对本次调查给予的厚望,希望我们新一代年轻人能更关注自己民族的文化遗产,为继承和发扬本民族文化作出应有的贡献。

3.2008年1月19日至2009年1月25日,笔者根据不同的需要到各个村里进行乡土教材的搜集和访问,因为笔者学过壮语,对各种方言也懂一点,所以很顺利地使用壮语以及各种方言跟村民们进行交流,保证了访问的顺利进行。

二、调查的主要内容——以《广西区情教育读本》为个案

(一)《广西区情教育读本》产生的背景

该乡土教材于1998年11月由广西民族出版社出版,目的是通过讲述家乡丰富的自然资源、悠久的历史文化、光荣的革命传统、和睦的民族关系、英明的民族政策、辉煌的成就、发展现状和未来,使本地学生从小对家乡有深刻的了解,使每一个生长在这片沃土上的广西人感到自豪,为前辈留下的宏伟基业感到骄傲,增强学生热爱家乡的情感,有助于树立为建设美好明天的新广西去努力和拼搏的信念。

(二)《广西区情教育读本》的主要内容

本书由八个小标题组成,分别为:神奇的土地,可爱的家乡;悠久的历史文化,光荣的革命传统;和睦相处的多种民族;英明正确的民族政策;辉煌的成就;宏伟的蓝图,光辉的前景;切实可行的措施,前所未有的实践以及广西的明天会更好。从这些小标题中可以很清晰地看出,教材主要讲述了美丽的广西、纯朴向上的广西人、快速发展的经济和社会事业、优越的自然条件、丰富的自然资源等地理常识,还讲述了广西悠久的历史、灿烂的文明、杰出的人物等文明成果以及广西日新月异的城乡建设、喜人的交通成就、欣欣向荣的农业生产和未来开发的美好前景等发展蓝图。广西的乡土教材种类丰富,本乡土教材涵盖了自然地理、社会历史、民族政策、文化体育、医疗卫生、发展现状、奋斗目标以及发展计划等。

(三)《广西区情教育读本》的适用范围、使用效果

该教材是广西对小学高年级进行家乡教育的地方性教材。经调查,该教材使用的情况并不理想:教师和家长们都认识到乡土基础教育对保护民族文化的作用。但从采访中笔者感觉到,他们在现阶段希望学生花更多的精力在升学考试所考科目上,而不是乡土教材上,这除了和国家的现行考试制度分不开外,更重要的是掌握全国统编教材对于学生的成长所起的非常重大的作用。老师为了抓升学成绩,并不太重视该教材的教学,而家长也希望自己的孩子不要把时间浪费在这些书上,因为这些在他们眼中是闲书,有些更埋怨学校花钱订闲书,白白浪费他们的钱。而大部分高小学生受老师和家长的影响,认为这是一本无用的书,甚至都没有翻过该教材。但是在访问到我的同学或者年龄相仿者时,都认为学习乡土教材是很有必要的,是保护民族文化的使命感与民族自豪感的体现。相对而言,教师和家长的态度显得较为消极,

不看好乡土教育，出于为孩子的成长考虑，认为乡土教育在一定程度上增加了学生负担，耽误了学生其他的课程学习，乡土教育没有给学生带来实用性的东西。

（四）存在的问题

乡土教材开发在农村中学的课程改革中具有举足轻重的地位，它是体现农村中学办学特色，满足农村经济和社会发展的教育需求，促进农村学生个性发展和加强教师队伍建设的重要举措。当前，正是应试教育向素质教育转型、由素质向创新型教育转型阶段，而一些学校仍然受应试教育制度的影响，加上个别主管领导传统观念的根深蒂固，在学校目标管理上仍不重视这门课程。与此同时，学生对乡土教材的学习热情不高，还有少部分家长对乡土教材有一定的抵触情绪，所有这些因素导致长期以来乡土课程得不到有效的开发。

（五）对策建议

第一，开设乡土教育正式课程，重新编写教材，尝试以市为单位，根据各地特点和情况，组织编写乡土教材。

第二，乡土教材在内容上，应集环保、体育、音乐、美术、摄影、自然科学、社会调查、综合实践活动于一体，纵向延伸民族文化，横向联系各学科。

第三，乡土教育不能局限于课堂上的讲授，应让学生走出校门，到外面去实地感受乡土气息，对自己生长的地方有感性认识。

第四，吸纳教育界人士、民间机构，甚至教师和学生参与到乡土教材编写中来，并在此过程中形成互动；乡土教材的推广可以通过学生社团，资金也可由民间组织出资或通过向基金会申请获得。

第五，尝试探索由学校、师生和非政府组织参与互动的乡土环境教育模式。

(谢秀芳)

广西壮族自治区乡土教材搜集调查报告

一、调查的主要过程

2009年1月18晚,笔者回到南宁后即着手进行准备工作。南宁市图书馆是调查的第一站。当笔者从明秀友爱路口坐上公交车,经过40分钟左右的车程赶到那时,正值馆内工作人员下班,馆内除报纸阅览室等开放外,其他古籍阅览室等均已关闭。最后在二楼找到一名值班的工作人员,就乡土教材的一些问题对她进行了访谈。在访谈中笔者了解到该图书馆二楼有许多关于广西本土的乡土读物,但没有所谓的用于教学的"乡土教材"。其间我们还为一些关于乡土读物的问题进行了探讨,甚至还为何为"乡土教材"进行了有趣的"争论",颇有意思。

馆内工作人员说该图书馆并无"乡土教材",并且相关阅览室已下班关闭,无法进行搜集工作。于是,我暂时离开南宁市图书馆,前往位于朝阳区的南宁市新华书店,即南宁书城。在南宁书城,我在相关售卖教材教辅等书籍的区域进行了仔细搜集,试图找到一些"乡土教材"的蛛丝马迹。但令我惊讶与失望的是:偌大的一个书城竟找不出一本真正的广西乡土教材,遍布书架的是清一色的国家统编教材,尤以人民教育出版社的居多,也有一些师范大学出版社出版的。

在南宁图书馆及南宁书城调查以及搜集乡土教材没有多少成果甚至无任何"实物"收获的情况下,笔者决定先回家,从"基层"入手,从自己的老师、同学、朋友、亲戚、老乡等处开始,展开下一步的调研、搜集工作。

2009年1月20日至2月1日,利用春节期间走亲访友的机会,笔者以南宁市武鸣县宁武镇为"根据地",兼顾其他村镇如武鸣县罗波镇、仙湖镇等,展开对乡土教材的调查与搜集工作,对一些老师、同学、亲朋好友及乡里乡亲等进行面对面的访谈、交流,并最终成功地搜集到了不少使用过的涵盖各方面内容的乡土教材。其间笔者就所搜集到的乡土教材的具体使用情况等问题进行了详细的了解,并对此进行了系统的分析和总结。在对所搜集到的乡土教材进行筛选的过程中,笔者发现一些乡土教材与自己在小学及中学时使用过的课本雷同,为节约一些不必要的成本,笔者决定将这些雷同的教材退回原书的主人,并表示真诚的谢意。取而代之,笔者决定将自己本人使用过的一些教材连同其他搜集到的教材一并捐献给"中国乡土教材收藏与研究中心"(筹)。

在基本完成对乡土教材的搜集任务的基础上,为弥补调查工作中出现的不足,2009年2月2日至2月10日,利用农闲之余,笔者又相继走访了武鸣县图书馆、武鸣县新华书店、广西区图书馆、接力出版社等,对乡土教材调研的后期工作进行了完善与补充。

二、调查的主要内容——以《广西壮族自治区地理》、《广西区情教育读本——迈向21世纪的广西》为例

(一)乡土教材产生的背景

《广西壮族自治区地理》是按国家教委有关乡土地理编写原则的精神,结合广西的地理,由中国地图出版社与广西教育学院合编,供广西普通中学初中学生使用的乡土教材。该教材为

1998年6月的第4版,其编写目的是为了使学生从小更好地了解自己家乡的地理情况,增进对自己家乡的热爱之情。

《广西区情教育读本——迈向21世纪的广西》是由杨基常主编,1998年11月广西民族出版社出版,适合小学生高年级使用的乡土教育读物。其目的主要是通过该教材的教授使学生对广西的基本区情有一个很好的了解,通过对家乡悠久历史、优美风景及丰富资源和广西取得的辉煌成就等的学习,进一步激发学生热爱家乡、建设家乡的情感,为身为一个广西人而自豪,由此更好地增强学生对自己家乡的自豪感、使命感。

(二) 乡土教材的主要内容

《广西壮族自治区地理》主要从广西的位置、面积、海陆资源、地貌、气候、水土及动植物资源、经济、交通、旅游、城市等方面具体介绍了广西的地理状况。该书以通俗易懂的文字描述了整个八桂(广西的别称)大地的基本概貌,具体描述了广西在全国的地理位置及面积、行政规划及沿革、丰富多样的海陆自然资源、独特美丽的丘陵盆地地貌、夏长多雨且冬短干暖的气候,介绍了广西众多的河流、水库及富饶的北部湾、红壤类为主的土壤及众多珍稀的动植物。此外,该书还介绍了广西源远流长的经济开发史。后三节重点讲述了广西丰富多样的农业、轻重比例相近的工业、以铁路为骨干的交通、以桂林山水为主体的旅游胜地和广西的主要城市。

《广西区情教育读本——迈向21世纪的广西》首先从地理、环境、交通、资源、城乡等方面介绍了广西这片神奇的土地,接着介绍了广西悠久的历史、文化及各民族风俗风情,并阐述了广西实行的英明正确的民族政策。该书回顾了广西壮族自治区成立至今各方面取得的成就,描绘了广西的宏伟蓝图、光辉前景。

（三）乡土教材的适用范围、实际使用效果

上述两本教材均是广西壮族自治区对本区中小学生进行乡土教育的地方性教材。依据在春节期间走亲访友并访问一些老师、同学、家长及结合自身从小所接受的乡土教育的情况，并根据所发放的调查问卷反馈的信息，笔者发现该教材的实际使用效果并不好，甚至可以说是"有名无实"。就上述两本教材而言，几乎没有老师专门教授过其中的知识，没有进行过相关的教育教学活动。可能因为缺乏老师的指导，绝大数学生都没有翻过该教材，买回来之后即"束之高阁"，甚至都没翻过一页。更有甚者竟不知道自己曾经有过这么一本书，更不用说学过，过去多年，许多学生的课本依旧崭新如初。

（四）存在的问题

无论是从书的编排还是从书的内容来看，上述两本教材都非常适合对广大中小学生。之所以没有很好的使用，究其原因可能有以下几点：

1. 师资匮乏。在调查中，笔者发现不少学校教授乡土教材的师资不足，甚至根本没有专门讲授乡土知识的教师。学校把师资主要放在了如语文、数学等主科上，而老师也把主要精力搬到了非副科的讲台上，很少有教授副科者，即使有，面对来自学校方面的压力，这些想教授乡土教材的老师也是"心有余而力不足"。

2. 受应试教育的影响。由于笔者所调查的区域大部分是农村，应试教育氛围较浓，素质教育没有能得到真正意义上的普及，许多学校为了应付升学考试，大大减少了其他非考试科目的教学时数，甚至"一刀斩断"，使非考试科目缺乏生长的土壤。

3. 乡土教育缺乏有效的教学方式。有些学校虽然开设乡土教育课，但也以主科教师兼顾教授乡土教材者居多。一些老师几

乎是照本宣科，拿着课本带领学生按着原文一字不露地读下来就算完成任务。而不少老师敷衍素质教育的要求，更是为了使学生把更多的精力放在主科的学习上，以提高自己的"教学质量"，有时仅仅以简单的一句"你们课后自己翻翻看"了事，或者让学生课上自己看，几乎没有任何考核，学生自然对乡土知识掌握很少。有时老师甚至挪用乡土教育课的时间来上主科。

4. 学生兴趣不浓，缺乏学习乡土知识的热情。这可能是因为无专门的老师指导，但也跟学生的自觉性不强有关。在应对巨大的升学压力的同时，学生无暇顾及其他非考试科目的学习。

5. 父母忽视。许多家长"望子成龙"、"望女成凤"心切，只管叫子女强攻考试科目，忽视乡土教育的重要性。一些孩子和课余时间偶尔看一下乡土教材即被父母指责成在看"闲书"，孩子只能"望书兴叹"。

(五) 对策建议

1. 相关教育教学部门机构应该提高对乡土教育的重视程度，培养专门的教师，为乡土教育提供基本的师资；组织相关人员，编写出高水平的乡土教材，并为乡土教育的顺利进行提供政策法律法规等强有力的后盾。

2. 学校、老师等站在教育第一线的教育工作者应该彻底摒弃应试教育的思路，真正普及素质教育，同时重视乡土教材的教授，适当安排乡土教育教学工作，制定好的、有效的乡土教学模式，建立适当的考核方式。

3. 学校应该与学生家长联合起来，注意培养学生的乡土意识，提高对乡土教育的重视程度，引导、激发学生学习乡土教材的热情。

4. 学生本身要注意培养自己的乡土情结，努力学习关于本土的各方面知识，增进对自己家乡的了解。

三、调查的收获与启示

这次对乡土教材的搜集与调查活动使笔者收获很多。从总体上看,任务完成得还算顺利,总共搜集到 15 本不同内容的乡土教材。当然在对乡土教材进行搜集与调查的过程中也遇到不少挫折。尤其在走访各大书店、图书馆、档案馆、出版社等单位的过程中,因为各种各样的因素,如一些古籍室不对外开放,一些珍贵书籍严禁借出、复制,相关工作人员拒绝合作协助调查等,加上一些单位春节提早放假,使得调查与搜集工作举步维艰,收获不多。而因为火车票的问题,我回到家乡之时已临近春节,各中小学早已放假,老师、学生均已回家过年,到学校时相关调查工作亦无法进行。然而,正当不知如何进行实践调查之际,2009年新春佳节的到来也给调查工作带来了转机。过年少不了走亲访友,想到自己身边就有大量的亲友资源,自己现在虽然已从小学、中学毕业,但与老师们尚保持着一定的联系。于是笔者利用走访亲友的机会,满怀信心地着手对亲戚朋友、老师同学等进行访谈,并成功搜集到不少乡土教材。

在对乡土教材的调查与搜集过程中,笔者又发放了相关的调查问卷。被调查者在填写调查问卷时的认真着实令我感动,大大增强了笔者将调查工作进行到底的信心。尤其当我请一位 52 岁的大叔填写时,他赶忙拿出自己的老花镜把问卷一字不露仔仔细细看了一遍后,才一丝不苟地作答。正是因为有了像他这样朴实的当地人民的支持,调查工作才得以顺利进行。真的非常感谢他们。

正如陆游所说"纸上得来终觉浅,绝知此事要躬行"。笔者深知要完成此次任务绝不能到网上随便复制、粘贴一下就可应付了事,必须实实在在地深入实践当中去摸索、调查才行。而此次对乡土教材的搜集与调查的实践,让自己也确确实实学到了许多课本上学不到的东西。非常感谢"中国乡土教材收藏与研究中心"(筹)给予我这次实践的机会!

(磨海连)

华中地区乡土教材调研报告

河南乡土教材的历史与现状考察

　　现代教育最大的变革就是人才培养方式发生了变化,由地方性的分散的教育模式变为集中的、批量的育人模式,随之而来是统一的教学大纲、教育内容和教育方法,从而也就用现代化的普世性知识(数、理、化、英语等)取代了传统的地方性知识。中国的教育制度在实现与国际接轨的同时,普世性知识建立了自己的霸权地位,这种普适性知识仿佛离受教育者的生活很远。而且现代教育在大量灌输普世性知识的同时,却又同时把那些与儿童生活有密切关系的地方知识、本土文化严格排斥在外,从而从精神上斩断了知识的文化之根,断送了传统的命脉,也斩断了儿童与地方传统和乡土社会的精神血缘纽带,这在中国现行教育中体现得很鲜明。而没有传统作为铺垫的知识只能是知识,无法转化为生活的实用理性,它不仅无法促进人们生活的福祉,甚至成为令受教育者痛苦的精神负担,更无益于地方的发展和文化革新。因此,关注乡土教育与乡土教材问题,不仅对于中国重续传统民间文化的命脉是有意义的,对于改变我们的教育观念、改革先行的教育制度也具有重要的意义。

一、厚重的中原文化和浓郁的乡土文化载体

河南地处"九州腹地",人称中州大地,号为"天下之中"。依照文化地理学文化区划分的理论,现今的河南省是中原文化主要分布区。河南地形复杂多样,西高东低,北有太行、王屋山脉,南有大别——桐柏山系;西部为秦岭余脉,东为黄淮平原,中有嵩山耸立。黄河横贯中原,淮河滚滚东去,白渚水南下江汉。河南在历史上曾长期是中国政治、经济、文化中心,中原曾经长期为帝都所在地,九朝古都洛阳,十朝都会开封,至今依然散发着浓郁的历史文化气息。中原文化是华夏文化的核心,在我国的文化发展过程中,中原文化,尤其是其中的河洛文化,始终发挥着中心作用和导向作用。中原文化是炎黄文化的发源地和丰富的民族文化的奠基石,以华夏文化为主体的中华民族各地域文化,都或多或少地与中原文化有着渊源和联系。

河南是"乡土中国"的一个典型性区域所在。费孝通先生在《乡土中国》"乡土本色"中写到,"从基层上看去,中国社会是乡土性的。我说中国社会是乡土性的,那是因为我考虑到从这基层长出一层比较上和乡土基层不完全相同的社会,而且在近百年来更在东西方接触边缘上发生了一种很特殊的社会。这些社会的特性我们暂时不提,将来再说。我们不妨先集中注意那些被称为土头土脑的乡土人。他们才是中国社会的基层。"① 从费先生的话语说开去,河南可以说是中国的基层。从历史而言,自不必说,河南是一个几千年来以农业文明为主的社会,即使就当下的社会发展态势而言,河南正是在逐步告别农业文明而走进工业文明的时代,但是农业、农村和农民依然是当下河南的重中之重,

---

① 费孝通著:《乡土中国》,1页,北京出版社,2005。

河南的典型特征依然是中国的一个农业大省，其农民的数量占据着绝对的优势，她对中国的一个贡献是中国的产粮大省。正因为如此，我们说，从历史和现在河南社会结构而言，乡土河南可以说是比较准确地概括了河南区域的基本形态，乡土文化是河南地域文化的基本特色。

二、河南本土文化的衰微及乡土文化的渐变

具有丰富的人文历史积淀，民风民俗古朴醇厚的河南中原文化，在历史上展现了它的无穷魅力，但近现代以来，特别是在现代化的过程中呈现出了衰微迹象。这种衰微受制于以下因素：

首先是受全球化的冲击。全球化、国际化是当今世界发展的潮流，不同国家、不同地区、不同民族都面临着本土文化与外来文化的冲突，每个地域都存在着如何应对国际化、全球化潮流对传统文化的冲击等问题。河南是一个具有深厚历史文化传统的中原地区，在我国20世纪70年代末80年初开始实施改革开放政策以后，河南和整个中国一样面临着适应国际化趋势和保持传统文化之间的"矛盾"，作为内陆的一个省份，河南在追求经济发展、努力与国际接轨的同时，其本土传统文化受到了极大的冲击。

从国内背景看，在中国经济高速发展的过程中，中国内部区域间经济、社会和文化发展的不平衡日益严重，河南可以说是一个特色并不突出的内陆省份，就如一个没有任何特长的中等生。按目前中国的大块区域划分，它属于中部，在沿海实行特殊的政策搞活了经济、西部开发也如火如荼的进行后，作为中部的一个省份的河南远远地被抛在了发展列车的后面。落后既表现在经济方面，也表现在文化方面，而且两者互相影响。文化的衰微一方面是由经济建设的滞后所引起，另一方面则是对本土文化传承与保护的相对忽视，河南在文化建设和教育水平等方面已显著落后

于国内文化发达区,曾经在历史上作为帝都而成为全国政治、文化中心的河南,在现代成为了被人遗忘甚至受到文化歧视的角落。对于河南本土而言,传统文化在现代化的过程中几乎消失殆尽,彰显和传承本土文化的乡土教材受到忽略,河南人自身的地域文化认同也较弱。90年代后期以来,河南是外出打工人数较多的省份之一,人口流动于中国甚至世界各地,这些人口流动者缺乏本应具有的区域自我意识,同时,其力求获得的民族自我意识也因之显得空洞,他们成为了文化失根者。

在现代化的过程中,河南乡土文化受到了城市化的冲击。河南在努力追求工业文明的过程中,滋养乡土文化的乡土在渐趋变化,广大的良田被有着高大烟囱的工厂所代替,幽静的农家小院逐渐被高楼大厦所替代。滋养乡土文化的土壤随之而去,而此时我们的下一代却正在苦心钻研数理化,受教育的目的是为了跳出农门,为了逃离这块土地,在他们所接受的教育内容中,体现本地乡土文化的知识与他们相隔绝,乡土文化在渐渐消失。因此,河南亟需对本土文化进行保护和传承,作为本土文化的忠实记录者的乡土教材应该成为乡土教育重要的载体和渠道,依靠乡土教材对青少年进行本土文化的教育和熏陶,应该是河南本土和乡土文化保护和传承的一个重要途径。

三、河南乡土教材的历史变迁

河南乡土教材与中国政府和教育界对于乡土教育的认识是分不开的,其发展是在中国乡土教材历史发展的大的框架内进行的,其兴衰规律与整个中国乡土教材发展趋势基本一致,可以说是国家发展潮流的地方体现。依据中国乡土教材发展的百年历史,我们对河南乡土教材的考察也大致按照清末、民国与新中国这三大历史阶段来进行。

(一)爱国之道,始自一乡:清末河南乡土志

乡土教材在中国是随着清末新学制改革而出现的新事物。清末,阶级矛盾、民族矛盾不断激化,为了摆脱这种内忧外患的局面,洋务运动、维新运动相继在全国各地开展,其中对于科举旧式教育改革的呼声也日盛一日,在改良人士和保皇势力的来回磨合和较量中,科举制度被废除,1902年颁布中国第一部学制——"壬寅学制","壬寅学制"规定初等小学第二学年"舆地"讲"本乡各境、本县各境";第三学年"舆地"讲"本府各境",实际已经把乡土课程纳入教学内容。翌年(癸卯1903年)11月出台"癸卯学制"对小学乡土教育提出明确要求:一、二年级历史课学习"乡土大端故事及本地古先名人之事实";地理课学习"乡土之道里、建置,附近之山水,次及于本地先贤之祠庙遗迹等类"。三年级历史课学习"历朝年代国号,圣主贤君之大事"。地理课学习"本县、本府、本省之地理、山水,中国地理之大概"。为规范乡土教科书的体例,1905年按照"癸卯学制"的要求编订了《乡土志例目》,这个例目作为全国编纂乡土教材的指导用书,以学部名义下发各省学务处,鼓励各地编辑乡土志,以作为地方乡土教育的基本内容。

在清政府的两个学制颁行之后,全国各级各类新式学堂发展极为迅速,对于教科书的需求也极为迫切,在现实需要的刺激和政府的提倡下,全国地方政府官员、教育界、出版界人士纷纷响应,加入编纂乡土教科书行列中,热情高涨。钦定学堂章程刚一颁布,地方政府就开始了编纂活动。同年河南范县杨沂就"奉饬编辑"《范县乡土志》,"县事"杨沂在序中说到:

"谨案《奏定章程》,初等小学历史、地理、格致三科皆从乡土入手,盖以事易晓,言易入,闻政绩、耆旧而感触深;览山水、产业而知识开;阅地理、户口及氏族而桑梓之念笃。是合兴,观群怨,事君父,与多识一以贯之也。余丙午冬承乏斯土,

奉饬编辑,以为事贵详实,词尚简明,爰谕李茂才春秀,段茂才继孔等,博访于乡,延吕明经维钊,赵明经梦九,丁茂才宗梅编幕成帙,校雠勘正则杜茂才均平也。"①

根据《中国地方志总目提要》记录,清末河南修有乡土志十本,其中光绪年间有九本,分别是:《洧川县乡土志二卷》、《郏县乡土志二卷》、《安阳县乡土志》、《开州新编乡土志》、《南乐县乡土志》、《范县乡土志》、《清丰县乡土志二卷》、《光州乡土志》、《淅川直隶厅乡土志八卷》;宣统年间一本,为《息县乡土志》。在当时,还有一种县志,其实质却是乡土志,也许是当时修志的地方官员对乡土志这种新出现的事物还没有完全的理解和运用,认为乡土志只是县志的别名,其内容并无实质性的区别。如河南嵩县知县龚文明在光绪三十二年(1906),即《乡土志例目》颁布的第二年,续修《嵩县志》,并有刊本问世。在这里,嵩县知县龚文明仍使用"县志"之名,而没有用"乡土志",但他认为县志之别名就是乡土志,据《嵩县志·序》:

顷者奉上宪札,饬令修乡土志,乡土志者,即县志之别名也。盖道光以来,强邻压境,五六十年之中,师旅屡兴,皆未大获至胜。我皇上宵旰,愤然励精图治,停科举而兴文武学堂,所以革以往之积习,切实以育人才,俾其大展经纶,立收治安之实效。自京师以至省、府、州、县,莫不创立学堂,即莫不颁布新章,而小学堂章程,有历史、舆地、格致之科。此乡土志俾小学堂学生读之,以开识见。②

从序中我们可以看出,这本县志就是乡土志,并且是供小学生来使用的,那么,这样一来,仅从乡土志这个名称来统计河南

---

① 《范县乡土志》,杨沂"跋",光绪34年石印,收于(台湾)成文出版社,《中国方志丛书》。
② 龚文明:《嵩县志·序》,转引自申畅编著:《河南方志研究》,257~258页,中州古籍出版社,1991。

清末乡土教材是不够完全的。

从河南乡土志内容看,基本上遵照了《乡土志例目》详细规定的乡土教育内容,大致包括十五个部分:历史、政绩、兵事、耆旧、人类、户口、氏族、宗教、实业、地理、山、水、道路、物产、商务。如《洧川县乡土志二卷》,"上卷列历史、政绩、兵事、耆旧;下卷列学问、人品、世系、户籍、民族、宗教、实业、地理、物产、商务";《安阳县乡土志》"不分卷,有目十五,记事止于光绪末年,载述历史、政绩、兵事、耆旧、人类、户口、氏族、宗教、实业、地理、山、水、道路、物产、商务诸内容。"但也有一些乡土志对这些内容并不是平等用墨,往往是详略有致,记述重点略有不同,如《郏县乡土志二卷》,"是志兵事录一目记述较详,计有六篇,述明末至清末止农民起义事颇详。其他各目均极简。然对清末邑内民族、宗教、户口、手工业、商业等状况均有所反映";而1907年刊本《光州乡土志》则偏重于一个方面,记载较多者为物产目,占全书六分之一。①

从当时乡土志的编纂人员来看,身份是很庞杂的,既有地方官员的参与,也有教育界的相关人士。乡土内容一般是地方志的记载对象,而地方志一般是由官方编定的,1905下发到各府、州、县的《乡土志例目》,明令地方官在一年内完成编纂,作为行政命令要求各级政府在规定时期内完成。因此,在随后的几年内,各地编成的大量乡土志书,多由地方官亲自纂修或编写。如《洧川县乡土志二卷》撰者恩麟为洧川知县,《安阳县乡土志》撰者李元祯为邑令。同时,乡土志又是小学史地教材,与教育界密切相关,所以参与乡土志书实际编纂工作的人员来源广泛,除去地方官员,还有地方知识分子。当然大部分是以地方官员、地方绅士文人为主,并且大都由地方官员牵头做起,其次是大量受过

---

① 金恩辉、(台)胡述兆编:《中国地方志总目提要》,(台)汉美图书有限公司,1996。

新式教育的知识分子、师范生、学堂生群体，还有新闻出版界，以及学会的参与。如《范县乡土志》就是地方官和地方知识分子共同完成，此志由杨沂修，吕维钊纂。杨沂是江苏仪征人，时任范县知县，维钊是本县的一名贡生。《清丰县乡土志二卷》由吴鸿棋修，刘允俊等纂。吴鸿棋，本县知县，刘允俊为本县举人。《光州乡土志》的撰者胡赞采任江西抚幕时"曾核此稿，限一年成书。回籍后因郡中无人经理此事，赞采乃又摘取州志编定，作家塾课本刊刻，未呈学部鉴定"①。由于文献记载的不足或某些历史原因，有一些乡土志则不知编纂者为何人，必须一提的是，在清末的十本乡土志中，据《中国地方志总目提要》，有《郏县乡土志二卷》、《息县乡土志》、《南乐县乡土志》、《淅川直隶厅乡土志八卷》、《开州新编乡土志》五本均是记载佚名纂，这些乡土志有些内容较为简单，如《开州新编乡土志》序、目录、凡例、修志姓氏等皆无，正文内有标题，为历史、政绩录、兴利、去害、听讼、兵事、旧管录、事业、学问、名宦祠、乡贤祠、忠义祠、节烈祠，共十三目，约七千字。除历史、兵事外，其余各目皆为人物事迹，所载甚简单。而有的编纂质量却是上乘的，像《淅川直隶厅乡土志八卷》，此志共八卷，分十三门，二十四目，约十万字，此志目录体例和同时期的河南乡土志同，但其品质高，内容丰富。当时乡土志均简略，只一二册，惟此独多达八册，各目载记简明，叙事清晰。兵事录与省旧录所载史实与人物均有出处。户口除记录当时数额外，另立"户口之盛衰聚散"细目，概括地勾画出二千年来本地的人口变迁。全书以经济贸易资料所占比重最大。集中于物产录、商业录、实业目与市集目。记载本地主要动植物、矿物品种，年产量，加工及运销，此等资料

---

① 金恩辉、（台）胡述兆编：《中国地方志总目提要》，（台）汉美图书有限公司，1996。

为历来旧志所不载,为难得的清末经济资料。①

进入民国以后,编纂乡土志书的则基本是民间教育界人士,乡土教科书的名称也逐渐由"乡土志"向"乡土教科书"转化。

(二) 多元但非主流发展:民国河南乡土教材

辛亥革命以后,国民政府重新制定了学制并多次进行改革,始终很重视乡土史地教育工作。1914年,教育部催促各县编纂乡土志或乡土史地教材;1916年,教育部规定"教授地理宜先注意于乡土之观察,以引起儿童之兴味及其爱乡思想"。② 1933年12月国民政府颁布的《小学法》第九条规定小学教科书应注重各地方乡土史地教材;1937年教育部又训令,要求"二年制短期小学教材应采用部编课本为原则,各地方为适应需要起见,得酌量编订乡土补充教材"。③ 1938年4月中国国民党临时全国代表大会指定《战时各级教育实施纲要》,规定应注重各地方乡土史地教育。直至1949年,乡土志或乡土史地教科书的编纂工作始终没有间断。

在中央政府和教育部的指令下,河南省教育厅曾发布征集各县乡土教材的通知,详细规定了征集办法,乡土教材编纂原则、内容及其选择,乡土教材之地域范围,以及乡土教材的体裁和语言要求。其时规定的乡土教材编纂的原则为:足以发扬本乡特殊风物之精神或价值者;有足以激发儿童爱护乡土观念之价值者;具有乡土专有性之特殊事物的叙述者;有历史演变之比较价值者。乡土教材内容范围可涵盖:乡土历史,如本乡事物历史的变

---

① 金恩辉、(台)胡述兆编:《中国地方志总目提要》,(台)汉美图书有限公司,1996。

② 《高等小学校令施行细则》,《中华民国史档案资料汇编三辑》教育分册,496页,南京,江苏古籍出版社,1991。

③ 《教育部检发二年制短期小学暂行规程及课程标准总纲的训令》,《中华民国史档案资料汇编五辑》教育编,638页,江苏古籍出版社,1991。

迁及演进、人物、纪念物等；乡土地理，如本乡疆域、地势、山川、气候、要塞等；乡土交通，如道路、运输等；乡土物产，如本乡农、矿、动物、水产及特产、工艺品等；乡土实业，如本乡农、工、商业等；乡土胜迹，如本乡山川、泉池、林木、花卉、古迹等；乡土政教，如本乡政治及教育情形等；乡土宗教，如本乡回教、基督教、寺观、神庙等；乡土风俗，如本乡婚姻、丧葬、祭祀、养老、继承、巫术、交际等；乡土娱乐，如本乡集会、戏剧、过节等；乡土民情，如本乡道德、淫乱、勤惰、吸烟、赌博、盗匪、欺骗、诉讼等；乡土语文，如本乡谚语、歌谣、谜语、传记、故事、传说、剧本、小说、诗词、游记、笑话、寓言等。内容可择其中一二，也可全部叙述。叙述单位以一县、一乡、一村均可；体例和语言上统以语体文为限，并以适合于儿童口吻为原则。①

但在现实中，初等教育和中等教育中的地方教材的编辑并不理想，当时的河南"地方性教材之编辑，因连年灾荒战役，经费困难，未能设专人办理。三十一年曾饬各县指定优良学校，限期编辑呈核，作为初稿。三十二年复遵照指示，由教厅原有人员，组织编辑委员会，负责综合编辑。三十三年中原战起，迁移仓促，各县已编送之初稿，及教厅原拟编辑计划卷宗，全部遗失，经于三十三年呈奉教育部七月二十八号国字 96588 号指令，准予暂缓编辑在案。三十四年度教育文化预算不敷分配，仍未列专款，复遭宛西战役，迭次播迁，致地方教材之编辑工作，迄未完成"。② 中等教育与初等教育之课程大都是依照部颁标准施行。省立初中、高师及县立、私立初中课程，多依照部颁课程暂行标准，惟教学时数及科目略有变通；省立高中，乡村师范学校，职业学校及县立师范与职业学校课程，依照省教育厅颁布的单行课

---

① 蔡衡溪编：《乡土教材纲要》，88~89 页，上海，大华书局出版，1935。
② 河南省教育志编辑室编：《河南教育资料汇编民国部分》，115 页，1984。

程标准。各科教材,除国文、算学、自然、教育等学科,间有自编讲义的外,大抵系采用各书坊的教科书,惟多未经教育部审定。小学课程也是如此,大致遵照部颁课程暂行标准进行,惟教学时数及科目,因各地方情形不同,略有差异,各科教材,多系各书坊出版的教科书,自行编辑者甚少。①

不过民国时期河南教育也并非无改善之处,"待河南军阀渐次肃清,地方秩序亦日就恢复,于是省政府得以全力注意于政治之改进,而教育为政治之首要,尤当积极进行,数月之间改革扩充,颇有长足之进步,……,盖经此次改革后,而河南以前教育届因循之气象,为之焕然一新"②。

乡土教育运动在清末兴起之后,在民国的河南也并未中断,虽然由于以上原因在初等和中等学校教育中乡土教材的编辑和使用不是理想的,但它却由此进入了多元形式的发展时期。乡土志依然有人编纂,主要是乡土地理科目。为改进河南初等教育,河南省教育厅也依照本地实情,开辟教育实验区。"本省改进初等教育之实施,曾规定三种方式:第一培植师资,第二充实学校,第三采取有效之教育方法。实行第三种方式,特举办实验教育,以研究实验城市及乡村初等教育及社会教育之有效方法,以便推行关于城市者为河南省教育实验区,关于乡村者为杞县实验区及洛阳实验区"。实验区之亟宜研究之事有二:第一,如何用教育之力以推进社会,因择城内手工业集聚之区,曰杏花园镇,城外贫民集聚之区,曰大花园村,分别划定为实验区域,设学校,办合作社,经营改进种种产业之设置。第二,为如何改进教育习弊,而指引其活动之新方向,因聘请专门研究及富有经验者,专

---

① 《河南教育概况——1933年教育部督学戴夏、周邦道视察报告》,《河南教育月刊》,第四卷,1933(1)。转引自河南省教育志编辑室编:《河南教育资料汇编民国部分》,21~23页,1984。

② 王绍宣:《十六年河南教育之回顾》,《河南教育周报》,1927(14)。

审查小学及民众所用之书物，指引用途；调查一般流行之教学事实，以有目的的统计分析，求出习弊，并编制出适合时代需要之教材教具，以供教师使用。① 开封教育实验区、杞县教育实验区、洛阳教育实验区开始编辑小学各科活用教材，编辑各种测验教材，举办学校卫生教育，其中以李廉方主持下的开封教育实验区成果最为显著。

而20世纪20年代乡村建设和乡村教育运动在河南首开先河，河南的民众教育发展势头一直比较良好，在乡村教育中，乡土教材与民风民俗相结合，可以说是那一时期河南乡土教材的一大特色。因此，民国时期河南乡土教材在清末乡土志的基础上有了进一步更为多样的发展，其发展状况可以归纳为以下几种情况：一是乡土教科书，这是清末乡土志的延续；二是开封教育实验区，在著名的廉方教学法推动下产生的乡土教材；三是教育精英在乡土教育实践中的开发和使用的乡土教材；四是随着乡村教育运动及乡村师范学校中的乡土教材；五是职业教育中为地方经济服务的职业乡土教材。

1. 民国初年河南的乡土教科书——清末乡土志的延伸

民国初年，新旧教育交汇存在之时，一方面由于西方教学方法的引进，一些乡土志改称为乡土教科书，如《嵩县乡土地理志二卷》（又名嵩县乡土地理参考书），但有的仍然沿用"乡土志"的称呼，如《叶县乡土志》，这大概是出于文化传统的惯性使然。甚至在教育管理机构没有出台新的"教规"、"教则"以前，有的地方所编的乡土志书，仍旧在用清末政府颁布的《乡土志例目》，其内容大多取自志书，只是有些略微的改动。如《嵩县乡土地理志二卷》，此乡土地理参考书是由李振铎撰于民国二十年（1931），次年完稿，李振铎曾任教于汝阳师范。本志分上下两

---

① 陈访先：《河南教育现状》，载《教育杂志》，二十六卷八号，民国二十四年。转引自河南省教育志编辑室编：《河南教育资料汇编民国部分》，36～38页，1984。

卷,上卷分四篇:总说、自然地理、人文地理、地方志,下统二十六目,前三篇除无职官、选举、人物、艺文外,列目大致同于一般志书,地方志篇则将全县分为中、东、西、南、北五区,下统三十九里保,依次简述。资料来源系由《嵩县志》及各里采访谱上摘选汇编而成。下卷已佚,据其序言,下卷当为图,有总图、区图、里分图、山图、水图等数十幅。有的乡土教科书的内容则是突破了志书的局限,加入了新鲜的内容,文体也有了革新,如郭登峰撰的《叶县乡土志》(编纂年月不详),此志系以学生为对象设计的乡土地理教材,而不及历史。全书分十五讲,共七千余字。其内容主要取材于县志及增加新的调查材料而成,富有时代气息,全部用白话文,叙述生动,简明扼要,如记述当地著名商号,商人帮会活动,以及货币金融、教育状况、直至乡村代步脚驴、小车的市价,均记述十分具体,充分反映了当地现实社会状况。"①

总体而言,民国时期河南乡土志的编写并不发达,目前从《中国地方志总目提要》、《河南地方志提要》、《河南地方志综录》中仅查到以上两本。但从另一个侧面也反映出自清末兴起的乡土志在逐渐变革,其身份及内容与地方志越来越分离,而发展成了正式的乡土教材。

2. 开封教育实验区"廉方教学法"孕育的乡土教材

开封教育实验区是一个兼顾小学教育与民众教育的机构。1932年10月,在李廉方②的提议下,河南省教育厅联合河南大学将小学指导部扩大为开封城乡小学及民众教育实验区委员会,旨在负责关于小学及民众教育事业的调查、视导、设计、研究和

---

① 金恩辉、(台)胡述兆编:《中国地方志总目提要》,(台)汉美图书有限公司,1996。

② 李廉方(1878—1959),名步青,字、号廉方,湖北省京山县人,1920年出任河南教育厅长,开始对河南教育进行改革,1931年在河南省教育厅成立小学教育实验指导部,1932年创办开封教育实验区。

实验事宜。教育实验区的机构包括大花园教育村、杏花园教育镇、教材部、儿童科学馆、卫生教育委员会、测验部、编辑出版部、区本部。李廉方认为当时的小学教育与现实生活脱离,学校教育与生产教育、生活教育、民生教育、乡土教育等相分离,不利于学生的成长。因此,"廉方教学法"的实验教学,不用当时教育部规定的小学教材,而是"编辑活用教材的设计","小学用各科教材皆购自坊间,因时令地域关系往往不能适合地方需要。故本区拟定详细办法,编制预算,建议教厅,自下年度开始编制此项适合地方之活用教材。先在本市各小学试用,俟有相当成效再推行省外"。①

教育实验区乡土教材的编辑管理工作由实验区常务委员会负责,常委会制定有详细的编辑方针、编辑种类、编辑办法,并有专门的经费供编辑乡土教材使用,委员会制定有详细的经费预算,对于参与编辑人员均有报酬。《开封教育旬刊》第十三、十四合刊中有"编辑小学各科活用教材计划"②:编辑活用教材以根据部颁课程标准,适应地方需要为原则;编辑种类可分为:甲,修改教材,不限于全部修改,可任取某科教本之某一课,提出原教材不适当之点加以改正。乙,补充教材,专就一种事物为有系统之叙述,自成一册,共分两类:地方需要,时事需要。丙,儿童读物,改作、翻译、创作不拘一格。但必须适合现代儿童阅读之用。丁,大单元设计教案,创作之设计或整理散见于书报之最有价值的设计。编辑办法:第一种办法是规定本区职员须查照上款之甲乙丙丁四项,每学期开始自认若干题目。每月编成若干,必须预先确定,分月送委员会审查。第二是特约专家及有教学经验者编辑。第三是在社会中进行征稿,《开封实验教育》

---

① 李东旭编辑:《开封实验教育》,第1卷第1号,开封教育实验区委员会月刊编辑部,民国二十二年,5页。
② 《开封教育旬刊》第十三、十四合刊,民国二十二年。

期刊每期都刊登有征稿启示。上列稿件的审定均由本区各委员分别负责,提出审订意见于常委会中表决,必要时要聘专家审订。对于本区职员的编辑工作,须指定一人收集稿件,于每次常委会中报告一切事务。

开封教育实验区设立有教材部,为供给本区实验小学及开封城乡各小学之需要,研究小学及民众教育之课本,编制、编辑适合地方及时令节日之需要小学课程,整理地方教材。该部在李廉方的主持下编辑出版了一系列小学地方活用教材及参考资料,如《禹王台与繁塔》、《相国寺》、《龙亭》、《铁塔与惠济河》、《岳飞与朱仙镇》、《包拯》、《儿童节纪念》、《新年》、《端午》等,此外,李廉方本人又撰写了《禹王台之沿革及其解说》的长文。这些教材及参考资料的编辑均是依照李廉方所倡导的教材要与儿童环境、儿童活动和时令节日之变化相联系的宗旨。《总理逝世纪念》、《九一八》、《孔子圣诞》、《国庆日》、《儿童节纪念》、《五四国耻纪念》、《新年》、《端午》这些教材及资料是根据时令节日变化而编辑出来供教学之用的。《禹王台与繁塔》、《相国寺》、《龙亭》、《铁塔与惠济河》、《岳飞与朱仙镇》、《包拯》等教材为小学教师提供教学所需参考资料,同时也供关注地方文化的人士参考。我们在开封教育实验区创办的期刊《开封实验教育》内页中可以看到对以上地方教材的介绍与宣传,如"开封教育实验区教材编辑部乡土教材《龙亭》编辑之目的,在于供给小学教师以多量的材料,使能利用当前所有的事实和遗迹以说明开封附近社会、文化、地理、自然之过去与现在。引导儿童对于史地研究知所凭藉;对于自然研究知所应用,砖石草木俱成有趣的研究对象,藉使儿童之爱乡情感,由真知而步入于真爱。故内容非常丰富,考证均极确凿,是乡土教材之佳著;是史地教师之良友;是关心古迹文化者不可不备之参考书。"①

实验区对于所编辑之地方教材不仅在实验区小学使用,而且进行广告宣传,其语言颇具有现代广告的意味,后附有定价和邮购地址。如"《岳飞与朱仙镇》全书内容共分四编,第一编为岳飞,第二编为朱仙镇,第三编为贾鲁河,第四编附录。材料丰富,考证翔实,全书二十余万言,凡关于岳飞之志愿战功诗辞题记以及朱仙镇之过去与现在,无不备载。有志青年,不可不读,关心古迹文化者及小学教师,尤不可不人手一编也。"②《开封实验教育季刊》第1卷第2号刊登有《铁塔》的新书出版预告:③《铁塔》金长英、于祥文编著。开封铁塔为中原文化盛极时代之代表建筑物,其在艺术与历史上之价值,同为艺术家、史学家、建筑家、考古家所器重,且为乡土课程之标准材料,惟向无专书记载考订,故学校教学多不能利用。兹有本区教材部金素人先生博采群书,想家考证,举凡铁塔建筑之世纪年代,建筑方法,有关史料以及附近各机关与惠济河等靡不析述原委,精心编纂;并由于祥文先生制定教学活动纲领,指示研究途径。且附有精图照片多幅,既便学校教学,又可做专门研究之参考。全书现已付印,不日即可出版。

本区职员编辑乡土教材,皆遵照李廉方先生的教育教学原则,从儿童生活实际出发,由近及远,由简及繁,按儿童认识规律,循序渐进,逐步提高。如第一期单元顺序为(1)我的家庭。使儿童认识家庭中的称谓、用具、食品及生活操作的名称,如爷爷、奶奶、爸爸、妈妈、买菜、做饭等等,还要通过观察、计算实际生活中遇到的数字,了解算术的基本概念。(2)我的学校。

---

① 《开封实验教育》,第1卷第6号、第7号均有此内容,看其语言与形式,实为广告宣传,民国二十三年。
② 《开封实验教育季刊》,第1卷第1号,民国二十四年。
③ 《开封实验教育季刊》,第1卷第2号,民国二十四年。

使儿童知道尊敬老师、团结同学，了解各种活动及用具品的名称、字词，如老师、同学、唱歌、游戏、黑板、桌凳等，并把观察到的班级人数等，作初步的计算。(3) 我的市镇。使儿童认识和知道本村、本街道都有哪些农活、行业、使用的工具、产品名称及其与生活的关系等方面的字词，如大字笔、小字笔、斧子、锯、脸盆等。①② 第二学期教学短句、儿歌、谜语等，如拍皮球、踢毽子、洗衣服、扫院子等。同时，教学注音字母，大花园小学编辑有自己的《大花园儿童字典》，使儿童会拼音，会查字典，为第二学期的自由阅读打好基础。③

这些乡土教材按照年级高低分配不同的内容，易于操作，且每部分内容规定至为细致。如《龙亭》中关于"开封龙亭教学活动纲领"，分别对高、中、低年级教学活动从"开始活动"、"出发前的准备"、"出发考察"、"整理研究"这四大块内容进行规划，每部分都有详细的问题说明，如"开始活动"部分规定：A. 教师于适宜机会提出下列问题：龙亭是什么时候建筑的？现在龙亭里面存着什么古代遗物？龙亭附近有什么特别产物？龙亭湖水是从哪里来的，有无出路？龙亭附近的居民多做何种工作？B. 凭日常所知对上述问题作研究谈话。C. 决定出发考察寻求实际证据。"出发准备"则包括编制简单纲领，决定出发要项；准备各项记载表格；准备采集用具；制一出发路线图（各自拟制，共同讨论更正）、讨论出发前个人应有的准备；决定出发时间，划分小组或指导工作；出发前集合，加重出发考察之注意；出发考察中的规定更为详细，详细的规定了对沿途所经街道之记载，龙亭附近前代遗物、龙亭内碑文、特别建筑物、龙亭上的人物活

---

① 郭戈著：《李廉方教育思想研究》，128 页，教育科学出版社，1995。
② 郭戈著：《李廉方教育思想研究》，128 页，教育科学出版社，1995。
③ 李培义：《"廉方教学法"实验简介》，《河南教育志资料选编》，转引自河南省教育志编辑室编：《河南教育资料汇编民国部分》，123 页，1984 (8)。

动情况、龙亭附近植物生产、动物生活活动、龙亭湖水、特殊物产、土壤、龙亭附近居民生活之观察与记载；考察后的整理研究包括关于龙亭之历史研究、龙亭之地理研究、龙亭附近之自然研究、龙亭附近之社会研究等；最后可依具体情况分别结束或进行深究。①

开封实验区是集小学教育和民众教育于一身的，"本区所负的使命，一方面固然是对于儿童教育做一种科学方法的实验，一方面却也是兼顾着民训运动的，因此，特由本区常委李先生制定范围，经张履谦兄来负责调查一切。"② 张履谦经过调查写出的《民众读物调查》、《民众娱乐调查》、《民众迷信调查》系列书籍，因为经济和时间上的原因，作者仅在开封相国寺内及其附近做了实地调查。这些书籍可以说是乡土教材最好的范本。如《民众娱乐调查》具有很大的民俗学价值，广泛搜集了当时相国寺内的民众娱乐形式如戏剧、说书、大鼓书、道情、相声、竹板快书、西洋镜、卖解者、幻术、玩鸟等。就戏剧形式而言，作者调查了梆子戏、京剧、坠子戏等，分别就他们产生的渊源、在河南的具体表现形式、艺员的生活状况及剧目等进行了详细的调查记录，内容系统而丰富，是民间戏曲研究上的重要参考资料。关于说书，作者引用了多种文献阐述它的起源和发展，对说书人也作了调查，阐述他们在民众教育中的作用和价值。并附上了大量民众喜欢的戏曲剧目，以供参考。此外，作者还就大鼓书、道情、相声等娱乐形式展开论述，追述它们的历史、现状、参与者及具体表现等。其中，作者尤其重视现实的调查和统计，认为这比起那些专供社会史的史家们在书本中去构成社会的愚钝行为要科学的多，真实的调查将社会现实生活画面如影片一般展示在子孙后代

---

① 蔡衡溪编：《乡土教材纲要》，97~106 页，大华书局出版，民国二十四年七月。

② 张履谦著：《民众读物调查》，开封：开封教育实验区出版，1934。

的眼前,其价值将是无与伦比的。

此外,实验区的编辑出版部与教材部合作出版了数十种著作,如李廉方的《本区实验小学课程纲要》、《儿童自动读物介绍》、《在镇平讲演录》等等,李旭东主编的《大花园儿童字典》、《写字与认字》、《健美早操》、《一个小间谍》、《小小工程师》、《涂色画片》、《怎样剪贴》、《日常生活小歌曲》等等,都是为适合于当时实验区小学生教育和民众教育而设计的。

3. 教育精英在乡土教育实践中开发的乡土教材

(1) 河南大学张邃青

20世纪20年代,著名历史学家、河南大学文史系主任、文学院院长张邃青(1893—1976),在河南大学的教育和教学中自编乡土教材,开展乡土教育,乡土教材的使用是当时河南大学的一个特色。张邃青在河南大学历史系所编写的乡土教材可谓形式多样,既有专著,也有报告,更有一些散落在讲义中。其中,专著有《中州文化史》(或称《河南文化史》)与《河南史地研究》。《中州文化史》与河南考古有密切的关系,富有浓郁的地方特色。《河南史地研究》教材,内容翔实,体例完整,分为史料、民族、政治、宗教、学术、生产、风俗7篇,就河南的古物发掘、金石考据、书籍流传、人物记述、民族迁徙变化、行政区划沿革、政治设施、宗教分布以及生产的发展、社会的风气等都有论述,同时还穿插了不少神话传说,可谓生动具体,为学生提供了有关河南的极丰富的文化知识,对研究河南历史文化,也有着重要的参考价值。除专著外,张邃青的乡土教材内容还分散在一些讲义中,如他在古代史授课中穿插一些河南的考古发现,如"河图洛书,安阳小屯发现殷商甲骨文字,洛阳龙虎滩发现尚书石经,洛阳北邙发现魏、晋、隋唐墓志,渑池仰韶发现中国第一个彩陶遗址,新郑古墓中发现周代铜器,孟津侯家庄发现铜黄六百余件等等。对此，张邃青"有的写在讲义上，有的是口头叙述。"① 而由于他对河南的历史掌故非常熟悉，因此"他撷取其中的精华，编成史册，当然是很精彩的著作了。"②

1940年张邃青在实地考察与研究的基础上，发表了《伏牛山中之蛮族》、《嵩山专著书目考》两篇乡土报告。《伏牛山中之蛮族》报告认为伏牛山中居民多数来自异方，"今稽其谱牒，询其旧籍，多自东南三方移来，时间均不甚远"，而"国史上记蛮族居此者不少。"因此，从民族史上应研究伏牛山中蛮族的来源与结果。他通过对蛮族迁留遗迹的调查分析，就今卢氏县有蛮子冲，嵩县有蛮子营等，进而从历史上论证春秋时代之蛮氏、陆浑之戎，魏晋南北朝时代之后蛮，并提出"代有竞争，代有融合"的观点。《嵩山专著书目考》收有书目47种，而且他特别重视学生的研究成果，书目中收有当时文史系二年级学生王志明撰写的《游嵩指南》。1942年12月9日，张邃青为卢氏县中学作《山地与文化》的学术报告，报告中提出了"文化发源于山地说比文化发源于河流说更有理由"的论点。12月27日，他又给河南大学学生作了《豫西山区与中原文化》的乡土报告。1943年，写成《豫西文化考擦报告》，这些报告均充实进他的古代史的教学中。

同时，带领学生进行实地考察，对学生进行乡土教育。除去理论讲解以外，张邃青还带领学生亲临一些古迹发掘现场，带领学生组成伏牛山考察团，赴山区考察风俗文物。

（2）河南著名乡土教育学者蔡衡溪

蔡衡溪，河南淮阳人，曾任河南省教育厅厅长。民国15年（1926）暑假期间回到故乡淮阳东北地区，亲自到各村调查访问，

---

① 政协开封市委员会文史资料工作委员会编：《开封文史资料》第九辑，内部资料，政协开封市委员会文史资料工作委员会编辑出版，5页，1989。

② 《国立河南大学校志》，75页，台湾出版，转引自徐玉坤著：《河南教育名人传》，329页，郑州，河南教育出版社，1989。

前后共用了大约三个月时间,后编纂成《农村风土记》稿本,民国20年(1931)春,将其一部分略加整理,送由《河南民报》发表。三年后,作者把旧余稿件抽其要者与曾已发表者汇编成册,是为《淮阳乡村风土纪》。本书凡四编:第一编语言,第二编风俗,第三编集会,第四编附录、淮阳县概况。第一编语言,共分六章:谚语、童谣、谜语、隐语、神话、传说。其中的谚语章节篇幅最大,收集丰富。第二编风俗,分婚姻、丧葬、迷信,均记述详细,细节不漏。第三编集会,包括经济之集会、自卫之集会、娱乐之集会、迷信之集会、慈善之集会,内容繁杂。其中经济之集会、自卫之集会最有价值。积金会、灶爷会、行孝会、小满会等介绍了农村中的经济互助和地主盘剥的真实状况。联社会、红枪会、打更班、看坡会等则反映了地方武装的状况。第四编附录,介绍了淮阳县概况,分史地概况、自治概况、经济状况、文化略述、教育概况、古迹名胜、物产大要等部分,与前三编相比,此编文字较简单。蔡衡溪进一步提出"如果能够下番功夫,把乡间流行的谚语多多搜集一些,加以精细的研究,然后并加以适当的编造排列,那就是乡村教育最好的教材","对于教育上尤有很大的价值。"总的看来,蔡衡溪主要是以乡村教育建设为目的来考察民间文学的。①

蔡衡溪在乡土教育及乡土教材的理论研究方面也有一定的造诣,其著作《乡土教育纲要》内容极为丰富,分为三大部分:第一部分是通论,阐述乡土教育的基本问题,涵盖了乡土教育之由来及其演进,各国乡土教育的情况及意义,乡土教育内容之范围,乡土教育的目的、价值、论据,乡土教育与民族复兴,乡土教育与新教学法,乡土教育与其他教育等问题。第二部分详细论述了乡土教育的实施问题,主要是对乡土教材的讨论,乡土教育

---

① 高有鹏:《中国现代民间文化科学史上的河南学者略论》,《河南大学学报》(社会科学版),1997(5)。

材料的选择及选择标准,乡土教材的搜集与编辑,乡土教育实施纲要,实施方法与实施设备,其中有以开封县乡土教材为例拟定的乡土教材各科之学年的支配纲要。第三部分是以浙江、江苏、开封等地的乡土教育做的一个乡土教育资料选编,其中有河南教育厅编辑部制"河南征集各县乡土教材的办法"及开封教育试验区《龙亭》教学活动纲领。①

在教育名流中,除张邃青、蔡衡溪二人之外,提倡乡土教育,编写乡土教材和地方教材的还有河南清丰县高镇五、濮阳县谢台臣等。高镇五在清丰县自办维新小学,从学校管理、课程开设到教学方法都是按照自己的教育主张进行的,高镇五的自编教材,主要是结合地方时事形势,把团结抗日教育、时事政策教育、新民主主义教育等编成教材,如《混战中的清丰县》。

4. 乡村教育运动中的乡土教材

乡村教育运动立足于农村生活实际,以改良农村现状,解决农村各种实际问题为目的。起初活动多偏重于乡村学校等正式教育,特别是设立乡村师范学校,为乡村小学提供优秀的师资队伍。此外,还划分学区,添设乡村小学,编订教材,提供给农民受教育的机会。后来,乡村教育范围逐渐扩大,编辑乡土社会的诸多层面,形式已不仅限于学校教育,知识分子走入农民群众之中,利用社会教育、家庭教育等形式开展生计教育、文艺教育、卫生教育、公民教育等,以此提高农村的生产技术,增强农民的生活能力,彻底改造乡村社会。

(1) 河南乡村教育基本概况

民国时期的河南,可以说一个乡村型的社会,其绝大部分地区是农村,绝大多数人口是农民,因此,河南一些地方有识之士看到广大乡村的贫穷及村民的愚昧落后,从 20 世纪 20 年代开

---

① 蔡衡溪编:《乡土教育纲要》,大中华书局出版,民国二十四年。

始,河南就出现一些乡村教育人士在河南进行乡村教育和乡村建设运动。其中有1929年在辉县成立的河南村治学院,梁漱溟在此时任村治学院的教务长,但此学院仅生存一年时间,接着的中原大战使学院倒闭。而为了乡村教育的持续性,亟需为乡村教育培训师资,民国二十年又在河南辉县设立河南省立百泉乡村师范学校。实验区教育也应该是乡村教育的一部分,如开封教育实验区中的民众教育,杞县实验区与洛阳实验区。河南最著名的乡村教育当推王拱璧在河南西化孝武营村创办的青年公学。王拱璧先生不仅是河南乡村教育的倡导者,也是中国乡村建设的最早探索者。20世纪的20年代,王拱璧在家乡河南省西华县孝武营进行改造旧农村、建设新农村的实验,把孝武营村改名为青年村,创办了青年公学,实行"农教合一"的新教育体制,以"劳动"、"健康"为中心,教师讲课使用自编教材,注重结合农民生产、生活需要,强调理论联系实际。王拱璧亲自创作校园歌曲《青年公学乐乐乐》,歌词简明通俗,曲调昂扬欢快。[1] 青年公学读书劳动紧密结合,学校校务十个部,排在前面的是"劳动工作部、农林种植部",校院内有七亩农林试验场和七亩桑园,师生自己动手,栽培农作物,植桑养蚕。并请老农老圃三十余人作学校顾问,教给学生农作、养畜、养蚕、养蜂、磨粉、制饴、种瓜、种菜、木工、铁工、烹调、裁缝等实践知识和技能。[2]

(2) 乡村教育中的乡土教材

乡村教育教材主要以乡土教材为主。生活生产教育与乡土教育不可分割,"乡土教育实施的最后目标,也就在改进乡土的生产……从生产教育方面来说,应以乡土教育为目标……生活教育

---

[1] 苗春德、申磊:《中国乡村建设的最早探索者——王拱璧》,《河南职技师范学报(职业教育版)》,36页,2001 (6)。

[2] 徐玉坤主编:《河南教育名人传》,284页,郑州,河南教育出版社,1989。

的实施,应由乡土出发,以乡土经验作基础。"① 我们从河南二师附小韩照远的《改进乡村教育的一个提议》中可以看出,乡村教育教授科目的具体内容即是乡土教材的内容。1930年,河南二师附小的韩照远提出了乡村教育教授科目的具体内容。他认为乡村教育不同于城市教育,因它们的环境不同,乡村教育所授科目也应不同于城市。具体内容为:国语,要注意民间的歌谣、故事、童话、谜语和乡村的特殊性,以及田地契约的写法,舒心的格式等;算术,要注意日常的应用,如田亩计算,粮价计算,税款计算……珠算尤为重要,可以培养儿童对于社会生活的应用;社会,讲地理,应先讲乡土地理,讲历史,要先讨论乡土史,以及现在农村生活的改进,渐次推到远的大的地方去;自然,关于自然,要算最为重要的,因为乡村学校接近大自然,一切的教材,不用寻找,处处皆是,这样自然没有了死读书的弊病,况且儿童的常识,一定要远于城市;农业,高年级要把五谷收获、播种和土壤、肥料、除虫以及养蚕养鸡各种知识都一一实行出来,而且实践更为重要,要组织他们去田地,去农场,即使是低年级儿童也要组织他们去农场;艺术,形象艺术要注意农村的自然景象,工艺艺术要利用本乡的出产品;音乐,音乐课本以活泼儿童的天性、涵养儿童的情感为目的,在乡村小学里,音乐有它的特殊使命,关于音乐教材的选择方面,应该注重表扬农民的功劳和推崇劳动的快乐;家事,刺绣、缝纫、洗濯、家常菜蔬、普通酒席等,虽不必件件都通,要有相当的常识,将来入身社会,才不吃亏。②

对于乡村教育的教材内容,民国时期是比较重视民间文化

---

① 曹凤南编:《小学乡土教育的理论与实践》,13~16页,上海,上海中华书局印行,民国二十四年六月。

② 韩照远:《改进乡村教育的一个提议》,见河南教育厅主办《河南教育周刊》,河南省教育厅编辑处编,民国十九年,第三十期,36页。

的，如民间歌谣、谚语俗语、民间戏曲等。赵质辰先生十分重视民间文学作为乡土教材的价值，他说："中国旧日歌谣、谚语中，包括不少至理名言，且通俗叶韵，教导学生时，加以解释，学生即能琅琅上口，其感人之深，记忆之易，运用之适，实较现今小学教科书，强百倍也。虽此等教材，不免有不合理及带迷信者，教者可慎加选择，或略加修饰，亦未尝不可。"① 作者也称，他曾搜集谚语，拟出一专集《河南谚语》，可供乡村教育之选择。在《郑县民众教育实习计划大纲》② 中，学者们指出对农民农业风俗及经济状况进行调查，从中寻求促进经济改良的途径和方式。此一时期出现了一批以河南民间谚语搜集编写的乡村读物，如李佛西编辑的民间文艺集《黄河集》，对民间歌谣、俗语进行编辑，其目的在于改革民间风俗，希望从中观察出一点社会人心的趋向。梁星拱的《豫东俗语辑》，搜集了荥阳及开封的俗语，连载发表在《河南民众教育》上。③ 百泉乡村师范学校刊物《乡村改造》有乡村歌谣特辑，在此辑中，收录了百泉歌谣106首，民间歌谣十首。④ 收集民家歌谣的原因在于歌谣是来自社会最底层的，反映社会最底层的生活，因为来自民间，所以借此来作为宣传的手段和内容，便有易为民间所接受。搜集歌谣也可以找出其不合事宜的内容，而代之以新鲜的质素，来作为唤起民众，传播文化的工具。与此同类的还有《河南教育月刊》第四卷第三期上登载的安羽宣搜集的《豫东歌谣集》，《豫东歌谣集》搜集民间歌谣41首，歌谣展现了社会百象，包括有表现家庭伦理道德的歌谣，社会动荡不安，人们无法谋生的歌谣，岁时岁节的歌谣，

---

① 赵质辰：《乡村教育概论》，285页，著者书店出版社，1932。
② 《河南教育月刊》，第二卷，第15期。
③ 河南省立实验民众学校研究实验部编：《〈河南民众教育〉（1935—1937）》，开封，河南省立实验民众学校总务部。
④ 河南省立百泉乡村师范研究部编辑：《乡村改造》，辉县，河南省立百泉乡村师范刊物发行处，民国二十二年。

如过年时人们的活动等,反映了农民的生活状况,他们生产的艰难和生活的贫苦等,歌谣通俗易懂,社会百态尽显其中。

郑合成编辑的《淮阳太昊陵庙会概况》一书,是河南杞县实验区偕同河南省立淮阳师范学校共同考察的结果,"用以知农村经济之实况,为实施社会教育之参资","系记载豫东农民活动之实况"。① 书中对淮阳太昊陵庙会进行了全面的介绍,包括淮阳的历史沿革,太昊陵的一般情况如陵墓及建筑、陵园的碑、传说中的人祖爷、朝祖进香等,赶会的群众人数、组织、经济来源、活动内容及交通状况,庙会中的商业活动、固定摊铺的统计、各街的买卖分类及总计、商业经营的方法,民间读物,民间游艺,庙会管理及税收等,都作了详细的统计和说明。此外,书中还调查收录了大量流行于民间的关于太昊陵的神话传说,内容详实而丰富。既是研究太昊陵不可多得的重要资料来源,更是当时在实验区对于民众教育的极好的乡土教材。

5. 职业教育中的乡土教材

民国时期,河南职业教育很受重视,不仅设立有专门的职业学校,普通中学也加设职业班和职业科,河南省二十年度中等教育实施办法第二条规定:

查河南全省职业教育,除县私立职业学校外,省立职业学校原有五处……兹为发展职业教育,培植师资及较高深之职业技术人才,自二十年度起,拟先就省立第一职业学校,添招高级织染一班,其余农桑学校俟经费充裕时,再行扩充。

自二十年度起,应于中学内添设乡村师范班或职业班。

第四条规定:

关于普通中学添设职业科目一节:拟通令河南省立各普通中

---

① 郑合成:《齐真如序》,《陈州太昊陵庙会概况》,郑州,河南省立杞县实验区出版,1934。

学，自二十年度起，第三学年一律添设职业科目，并注重指导实习。①

在此规定下，私立中学也开设职业科，如私立两河中学，十九年度小学期设养蜂选科，并且成立养蜂研究会。

河南的职业教育是和河南地方经济紧密相关的。在1931年7月举行的全省教育会议上，由教育厅提案，校教育组审查成立，大会决议通过的《河南职业教育改进计划案》中提到"职业教育设科要适合当地需要，应用科学方法，合乎经济体制，以学校作中心而改良环境。"② 由张凤翔提案，学校教育组审查成立，大会修正通过的《普通中校添设职业科目应有具体办法以利进行案》，提出各中等学校应根据本校所处位置地貌特点来设置相应的职业科目，选用相应的教材，"查豫南多水田，豫西多山地，豫东豫北多平陆，而开封郑州又为商业集中之地。各处环境既不相同，其需要自属各异。各校固应当因各处所需要，而添设某种职业科目，备学校选定，较易实行。"③ 从专业设置看，职业教育的内容主要是桑蚕、纺织等科。如省立第二职业学校，主要是农蚕（养蚕及桑蚕制丝），植棉；省立第三职业学校，主要是蚕丝织染。养蚕、桑蚕制丝、植棉、蚕丝织染等教材均体现了河南地方的农业特色，带有浓郁的乡土气息，职业教育中的乡土教材更确然地使乡土教材实现了其促进地方经济发展的功能。

（三）新中国成立以来河南乡土教材发展概貌

1. 昙花一现：50年代末河南的乡土教材

在新中国成立十年之后的50年代末，河南教育领域在新中

---

① 河南教育厅：《河南教育年鉴民：19—20》，开封中华书局，民国二十年。
② 河南省教育会议秘书处编：《河南全省教育会议报告》，118页，郑州，河南省教育厅，1931。
③ 河南省教育会议秘书处编：《河南全省教育会议报告》，114页，郑州，河南省教育厅，1931。

国历史上出现了首批乡土教材，1958年10月由河南省教育厅编制了5本乡土教材，并于1959年2月出版，分别是《河南省语文乡土教材》（共三个分册）、《河南省历史乡土教材》、《河南省乡土地理教材》，1959年又编制了《河南省中学师范乡土历史教材（试用本）》，除教育厅编制乡土教材外，一些学校也尝试编写了乡土教材，并且较之教育厅编写的乡土教材，内容更为丰富，知识性也更强一些，如郑州师范学院地理系编写的一本《河南地理》就是一本综合性、知识性较强的地理教材。那么，在当时追求政治化、苏联化、高度统一化的背景下，50年代末河南乡土教材是如何得以重新发展的呢？

　　新中国成立后，首先的政策是改造旧课程，学习苏联经验，同时发展新课程。在1950年9月新闻出版总署召开全国出版会议，确定了全国统一供应中小学教材的方针。1958年，在各地经济"大跃进"的同时，也掀起了"教育大革命"。当时，对中小学通用教材的看法，主要已不是"要求高、分量重、内容深"的问题，而是中小学教育存在少慢差的现象。教育内容一是陈旧落后、重复烦琐，落后于青少年的智力发展；二是脱离政治、脱离生产、脱离中国实际。在这样的情况下，1958年8月，中共中央和国务院发布了《关于教育事业管理权下放问题的规定》，指出以后教育部的任务之一是"组织编写通用的基本教材、教科书"，"各地方根据因地制宜、因校制宜的原则，可以对教育部和教育主管部门颁发的各级各类学校指导性教学计划、教学大纲和通用的教材、教科书，领导学校进行修订补充，也可以自编教材和教科书。"教育部发出通知：今后各地可以自编教材，教育部不再颁发教学用书表。《人民日报》（1958年10月4日）发表了社论《根据党的教育方针来改革教材》，并推荐了河南省农业林业部门工作者编写教材、制订教学计划和教学大纲的经验。此后，很多地方教育部门和学校都开展了编写自己的中小学教材和教学参考书的工作。

1958年,河南省教育厅要求各地、市、县组织力量,分别就本地区的地理、历史、工农业生产、革命事迹、英雄模范人物以及民间文学等,搜集编选学生必要的学习资料,许多县教研室同重点小学合作,程度不同地进行了乡土教材的编写工作。① 河南省教育厅于1958年编制《河南省语文乡土教材(试用本)》(共三个分册)、《河南省地理乡土教材(试用本)》和《河南省历史乡土教材》。1959年教育部党组提出,由教育部负责制订中小学和师范学校的指导性教学大纲,编写通用教材供各地采用,地方可作适当变动,编写补充教材和乡土教材,并于6月布置人民教育出版社重编中小学通用教材,同时对中学教学计划作出了新规定。如,加强劳动教育,改进外国语教学,语文、中国历史和地理增加乡土教材,1959年河南省教育厅编《河南省中学师范乡土历史教材(试用本)》乡土教材。

但是,此一时期的乡土教材可以用昙花一现来表示,持续的时间比较短,这同那段中国社会状况有密切关系,接着的"文化大革命"严重冲击了地方学校教育。其应用也有限,虽然也有规定乡土教材的使用对象,如《河南语文乡土教材》规定"本教材共分三个分册,供中等学校1958—1959学度一年使用。第一分册供初中一、二年级用,第二分册供初中三年级和高中、中师一年级用,第三分册供高中和中师二、三年级用"。历史乡土教材供初、高中及师范学校学生使用;地理乡土教材供初、高中、职业中学、师范在中国地理课中讲授之用。但在具体教学中,教育厅并未规定乡土教材的学时问题,在《河南省语文乡土教材》的前言中有"各校在使用本教材时可以插入语文课中进行讲授,厅不统一规定讲授篇数,各地学校可根据当时实际情况自由选读,或补选一些更切合当地的作品进行教学"的说明。

---

① 河南省地方史志编纂委员会编纂:《河南省志·教育志》,116页,郑州,河南人民出版社,1993。

2. 雨后春笋：20世纪80至90年代河南的乡土教材

与50年代相比较，80年代至90年代河南乡土教材发展更为平稳，各地自行编纂的乡土教材也如雨后春笋般地涌现。同时突破了原来的地理、历史单一性科目，出现了综合性乡土教材，编写质量有了较大的提高。

1987年6月，国家教委在浙江建德召开"全国乡土教材工作会议"，要求各地在两三年时间里抓紧乡土教材的编写并大力推行乡土教学工作。1988年11月，全国地理教学研究会召开了以"地理教学为乡土建设服务"为主题的研讨会。1990年5月，国家教委又在南京召开了"全国乡土教材经验交流会"。在国家教委的推动下，掀起了建国后第二次乡土教材建设高潮。河南的乡土教材也迎来了又一个发展期，各地纷纷自编乡土教材，1988年商丘市教育局教研室编写中学乡土地理教材《商丘市地理》。1989年更多的地方开始编写本地区乡土教材，如南阳市教委教研室编中学乡土地理教材《南阳市地理》，供南阳市初中生使用，南阳县教育局教研室编中学乡土地理教材《南阳县地理》，新乡市教育局编《新乡市地理》，三门峡市地理教学研究会教材编写组编乡土地理教材《三门峡市地理》，永城县教体局教研室胡继华编乡土地理教材《永城县地理》，邓州市教育局教研室编邓州市中学乡土地理教材《邓州地理》，唐河县教育局教研室秦钦堂、绳海波、方毓昌编乡土教材《唐河地理》（试用本），西峡县教学研究室、西峡县地理学会编乡土教材《西峡地理》（试用本），偃师古都学会、偃师教育学会1994年编中学乡土教材《偃师历史》。这些乡土教材的使用限于本地区或本县。

河南省教委中小学教研室（现名为河南省基础教育教学研究室）于1991年编写出了《河南地理》和《河南历史》两本乡土教材，供全省初中一、二年级使用。

除了中小学乡土教材外，和50年代末一样，本阶段还有适用于师范教育的乡土教材，如1995年张媛主编的《河南地方史》

就是一本适用于教育学院、高等师范院校历史教育的乡土教材。这种教材内容相对于中学乡土教材,内容更为厚重,叙述更为详实,史料更为丰富。

此阶段所编乡土教材的特点是,在科目上,仍然以乡土历史、地理教材为主,但也有所突破,如乡土英语教材的出现。郑州市商贸高级技工学校校长高兰英在美国访学后,在广泛阅读的基础上,编写出了《河南旅游英语》、《河南商贸英语》等,填补了河南乡土英语教材的空白。

在教材的内容上,突破了传统的单一性科目内容,综合性乡土教材开始出现,如巩县教育局1989编巩县中学生乡土教材《巩县》,该乡土教材编纂质量较高,内容丰富,涵盖地理、历史、工农业、交通邮电、科技与教育等内容,正文前有表现巩县地方文化的彩色插页和地图(巩县地势图和巩县政区图),书中有插图,封底有歌曲《巩县,我的家乡》。该教材于1990年5月在全国乡土教材建设经验交流会上获得了一等奖。在综合性乡土教材方面,《可爱的栾川》在选材、编排等方面也做了有益的尝试,全书3万余字,以乡土性贯彻全书,内容涉及了地理、历史、社会、教育、经济、文学等方面:"秀压'五岳'奇冠'三山'";"珍贵的土特产富饶的矿资源";"山高长鞭及代代建制全";"兵祸匪患百姓遭殃";"山高挡不住太阳工农奋起求解放";"三打抢牮寨顽匪只身逃";"栾川的司令员李静宜";"发挥资源优势振兴栾川经济";"走出'黑洞'天地宽——栾川教育改革印象记";"栾川古今诗文选";"前途似锦远景光辉"。还有1998年出版的由丁繁华主编的《夏邑古今》,也是一本集历史、地理、自然、地方风俗、民间传说为一体的综合性乡土教材,供夏邑中小学学生使用。

20世纪90年代,除了有针对性的开发出一些供一区域学校学生使用的乡土教材外,河南还开发出一套可爱的家乡系列丛书,该丛书共十本:介绍河南丰富自然资源的《富饶的河南》;

从历史、哲学、文学、艺术、科技等诸方面，选择古代河南文化中最基本、最重要、最精华的部分，勾勒出古代河南壮美、博大、精深文化的《古老文明的河南》；通过对河南传统节日活动、热闹有趣的庙会、古朴细腻的工艺品、带有原始遗风的民居形式和味道各异的风味小吃的介绍，展开了一幅中原腹地的风俗画卷的《多彩的河南》；描述河南经济发展基本情况、在建国后所取得的巨大成就以及蕴藏着巨大潜力的《繁荣的河南》；集中介绍遍布河南的文物古迹、秀丽的名胜山川的《锦绣的河南》；通过描述从鸦片战争到新中国建立河南人民进行的伟大斗争的光荣历程，对青少年进行爱国主义和革命传统教育的《光荣的河南》；收录62位、跨越华夏几千年，在河南这块土地上出现的政治、经济、科技、军事、教育、文化和艺术等领域的英才伟杰的《群星璀璨的河南》；分别介绍新中国建立40多年以来河南国民经济的飞速发展以及在科技、教育、文学、艺术、卫生、体育等各项文化事业所取得的巨大成就的《飞跃的河南》与《灿烂的河南》；最后是集中介绍改革开放以来，中原大地上发生的许多新的动人故事的《开放的河南》。该丛书是对河南青少年进行家乡教育，内容比较全面的一套丛书。

3. 地方文化内省与多样现代性的呈现：21世纪河南乡土教材

（1）政策指引行动

2001年5月，《国务院关于基础教育改革和发展的决定》明确规定"实行国家、地方、学校三级课程管理。国家制定中小学课程发展总体规划，确定国家课程门类和课时，制定国家课程标准，宏观指导中小学课程实施。在保证实施国家课程的基础上，鼓励地方开发适应本地区的地方课程，学校可开发或选用适合本校特点的课程。农村中学的课程设置要根据现代农业发展和农村产业结构调整的需要，深化'农科教相结合'和基础教育、职业教育、成人教育的'三教统筹'等项改革，试行'绿色证书'教育并与农业科技推广等结合"。2001年教育部颁布的《基础教育课程改革纲要（试行）》规定"为保障和促进课程对不同地区、学校、学生的要求，实行国家、地方和学校三级课程管理。"河南省人民政府贯彻《国务院关于基础教育改革和发展的决定》的实施意见，河南省教育厅转发教育部关于印发《基础教育课程改革纲要（试行）》的通知，河南省教育厅、河南省农业厅转发教育部、农业部关于印发《关于在农村普通初中试行"绿色证书"教育的指导意见》的通知等一系列文件中，对落实国家三级课程管理，开发地方课程提出了具体的要求。2002年10月，河南省教育厅正式颁布了《河南省地方课程设置方案（试行）》。在此轮三级课程改革中，地方课程和校本课程有了自己独立的发展空间和法定地位。2003年4月，河南省教育厅颁布了河南省地方课程六个科目的课程标准，并在此基础上对各编写单位开发的教材进行审查。各省辖市根据省教育厅的要求转发了有关开设地方课程的文件，征订了省编地方课程。

（2）文化自觉——地方文化的内省与多样现代性的呈现

河南是中华文化的发祥地之一，这里物产丰富、山川秀美、人杰地灵、民风淳厚，到封建社会晚期，生产力的发展受到严重的束缚，特别是近代以来，三座大山的压迫，连年的战火，频发的自然灾害，使河南人民饱受劫难，河南落伍了。新中国成立以来，河南又发生了翻天覆地的变化，政治、经济、文化、教育、科技等各条战线都取得了令河南人备感骄傲的成绩，但和沿海等发达省份相比，河南经济发展仍相对滞后，经济结构、综合实力，城镇职工和农民收入、社会再就业等方面都存有差距，这种省情要认识它，了解它，正视它，从而更好地解决它。因此，设置地方课程首要对河南的中小学生进行省情教育，其中包括河南的历史、地理，河南的文化，河南的现状和未来。河南是人口大省、农业大省，虽然传统的中华民族文化的底蕴非常丰厚，但由于近现代经济的相对落后，人的文明程度受到制约，加之河南省的中小学生约 70% 来自农村,家庭和生活环境限制了他们沐浴更多的现代文明的春风。随着社会发展和时代进步对较高素质的劳动力的需求,需要加强对学生进行文明礼仪和诚信教育。有了礼貌,有了诚信,还要写一手好字,书法艺术教育也应提上日程。国家课程开设了物理、化学、生物或综合学科科学课程,但国家课程的相对稳定性和普遍适用性很难及时反映现代科技发展的新成果、新技术,新观念,要设置专门的地方课程,比较快速灵活地把这些内容补充进去以弥补国家课程的不足。现代教育课程设置的目标是以提高国民素质为宗旨,以培养创新精神和实践能力为重点,满足每个学生终身发展的需要,培养学生终身学习和能力。围绕此目标,教育部也要求对学生进行各方面的专题教育,社会其它系统也希望把该系统的教育内容纳入到对中小学生的基本素质教育中去。为了整合这些教育资源,而又不过多增加学生的课业负担和经济负担,就需设置综合教育内容。地方课程设置的指导思想还有一条就是要适应学生身心发展的规律。中小学生正处于身心发展的重要时期,随着生理心理的发育和发展,社会阅历的扩展及思维方式的变化,特别是面对社会竞争的压力,他们容易在学习、生活、人际交往、自我意识和升学就业等方面遇到各种心理困惑和问题,影响他们健康成长,那么,对学生进行心理健康教育也是十分必要的。在此基础上,河南省教育厅在主管厅长的领导下,成立课改领导小组和专家指导小组,对以上状况做了细致分析,决定河南地方课程的课程门类包括六大组成部分:省情教育;以河南文化为根基展开对学生的礼仪教育;心理健康教育;书法艺术教育;新科技教育;以集中讲座的形式对学生进行综合知识的教育(其中包括青春期教育、环境教育、安全教育、人口教育、国防教育及演练、禁毒及防止艾滋病教育、法制教育、时事政策等方面的内容)。其中,河南省教育报刊社组织编写的一至九年级河南省义务教育地方课程读本"省情"部分,全套教材共分九册:第一册"家在河南",第二册

"生活在河南"(一二册无学生用书,考虑教学方便设计了活页),第三册"骄傲的河南",第四册"新旧巨变的河南",第五册"发展中的河南",第六册"前景灿烂的河南"。各册有明显的递进关系。七至九年级的"省情"内容在小学基础上高出一个层次,仍以河南文化为主题建构:第七册"可爱的家园",第八册"前进的家园",第九册"未来的家园",每一课以典型事例为范式呈现河南社会、经济、政治及文化特色。①

针对农村教育,结合当前广大农村初中学生的实际需要,设置了《优质农作物栽培与管理》、《名优林果栽培新技术》、《无公害蔬菜生产技术》、《花卉栽培与营销》、《经济动物饲养》、《小型农业机具的使用与维修》、《常用农副产品加工技术》、《电工技术与家电维修常识》、《初中升学与就业指导》等9门课程,共300课时。② 地方教材编写者在编写"新科技"时候,把农业新科技的内容安排在中学初始年级,并安排7节内容重点介绍。③

（3）河南各地乡土教材编写主旨

河南各地在省教育厅的指引下,同时适应于地方发展的需要,自编乡土教材。其编写主旨大致有以下几种:

一是响应国家课程改革的号召,根据省教育厅的要求,使学生了解本地区地理、历史及风俗文化。如2004年三门峡教研室编写的适用于初中的《黄河明珠三门峡》和适用于小学的《我爱三门峡》两本乡土教材,分别介绍了三门峡市的人文历史、历史沿革、经济产业结构、社会主义现代化建设成就、风景名胜等知识。安阳市教育局教研室2003年编写的中学版《安阳历史》与《安阳地理》,2005年编写的《安阳历史与社会》等是课程改革

---

① 郭敏:《靠什么来提升教师的理念——谈《河南省义务教育地方课程读本》"省情"部分教育实施的切入点》,《河南教育》,38页,2006（5）。
② 《教育信息报》,2002年11月23日,第002版。
③ 王德如著:《课程文化自觉论》,279~280页,人民出版社,2007。

实验中涌现的成果。当然,为迎合课程改革也许只是教材编写中的一个出发点,使当地学生深刻地了解和感悟地方文化之灿烂、自然风光之秀美,从而激发青少年对家乡这片沃土的热爱,进而去建设美好家园,才是这些乡土教材编写者的最终目标和最高期望。

二是让学生了解家乡文化,培养热爱家乡情感。巩义市乡土教材《我是骄傲的巩义娃》编写与使用的出发点即是培养学生爱家乡、知家乡、建家乡的美好情感。2006年,学校组织骨干教师,通过查阅历史资料、与相关社团组织沟通交流、咨询有关专家等方式,对巩义的历史文化进行了深入挖掘和整理,将最有价值、孩子最感兴趣的地方文化资料精心编撰成乡土文化教材——《我是骄傲的巩义娃》。整本教材集环保、体育、音乐、美术、摄影、自然科学、社会调查、综合实践活动于一体,纵向延伸民族文化,横向联系各学科,在融会巩义优秀文化遗产的同时,给学生留下了广阔的探索空间。巩义市实验小学校长白本建说:"巩义有着厚重的历史文化,但不少孩子却不了解自己身边的名人、名画、名曲、名山、名川、名吃,这是学校教育的缺憾,乡土教育可以培养学生爱家乡、知家乡、建家乡的美好情感。"他进一步指出"乡土教育,不仅是爱家乡的教育,也是一种文化的教育,更是让文化从一个抽象的概念内化为全校师生的气质和内涵的有益尝试"。这本乡土教材与众不同之处是,它拥有自己的卡通形象,在《我是骄傲的巩义娃》的封面、扉页与内文上,多次出现一个活泼可爱的卡通巩义娃,它桃形发式、红肚兜、虎头鞋、黄色裤,红肚兜上有个类似太极图的、体现河洛文化的图形。据主创人白炜介绍,巩义娃是多人积极参与设计的结晶,设计过程历时数月,几十次易稿,之所以最终选择桃形发式、红肚兜、虎头鞋等,是因为它们是巩义深厚文化的重要载体,特别是红肚兜上类似太极图的图形,根据专家研究,伊洛河河水为清、黄河河水为浊,伊河河水在巩义注入黄河,形成一个清浊分明的漩涡，伏羲在巩义河洛交会处的伏羲台上观后而产生灵感画出太极图。此卡通形象把巩义的特色文化鲜活直观地呈现给了小学生，对于孩子来说，这要比文字描述的效果强得多。《我是骄傲的巩义娃》这本乡土教材使用效果非常好，无论是在课堂上，还是在课外，学生都是爱不释手，不仅学生感兴趣，家长也被吸引住了。孩子们从中了解了自己家乡——巩义的历史与文化，每逢节假日，巩义市实验小学的学生们会自愿到巩义的各风景旅游点，为游客们解说巩义的风俗民情、历史文化，他们越来越发现家乡之美，越来越热爱家乡。如实验小学的康老师所说："原来，学生总觉得家乡是文化落后的农村，但是通过这本教材学生发现，原来自己的家乡也很美。"

2006年开封市与北京义教课标课程资源开发中心联合编写的《华夏名都开封》，是适用于开封市中小学的一本乡土教材，旨在大力弘扬中原优秀文化，引导广大青少年热爱家乡。该书分为小学版和中学版，共5册，10万余字。内容涵盖了开封历史传说、名胜古迹、地名趣谈、黄河风情、民风民俗、艺苑漫步、寻访名人、开封特产、老字号变迁、风味小吃等。"七朝古都开封有着悠久的历史和优秀的传统文化，把她立体地呈现给开封的中小学生是我们义不容辞的责任。"基础教研室副主任、资深教育专家文志杰如是说。该乡土教材具有浓郁的乡土气息和十足的"开封味儿"，开封市的历史文化、风土民情尽收其中，在开封的饮食文化这一章节中，有"开封的汤"、"开封夜市"、"开封面点"、"开封糕点"等。在开封风俗中，朱仙镇木版年画、开封盘鼓等传统文化均有涉及。更令人眼前一亮的是，在开封的文化名人中，除了赵佶、李清照等历史名人，还收入了学生身边的王不天、王少华等开封作家。除家乡文化的展现外，教材中还设计有"活动探究"、"亲历体验"等环节，可以说此本乡土教材既包含了本土教育资源内容，又有具体实践环节。

三是让学生了解地方文化，培育高尚情操。具有代表性的是林州第二实验小学的系列校本教材《走进红旗渠》。林州红旗渠是我国闻名中外的水利工程，有着"世界第八大奇迹"、"人工天河"、"天下第一水长城"的称誉，是全国爱国主义教育基地。它是在20世纪60年代为了彻底改变林县（现在的林州市）"水缺贵如油"的干旱情况，林县人民在党的领导下，经过数年的艰苦奋斗，建成的一条"人造天河"，并在"改造自然，重新安排林县山河"的过程中，凝结成了"自力更生，艰苦奋斗，团结协作，无私奉献"的红旗渠精神。

  借助红旗渠这种集物质与精神于一体的、一山一沟，一洞一桥都蕴涵着得天独厚的优越的地方育人资源，林州市第二实验小学在原绿色校长的带领下，自2004年6月至2005年9月，经历了成立机构、需求调查、教师培训、实地考察、资料收集、拟定方案、编拟初稿、专家审阅等八个阶段，开发出了供小学一至六年级学生学习的《走进红旗渠》乡土教材。教材的总目标是培育优秀品质，提高综合素质，丰富学习方法，具体地说是使孩子们感受红旗渠文化，提高人文素养；接受红旗渠精神教育，学习劳动人民的可贵品质，养成良好的劳动习惯；了解林州的历史、自然、政治、经济、文化等方面的知识，激发学生热爱家乡、热爱祖国的美好情感。其课程结构为：一年级内容由六个单元构成，二至六年级内容均由五个单元构成，各年级每四—五课为一单元，其中一年级22篇，二年级21篇，三至六年级各20篇。根据一至六年级学生的学生特点，把学生的培养目标分别确定为"感知红旗渠"、"走进红旗渠"、"认识红旗渠"、"学习红旗渠精神"、"探索红旗渠"、"做红旗渠精神传人"。每册的单元分别为：校园内外、人工天河、红旗渠畔、我长大了、红旗渠精神代代传等五个板块。这些内容从人工天河到红旗渠精神，从领袖视察林州到红旗渠精神全国巡展，从校内学习到校外生活，从昔日林州的历史到今日蓬勃发展的林州，从林州历史名人到今日红旗渠劳模等，集中浓缩了林州的政治、经济、文化的发展面貌。在各年级编排内容设计上，围绕新课标的三条轴线、四个方面，紧密结合学生的心理发展、生活经验、活动兴趣、知识水平等，将内容按照从直观到抽象，从感性到理性，从物质到精神的认识规律，把各年级内容连成一个有机的整体，在每一年级、每一板块的内容上注重纵向深化、横向拓宽，让各年级的内容衔接呈螺旋上升，教学目标层层递进，形成一个完整的综合能力培养体系。在内容编排和设计上，低年级以图为主，文字为辅；中年级以图文参半为宜；高年级则要以文为主，图片为辅，力求使儿童的生活逻辑和认知逻辑有机结合起来。

四是适应地方发展需要，宣传地方文化。具有代表性的如《嵩山历史建筑群读本》与荥阳系列乡土教材。嵩山地区历史建筑分布密集，种类齐全，历史久远，技艺高超，堪称典范。仅登封就有历史建筑367座，其中被定为国家级文物保护单位的16处省级文物保护单位的16处，并拥有全国最早的都城遗址、庙阙、砖塔、天文观星台和举世闻名的少林寺，集寺、庙、观、宫、桥、坊、阙于一身，集中体现了中国汉、魏、唐、宋、明、清各个朝代的礼制、宗教、科技、教育的建筑成就，构成了一部中原地区上下两千年形象直观的建筑活历史，具有很高的历史、科学和艺术价值。《嵩山历史建筑群读本》就是为配合嵩山历史建筑群申报世界文化遗产需要，并让全市中小学生了解嵩山历史建筑群的特点及科技文化内涵，由登封市教育局组织编写，并经河南省、郑州市和登封市专家学者评审的乡土教材，该乡土教材重点介绍了嵩山历史建筑群中规划申遗的8处11项国家级重点文物保护单位。为了做好《嵩山历史建筑群读本》的学习工作，市教育局提出全市各学校要做到"六个有"：有课程安排，有教学计划，有教案，有作业，有测试，有总结。要把嵩山历史建筑群的知识生动形象地教给学生，宣传好、利用好、保护好嵩山历史建筑群，培养学生热爱家乡的情感。

荥阳系列乡土教材是由文史专家精心撰写的，包括《荥阳人》、《荥阳事》、《荥阳景》《荥阳简史》，这是荥阳市近年来多策并举、加速文化发展、实现由文化资源大市向文化强市转变的新成果。荥阳市是文化资源大市：中国象棋文化策源地、象棋棋盘上的楚河汉界就是今天的荥阳广武鸿沟；河阴是石榴产地，河阴石榴宋朝时即成为宫廷贡品、天下名产。境内风景名胜、文物古迹众多。荥阳为弘扬自己的特色文化，先后举办了三大文化节：首届"郑氏文化节"吸引美国、加拿大、泰国等全球20多个国家和地区一万多名郑氏宗亲代表到祖地祭祖省亲；首届"中国象棋文化节"吸引柳大华等众多象棋大师及爱好者参加，万人象棋大赛也载入吉尼斯世界纪录。建设了图书馆、文化馆、刘禹锡公园、李商隐公园和集图书馆、文化馆、博物馆于一体的文博院。本系列乡土教材的出版发行是荥阳市宣传、发扬地方文化的一大举措。

在乡土教材开发的主旨方面，总体上是以"为了让学生了解家乡、热爱家乡"最为普遍。当然，乡土教材的编写不管是为响应国家和上级号召，还是为宣传当地文化，均起到了让当地孩子了解家乡文化、增进对家乡的了解，进而产生热爱家乡、建设家乡的情感的目的。

（4）乡土教材的开发主体模式

进入新世纪以来，河南乡土教材更多的是以地方教材和校本教材的名字出现，因此，乡土教材的开发主体模式也基本上是地方教材和校本教材的开发模式，归纳起来，有这样几种：

第一，地方教育行政部门＋专家＋教师模式，这是目前河南地方教材普遍的一种开发模式。在国务院要求实行国家、地方、学校三级课程管理及教育部颁发的《基础教育课程改革纲要（试行）》之后，河南省教育厅转发了教育部关于印发《基础教育课程改革纲要（试行）》的通知，河南省教育厅、河南省农业厅转发了教育部、农业部关于印发《关于在农村普通初中试行"绿色证书"教育的指导意见》的通知等一系列文件，对落实国家三级课程管理、开发地方课程提出了具体要求。2002年10月，河南省教育厅正式颁布了《河南省地方课程设置方案（试行）》。2003年4月，河南省教育厅颁布了河南省地方课程六个课程标准，即《省情教育课程标准》、《礼仪教育课程标准》、《心理健康教育课程标准》、《书法艺术课程标准》、《新科技课程标准》、《综合知识讲座教育课程标准》，同时接受一切有资质和条件编写地方课程教材的单位和个人申报以上六种地方课程教材的编写。在经过层层筛选之后，最终确定由河南省基础教育教学研究室和河南教育报社两家机构来组织河南地方教材的编写，有能力的地方也可以自主开发地方教材。在省教育厅主管下，河南省基础教育教学研究室与河南教育报社各自组织自己的地方教材编写小组，小组成员均是由高等院校专家、教科研机构、中小学校一线教师组成。

第二，以中小学学校为主体的开发模式。这种开发主体模式更多的是体现在校本教材的开发上，如上面提到的林州第二实验小学校本教材《走近红旗渠》，学校在2004年6月成立了由校长原绿色任组长的学校校本课程研究工作领导小组，由郭长生、刘艳红、王星云等教师为成员的校本课程编写组，人员分工具体明确。他们聘请课改专家到校为教师作讲座报告，征求其他教师以及学生、学生家长、社区的建议，7月份校本课程编写组在教师、学生、家长、社区中开展校本课程开发的目标、内容、途径等有关问卷的调查和整理。

第三，社区开发模式。社区开发一般是社区委员会根据本社区的基本状况，开发适合本社区青少年阅读的乡土教材。河南南阳市高新区黄岗社区位于城乡结合部，辖17个居民小区，1所小学，现有居民8626人，其中青少年1326人，在校学生480人。社区高度重视未成年人伦理、心理、生理的教育，积极探索社区教育的规律和方法，成立了社区未成年人教育领导小组，组织志愿者查阅大量资料，结合革命传统、中华文化、区情民俗等，编写乡土教材50余册。社区委员会根据该社区位于城乡结合部,到此打工、办厂的流动人员较多的特点,认真编写教育辅导教案,以促进未成年人教育的规范、经常和有序进行。

第四,民间人士开发模式。民间人士开发乡土教材,在河南并不多见,因为一本乡土教材的开发牵涉到一系列的问题,如:资金问题、资料的科学性问题以及教材开发出来之后的推广问题等等,地方教育部门及学校也是影响因素。民间人士开发乡土教材,一般是对于本地文化有深切感悟、充满着感情并有一定的知识贮备的个人,过程需要克服种种困难。河南长葛市后河镇的靳文振就是这方面的一个典型,他本来是当地的一名语文教师,退居二线后,谢绝了一些学校的高薪聘请,开始从事当地文化的研究与保护工作。"后河这些年的变化让人既喜又忧,喜的是经济发展、人们生活改善,忧的是历史古迹、文化风气破坏严重,再这样下去,有着深厚文化底蕴的后河将成为文化荒漠。"靳文振为此焦急万分,"我好歹喝过几口墨水,懂一点儿文化,有责任做些事情改变这种状况。"靳文振的想法和他的几个朋友不谋而合。几个人在商议后,决定自己出钱拍一部介绍当地文化的DV片。片子最终完成后,靳文振打算送给后河镇的各个中小学,作为乡土教材使用,同时到各村播放。靳文振说:"这样做的目的,是想唤起大家尊重文化、保护文物的意识。"

(5) 乡土教材的内容与体系

从科目体系上看,此阶段乡土教材打破以往地理、历史、语文等单独设科的局限性,更多的是以河南文化为中心的一种综合性体系。河南过去大部分的乡土教材向学科中心、知识中心、书本中心的倾向比较严重,过分重视学科的系统性与完整性,过分重视学生学习目标中基础知识的掌握,忽视学生的接受能力和学习的兴趣,忽视日常生活和社会生产中常用知识,对其他目标如情感、态度与价值观,动手能力以及行为习惯等方面重视不够,尤其不能给学生提供机会,让他们自主探究、自主调查,获得直接体验和感受。① 新教材打破学科界限，注重教材的综合性，引导学生学习"生活中的省情"。如：四年级教材"省情"第八课《大眼睛看河南》，通过让学生调查自己的生活环境，如学习用具、学校环境、居住地状况等，获取有意义的数据，并运用数学学科统计与分析方法来分析，发现生活的变化，进而来了解整个河南的发展。从内容上看，本课集中了地理、数学、历史等学科知识；从教学方式看，既有基本学科知识的了解，又有实践活动的安排。

从内容看，此阶段的乡土教材更加凸显地域文化性，在教材编写的过程中，首先确立的目标就是增进学生对生活背景下的自然、社会和文化的认识与理解；增强学生热爱河南、振兴河南的责任感。教材内容以开放性的姿态，能够让师生在使用教材中充分结合当地实际，最大限度地提高教材与地方兼容和链接的能力。为确保教材的乡土文化和地方文化特色，在组织教材的编写工作时，应注重选择熟悉河南的本土人士参与教材的编写。教材编写者在选取材料时，紧密联系生活和生产实际，体现新的教育理念，加强实践和研究性学习，启发学生在观察、发现、思考、分析中学习"省情"，重视爱国主义情感、环境保护意识、忧患意识、科学态度和科学精神以及人文精神的培养，凸显了地方文化的内省与多样现代性的呈现。

在本套地方教材文本中，中原文化贯穿其中。现略举一二：

本套"省情"教材中，创造性地安排了两个卡通形象小象"豫豫"和"龙博士"。三年级学生用书开场白对这两个卡通形象进行了描述："豫"是河南的简称，相传在远古时候，河南气候湿润，森林茂密，大象成群，人们依据人牵象的形象创造了"豫"字，另一个卡通人物是'小龙"，起名"龙博士"，因为相

---

① 郭敏：《靠什么来提升教师的理念——谈〈河南省义务教育地方课程读本〉"省情"部分教育实施的切入点》，载《河南教育》，39页，2006（5）。

传中国是龙的故乡,而河南是中华文明的发祥地之一。"豫豫"和"龙博士"这两个卡通人物本身就具有地方色彩。

三年级教材"省情"第一课《中》。"中"是最具河南特色的方言。本课从"中"这一具有代表性的方言逐步引出豫州、炎黄二帝等发生在中原大地上的历史事件,引领学生进入河南悠久灿烂的历史文明之中。

八年级"省情"第八课《这是我们家乡生产的》,让学生调查自己家乡的土特产、工业品和艺术品、主要的出口商品等,引导学生了解当地的物产文化、工商业文化等。

(6) 乡土教材的教学

从乡土教材的教学来看,乡土教材的教学实施得到了一定的保证,并取得了较好的效果,更进一步地实现了乡土教材的本土文化传承功能。由于三级课程体系是由国家要求并支持的,因此,可以说地方课程和校本课程中的乡土教材也有了国家政策的支持和法定的地位。较之以往,乡土教材的实际教学实施情况有了很大改善。如省情系列教材从2003年9月在河南省的课改实验区进行了实验教学,并且受到了师生的欢迎。调查中,学校管理者、教师、学生、学生家长一致认为7-9年级"省情"、"礼仪"、"心理健康"、"新科技"、"综合知识"较好地体现了地方文化,认为教材结合生活实际,体现河南特色。开封市一所中学的问卷调查结果显示,51.6%的学生表示学习了7-9年级"省情"、"礼仪"、"心理健康"、"新科技"、"综合知识"后,对河南地理概况有了更深入的了解;83.9%的学生表示对河南的历史文化有了更深入的了解;74.2%的学生对河南的现代发展有了更多的了解;71%的学生表示对河南的优势与劣势有了更深入的认识。[1]

---

[1] 王德如著:《课程文化自觉论》,281~282页,北京,人民出版社,2007。

(7) 乡土教材的评价方式尚未确立

乡土教材是国家统编教材的补充，在基础教育阶段，国家统编教材的考核方式一般是考试。但是，乡土教材以什么样的方式对学生进行考核为好，各地仍在摸索之中。一般的情况是不进行考试，但在一些中招试题中也包括有一部分乡土的知识。2001年河南省中招地理学科考试范围是《九年制义务教育初级地理教科书》与义务教育乡土教材《河南地理》，这标志着乡土教材在河南不仅进入了正常教学，而且纳入了考试范围。考试中反映出了一些问题，如学生乡土知识匮乏、对乡土文化不了解。据河南省2001年中招考试地理学科考试结果分析"作为河南人33.3%的考生不知道从商丘出发参观秦兵马俑要走的铁路线；52.8%的考生不了解河南省工业城市洛阳最重要的工业部门；57.3%的考生不知道宁（南京）—西（安）铁路经过河南省哪些城市。"[①]考试确是可以反映出一定的问题，但如果乡土教材也采用国家统编教材的考试作为评价的手段，乡土知识和乡土文化需要依靠死记硬背的话，那么，其是否会重蹈统编教材的覆辙，给学生的是一种压力，而非文化的欣赏和理解呢？这样是否就失却了它本来的初衷呢？而仅仅以没有量化标准的乡土活动来进行考核，又是否能起到督促学生学习的作用呢？乡土教材到底以什么样的方式进行评价合适，尚需在实践中进一步探索。

四、河南乡土教材历史变迁之思考

（一）乡土教材功能之微变：宏观与微观，爱国与爱乡

乡土教材的功能在百年乡土教材的历史变迁中也在发生着变

[①] 曲永鸣：《河南省2001年中招考试地理学科考试结果分析启示》，载《地理教育》，31页，2002（2）。

化。清末乡土教材可以说是诞生于国难多舛的关头,其时乡土志书背负着沉重的历史使命。河南乡土教材是在光绪二十八年至三十一年(1902—1905)颁布"壬寅学制"、"癸卯学制"及《乡土志例目》等一系列教育章程的背景下产生的。在当时乡土教育之所以被提到如此高的地位,"既是晚清政府向西方学习、加强自身的内在需要,更是面对外侮,国内、国外朝野一致的爱国主义要求。"[①] 其时的立学总义,乃以国民教育为纲,特别是强调教育和国家的关系,而乡土志也就是在教育改革的要求下担负着爱国主义教育的功能,通过教授学生乡土知识,来激发学生的爱乡爱土之情,从而鼓动其爱国之心,为的是背后更重要的政治议程——开办地方议会,为预备立宪打基础。从河南当时修订的乡土志来看,河南乡土志之功能一方面可以使学生认识自己生长的地方,了解地方文化,更确切地说,客观上有此功能,但却不能说那是主观追求的终极目标,而其主观追求之目标是为国家整体。这种状态到民国时期依然清晰可见。如民国著名乡土教育学者蔡衡溪民国二十四年一月于河南省政府教育厅提到乡土教育之目的:"自我国民族衰微、国难严重以来,不复兴民族精神不足以挽救危亡,不研究本地风光,激发乡土情愫,以培养国民爱乡土、爱国家之观念,实难实现此任务。盖乡土观念为民族意识之基础,民族精神实寓于乡土之习惯,无乡土意识与乡土习惯,则民族意识无由存在,民族精神何得复兴?然欲得乡土观念与乡土习惯之维护与培养,则必自实施乡土教育始,此乡土教育所以为当前之急要之图也"。[②] 因此,可以说乡土教材的发端是为革新教育、振兴民族精神、培养爱国之观念而服务的。民国时期,教

[①] 王兴亮,博士学位论文《爱国之道,始自一乡——清末民初乡土志书的编纂与乡土教育》,12页。

[②] 蔡衡溪编:《乡土教育纲要》,大华书局出版,民国二十四年七月,序,1页。

育也曾受到了杜威实用主义思想的影响,此时的乡土教材恰是适合于"教育即生活"的理念。随着乡村教育思潮的兴起,乡土教材更是以适合于乡村生产生活的需要及儿童成长之所需而受到重视。因此,乡土教材的功能渐渐转回到了微观之意义。新中国成立之初,整个中国百废待兴,适合于急切发展的需要,在教育与生产劳动相结合的强烈呼声下,乡土教材更多的是体现在为生产服务以及那个时代的典型文化——为政治服务。而在经济发展到一定程度的今天,对文化渴求日渐凸显,在民主与多元文化理念的带动下,乡土教材更多的是体现了一定的地方教育的自主权及地方文化的传承问题。乡土教材之功能虽然也有培养学生爱乡,进而爱国之意义,但却更鲜明地着重于地域文化的传承功能。在倡导多元文化的今日,乡土教材更多的是与地域文化相联系,学者们与地方政府更加愿意把乡土教材看成一个传承地域文化,使学生了解家乡,进而热爱家乡的途径与载体。乡土教材功能的这种微变应该是与整个20世纪的中国社会、政治、文化体制的变迁分不开的,更是在多元文化理念和文化自觉论理念之下催生的产物。

(二)乡土教材科目体系之变迁:合与分的交织

从清末至21世纪,河南乡土教材从乡土志演变为地方教材、校本教材,其科目体系的变化趋势可以用"合—分—合"来概括。

清末河南乡土志的内容大致都涵盖了《乡土志例目》所规定的十五个部分:历史、政绩、兵事、耆旧、人类、户口、氏族、宗教、实业、地理、山、水、道路、物产、商务。有些乡土志即使没有这么明确的分类,但从其内容看,基本上是这些部分的综合呈现,可以说,河南清末乡土志是一种合科的乡土教材。

民国时期河南乡土教材是"合—分"的过渡阶段,既有一些是合科,也有一些是分科目的,如开封教育实验区所使用的乡土教材是一种合科教材；一本教材既包括历史，也包括地理、农业、动植物等各个方面，如《龙亭》教学活动纲领记载，学生依照活动纲领沿途所考察之内容可以用无所不包来形容，沿途所见建筑之历史考察，沿途居民之生活考察，物产、水产之考察，土壤之考察，动物、植物之考察。其中还隐含有语文教育，因为教育实验区儿童识字是通过这些乡土教材实现的，"常识从四周之大自然大社会而取得，文字则由所取得常识而提授。故提授文字无须另加解释，而文字联系又足以复现其取得常识之观念"。①而在其他一些中小学校，乡土教材也多有依照分科体系进行，如乡土地理、乡土历史等。

新中国建立之后从1958年开始倡导"一纲多本"，河南乡土教材均是以分科的面目出现，前文已经提到，在1958、1959年，河南教育厅共编写出6本乡土教材，分别是《河南省语文乡土教材》（共三个分册）、《河南省历史乡土教材》、《河南省乡土地理教材》、《河南省中学师范乡土历史教材（试用本）》。20世纪80年代末掀起的又一轮乡土教材建设高潮中，河南乡土教材大部分是分科体系，也出现少量综合性教材。教育厅及各地市编写的乡土教材基本上集中在地理、历史两科，知识性较强，但内容比较单薄，文化与趣味性不足。在这其中，也出现少量的综合性乡土教材，如《巩县》和《可爱的栾川》，编写质量较高。在90年代开始提倡素质教育及21世纪初倡导三级课程体系的背景下，河南乡土教材的以分科为主的体系开始被打破，逐渐朝着合科的道路发展，如河南省教育月刊社主编的《省情》系列教材，就是打破了学科的界限，以中原文化为主线的一套地方教材。此外，开封市乡土教材《华夏名都开封》，获嘉县新华中学编写乡土教材《可爱的家乡》，新乡获嘉县新华初级中学、黄堤镇第一初级中

---

① 河南省教育志编辑室编：《河南教育资料汇编民国部分》，132页，1984。

学、史庄镇岳庄学校使用的《新乡五千年》、《获嘉县民间传说》，巩义市乡土教材《我是骄傲的巩义娃》，新密市开发的《古老的新密》等均是综合性乡土教材。

（三）河南乡土教材之国家话语分析——"地方"与"国家"之间

从清末河南乡土志的编纂者来看，其人员包括地方官员、地方绅士文人、受过新式教育的知识分子、师范生、学堂生等等。这一层知识分子是统治当局和具有全国性地位的思想领袖传达信息的守门人（gate-keeper），许多政治和社会观念，实际上是经过他们的过滤和诠释，才传递给广大市民和乡民的。在编辑乡土教科书时，使用的材料或许是陈旧的，但他们一方面需要回应政府从上而下的新政，另一方面经过官方和民间传播各种新的教育、政治、社会和经济观念，自然会结合自己对地方情况的认识和观感，把旧材料加以重新组合和发酵。① 乡土教材表达了地方官员和文人在对待国家与地方关系上的一种认识，

顾名思义，乡土教材是结合地方实际和特点而编写的教材，其内容反映了地方历史沿革、自然地理、社会经济发展状况、民族风情习俗、宗教信仰、语言文化等。在特殊的历史时期，河南乡土教材的内容却反映了国家主流意识与思想，国家主义色彩与政治色彩较为浓厚，而反映地方区域文化的内容相对见少。如20世纪50年代末的乡土教材的编写主体是河南省教育厅，省教育厅可以说是联结中央与地方教育的一个中间机构，而其编写的乡土教材也反映了这种联结，从乡土教材的内容可以看出，地方教育人员极力在地域活动的框架之中反映国家文化。我们可以以一本乡土教材为范本分析，如《河南省语文乡土教材》第一分

---

① 程美宝：《由爱乡而爱国——清末广东乡土教材的国家话语》，载《历史研究》，2003（4），75页。

册，本教材内容分八个部分："毛主席视察黄河记"；"幸福的会见，巨大的鼓舞"；"周总理在郑州郊区农业社里"；"大好事情、大好景象"；"郑州访奇花"；"永不掉队"；"河南民间故事三则"；"河南大跃进诗歌选十一首"；"今日郑州"；"六神不安"。其中前四部分内容是直接涉及到共和国领导人，记载了第一代领导人在河南的活动。"毛主席视察黄河记"描写的是1952年10月29日毛主席到河南视察的故事，至今在河南郑州黄委会的大门口依然镌刻着毛泽东的亲笔字体"要把黄河的事情办好"。"幸福的会见、巨大的鼓舞"，记录的是1958年6月崔希彦（新乡应举人民公社社长），河南省民政厅厅长施德生，封丘县县长张剑南，还有内务部农村救济司司长熊天荆在中南海见到毛主席的事情。"周总理在郑州市郊区农业社里"记述的是1958年4月20日，周恩来总理来到了郑州市郊区燕庄乡关虎屯农业社和常寨农业社。"大好事情，大好景象"，记录的是刘少奇来河南视察后，河南人民受到的鼓舞，并继续放高产卫星。其余的"郑州访奇花"、"永不掉队"、"河南大跃进诗歌选十一首"、"六神不安"、"今日郑州"反映了河南人民在"大跃进"路线的指引下，奋勇向前，不畏困难，敢于与自然界作斗争的故事。"河南大跃进诗歌选十一首"则是以诗歌的形式再现了勤劳的河南人民在大跃进时的昂扬斗志及在与自然界作斗争过程中所取得的辉煌成绩。语文乡土教材第二册和第三册的内容与第一册无较大区别，历史和地理乡土教材也同样是薄古厚今，突出当时的大跃进和社会主义建设取得的巨大胜利。

除省教育厅编写的乡土教材外，地方上也有自编乡土教材，但内容上同样是适应当时政治的需要，反映了当时的乡土教材的一个重要目的是为了思想政治教育以及为阶级斗争服务，突出中国共产党在地方上的领导作用和地方社会主义的建设。如偃师市文教局在1959年组织编写历史乡土教材，内容包括偃师的悠久历史、党领导下的地下斗争、党领导下偃南人民的抗日斗争及偃师人民正飞跃地进行着伟大的社会主义建设等。但也有一些有别于上面的教材,更为强调的是知识性,如郑州师范学院地理系编的《河南地理》,此书就是一本综合性、知识性强的地理教材,在内容上较之教育厅编写的乡土教材更为丰富,分为自然和经济两大部分,自然方面包括地质、地形、气候、土壤等;经济方面,则介绍了工农业、交通运输业、居民和城市等。其使用对象比较广泛,但也因此而失去了针对性。

(四)乡土教材贯常地位的颠覆——从"补充"到"主导"

无论是在乡土教材发端的清末,还是发展至21世纪的今日,对于中国基础教育而言,乡土教材基本上是以补充教材的面目存在的,是屈居于国家统编教材之下的一种辅助教材。而20世纪30年代在河南省会开封,在原河南省教育厅厅长,一个著名的教育家李廉方先生的倡导和主持下,创建了一个教育实验区。在这个实验区,乡土教材是以主导教材的形式而使用的。

我们从李廉方的《以一般小学学龄儿童二年半授课时数修完部定四年课程之实验经过》这篇文章可以看出,他认为原有的课本不合于实际,"课本为授读式下之产物,与专供自由阅览之儿童读物不同。勿论课本如何改良,总为授读之用。教式必从授读而成立,则自动自由之精神,皆无从而培养。既用课本,不便儿童选阅,即非出于授读之途不可。地方不同,个性不同,当时兴趣不同,一律范围于一课之下,于是不乐读者不得不强读之,所欲读者不得不禁读之,学校成为监狱,教师成为狱官矣"。[①] 在对中国当时的教育痛定思痛之后,李廉方指出"若谓课本之用,于统制教育与统一国民性有关,其实统制之作用,不在课本一致与否。既言统一,则所统一者在目标而不在教材。假令同目标,

---

① 李廉方:《以一般小学学龄儿童二年半授课时数修完部定四年课程之实验经过》,河南省教育志编辑室编:《河南教育资料汇编民国部分》,129~130页,1984。

既城市与乡村,山地与海滨,教材各自不同,不因生活殊致而异其目的。如必以教材始为统一,又何解于适应环境之说。所以因地增损教材,实由于因袭课本之使用,演为具文,非通论也。因为限于课本形式,徒使儿童拘牵于文字读讲,与无关活动需要之诵习,消耗精力,虚掷时间,无兴趣,鲜实用,可浩叹者也"。①而他又认为当时分科的课程产生浪费,即使合科也仅流于一种形式,不能保持其自然进程。在这种认识论的基础上,李廉方主导下的开封教育实验区没有采用教育部规定的小学教材,而是根据教学目标自编教材,并且作为学生主导用书,这异于以前所有的教育教学形态,同时改变了乡土教材一贯为辅助、补充教材的面貌。

实验区学校的教学与教材是依照李廉方对教育的基本认识,从他的《改造小学国语课程初步方案》中规定的教学单元出发来组织教学的。《改造小学国语课程初步方案》看起来虽仅仅是关于语文课程的一个改革方案,但其精神和原则却被当时的实验学校用在所有学科中,其把学科进行有机结合组合而成单元的单元教学活动和从儿童实际环境和活动出发来规定教学内容、编制教材的方法与主旨被实验区的老师所接受和认可,并切实应用于实际教育教学活动中。

如实验区教师郑孟芳,她本认为自己对这些需要技巧的小学教育没有一点经验,但没有想到自己对教学也产生了浓厚的兴趣和获得深刻的体会。她根据自己平日实验教学随时记载,整理出了《大花园实验学校第一团教学报告》,在此报告中详细叙述了大花园实验学校根据李廉方设计的教学单元进行教学活动过程。"现在的小学教学的最大的缺点就是撇开了儿童眼前的事物及活动,去找一些儿童所不能理解的空洞的符号,作为教材教给儿

---

① 李廉方:《以一般小学学龄儿童二年半授课时数修完部定四年课程之实验经过》,河南省教育志编辑室编:《河南教育资料汇编民国部分》,130页,1984。

童,也无怪有'低年级教室的秩序最不好维持','儿童的注意力不集中'等呼声出来;本来儿童对于他所学习的东西,根本就不了解,不感觉需要,无论多么天才的教师,无论多么万能的教学法,也不易使儿童发生兴趣。我们学校里的课程及教法,都是为着矫正普通学校的缺点,避免普通学校的错误,真的根据儿童的生活,儿童的需要,以及儿童的心理生理的基础为出发点的。理由与办法在'改进小学国语课程第一期方案'里面说的最为详细:……在实质方面,完全从学习环境之整体活动,使藉事物及动作的认识,而取得传达此事物及动作之工具,在形式方面,在由学习活动所必需之用字与用语,应活动而使认识其文字以至于应用……我们的教法、教材,以及活动单元的规定,多是根据这个意思而来的,所以关于环境适应之活动单元的排列,是'我的学校'居首位,'我的家庭'次之,'我的身体及养护','我的乡村'等又次之;显而易见的这是依照着与儿童生活发生关系程度的深浅规定的;学校与家庭的事物及活动,对于儿童是日常行为,自较其他的事物及活动关系密切得多了。[①] 此外学校采用的部分教材是儿歌与故事集。

李秉德在《大花园实验学校的初步介绍》一文中详细介绍了大花园实验学校的课程状况,"本校课程分文艺、劳作、特殊练习、游艺四大类,为课本组织方便起见,串以单元活动。单元活动和各自孤立的分科教学针锋相对,它结合常识、计算、国语诸学科之内容而使其发生一种新的有机的关系,以此来教学生根据实际的活动和需要而进行学习。这些单元是我们在开学之前根据环境的情形和时令的推移而详细拟制的。"[②]

---

① 郑孟芳:《大花园实验学校第一团教学报告》,《开封实验教育季刊》,第1卷第1号,民国二十四年,2页。
② 李秉德:《大花园实验学校的初步介绍》,《开封实验教育季刊》,第1卷第1号,民国二十四年,7页。

我们可以具体分析当时主要的几科教材与教学：语文教学方式以活动与阅读为主，活动单元构成以环境为主，其活动教材设计围绕生活环境由近及远，渐次推开，主要分为"我的学校"、"我的身体"、"我的家庭"、"我的乡里"四大单元，四个大单元各含若干小单元，前两期周而复始，从空间时间两方面分期扩大，不足者辅以季节特别活动，至第三期则单元活动为辅自由阅读之所不及。总之出发点建筑于直接感觉之上，并由此确立基本知识、技能、道德的领域。而在前两期之后的自由阅读阶段，也非采用固定课本，而是据由兴趣自由选择；算术教法与别校也不相同，前两期完全融入单元活动以内，首先养成学生的识数观念，至第三学期开始特定时间学习，也多由了解环境事物而进行计算之运用；地理教学及教材编写的宗旨"乃在于阐明地与人之间的基本关系；并藉以明了人类生活方式与民族状况文物制度世界大势文化演变的意义，因而养成爱护乡土爱护国家爱护人类及促进世界大同的精神。取材标准，以与人生有密切关系者为断；其材料内容，或为致用的，或为致知的。"① 地理教材内容按与学生关系之远近排列，每学期渐次致远。首先从本乡本土地理常识出发，渐至国家，渐至世界。第一期之重点，关于工具者，为地图初步读法及简单制作；关于知能者，为本地本省的各项研究，兼及本国及全世界。如本村或本镇的方位及周围村庄的情形或重要市街，明白本地人们生活状况社会事业的大概情形，开封市的主要古迹街道，本省的地势河流山脉等。第二期之学习重点，为本国及世界各强国的商业关系及比较观察。第三期之学习重点为天文及地文地理的大概，尤特重自然地理对人文的影响。② 从三学期地理课程内容可以看出，地理与历史也皆为一个

---

① 李蔚称：《小学关于地理学习之范围与进程》，《开封实验教育季刊》，第1卷第2号，民国二十四年。

② 同①。

整体，学生们于本乡本土地理常识的学习中获得人们生活状况及本乡历史发展的认识，于本国及世界地理的学习中获得了中外关系及人类社会演变的历史知识。

　　李廉方在开封实验区的尝试，迥异于历来的教育模式，也改变了乡土教材的一贯地位，使乡土教材在基础教育教材中的地位由"补充"而跃为"主导"。而其实验也是成功的。首先教育是有成效的，"……开封的大花园、杏花园实验小学，就是这样，他们的学校并不是大规模的，简直可以说是小规模而且是极平凡的。但是他们的实验却是一套全部的改革方法。……就是不在实验的小学，也尽可以采用。从生活出发的教育，绝不会比死读书的学校成绩低。……人家要花一学期的时间，他们只花了一个星期便可以读完。"① 实验区儿童在二年半的时间内达到了四年级的水平，对于一个教育水平低下、大多数工农群众是文盲的农业地区而言，这种开拓实为一大幸事。其次实验区教育是适合河南省情及地方情事的，李廉方在小学实验指导部时，就提出"由社会事实作为设施之根据"，"依据本来社会面目"。② 开封教育实验区的教育对象多为工农子弟，实验区两所试验小学，一所为杏花园实验小学，另一所为大花园实验小学。杏花园实验小学在开封市杏花园街，杏花园街连接着鱼市口街和璇匠胡同，这条街的居民大多是做毛笔、木工、铜匠、璇匠的小手工业者，一般都生活贫穷，没有文化。大花园实验小学在开封市东郊大花园村，大花园是粮菜兼种的大村，农民男女大多数是文盲。实验教育在这里播下文化科学的种子，受到了广大农民的欢迎。开封教育实验区的此种教育模式，本预准备在全国推行，但很快由于时局形势的变化，中国进入了战乱年代，实验区的教育实验也成为了一段历史。但教育实验区的教育理念：为着适应地方的需要，教材的

---

① 俞子夷：《开封的教育实验》。
② 郭戈著：《李廉方教育思想研究》，49页，教育科学出版社，1995。

选择，符合儿童的心理需要及适应地方发展的形势，变一向为辅助教材的乡土教材为主导教材进行教育教学，对于我们目前的基础教育是一种很好的启发，尤其是对于现在的农村地区和民族地区的教育具有一定的借鉴意义，至少是值得进行深入思考的。

(五)河南乡土教材发展轨道之思考——政策驱动行动、依附性强于独立性

从清末乡土志的出现，到民国乡土教材的多途径发展道路，及至新中国后的乡土教材的起起伏伏，可以看出，河南乡土教材的发展轨道的变化紧跟整个中国乡土教材的发展步调。按照李素梅、滕星《中国百年乡土教材演变述评》，中国乡土教材的发展状况可以用三大时期五次高峰来描述：第一个时期为清末——20世纪初，以1903年《奏定学堂章程》及1905年《乡土志例目》为标志掀起乡土教材研究的第一次高峰；第二个时期为民国时期，其中以1932年教育部颁布《小学课程总纲》为标志掀起乡土教材研究的第二次高峰；第三个时期为新中国至今，其中以1958年颁布《教育部关于编写中小学、师范乡土教材的通知》为标志，乡土教材掀起第三次高峰期，1987年6月国家教委在浙江建德召开全国乡土教材工作会议，乡土教材进入第四个高峰期，1999年《中共中央国务院关于深化教育改革全面推进素质教育的决定》和2001年教育部颁布《基础教育课程纲要》，确立国家、地方、学校三级课程体系，乡土教材进入第五个高峰期。① 河南乡土教材发展的轨道与此趋势基本一致。

清末新政府新学制改革，清政府颁布"壬寅学制"、"癸卯学制"、《乡土志例目》等一系列教育章程，号召全国各地编纂乡土志，进行乡土教育（主要是地理与历史）。河南包括地方官员、

---

① 参见李素梅、滕星：《中国百年乡土教材演变述评》，见《广西民族大学学报（哲学社会科学版）》，2008 (1)。

地方绅士文人、受过新式教育的知识分子，于是开始行动起来，同年河南范县"县事"杨沂起"奉饬编辑"《范县乡土志》，接着河南各地陆陆续续编辑出 9 本乡土志：《洧川县乡土志二卷》、《郏县乡土志二卷》、《安阳县乡土志》、《开州新编乡土志》、《南乐县乡土志》、《清丰县乡土志二卷》、《光州乡土志》、《淅川直隶厅乡土志八卷》、《息县乡土志》。

民国时期，各省各地方的教育体系有着相对的独立性，各地的学校教育主要是以县为单位编写教材，更多地反映地方的历史和文化，另外一方面，20 世纪 20 年代开始的乡村建设运动进一步促进了乡土教材的开发和使用。此时期河南乡土教材的发展是多元化的，民国初期仍接续了清末乡土志的做法，继续以乡土志为版本编辑乡土教科书，除此之外，教育实验区、乡村教育、职业教育中蕴生了大量的乡土教材，教育界精英在各自的教育领域自编和使用乡土教材。1932 年 10 月正式课程标准颁布，关于乡土方面的规定更多，在教学通则的第二条、第十五条以及公训、卫生、体育、社会、自然、算术、劳作、美术、音乐各科教学中均有乡土内容的具体规定。① 开封教育实验区、教育界精英所编辑和使用的乡土教材大都是在 30 年代之后出现，当然，开封教育实验区所使用乡土教材的实验虽在 30 年代之后，但其政策并不是完全依附于 32 年颁布的课程标准，而是在这个课程标准之内，灵活组织编写活用教材，乡土教材独立作为主导教材在实验区进行了使用。

新中国建立后，乡土教材的发展出现三次高峰，1958 年颁布《教育部关于编写中小学、师范乡土教材的通知》，此后的一两年内由河南省教育厅编辑出版了《河南省语文乡土教材（试用本）》（共三个分册）、《河南省地理乡土教材（试用本）》和《河

---

① 蔡衡溪著：《乡土教育纲要》，5 页，上海，大华书局出版，民国 24 年。

南省历史乡土教材》、《河南省中学师范乡土历史教材（试用本）》等乡土教材。这时期河南各地自编的乡土教材并不多见。及至1987年6月，国家教委在浙江建德召开"全国乡土教材工作会议"，要求各地在两三年时间里抓紧乡土教材的编写并大力推行乡土教学工作，河南各地乡土教材如雨后春笋般涌出，但大都是局限于乡土地理与乡土历史，仅有少量综合性乡土教材。

在2001年实行国家、地方、学校三级课程改革之后，我们可以说乡土教材借助于地方教材和校本教材得到了一个很好的发展机会，因为地方教材和校本教材是结合地方或学校特点、适应地方或学校的需要而进行开发的。但在河南这样的汉族地区，我们又明显的感觉到"乡土教材"这一名称越来越陌生。根据笔者随机进行的一些访谈，很多河南人，包括中小学教师和较高层次的知识分子（本科生、研究生），当被问及"是否听说过乡土教材时？"大都有一些迟疑，悟性强的一些人会根据"乡土"的字面意思来说出一些自己的理解，而其余则大都明确表示没有听说过。在笔者简单的解释后，年轻的教师会把它与地方课程与校本课程联系起来。这一方面反映出历史上所编的乡土教材的影响力不是很大，或者是很多人在原来受教育的过程中并没有接触过乡土教材；另一方面反映出在眼下他们没有接触到乡土教材，当然对于河南现在的许多中小学教师来说，对于校本教材应该并不陌生，但他们却不知道校本教材与乡土教材的关系。对于一向长于响应国家政策来制定地方政策的河南来说，迫切需要进行的是地方教材和校本教材建设。

那么，我们如何看待河南乡土教材的发展轨道与国家紧密结合这个特征呢？一方面河南乡土教材紧跟中国乡土教材的发展步伐，与河南省及中原文化在中国的位置相关。中原是中国传统文化的发祥地之一，河南是中国先民最早居住和生活的地方之一。在一定意义上，河南及中原文化代表着中国最传统的主流文化。在民族体系上，主要是一个以汉民族为主体的地区，少数民族人数较少且居住分散,民族特色并不鲜明,因此,从这个角度分析,河南人对于自己的地方文化认识不是很清晰,河南自身内部并无迫切要求和动力来记载并传承自己的地域文化。这就很明显,当国家有政策要求时,他们才开始行动,这导致了河南乡土教材的发展的依附性特征的出现。

当然,河南乡土教材的发展也并不是完全依附于国家政策,某些地区乡土教材的发展程度超越了国家政策的规定,如民国时期1932年李廉方在开封主持的开封教育实验区的乡土教材,在当时,乡土教材已经不是作为一种补充教材,而是一种学生学习的主要教材。从时间上来看,在乡土教材发展的高峰中间,河南乡土教材的编写也未有停滞,1979年河南省教育局中小学教材编辑室编河南省初中乡土教材《河南地理》,1981年河南省教育厅中小学教材教学研究室编河南省中学乡土地理教材《河南省地理》,供本省初中一年级使用。这些乡土教材分别在1983年和1984年再版。1983年河南省教育厅中小学教材教学研究室编《河南历史知识》(试用本),该书于1989年再次印刷。1996年河南省基础教育教学研究室编写《河南历史》,该教材是在1998年印刷,供全省初中一、二年级使用。在今天,河南教育界人士对河南地方文化的教育也有了自己的独立性认识,如洛阳市第五十八中学郭跃平老师作为副主编参与编写了洛阳市《中小学音乐乡土教材》,新郑市苑陵中学的高级美术教师周新华,自编乡土教材《散发泥土芳香的小花新郑民间剪纸》,并荣获郑州市中学美术教师课堂教学一等奖。中共淮阳县委宣传部董素芝,编写淮阳爱国主义乡土教材《可爱的淮阳》。这反映了河南乡土教材发展的独立性的一面。

(班红娟)

湖北省恩施土家族苗族自治州、恩施市白杨坪乡乡土教材调查报告

乡土教材是在学科课程标准的范围内,结合学校所在地方的实际特点而编写的教材,如乡土文学、乡土历史、乡土地理等。它适应各地的实际需要,体现了课程内容的地方性。乡土教材能够适应我国各地发展不平衡的实际需要,弥补了统编教材的不足。因此,乡土教材的建设是整个基础教育教材建设的一个重要组成部分。

在本次调查中,我尽最大的努力设计好调查问卷和有关教材的收集,但因为个人人单力薄,再加上当地条件的限制,没有找到年代久远的乡土教材,只收集到了年代较近的,目前还在使用的乡土教材,这些教材以很好地反映当地现在乡土教材的发展状况和民族风貌。

一、恩施乡土教材的现状

本人此次调查了解到,恩施市的乡土教材种类比较丰富,涵盖了自然地理、政治经济、社会历史、文学艺术、安全卫生以及其他课外阅读的书本、读物,但数量不是很多,也没有年代久远的颇具历史意义的教材,而且,真正应用到课堂上的乡土教材并不多。于此同时,真正了解乡土教材的内容和意义的学生、家长、社会人士甚至老师也不多。出现这种情况,主要是有关教育部门和学校对乡土知识的普及不是很重视,学生主课的学习压力大,没有很多时间投入到乡土教材的学习上来。一些进入学校的乡土教材,也大多只作为课外读本,没能真正进入课堂,原因是其编制的内容和形式不太正式。对此,许多关心学校教育的老师

和乡村干部表示,应该适当加大对乡土教材的重视程度,让学生从小就能更好地了解家乡,进而热爱家乡、建设家乡。在调查中还发现,这些作为读本的乡土教材,在开阔学生眼界、培养学生热爱家乡等方面,也起到了一定的积极作用。目前各教育部门有志于改革教育,乡土教材的现状正在逐步改进。

二、本次重点调查对象《我的家乡——恩施》的具体情况

(一)产生背景及编写宗旨、目的

根据小学社会教学大纲关于"在社会总课时中留出20%左右的机动时间,各地、各学校可根据本地、本校情况和形势的发展,补充一些乡土教材的内容"的要求,在社会课中对中小学生进行有关家乡知识的教育,使他们认识恩施、热爱恩施,从小立志建设恩施,从而编写了《我的家乡——恩施》这本书。本教材包括有关恩施的地理、历史、经济、文化等方面的内容,课文的结构和体例与"九年义务教育"教材基本相同,并力求形式多样、图文结合、适合中小学生阅读。

(二)主要内容

为更好的发挥本乡土教材的作用,在教学中紧密结合"九年制义务教育"教材的相关内容使用,该书的具体安排如下:

课序	课题	教学安排
第一课	自治州的首府——恩施①	新教材第三册第二单元后教学
第二课	多山的地形	新教材第三册第三单元后教学

---

① 此新教材是指小学《社会》教材。

续表

课序	课题	教学安排
第三课	众多的河流	新教材第三册第三单元后教学
第四课	改土归流	新教材第三册第四单元后教学
第五课	土家族	新教材第三册第五单元后教学
第六课	土苗文化	新教材第三册第六单元后教学
第七课	何功伟和刘惠馨	新教材第四册第八单元后教学
第八课	发展中的恩施	新教材第四册第十单元后教学
第九课	丰富的自然资源	新教材第五册第十一单元后教学
第十课	绿色食品产业	新教材第五册第十一单元后教学
第十一课	以公路为主的交通运输	新教材第五册第十二单元后教学
第十二课	前景广阔的旅游业	新教材第五册第十三单元后教学
第十三课	保护环境	新教材第六册相关部分后教学

据主编刘用介绍，《我的家乡——恩施》是按照《九年义务教育社会教学大纲》编写的。大纲中的"处理教学内容的若干原则"是编写《我的家乡——恩施》的指导性原则。《我的家乡——恩施》中的基本观点、基本提法和重要概念，必须与大纲和义务教育社会教材保持一致。

刘老师强调，在编写过程中，他们一直坚持的一个原则就是：恩施的社会、历史是祖国的一部分，恩施的发展是与祖国历史的发展息息相关的，不能离开祖国历史发展而孤立地写恩施，同时也要充分叙述对恩施发展具有重要影响的历史事实，反映出恩施社会发展的基本线索和特点，正如当时市委书记题名所说"学好乡土教材，建设家乡恩施"。

《我的家乡——恩施》在内容安排上，没有过分追求系统性和全面性，即：教材内容并没有涉及从古至今的每一朝代或每一个时期，也没有完整地反映某一地区的社会发展状况，而是分章节地、平行地介绍了恩施整体的地理位置、自然环境、苗族文化、历史事件、经济发展现状和前景。此教材也突出重点，突出特色，即：着重叙述发展中的恩施，如开发自然资源、绿色食品、旅游业等，并在此基础上预测了未来50年的发展前景。

（三）编写的体例、结构特点

1. 此教材基本仿照义务教育社会教材的体例，涉及地理、政治、经济、文化、历史等各个方面。

2. 课文分大小字，大小字相间。在每一个大标题下，大字是要求学生掌握的基本内容，文字概括、简洁，每课400字左右；小字是阅读课文，主要是把大字内容具体化或拓宽知识面，文字比较生动，有吸引力。

3. 图文相间，配以一定数量的地图、民族风俗画、文物古迹图及历史人物等，力争使教材图文并茂，比较能够激发学生的学习兴趣。

4. 课后配有思考、练习题，全书后附大事年表。

5. 内容、形式和行文风格，适合初中学生的认知特点，图文并茂、语言生动、并且兼顾思想性、科学性、逻辑性的统一，是中小学生课堂内外的补充文化营养的佳品。

（四）此教材的发展

《我的家乡——恩施》是1997年出版发行的，到了2003年，依然是此乡土教材系列，但是在此基础上有所发展的新书诞生了——《中国硒都——恩施》。"硒都"一词在书名中的出现，就说明此书主要倾向于经济方面的介绍了，因为恩施当地在发展富含硒元素的茶叶，所以恩施的经济也正在依托"硒都"这个响亮的名称而逐步的起飞。

其主要内容包括：

第一课	神奇美丽的恩施
第二课	充满希望的农业
第三课	稳步增长的粮油
第四课	不断发展的畜牧业
第五课	初现成效的畜牧业
第六课	驰名中外的特长
第七课	脱贫致富的带头人
第八课	蓬勃朝气的文明新村

从以上可见，此书正是《我的家乡——恩施》中"发展中的恩施"这一主题下的继续。

笔者相信，把这样的乡土教材推广到广大的中小学生中去，一定会激发他们对家乡的热爱，并使他们对家乡的前景充满希望。

三、其他几类乡土教材的介绍

（一）安全卫生

1.《中小学生安全教育指导》

"人民生命高于天，人民利益重于山"。抓好中小学生安全教育工作，是涉及千家万户、人命关天的大事，是搞好基础教育课程改革的前提和推进素质教育的重要内容，也是实践"三个代表"，讲政治、保稳定、促发展的重要举措。为了贯彻党的教育方针、促进学生全面发展，本着向党和人民高度负责的精神，为系统的、科学规范的开展安全教育工作，最大限度地减少各类安全事故特别是责任事故的发生，特编写了此书。

此书内容主要包括校园安全、居家安全、户外安全、交通安全、防自然灾害五个单元。每一单元分课时介绍，有适于中小学生阅读的说明性文字,也有真实而浅显的例子和生动的图片示范。在调查中发现,这本乡土教材的发放,对中小学的安全教育确实起到了举足轻重的作用。

2.《我们的和谐家园》

这是一本湖北省青少年"培育和谐精神、共建和谐家园"主题读书教育活动用书,为了充分贯彻"和谐——让世界充满爱"这一主题,本书共分为:身心和谐、人际和谐、社会和谐、自然和谐这四章来进行讲解。

本书具有较强的时代特征,对中小学生进行建设和谐社会的宣传和教育,在"用科学精神之光照亮和谐人生"、"赞美和沟通是人际关系和谐的润滑剂"、"让爱心在和谐社会里飞扬"、"保护碧水蓝天"等耀眼的标题下面,有着丰富活泼的内容、有活泼的哲理小故事和资料,更有杨利伟、刘翔这样的时代明星。

(二)民族文学与艺术

1.《湖北文学艺术》

这是一本中学生用书,讲述的不是恩施当地的文学艺术,而是整个湖北、荆楚大地上的文学与艺术。

本套书是依据国家教育部提出的编写地方文化教材的思路而编写的,全套书共六册:第一册《湖北文化故事》和第二册《湖北名胜古迹》,供小学生使用;第三册《湖北文学艺术》和第四册《湖北民俗风情》,供初中生使用;第五册《湖北科技成就》和第六册《湖北文化纵览》,供高中生使用。六册书构成了一个完整的体系,全面反应了湖北的历史文化、文学、艺术等全貌。

全套书的编写立足于以下几个原则:注重知识性,让学生掌握必要的知识;注重思想性和价值观,让学生在学习中培养爱祖国、爱家乡的情感;注重趣味性,图文并茂,语言生动,使学生乐意学习;注重启发性,让学生多动脑筋,多动手,多讨论。

主要内容分为19个课时:华夏诗坛第一人、世界八大奇迹、汉族史诗《黑暗传》、襄阳孟浩然、涢水河畔话李白、苏轼在黄州、永远的红烛、中国的莎士比亚、老水手的歌、姚雪垠与《李自成》、洪湖水浪打浪、赞美科学的春天、德艺双馨夏雨田、方方和池莉、刘醒龙和他的《凤凰琴》、神仙听了也入迷、丹青传奇、楚天梨园、杂技之花。

从这些标题我们可以很明显得看到其详细的内容，在所有这些提到的教材中，这本书的编排水平较高，不管是对中学生，还是对所有爱好文学艺术的人都是具有很强的可读性的。

2.《民族文艺》

这本书不是在进行乡土教材的调查中发现的，而是在做别的社会实践时偶然发现的，它是恩施州民族歌舞团的内部资料，但也很好地反映了恩施的文学与艺术，所以在此仅作几点附带说明。

这本书其实更加偏向于当地的文学、文化的宣传，本人收集的是2007年1月刊，此刊分为这样几个部分：小说天地、散文集萃、诗歌长廊、名家艺苑、文艺论坛、歌曲原创、艺术教育、摄影欣赏这八个板块。这些文艺形式颇具民族特色，许多语言带有当地方言特色。

四、教材在使用中存在的问题及对策

乡土教材大多是为中小学生编写的，其内容、形式比不上国家统编的教材，被重视程度远远低于国家统编教科书。由于师资力量不够，加上学生受到主课压力的冲击，这些教材基本上都是让学生自己阅读，老师选讲或不讲，一般都不需要经过考试。这些状况对贯彻乡土教育是不利的。

对乡土教材在使用过程中重视度不够，很大程度上是由于当地教育部门、学校、老师等对乡土教材作用的认识不到位造成的，再加上不是国家统编教材，没有统一考试，教师们多对此教学内容不重视。就此问题我专门采访了当地一位经验丰富的小学校长——李老师。李老师向我介绍了当年他在教授相关乡土教材时一些经验,他说乡土教育就是利用同学们熟悉的家乡环境、故事、传说等激发大家对乡土知识的学习热情,让他们真正愿意了解,由被动学习变为主动认识。经过近两个小时的谈话,他提出了一些建议,总结起来有以下两个方面:

(一)充分利用已有的乡土教材,补充讲解乡土知识,激发同学们的"乡土情怀"。

(二)有计划地组织专题讲座,进行实地教育。利用每年春秋郊游的机会,组织学生到室外实地参观,进行相关的有奖征文活动,激发学生们的兴趣。

(李艳芳)

湖北省郧西县乡土教材搜集调查报告

一、调查的主要过程

我在2008年1月24日通过资料和问询有关知情人士,对家乡的乡土教材有了大概的了解,并制定了访问调查时间表(后由于雪灾有较大变动)。发动当地人参与乡土教材调查活动是能够成功的重要因素。在采访参与编写《马鞍的传说》的郧西县教研室主任马顺昌时,他如是说:"将民间文化遗产用书面方式记录下来是一件很有意义的事。我们的后代不仅要理性地了解自己的家乡,也要明白在他们成长的地方流传着怎样美丽的传说和一些诗词、民歌,这样他们才有根,有文化底蕴。"他很支持"中国乡土教材收藏与研究中心"的活动,对我的收集工作给予了很大的帮助。

二、调查成果展示——以《七彩童年》、《湖北地理》、《郧西县革命传统教育读本》为例

我们目前面对的应试教育模式,使学生们承受了太多分数和考试的压力,这引起了教育界的高度重视。于此同时,教育的价值观也越来越城市化、国际化、西方化。

中国是一个幅员辽阔的大国,有着丰富多彩的地方文化和不同民族传统的历史文化,但这些都在慢慢地消失。最典型的是少数民族的语言教育。这种民族文化的地方化、个性化、基层化的东西越来越少,代之以城市化、国际化、西方化。乡土教材的出现和发展很大程度上缓解了这一问题。以《七彩童年》一书为例,可以看到湖北省竹溪县实验小学对小学生素质教育和乡土教育的重视。

这本63页的供小学一年级学生使用的校本教材包括了文学和艺术两大类,其中文学类又包括儿童歌谣、绕口令和谜语三大部分,艺术类包括音乐和美术两部分。值得称赞的是这本书中艺术类的编写里穿插了很多关于竹溪民间文艺的内容,譬如竹溪县传统民间舞蹈:龙灯、船灯、狮子、竹马、莲湘、大头舞、花篮舞和高跷等。艺术类中的美术部分充分调动了小朋友的动手能力,贴近生活贴近实际。

但是,在调查这本书的使用情况时,发现这本书并没有得到广大师生的赞誉,主要是因为这本书在编写、印刷方面并没有统编教材那样系统。

《湖北地理》一书的编写比较早,于1988年投入使用。在往届师生中口碑很好。它系统地介绍了湖北的地理环境、自然资源、农业、工业、交通运输业和旅游业以及主要城市。现在看来,它反映了20世纪80年代湖北地理的基本情况和当时的社会生活状况。作为湖北中学课本,它比较成功地让当时的中学生对

家乡的地理状况有了理性的认识。

《郧西县革命传统教育读本》是在我读书时投入使用的,如今重新再读,感触颇多。我们生活在全球化的时代,全球化是必然的趋势,全球意识和开放意识已经深刻地影响了年轻一代的思想和精神面貌,这从总体上来看是积极的,但是也不能不看到随之而来的另一种文化现象——一种逃离自己生长的土地的倾向,就如钱理群先生所说,从农村逃到中小城市,从中小城市逃到大城市,从大城市逃到国外,这是年轻一代的生命选择和文化选择。但是离开了本土,没有了本土的意识,就又很难融入到新的环境中去。这样一边融不入,一边脱离了,就变成了无根的人,从而形成巨大的生存危机。而且从民族文化上说,对民族文化也构成巨大的危机。所以乡土教材不仅仅是增加学生对一些乡土的了解,更主要的是建立他和乡土(包括乡土文化及乡村的普通百姓、父老乡亲)的精神血缘联系,让我们成长的行囊中多一样东西:对家乡的记忆和理解。无论他们今后走向哪里,他们是有根的人。了解家乡的革命传统,不仅让自己更加热爱家乡,也更体味到如今的生活真是先辈们用鲜血换来的,自己熟悉的一山一树原来都有着不同寻常的历史底蕴,真应该好好缅怀纪念!

三、调查的收获与启示

乡土教材的生命力在于民间的自发成长,在于文化多样性和教育多元化。它靠小项目来表达大理念。冯骥才先生曾建议要在乡土教材里加入地方戏曲、美术等题材的内容,让乡土教材有自己的发展途径和脉络。如今越来越多的关注让我们的乡土教材有了更丰沃的土壤、更广阔的天空,希望民族文化、本土文化之花在乡土教材的大树上越开越灿烂。

(马 旭)

湖北省利川市乡土教材搜集调查报告

2008年寒假期间,笔者参与了"中国乡土教材搜集与调查活动"。在寒假回乡期间,深入家乡湖北利川市的学校、图书馆、档案馆,并对相关人士进行访问,搜集到一定数量的乡土教材。在此过程中,更深入地认识了家乡,增加了对家乡的感情。

一、调查的主要内容

(一)利川市编修乡土教材的历史状况

据有关老同志回忆,利川乡土教材的编写最早见于民国,由当时县政府所属民教管与教育局合编的乡土教材《都亭乡土教材》(因利川古名为都亭),原物现已无从查找。据市党史办原副主任苏绍振在《利川文史拾零》记载:1951年为配合土地改革和扫除文盲运动,由县教育局编写了一份油印的乡土教材小册子,但现也无从查找。

1980年,利川县一中地理教师张肇锐为配合职业中学教育编写了一本《利川自然地理》。1983年,鄂西(恩施)土家族苗族自治州成立,利川县教育局、民委、教研室为加强学生的民族知识教育和乡土知识的普及,编写了一本《利川民族常识》。20世纪90年代,教育以应试教育为主,职业教育相对萎缩,学校基本不开乡土教育课,乡土教育逐渐淡化。反之,地方史志部门在编史修志的同时,编写了一批本地乡土读物,这类读物在当地群众中流传颇广,但很难进入教育课堂,更谈不上被列为课本让学生受到乡土文化熏陶。

(二) 教材主要内容

《利川自然地理》：主要阐明利川地形、气候、河流、土壤和生物界的特点及其形成过程，并对利川发展生产的自然条件进行了经济评价，对稀有的珍贵树种和著名土特产的生长环境及经济价值作了适当介绍。其目的在于使学生进一步认识自然、了解自然的规律、热爱山区、热爱家乡。该书原是在湖北省教育学院地理组和利川县文教局教研室有关同志建议和支持下，于1979年1月写成的。初稿曾经华中师范大学地理系王毓梅和省教育学院谭占魁两位老师审阅。1980年7月，对原稿进行修改和补充油印而成，列为县农业（职业）中学的教材。

《利川民族常识》：根据中小学生的年龄特征和接受能力，该书分为小学和初中两部分，包括民族及发展、历史人物、名胜古迹、民风民俗、文学艺术、民族理论等内容，共48课，分段安排在小学三至六年级的思想品德课和初中一、二年级的历史课中进行教学，每学期依次讲授四课。其目的是为向学生进行爱我民族、爱我家乡的教育，增强民族自豪感，加强民族团结，普及民族常识。该书不仅作为利川市中小学思想品德课和初中历史课的补充教材，还是民族基层干部和群众的通俗读物。

《利川风物》：旨在将体现利川特点的风物风情展示给人们，以进一步宣传利川，让更多的人认识利川、热爱利川、关心支持利川的建设与发展。全书注重科学性、资料性、趣味性和实用性的统一。本书力求编成一本旅游和经济开发的指南，一本对青少年进行爱国主义教育的乡土教材。

《利川人物》：为续编《利川市志》的资料性书籍，收录的人物为利川籍或籍贯为利川籍在利川或在外的工作者，外地籍已在利川定居或工作30年以上者。其目的是将利川当代优秀人物的成就以及对社会的贡献记录下来，既是为续修《利川市志》作必要的资料准备，又是不可多得的乡土教材。对于激发海内外利川人热爱家乡，激励年轻一代奋发有为，无不有着积极意义。

《利川市史志编纂手册》：选取了一些利川的地情资料、党史资料和档案索引，为寻找乡土信息、收集乡土材料有的放失，在查找时更好、更准确地运用了第一手资料。

二、调查的启示与收获

（一）乡土知识的教育是认识家乡、热爱家乡的基础，只有热爱家乡才能热爱祖国

乡土教育是爱国主义教育的重要组成部分。利川有一大批在抗日战争后期随国民党青年军到台湾的同胞，在台湾建有利川同乡会。在20世纪80年代，台胞返乡探亲之际，利川市政府有关部门将《利川县志》、《利川市志》、《利川风物》等读物赠与台胞，激起了台胞热爱家乡的热情。为支援家乡建设，利川得到台胞资金达数千美元。在编写《利川人物》时，把旅台同胞中的利川籍人也收入《利川人物》，更加激励台胞思乡怀乡之情。

（二）乡土知识教育是因地制宜、开发当地资源、促进经济发展的重要一环

如利川在20世纪70年代引种烤烟，利川教育局与有关部门联办了"烟叶中学"、"农职中学"，这些学校注重乡土教育，结合本地实际编写的《利川自然地理》，使学生了解利川当地的区位、地质、气候、土壤、水文等知识，为农业发展培养了近万名农业技术骨干，仅烟叶技术员就达三千余名。大力普及科学种烟技术，使利川烟叶生产达到年产量3000万担，烟叶税收近亿元，烟叶生产成为利川经济增长的拳头产业。

在20世纪80年代，利川兴起旅游开发热，世界特级溶洞、中国最长的洞穴——腾龙洞的开发，其中也有《利川自然地理》

作者张肇锐老师的积极倡导和参与。利川水杉树资源的保护，国家级自然保护区——星斗山的申报立项和报批，其中也包含着《利川自然地理》对利川乡土资源调查的研究成果。

（三）乡土知识的教育普及了民族知识、增强了民族团结

《利川民族常识》系统地介绍了利川土家族、苗族发展的历史，弘扬正气，发扬革命传统，使学生了解了自己的民族，增强了民族认同感。认识了自己的祖先在家乡创造的历史和文化，激励了学生热爱家乡、建设家乡的热情。

（四）乡土教育现状令人堪忧

自20世纪90年代以来，各级、各类学校都以升学为目的、以应试教育为主体，乡土教育基本被排出教育计划，乡土知识已经基本告别学校课堂。乡土教材的研究和编写已被各种应付考试的"兵法"所取代，有关部门对乡土资料的挖掘、整理、收藏不重视。笔者在本次收集乡土教材的过程中发现，一些应该收藏版本的部门均无藏书，仅能从少数有心的个人手中发现了一些，足见乡土教材的危机。乡土知识在小学生中还略知一二，在初中生、高中生之中可谓匮乏，部分大学生甚至对自己家乡的名胜古迹、历史名人都十分陌生。由对家乡的了解，到利用家乡资源创业而卓有建树者为数甚少。像张肇锐老师这样倾心于乡土教材编研的人更是凤毛麟角。

（五）乡土教育应该引起有关部门和舆论界的高度重视

20世纪80年代，张肇锐老师因编写《利川自然地理》的事迹曾被《人民日报》报道，并被评为中学特级教师，当选利川市人民代表、利川市第三届人大常委会副主任。《利川民族常识》也是由利川市政协副主席蒋长文担任主编，足见当时利川市对乡土教育的重视。要弘扬乡土教育，必须引起各级政府、教育部

门、学校的高度重视。此外，还要有舆论界的支持和关注，同时还要培养造就一大批热衷于乡土教育的专家、学者，将民间文化传播下去，将乡土教育传承下去。

（刘钱妮）

湖北省宜昌地区乡土教材收集调查报告

乡土教材是以本地方的地理、历史、政治、经济、文化和民族状况等为内容的教材。18世纪，法国思想家卢梭和瑞士教育家裴斯泰洛齐就曾主张教给儿童以乡土地理知识。后来一些教育家把乡土教材逐步扩大到乡土历史、乡土社会、乡土自然、乡土文学等等。教给儿童乡土教材，不仅符合教学由近及远、由具体到抽象的原则，而且有助于儿童熟悉乡土和培养热爱乡土的观念。本次收集整理地方乡土教材的实践，即是出于这样一种考虑，以一地区具有特色的乡土教材作为对象，进行收集整理，以期达到更系统地理解乡土教材的特点，使其价值更充分地被利用发掘。

一、调研过程

寒假回家，笔者首先联系到宜昌市文教局的相关负责人，讲明这次活动的主要任务和我自己的一些想法。文教局的李主任为笔者提出了一些建议，并提供了宜昌市乡土教材的相关资料。根据他提供的资料，我大致列出了需要收集的乡土教材的书单，通过各位师长的帮助以及网络资源对教材进行收集。收集过程主要得益于当地对乡土教材以及乡土文化有较为深厚兴趣的人士的帮助，譬如，冯先生收藏有大量宜昌本土的教材和各种相关资料；

通过网络和各种关系，获得大量具有历史价值、趣味性的乡土教材，例如《青林寺谜语选》、《青林寺谜歌选》、《土家民间故事》、《宜昌老字号》、《百年宜昌老照片》、《宜昌抗战图集》等等。收集过程中，对于乡土教材的使用情况以及实际使用效果进行了调查并进行了记录分析。最后，对收集的样书进行深入研读，整理出自己的一些认识，并撰写成文。

二、教材分析

此次我所收集的十余本乡土教材，均具有较强的历史文献价值，譬如宜昌市政协编辑的《百年宜昌老照片》、《宜昌抗战图集》、《西陵文史人物篇》等等，均可作为研究特定时期历史的重要资料，《宜昌革命老区》一书，填补了宜昌市无完整老区史料的空白，并作为珍贵的乡土教材发至全市各中小学校，其本身也是重要的文史资料。另外，乡土教材还具有鲜明的地方特色，譬如《宜昌市谚语集》、《宜昌老字号》、《土家民间故事》等等都具有很强的地域性，所记内容也颇有趣味，叙述风格也有乡土气息，和全国统编教材相比，有强烈的地域和民族特色。在我看来，这也正是乡土教材的独特魅力所在，体现独特乡土态，表达饶有意味的乡土情。

在我收集的十余本宜昌乡土教材中，《青林寺谜语选》、《青林寺谚语歇后语选》与《青林寺谜歌选》较具代表性。在文献收集与深入访谈之后，笔者对于其背景有了较为系统的认识。

青林寺位于湖北省宜都市高坝洲境内，历史悠久，地理环境独特。村民们擅长于制谜、猜谜。在青林寺，几乎人人能说谜语。全村上下，不论男女老幼，随时随地都能相互比试自己的得意之作。

青林寺谜语村落这一独特的文化现象，近年来受到了全国众多学者、专家的广泛关注。多次深入谜语村做详细调查研究的专家、学者先后有贾芝、杨亮才、祁连休、刘守华、冯志华、付广典、陈仁梁、梁前刚、王作栋等。专家一致认为：青林寺谜语乡土气息浓郁，地方特色鲜明，集娱乐性、趣味性、知识性于一体，对研究我国民间文学、民俗学、方志学等均有独到的参考价值。

2002年7月，湖北省文联在组织专家、学者反复论证后，将青林寺村命名为"湖北省青林寺谜语村"，2002年被湖北省文化厅命名为"湖北省民间艺术之乡"，2003年被中国民协命名为"中国谜语村"。

20世纪末，随着清江高坝洲水电工程的开发建设，这里成了主要的淹没区，迁移人口已达到总人口的40%，目前这里仅存925人。随着清江水利梯级开发，淹没区和移民范围必将进一步扩大，加之新型文化消费形式的冲击，使得谜语这一民间文化现象面临消亡的危机。

近年来宜昌市对抢救保护青林寺谜语作了不懈的努力：先后编辑出版了《青林寺谜语选》、《青林寺谜语选（续编）》、《青林寺谜语选（精选本）》、《青林寺谜歌选》、《中国湖北青林寺谜语村》、《婚育新风谜语选》等六部专辑。成立了青林寺谜语抢救保护组织，青林寺谜语、谜歌被全市中小学校列入乡土教材。

由于种种原因，我仅仅收集到了其中的《青林寺谜语选》、《青林寺谜歌选》以及《青林寺谚语歇后语选》，但通过对其进行研读还是收获颇丰。

首先，其语言和叙述风格颇具地方特色，方言的运用使其读来饶有乡土趣味。其次，内容丰富，体现出一种幽默、机智的民风。从简单的谜语中读出的是一种生活的智慧，其中蕴含着朴素但却深厚的民族情感，字里行间飘洒着泥土的气息。

在掌握日益发展的科学知识以及培养读者更为开阔的世界视野的同时，以《青林寺谜语选》为代表的乡土教材，如同山茶花，开出别样的清香，滋润乡村大众心田，培养一种深厚的民族与乡土情结。但是，在访谈与调查过程当中，家长与学生对其内在价值显然是理解不够的，甚至有家长认为这是可读可不读的"课外书"，花过多的精力会浪费孩子学"知识"的时间。这样，显然是由于对于教育的内涵理解有偏差、对于"乡土教材"的认识理解不深入所造成的。

宜昌三峡大学科技处督察员、三峡文化与经济社会发展研究中心研究员李崇琛先生对于该系列丛书有这样的评价：该丛书是乡土民情的真实反映。首先，是地域特色与乡土气息有机融合，充分表达了村民的思想情感和行为，真实反映了本地语言习惯和地域特色，高度浓缩了村情民意和风俗习惯。譬如"儿不嫌母丑，狗不嫌家穷"，"话儿说得好，水也点得燃灯"之类的，即是以一种极为乡土和质朴的语言表达出乡土的真挚情感。第二，历史传承与当代创作相映成辉。我们在读这套书的时候，很容易发现，无论是历代先民传承下来的还是当代农民创作的，都深深地打上了时代的烙印。在我看来，这也正是乡土所蕴含的一种沉厚的历史与文化的积淀。再次，从形式上来看，是通俗简明的形式与内容的完美结合。形象生动、琅琅上口、通俗易懂、短简易记，且可以因事因人即兴创作，颇具趣味性。

以此为代表的民俗类的乡土教材，我在此次收集过程当中还收集到了：《土家民歌》与《土家民间故事》。从这些乡土教材的字里行间，可以真切体会到一种鲜活的巴风土韵：远古的巴人遗迹，高亢婉转的山歌，古朴清雅的南曲，炙烈纯朴的跳丧舞，情真意切的"哭嫁"，质朴清新的竹枝词……透过历史的记忆，可以清晰地看到，一个远古的部落，一个古老而年轻的民族，在繁衍、奋搏、生生不息。

《宜昌市谚语集》。收集的谚语具有多元的内容：时政类、事理类、修养类、社交类、气象类、生活类、行业类、乡情类等等。譬如"家有道出孝子贤孙，国有道出良将忠臣"、"穷不折志，富不颠狂"，"树怕没皮，人怕没志"等等。此类人们在社会历史实践中总结出的颇具乡土味的表达,往往传达出了一种很深层次的智慧。这是此类乡土教材所透露出的独特内涵。

《历代诗人咏宜昌》更是体现了一种文化味的乡土气息。唐代著名诗人刘禹锡、宋代诗人欧阳修等等均有多篇诗词咏宜昌。欧阳修的《望洲坡》有:闻说夷陵人为愁,共言迁客不堪游。崎岖几日山行倦,却喜坡头见峡州。在字里行间,以一种乡土的形式展现出有着深厚时光积淀的民俗风情,可谓历久弥香。

除上述民俗类的乡土教材外,此次收集活动另外一个重大收获是收集到了诸多具有历史文化史料价值的乡土教材。譬如《宜昌市革命老区》,《西陵文史人物篇》(历代仁人显贵、近代革命先驱、现代贤达志士、名流精英),《宜昌老字号》(企业春秋、交通纵横、商海钩沉、旅游天地、金融鉴往、文化长廊、医药史话),《宜昌百年大事记》,《百年宜昌(1904-2004)》等等,对于我们认识历史,理清史实,培养历史观具有一定的意义。

三、思考与建议

在整个收集、整理与研读过程中,对于"乡土教材"以及其承载的"乡土文化"有了更深层次的认识与理解。笔者认为乡土教材具有其独特的特色与价值。

首先,语言运用具有鲜明地域性。方言、地方语的运用使其可读性更强。文字具有很强的亲和力,更易于融入人们的生活中。譬如,《青林寺谜语选》。

其次,内容多取自本地域风俗,趣味性强,内容丰富,将抽象知识形象化的表达出来,譬如《宜昌市谚语集》、《宜昌老字号》、《土家民间故事》等等。通过颇有情趣的介绍,在对家乡认识进一步深入的基础之上,自然会培养出一种深厚的乡土文化情结。我听说过一句很通俗的表达"爱国之道,始于一乡"。"乡土"潜移默化的影响,对于积极的健康的情感与价值观的培养意义重大。

再次,多为第一手文史资料,具有较强的文献价值,对于学术研究亦有较大帮助。譬如《宜昌百年老照片》、《宜昌抗战图集》,由于资料取于当时当地,并较为系统地进行了整理,具有较强的史料价值,是研究历史的较为重要的资料。

乡土教材的使用中,还是存在不少问题的:首先,地方对于乡土教材重视不够,整理不系统,只是较为零散地在使用;其次家长和学生等使用群体,将其视为"边缘化"的读物,因其与应试无直接联系,故而对其学习不够深入。这些都造成了乡土教材利用的不充分。

四、个人感言

在收集和整理乡土教材的过程中,家乡有了更深入的认识。那些字里行间所体现出的地方特色与独特情趣,家乡人言行中所流露出的独特气韵,对于我来说都是另一种体悟。

在我的生命中,有位长者曾经说过:人要行得远,必定是要对其最初所处的土地有着深厚的情感积淀;人的思想眼界要达到某种广度,必须深深扎根于"乡土"之中。我想这其中所表达的即是一种"乡土"所赋予人的独特气韵。

有学者对于教育有这样的理解:"教育是复杂的,简单的科学驾驭不了它,在理论智慧的创造之后,实践智慧可能是更高的智慧,机遇和挑战在改革中并存,处在十字路口的教育,在课程改革中使教学实践面临双向选择,它是被规约的,又是被释放的。"最初我读这样一种语句,总觉生涩,认为其是一种枯燥理论的堆砌。但这次乡土教材的收集与整理,使得这样一种抽象理论的语句在我的思维内部转化为一种具体的、可以理解的表达。乡土教材,由于其编写内容及编写主体,均有很强的地域性,是生活在这片土地上的人民的智慧与生活实践的总结和提炼,在理论智慧不断积累的同时，这样一种实践中所积累的智慧别有韵味。

乡土以一种极具亲和力的方式，用一种清新的文字表达，传达出一个地域的精神风貌与独特气韵。"眼中有山，心中有水，泥土气息中孕育鲜活的智慧"，这是我对乡土教材的真切理解。它如一支清新的山茶花，幽然飘香。

（刘 怡）

湖北省广水市乡土教材搜集调查报告

中共中央办公厅、国务院办公厅于2001年1月颁布了《关于适应新形势进一步加强和改进中小学德育工作的意见》（以下简称《意见》）。《意见》指出：中小学都要有自己特色的进行爱家乡、爱祖国教育的基地和乡土教材。坚持贴近生活、贴近社会、贴近未成年人的德育原则，开发符合小学生年龄特点的乡土德育课程资源，让学生了解家乡的基本情况，感受家乡的发展变化，增强自豪感，是向学生进行爱家乡、爱祖国教育的有效途径。

《国务院关于基础课程改革与发展的决定》提出："在保证实施国家课程的基础上，鼓励地方开发适应本地的地方课程。学校可开发或选用适合本校特点的课程。"可见，开发符合学生年龄特点的乡土德育课程资源，既是落实课程改革中提出的"增强课程对地方、学校及学生适应性"的探索与实践，又是增强德育工作针对性和实践性的重要举措。

第三部分 中国乡土教材的应用现状调查

一、前期工作

(一)调查意义

本次调查是为响应中央民族大学中国少数民族地区基础教育研究中心暨"中国乡土教材收藏与研究中心"(筹)的号召,利用寒假返乡的机会,搜集乡土教材,并对教材编写、课堂教育、学生使用、保护模式等相关情况进行调研,以尽量为乡土教材的收藏和研究提供丰富详实的基础文本资料,并忠实地呈现乡土教材教学现状、学习现状。

在调研过程中,可以积极宣传乡土教材的重要作用和乡土教育的重要性,唤起社会各界保护、传承和利用乡土文化的自觉性,引起他们的重视;可以客观地审视基础教育中的乡土文化教学环节,发现不足,为改进课程设置提出切实可行的参考性方案和建议。此外,调查也可以为更好地保护、利用、开发乡土教材提供参考性建议;志愿者本人也能从中更深入地了解家乡,回归"乡土",追寻来自根脉的力量,为家乡做出一点贡献,报答家乡的养育之恩。

(二)调查对象

对象主要涉及四类人群:文化教育部门工作人员,执教老师,小学生、初中生、大学生,学生家长。

(三)调查过程

1月14日下午,于长岭镇城郊乡平峰村六组(刘巧娣家)做问卷一份,获得小学乡土教材几本,照片几张。

1月15日下午,于长岭镇黑虎村二组做问卷两份,获得书几本和照片几张。

1月17日下午，于应山新华书店，获得照片3张。

1月18日下午，于应山采访王旭明老师。

1月21日上午，于广水市长岭镇魏店村四组做问卷一份，并重点采访董刚同学。

1月28日下午，于广水市蔡河镇黄土关采访周慧同学。

1月31日下午，于广水市应山湖塘湾10号做问卷一份，并采访陈梦琪同学。

（四）调查方法

总体来说，笔者将实地调查与分析研究相结合。即以搜集乡土教材、采访相关对象、掌握乡土教材教学情况和保护状况为基础，剖析调研地乡土教材的内容特色、教育重点、使用过程中存在的问题和解决方案。具体操作上采取以下几种方法：

文献法：接到任务后，我通过网络和图书馆查阅了乡土教材的背景知识，大致了解了其定义、历史沿革、存在意义和发展现状等内容，加深对调研内容的认识，以明确行动方向，并据此制定了初步的研究方案。

观察法：深入老师和学生中间，对教材认识、重视程度、教学态度、学习态度进行观察，从中获取细节信息。

深度访谈法：通过与各类别采访对象的深度交流，了解乡土教材的保存现状，探讨乡土教材保护和开发问题的解决方案。

图像记录：运用照相方法记录部分调研过程。

比较分析法：实地调研结束后，对各地乡土教材的编写和教学情况进行对比分析，以期对调研内容有更深透、更全面的认识。

（五）调查地点

共七处：长岭镇城郊乡平峰村六组、长岭镇黑虎村二组、应山新华书店、应山王旭明老师家、广水市长岭镇魏店村四组、广水市蔡河镇黄土关、广水市应山湖塘湾。

二、调查内容——以《可爱的孝感》为例

(一)《可爱的孝感》乡土教材产生的背景

孝感市是湖北省管辖的地级市之一。现辖孝南区和云梦、大悟、孝昌3县,代管应城、安陆、汉川3个县级市,原来还辖有广水市。孝感具有深厚的孝文化底蕴。孝感,因东汉孝子董永卖身葬父,行孝感天动地而得名。

孝感为了弘扬其悠久的历史文化,也为了让更多的人了解孝感,熟悉自己的家乡,从小培养对家乡的自豪感,向小学生推出了历史方面的乡土教材——《可爱的孝感》。

(二)《可爱的孝感》乡土教材主要内容

《可爱的孝感》这本乡土教材是历史类的读本。它以孝感区域为限,着重介绍孝感的人文地理和风土人情,让人们了解自己家乡的来龙去脉和现今独特的面貌,培养乡土意识和家乡意识。

(三) 该乡土教材的使用范围、实际效果

《可爱的孝感》乡土教材是限制年级使用的,适用于二到六年级的学生。它很符合学生的特点,受到了学生和家长的一致好评。从其发行开始,至今已有很长的一段时间。但是现今的小学生已经不再使用《可爱的孝感》了,其实际效果不尽如人意,这有多方面的原因。

(四) 存在问题

教师迫于升学的压力,考虑到教学时间的有限,仅仅是把教材发给了学生,让学生自己在空闲时间去学习,而没有安排正规

的课堂教学。家长由于应试教育心态严重,考虑到孩子的语文、数学、自然等正课的学习,怕乡土教材影响孩子课堂学习,对乡土教材重视程度极低,并没有一定要求孩子去学习乡土教材。孩子们由于年龄较小,多把乡土教材当作一种附属的"玩具",基本上没有去好好利用。

由此可见,乡土教材利用效率极低,《可爱的孝感》并没有发挥出其应有的巨大效果,尽管人们都认为这类书质量很高,很值得孩子们去学习。

(五)解决方案

促使教师、家长逐步改变传统的应试教育观念,积极采用素质教育的模式。学校相关部门要端正对乡土教材的认识,适当地设置乡土教育课,使乡土教育有时间上的保证。家长要多加强对孩子的引导,充分利用好乡土教材资源,注重孩子学习各方面的知识。社会舆论要引导学生认识到全面学习、自主学习的重要性,报纸、媒体等宣传机构要发挥其在这方面的宣传作用。

三、后期分析

(一)问卷分析

为了在短期内收到较大的问卷效果,我采用了抽样法和频率法,以学生为重点,重点获得学生的意见。由于考虑到小学生还没有形成这方面的观念,而高中生太忙,所以本人挑选的是初中生和大学生这两类代表性群体。

问卷总数:5份;问卷发放地点:长岭镇黑虎村二组、广水市长岭镇魏店村四组、广水市应山湖塘湾10号;问卷发放时间:1月15日下午、1月21日上午、1月31日下午。

第三部分 中国乡土教材的应用现状调查

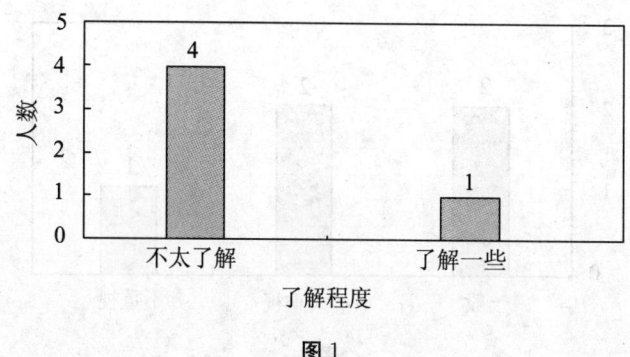

图 1

从图 1 中可以看出，占 80% 的学生对乡土教材不太了解，而只有 20% 的学生对乡土教材了解一些。因此，本地学生对乡土教材的了解情况是极差的。

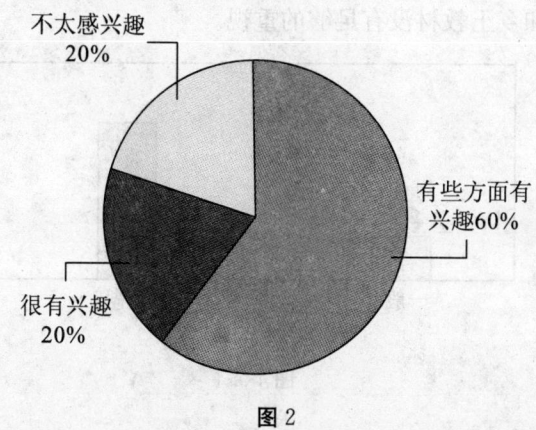

图 2

从图 2 中可以看出，占 60% 的学生对乡土知识有些方面有兴趣，占 20% 的人不太感兴趣，占 20% 的人对乡土知识很感兴趣。因此，总体而言，学生对乡土知识有一定的兴趣，乡土知识具有一定的吸引力。这也从侧面反映了乡土教材内容要适合该地区学生的特点，这是发行机构要注意的。

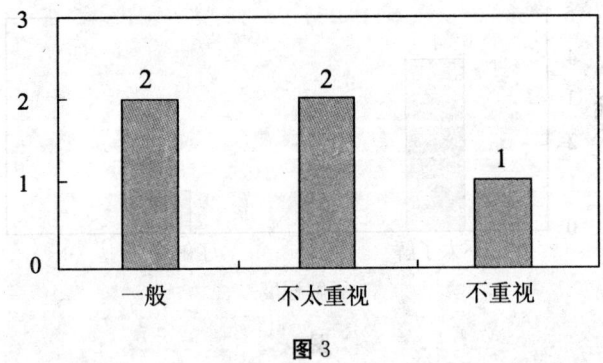

图 3

从图 3 可知，占 40％的学生认为学校教育对乡土教育和乡土教材的重视程度是一般，占 40％的学生认为学校教育不太重视乡土教育和乡土教材，另 20％则认为不重视。可见，学校对乡土教育和乡土教材没有足够的重视。

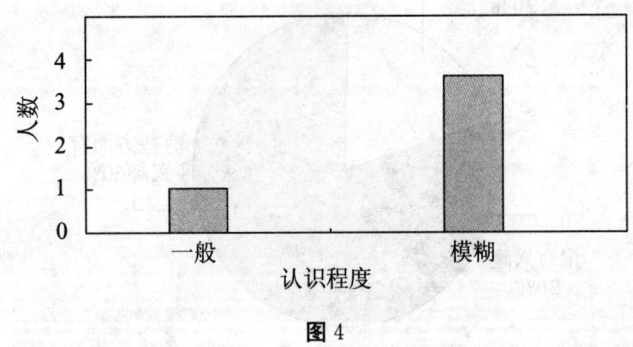

图 4

图 4 反映了 80％的家长对于乡土教育和乡土教材是不了解的，20％则是一般，可见家长在这方面是做得极差的。

第三部分 中国乡土教材的应用现状调查

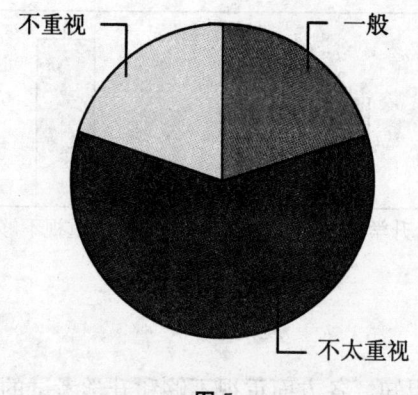

图 5

图 5 反映了身为知识传播者的教师对乡土教材和乡土教育是极不重视的,折射出教育内容和教育体制中的问题。

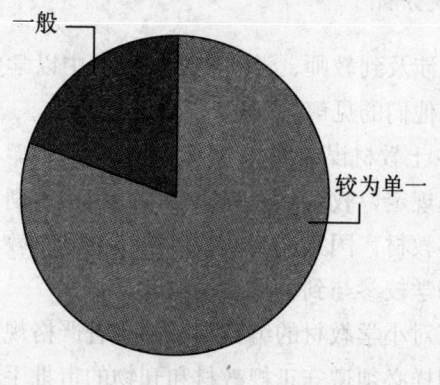

图 6

图 6 反映了该地目前乡土教材的内容还存在不完善的地方,需要相关部门去进一步充实、丰富。

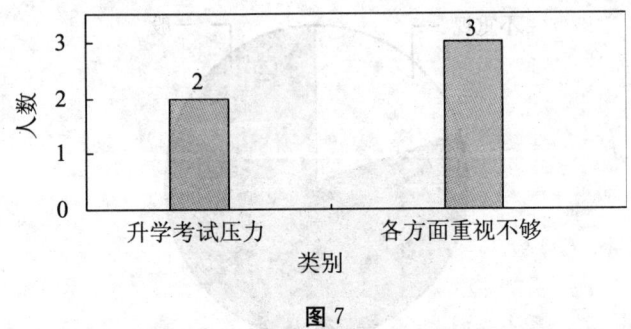

图 7

从图 7 中得知,各方面重视不够和升学考试的压力是现今乡土教材进一步发展的障碍,要更好地促进乡土教材的发展,我们必须解决好这两个方面的问题。

(二) 访谈分析

访谈对象涉及到教师、学生和家长,其中以学生和教师为重点,重点挖掘他们的见解,问题涉及面较广。

1. 利用乡土教材谋取地方经济利益问题

根据有关规定,教育部门和学校可以编排印刷乡土教材、内部刊物、校本教材。国家这么做,目的在于打破教材垄断,让地方教育部门和学校参与到教材编写中来。

虽然国家对小学教材的编排和印刷有着严格规定,乡土教材和内部刊物同样必须遵守正规教材和刊物的审批手续,需经审定委员会审定,报送省新闻出版局审查,再由文化、教育、物价三部门联合招标,最后交给具有印刷教材资质的正规印刷厂印制。但是我们看到,教育部门编写的乡土教材、内部刊物、校本教材,一般都不通过市场,都是通过"内部"发放到学生的手里,在这种情况下,工商、文化部门是很难查出来的。

其实编印小学乡土教材不是本地独有的现象。乡土教材本身就是教育部门编写的,最后还是由教育部门发放到学生的手里,再加上好多教育部门和学校就有印刷厂，这本身就为非法编印小学乡土教材提供了方便。经审定委员会审定、送文化部门审查无疑增加了编写教材的成本，招标是剥夺了教育部门的利益。在经济利益的驱动下，好多学校都是采用非法编印教材发放到学生的手里。

2. 处理好乡土教材的数量和质量问题

乡土教材对于学生来说是一种很好的营养品，可以给他们以健康成长的营养。但地方必须处理好乡土教材数量和质量的问题，乡土教材太多也是一种负担，且不能发挥出其应有的作用。因为学生面临着中考和高考的巨大压力，竞争力较大，课业负担量很大。如果再让他们学一些这类有些无关紧要的科目，他们会很疲惫的。应该给孩子们一些适量的乡土教材，作为他们人生的补品。同时，内容上多弄一些动脑、动手的乡土教材，提高他们实际解决问题的能力，这很重要。

3. 乡土教材的保存现状分析

乡土教材的保存总的来说不是很好。

乡土教材多保存在学生大脑中了，而物质上的书籍则保存的较差。这一是由于书籍自身保存的局限性，即纸张易坏，本身不易长久地保存。二是由于学生、家长、教师自身对乡土教材不够重视，保护意识较差，多将乡土教材的纸张用于折纸飞机或当作废品卖掉了或放在家里的仓库中。三是由于学生一般把这类书籍当作一次性的东西，一次用完了则将它们放在了一边，抛在了脑后，这也是乡土教材的本身知识具有时间局限性决定的。

4. 乡土教材保护行动的探讨

乡土教材的保护需要社会各方面的努力。

一是地区乡镇中心应该建立一个乡土教材图书室或在图书室中开辟一个乡土教材专栏。有条件的地方可以建立乡土教材图书馆。这类图书陈列的地方，各类乡土教材均要涉及，且每类至少是一本，最好是3～6本。同时，图书室或图书馆要不断更新，不断增加新鲜血液,而不要把它们弄成一滩死水。二是乡土教材保护的最主要的力量还是个人。这要求个人要尊重知识、尊重课本,从自身做起。三是政府可以出台相应保护乡土教材的政策。政府在这方面有时确实是无能为力的,因为可能会增加政府的财政压力,但是,政府可以出台相关的保护政策,为乡土教材的保护提供有力的政策支持。四是媒体的宣传。媒体在宣传方面有一定的影响力,但无实质的影响。尽管如此,媒体还是有一定的号召力的,可以形成一定的保护氛围。

5. 乡土教材的有效保护分析

乡土教材不一定都要保存,保护和保存是两码事!且我们不可能把每一本乡土教材都保护起来,这不现实,也浪费时间、空间和精力,而是要按照一定的比例来保护。我认为要保护好乡土教材,不能忽视以下两点。一是个人若长期"不理"这些教材,则其本身易被毁坏,如:上灰、被虫咬等。二是虽然个人是保护乡土教材的主要力量,但是乡土教材保护的道路不是仅仅由单个个人铺出来的,而要求个人与他人之间加强合作,以减少保护的工作量,达到事半功倍的效果。如:保护两类书,可以一个人保护一类书,另一个人保护另一类书。

6. 乡土教材的保护模式讨论

利用博物馆来保护乡土教材是一种可行的方式。但乡土教材博物馆数量要适当,多办则无益。全国一个大省可以建立一个乡土教材博物馆。

其实,博物馆这种保存方式不是最好的,最好的保护模式就是把这些乡土书籍保存在民间。因为这些书籍是取之于民的,最终这些教材还要用之于民。

四、调查感想

相关教育部门可以利用乡土教材的发行来谋取经济利益,获得经济方面的好处，这是我调查之前所没有想到的。

乡土教材的使用者——学生对乡土教材的重视程度极低，乡土教材的使用效果确实很差。

乡土教材一般都深藏于学生家的最深处或卖进了废品收购站或被孩子们折作纸飞机，保存和保护状况令人很痛惜。

很多人缺乏保护乡土教材的意识。初中生对于乡土教材的保护意义认识很淡薄，小学生就几乎没有，而家长更是淡于对孩子在这方面的教育，大学生很易理解我们的调查，且有较深入和实际的见解，这可能与学历有关，但更重要的是年龄。

在某些偏远地方，乡土教材是一面反映教育的镜子，它折射出某些地方应试教育的烙印之深。

（向阳）

湖南省永州市乡土教材搜集调查报告

一、调查内容

本次调查共搜集了四本乡土教材，分别是《永州地理》、《我爱永州》、《瑶文化进校园知识读本》、《弘扬瑶族精神传承瑶族文化》。本文主要介绍沱江镇一小的教师们编写的《瑶文化进校园知识读本》乡土教材。

（一）学校背景

沱江镇第一小学坐落在豸山脚下，学校前身是沱江完小。它始建于1951年，是江华县当时规模最大、设施设备最完善的一所小学。1985年更名为沱江镇第一小学。

学校现有教师66人，其中瑶族教师50人，占教师总人数的75%。教学班23个，学生1197人，其中瑶族学生852人，占学生总人数的70%。校园整体布局合理，教学设备设施日臻完善，教育教学质量不断提高，办学水平不断提升。曾被评为省"红领巾示范学校"。2005年被评为本县唯一的"示范性完全小学"。

学校秉承"勤奋守纪，团结向上"的校训，按照"高质量、示范性、有特色"这一新的办学思路，以传承瑶文化为己任，打造瑶都特色学校。近年来，沱江镇一小开展一系列"瑶文化进校园"活动，此举引起了国内著名瑶学专家的关注，得到了各级领导的重视和许多部门的支持。在瑶学学年会上广西瑶学会会长张有隽教授给予了高度评价，县政协开展了视察沱江镇一小瑶文化进校园活动，县领导蒙长清、李家登、周生来等同志多次到校视察工作，县民宗局、文化局、教育局领导也多次来校专题研究和指导工作。①

（二）教材介绍

1. 编写目的

为了深入开展爱国主义教育、乡土教育，为了瑶族文化能更好地进入校园，学校的教师齐心编著了这本乡土教材，为班主任提供一个可操作性的工作手册，让瑶族文化深入到每个学生的心中。

2. 编写内容

瑶族文化博大精深，内涵丰富。但考虑到本书的学习者是小学生，编者选用了瑶族文化中最基本、最容易懂的知识作为此书的内容。只要学生对本民族文化有一个感性的认识即可，对于深层次的、理性的知识读物未作考虑。

---

① 《以传承瑶文化为己任打造瑶都特色学校——沱江镇第一小学简介》。

《瑶文化进校园知识读本》共分为七章：第一章神州瑶都——江华、第二章瑶族经典饮食、第三章瑶族特色建筑——吊脚楼、第四章英雄篇、第五章瑶族民族传说故事、第六章风景名胜、第七章瑶族歌舞。

3. 编写形式

针对学生的年龄特点和认知水平，该读本在每一章节的编写中都附上了相关的插图，力求做到图文并茂、评述生动，增加学生阅读时的趣味性。

(三) 调查结果

1. 学生学习瑶族乡土知识的基本情况以及对乡土教材的态度

编者对乡土教材开发的热情和真诚毋庸质疑，该读本对于一小全体师生来说是一种创新和开拓，因而并非尽善尽美。

2008年11月，笔者对瑶族乡土教材的实施过程进行了问卷调查分析。在本次田野调查中，问卷调查的目的是了解沱江镇一小的学生学习瑶族乡土知识的基本情况以及对乡土教材的态度、建议。本研究对100名小学五年级学生进行了问卷调查，问卷100份，回收有效问卷100份，回收率为100％。

问卷调查结果如下图：

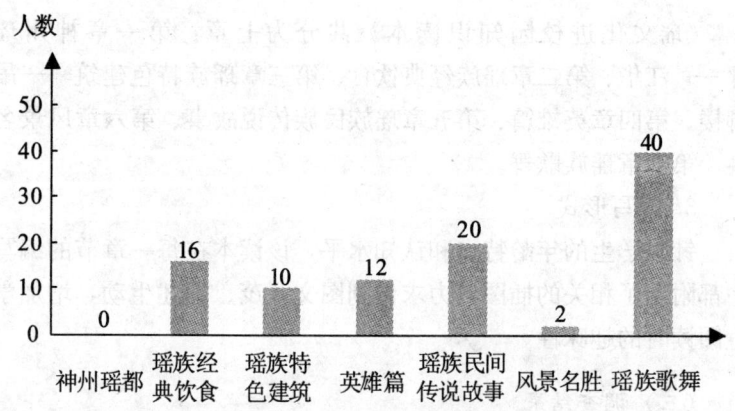

图 1　沱江镇一小学生对乡土教材内容的偏好

就笔者愚见,该读本仍然存在以下几点需要完善的地方:首先,内容的广度上有待增加。比如瑶族的服饰、风俗等等,这些都属于瑶族文化中的基本知识,不仅具有民族特色,同时兼具生活化,学生通过这些内容的学习可以更全面地了解瑶族文化,丰富其民族文化知识。我国是一个多民族国家,长期以来,各族人民密切交往、相互依存、休戚与共,形成了中华民族多元一体的格局,而沱江镇一小是这个格局中一个小小的缩影。该校的师生不仅有瑶族,也有相当比例的汉族。因此,笔者认为可以增添有关历史上汉瑶两民族之间友好往来的事件等内容于该读本,通过这些内容的学习,将使各民族学生更懂得中华民族和睦相处、团结一心的意义,使得学校的德育具有更高的成效。其次,从整体结构来看,全书力量不够均匀,某些内容介绍得过于简短。比如瑶族歌舞这一章,全篇文字约两百多字。其中,就长鼓舞的具体分类,仅用了短短一句"长鼓舞又有盘古长鼓舞、芦笙长鼓舞、锣笙长鼓舞、羊角长鼓舞等之分"草草概括。编者大可就此知识点加以适当的丰富,给予每种长鼓舞一定的叙述。图 1 的调查数据显示,学生喜欢瑶族歌舞的人数高达 40%。编者理应考虑学生的兴趣，加强这方面知识的介绍，使得学生对瑶族歌舞有一个更完整的认识。再次，从图1的调查结果显示，喜欢风景名胜的只有2人，而"神州瑶都"的内容居然无一人选择。就问卷调查结果来看，我们可以做出这样的思考：教材中的某些内容在叙述形式上是不是太过于枯燥、乏味？需要做出某些改进呢？最后，笔者认为，在每一章节的后面还可以增加一些课后练习，以此提高学生的学习积极性、主动性、思考性。

当然，该读本还处在试用阶段。就全书而言，瑕不掩瑜，目前存在的个别问题，将来在重版时希望得到进一步完善。

2. 实施案例

在学习乡土教材《瑶文化进校园知识读本》一个月后，学校特意组织五年级的全体学生参观江华瑶族自治县盘王殿，旨在增加学生对瑶文化的直观认识。盘王是瑶族人民的始祖，瑶族人民每到一地都要建立盘王殿，以怀念先祖。盘王殿是江华瑶族自治县内最具代表性的景点之一，始建立于1995年。在全殿的布置中，人们可以看到当今瑶族人民生活的缩影。比如现代政界名人的题匾、现代民间花架描绘出来的大型壁画《盘王狩猎图》等。盘王殿的东西两座吊脚楼是瑶族历史文化的陈列室，陈列着各级领导的题词，瑶族生产生活用具、典祀、婚俗、文化活动以及军事方面的实物和照片，用直观的手法再现了瑶族悠久的历史文化，使学生充分感受到瑶家人古朴的民俗风情。据领队的老师说，整个参观过程，学生们都非常遵守纪律，而且热情度很高。参观活动末了，老师给学生们布置了一道作业，要求每位学生就当天的参观活动写一篇观后感。

笔者特意挑选了几段学生作文内容，摘录如下：

"我的家乡在江华，那里风景优美物产丰富是个可爱的地方，在我家乡有一个地方叫：盘王殿。盘王是我们瑶族的祖先，盘王殿里有很多优秀的文化遗产……我爱家乡的盘王殿。"

"今天,老师带我们参观了盘王殿。里面不仅有很多漂亮的画,还有很多以前没有见过的瑶族的服饰、生活用具。……今天的参观活动让我更加了解我的民族,让我更加为自己的民族而感到自豪。"

"我们江华拥有优美的瑶族风光、优秀的瑶族文化、热情的瑶族人民。欢迎大家来我的家乡江华作客!"

从以上的这些文字中,不难看出学生对瑶族文化的认同和喜爱。总体上来看,乡土教材实践活动取得了比较理想的效果。

3. 不同社会群体对乡土教材的评价

(1) 学生眼中的乡土教材

笔者对沱江镇一小的100名学生进行了问卷调查,让他们对乡土教材《瑶文化进校园知识读本》进行评价。被调查学生中选择"很喜欢"的有80%;选择"比较喜欢"的有18%;只有2%的学生选择了"不太喜欢",其原因主要是:很难懂。统计结果详见下图:

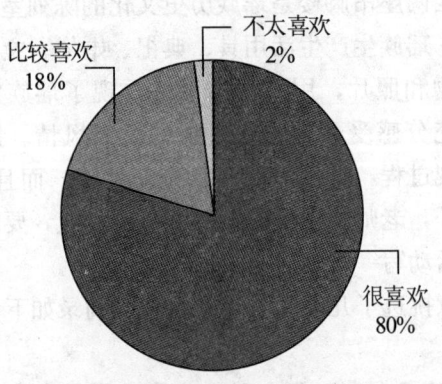

图2 沱江镇一小学生对乡土教材的评价

以下是笔者对两位学生的访谈：

学生 A：我很喜欢《瑶文化进校园知识读本》，里面有很多瑶族英雄的故事，让我觉得自己作为瑶族非常的自豪。还有一些民间传说也很好，里面的故事不仅有趣，还非常有道理。

学生 B：我最喜欢教材中的瑶族歌舞部分，因为音乐课上老师会教我们唱瑶歌、跳瑶舞，还能参加很多校外活动，我们的学习生活更加丰富多彩了。

由此可见，沱江镇一小的小学生对于学习瑶族乡土教材都有一定的兴趣。学生普遍认为：瑶族乡土教材的内容很有趣；可以了解更多的瑶族知识；一部分学生甚至指出：因为有了"瑶族乡土教材"，让学校增加了民族特色，丰富了学习生活。其中一位汉族学生表示：因为他喜欢瑶族人，所以喜欢学习瑶族知识。通过以上问卷调查和访谈，笔者认为在沱江镇一小实施瑶族乡土教材的教学活动具有明显的优势和作用，受到了绝大多数学生的欢迎。

（2）教师眼中的乡土教材

在教育活动中，教师处于教育和教学的主导地位，教师与学生在教与学的互动过程中相互学习、促进，教师处于教育的第一前线，也是乡土教材的直接实施者，对于乡土教材使用的分析具有一定的权威性。下面是笔者对部分教师的访谈内容摘录：

教师 A：我们学校的学生虽然大部分是瑶族，但汉族学生也占有相当的比例。开发这本教材前，对于汉族学生对瑶族知识点的接受程度，我们存在着一些顾虑。可当我在课堂上讲授有关瑶族文化的内容时，我发现学生的积极性非常高，有些汉族学生的热情似乎高于瑶族学生。这不仅仅是因为我们县实行民族自治政策以来，瑶汉两民族已经和睦相处了50多个年头，也是因为瑶族优秀传统文化具有巨大的魅力。在面对这些优秀民族文化时，是不分民族、不分阶层的。但因为汉文化的强烈冲击，少数民族文化的传承目前面临着许多挑战。现在的学校教育都是以汉文化为主，就拿我们瑶族地区来说，瑶族人已经日渐被同化了。所以，我们有责任保护自己的文化，并且向汉族和其他少数民族展现瑶族文化的精髓，从小培养学生们有着一种热爱自己的民族，而且尊重其他民族的热忱之心。只有首先做到爱自己的民族，才能爱国家。

教师B：虽然我们生长在少数民族地区，但其实在编写这部教材之前，我们当中很多人对瑶族的历史了解都不够。对我们来说，就只是一个和地域相关的的名词而已。我们很忧虑，也许不久的将来我们只能看到一些和汉族没什么两样的瑶族人，除了户口本上民族成分不同以外，和汉族甚至其他少数民族之间都不存在区别。我国是多民族国家，各民族有着独特的文化，这是一笔巨大的财富，我们有责任去保留、去发扬。我曾经看到一篇谈论乡土教材的文章上写着这么一句话："即使不能存亡续绝，也要让个性的旗帜更久一些飘扬。"所以积极推进乡土文化教育是我们教育工作者义不容辞的责任。

总的来说，瑶族乡土教材的开发在我们学校来说是首例，我们老师自身的知识技能水平也比较低，时间上不够充裕，都是利用课余时间编写教材。与此同时，资源也有限，缺少可以借鉴的成功开发模式，听说县一中最近开发了一本校本课程，我们就马上拿了过来。由于他们也是第一次开发，所以可以传授的经验相当有限，以致现在的教材存在一些不完善的地方。但这次编写教材的经历，对我们教师来说是一个很大的锻炼，以前我们都是按照固定的教材写教案、教学，如今可以自己编写教材，自己选择教学内容，感觉教师的自主性提高了，很有成就感。

教师 C：我们的教育对象是小学生，他们的学习任务没有中学生那么繁重，在接触到瑶族文化这个新鲜的内容时，他们没有感觉到压力。而且我们的授课方式也很轻松，没有专门设立科目，考核主要通过一些比赛、课外活动的形式来调查学生的学习情况，所以他们对学习这些知识抱有一种好玩的心态。我记得在给学生讲瑶族服饰、住所的时候，学生马上就要求我带他们去实地观看。考虑到学生的要求，学校领导特意安排组织参观盘王殿，里面的博物馆不仅有对瑶族文化的文字说明，还陈列了瑶族男女的服饰、劳动工具、书籍等等。当然，毕竟现在的课程体系是以国家课程为主，如何把握好国家知识和地方知识的关系，好好将两者结合起来，这样才能达到预想的效果。

从以上访谈记录我们可以看出教师观点有以下特点：

认识上的统一。笔者所访谈的几位教师都是教材的编写者，同时也是教材的实施者。他们对乡土教材的使用持有比较积极的看法，对于乡土教材在学校教育中的作用达成了共识，皆认为乡土教材具有传承少数民族优秀传统文化的功能，认为乡土教材开发不仅能够丰富学生的视野、传承民族文化，对教师发展也是一个很好的契机。

实施中的谨慎。在教学过程中，教师们显得比较谨慎，这是由于初考（小学升初中考试）以及以后的中考还是以语文、数学等国家课程为主，学校教育中的课程评价制度在目前尚未发生根本性的改变，地方课程和校本课程在整个以国家知识为主的课程体系中仍然处于尴尬地位，如何处理好两者在学校教育里的关系，是所有教师面临的一个难题。

信息的缺乏。对广大少数民族地区来说，教育改革信息比较闭塞，很多学校都普遍缺乏可以利用的乡土教材开发理论和技术层面上的各种支持，再加上一些学校教师队伍的科研水平偏低，能力有限，学校教师在课程改革中仅能靠经验摸索，这必然影响到乡土教材开发的质量。

（3）家长眼中的乡土教材

以下是笔者对部分家长的访谈内容摘录：

家长A：我们家族到县城里生活已经几十年了。说实话，虽然是瑶族自治县，但我们说话用的是汉语，穿的也是现代服饰，现在一些生活习惯也和汉族人没什么区别。我们那个年代用的教材已经是全国统一的了，孩子领回来的教材没有任何少数民族的内容，我们瑶族的文化更不会在教材中体现出来。我们生活在以汉文化为主流的大环境，年龄小的时候不懂得珍惜自己的民族文化，长大再去拾回不仅缺少条件也缺少一份心境了。得知一小开发了瑶族乡土教材，我们作为家长很开心，学校能提供一个传承瑶文化的平台，从小就教会孩子认识自己的民族，喜欢自己的民族。现在，我家的孩子经常一回家就缠着我们，要我们给他说瑶族的故事。这些对我们也是一种启发，可以说是重燃了心中对自己民族的热爱。

家长B：虽然我们不是搞教育的，但我们也知道乡土教材对于学生的发展是好东西。现在唯一担心的是，会不会影响孩子其他主课的成绩。虽然我家的孩子目前还没出现成绩下滑的状况，这可能是因为小学的课程压力不大,即使有影响,也看不出来。但升入中学以后呢,特别是高中阶段,本来课程就非常繁重了,还要学乡土教材这些高考并不考核的内容,一是会影响考试内容的学习,二是乡土知识也掌握不了多好。如果这样的话,小学学的这些东西就只是暂时的。对孩子的长期乡土教育起不了太大作用。

家长观点主要呈现以下两个特点:

认识上的统一。在家长的眼中,并不反对乡土教材的实施,有些家长还非常支持沱江镇一小开发的《瑶文化进校园知识读本》,毕竟弘扬少数民族传统文化是大家一直以来的心声。

现实中的顾虑。家长B的担心可以说是普遍存在的,代表了相当一部分人的观点。在现实的教育评价体系下,国家的统编教材决定了学生初考、高考的主要内容,少数民族文化传承只是在近年来才引起社会的逐渐重视,社会影响力有限,乡土教材的使用究竟能走到哪一个层面还是值得深究的。

(4)民族精英眼中的乡土教材

笔者采访的民族精英有的是教育工作者,有的是公务员,也有的是政府部门的干部。他们对乡土教材都有着自己的看法。

A先生,瑶族,曾经是中学教师,现在是当地政府部门的一位干部,以下是他对乡土教材发展现状的分析:

> 随着城市化发展进程的加快,我们的乡土教材不断减少,它的推广也不如从前,我觉的这是一件大为遗憾的事。很多乡土教材也没有正式进入到学校课程当中去。造成这样的局面,我认为有几点原因:第一,现行的很多乡土教材开发在内容和形式上都过于传统。这样很容易导致乡土教材生存空间变得狭窄,使用率也不会高;第二,也是非常重要的直接原因,现在很多地区的

> 乡土教材开发及推广经费不足、人力稀缺，像我们这里是民族地区，又属于山区，交通不是很便利，条件算是比较艰苦，能力强的年轻人都到外地寻求发展，留不住人。乡土教材要本地人开发才是最好的，外面的专家再厉害毕竟没有当地人的那种乡土情结，编出来的教材会显得不伦不类。第三，乡土教材的内涵与外延目前还没有得到明确的界定，这影响了现行乡土教材的质量，影响了它的使用。
>
> 沱江镇一小开发的乡土教材虽然说还是稍显稚嫩，但教材编写者的付出很值得敬佩。所以，我感到很欣慰，在今天仍然有不少有识之士呼吁抢救、保护我们乡土教材，并且通过开发新的乡土教材来保护我们的民族文化，这不仅有利于传统文化的保护，也是抢救乡土教材的新路径。

B先生，瑶族，现在是基层教育部门的一位干部，以下是他对瑶族乡土教材开发的观点：

> 我国瑶族是一个历史悠久、文化灿烂的民族，这说明其有着丰富的教育价值，应该应用到学校教育里去。但是，现在我们地区的中小学都是采用主流文化（汉文化）为核心的课程体系，这就导致瑶族学生随着年龄增长越来越疏离自己的民族文化。现在有些瑶族连盘王节是什么日子都不记得了，能说瑶语的少之又少，更别提瑶族的历史、文化等等。
>
> 我们要意识到，在现在这个多元文化的大环境下，如何将瑶族文化的精髓融入到现行学校教育中去，是一个非常有意义的课题。乡土教材开发本身就是实现多元文化教育的很好的措施。近些年来，随着教育改革的推

进和教育理念的多元化，乡土教育受到越来越多人士的关注，而且很多地区已经将乡土教育的理念付诸实践，在乡土教材的编写、使用以及推广方面进行着许多有益的探索和尝试。据我所知，江华一中这两年开发了一本自己的乡土教材《弘扬瑶族精神传承瑶族文化》，今天手上拿着一小编制的这本《瑶文化进校园知识读本》，说明发展乡土教材的呼声已经蔓延到我们瑶族地区了，希望大家趁着现在的大好形势，多花心思，开发出一批刻着我们独特瑶族文化烙印的乡土教材。

C先生：瑶族，公务员。现在永州民委工作。他认为：

新课改政策实施以来，课程的部分主导权下放到了各级各类学校和教师手里，一下子涌现出了不少打着"乡土"名号的教师和专家，也出现了一系列以各地区乡土知识为基础内容的校本教材。这些教材的出现确实让人觉得耳目一新。但此后，当各个县市都开始推广标榜"家乡美"的乡土教材时，家长们就能明显感觉到这些教材的表面性。大多数乡土教材都只停留在悉数本地区、本民族的民间特产、景点、小吃等方面，是快餐文化的典型。像浙江大学社会科学研究院副院长周谷平认为："当务之急是把乡土教育提升到精神层面"。乡土教材在内容上，应集环保、文体、艺术、自然科学、社会调查、综合实践活动于一体，纵向延伸民族文化，横向结合各个学科领域；乡土教育不能单单局限于课堂上的讲授，应该让学生走出课堂、走出校园，到外面去实地感受乡土气息，对自己生长的地方有感性认识。另外，乡土教材的编写要争取吸纳一些教育界的有关专家、一些民间机构，甚至学校的教师和学生参与到乡土教材编写中来,并在此过程中形成互动。有了确实的乡土教材才能进行下一步的推广,这就可以通过学生社团,也可由民间组织出资或者通过向国内外的基金会申请获得。我国乡土教材的发展要尝试探索由学校、师生和NGO组织参与互动的教育模式。

D先生:瑶族,曾经是中学教师,现在是大学教师。他的看法是:

我觉得乡土教材主要是教授学生本乡本土的知识。但由于没有专门的课程载体,因此一直停留在教材的层面上。乡土教材的内容和目前课程体系中的校本课程的教材内容有一定的重合之处,因此也就依靠校本课程在正规学校的课程体系中有了一个生存的空间。目前很多学校都在搞校本教材,其内容很多都是关于本地的知识的,因此有关这内容的教材,我觉得也可称之为乡土教材,在这种意义上来讲,我觉得乡土教材虽然目前没有被正式纳入国家课程体系,处于边缘的位置,各地乡土教材开发的经验一直没有得到系统总结,这样,信息就没有办法共享,大家各做各的,没有形成一个科学、有效的模式,很多地方上有志于乡土教材建设的教师找不到可以依托和借鉴的模式,只能是摸着石头过河,乡土教材的发展很难有更大更高的突破。但我们还是要保持一个乐观的态度,通过与校本的融合,让乡土教材在课程体系中占有一席之地。

E先生:地方官员是当地政策的制定者和实施者,对乡土教材开发的发展尤为重要。笔者访谈了江华县政府的一位干部,他谈起瑶族乡土教材开发情况时说道:

乡土教材很早以前就有过，但实施的情况不太好。原因是多方面的：经费可以说是教育领域里长期存在的一个难点，经费欠缺直接影响着最本职的教育工作开展，不用说哪还有多余的经费来开发乡土教材。即使开发出来，能达到多高的质量，能多有效地应用到具体教学过程当中，这些都是需要我们考虑的现实。我县的县治条例中有关教育问题的政策里面没有提及到乡土知识推广等方面的内容，所以要大规模、高效率、高质量地建设乡土教材是"纸上谈兵"。县一中和沱江镇一小先后开发了自己的乡土教材，这得到了我县政府部门的关注和关心。相关部门还给予了适当的物质支持，比如：县教育局为了沱江镇一小的瑶文化进校园活动顺利开展，专门提供三万元的拨款。所以，我们应持续保持这股热情，开发出一批体现瑶族文化精髓的优秀乡土教材，为我们的后人留下一笔巨大的精神财富。

民族精英主要观点：

乡土教材的实施存在一定的客观困难。乡土教材虽然存在着一定的发展空间，但是没有被正式纳入国家课程体系，处于边缘的位置，某种程度上缺少一定的实施保障。另外，民族地区的乡土教材开发还存在经费不足的特殊问题，其发展难免受阻。

乡土教材在试用中不断完善。我国乡土教材尽管经历了百年的演变，但是至今仍没有完整的理论建构，缺少可以依托和借鉴的成功模式。许多乡土教材开发在内容和形式上都过于传统，开发质量的提高尚需时日。《瑶文化进校园知识读本》的开发经过一段时间的试用之后，学校还需要对它进行修改、完善，包括实施乡土教材的途径、方法，使乡土教材在今后能更好地满足乡土教育和民族文化传承的需要。

乡土教材的开发具有十分重要的意义，应该努力做得更好。瑶族精英的想法大致相同，他们认为乡土教材是推行多元文化融合的有效措施，应该得到有效的发展，要争取到有关部门和专业人士的大力扶持。不仅要把乡土教材做大更要做好，这不仅需要在乡土教材编写形式、内容等方面下功夫，而且如何在我国基础教育领域里真真正正开创一片属于乡土教材的天地更值得我们思考。当地相关部门的认识是解决这一系列问题的关键。

4. 实施成效

沱江镇一小积极开展《瑶文化进校园知识读本》教学活动，迄今已有两年多的时间。该校的"瑶族文化进校园"暨乡土教材的教学与实践活动引起了国内著名瑶学专家的关注，得到了各级领导的重视和许多部门的支持。在2006年的瑶学年会上，广西瑶学会会长张有隽教授给予了高度评价，县政协开展了视察沱江镇一小瑶文化进校园活动，县领导蒙长清、李家登、周生来等同志多次到校视察工作，县民宗局、文化局、教育局领导也多次来该校专题研究和指导工作。沱江镇一小还邀请了相关领导、专家在沱江镇一小召开"瑶文化进校园"座谈会，争取到了他们的关心和支持。

沱江镇一小近两年的乡土教材开发工作来不仅得到了各界人士的肯定，还取得了不少的奖项。该校以"开发和利用瑶文化资源"为目标先后成功申报了语文和数学两个省级课题，并在中期评估中均得一等奖。2008年11月，一小的语文课题作为优秀课题在省教科研究所进行了典型发言。另外，教材编写组的教师们在对乡土教材教学活动进行自我反思、总结经验的过程中，积极发表论文多篇，其中有7篇在省级竞赛获一等奖，6篇获二等奖，2篇获三等奖。因此，乡土教材的开发为学校老师们提供了更多提升自我的平台。同样，老师们也在开发乡土教材，促进瑶文化在沱江镇一小的传承方面发挥了重要的作用。

二、调查的启示与收获

所谓"乡土",是指人们出生和成长的地方,即指家乡。学校使用乡土教材不仅可以培养学生爱国主义思想,还可以增强学生的民族自尊心和自信心。通过对乡土教材的学习,能够使学生更亲身感受家乡的文化、特点,了解家乡的历史、现状以及未来。

(一)《瑶文化进校园知识读本》的编写特点

从该读本内容的选择上,可以看出编者经过了一番精心的编排。瑶族的饮食、建筑、风景名胜、歌舞,这些内容蕴含着丰富的美育因素,让学生深深的体会到家乡、民族的可爱之处,增强了学生对家乡和民族的热爱。而瑶族英雄故事和历史人物事迹,这些可以消除民族自卑性,提高民族自信心。

此读本是在相关的资料文献基础上改编而成的。考虑到该读本的对象是小学生,编者对于原文献上某些过于"地方化"的叙述进行了规范;对于学术性较强的语言进行了简化;对于过于抽象的内容配以插图。这些能提高学生的学习积极性和趣味性。

(二)对《瑶文化进校园知识读本》的建议

1. 必须认识到学生是不可忽略的课程资源

从笔者个人的认识来说,乡土是学生出生、成长的地方,是人与环境相互影响,产生情感关系的地方。乡土教材开发的重点在于协调人与环境的关系,它是情感重于知识和技能的教材。乡土教材的学习不是简单的乡土知识的"灌输",它所涵盖的文化内涵不是依靠死记硬背就能领悟到的。所以,学生应该亲身参与到乡土教材编写。有学者特别指出了儿童作为"资源人"的价值和作用,他们有自己的需要、兴趣,有着自己独特的经验、潜能，这些本身就是一种教材开发的资源。儿童不仅希望得到，更渴望给予。因此，学生是教材编写过程中不可忽略的资源，我们应该从学生的需要来开发和设计乡土教材。

2. 应当注重乡土教材开发过程中教师的专业发展

乡土教材开发的成功有赖于教师真诚参与的意愿。实际上，教师是最为重要的课程资源。教师需要从过去在课程开发中仅仅是被动执行者的角色，转变为在课程开发中承担积极的课程决策者、设计者、执行者和评价者的角色。

我们在调查中了解到，大多数教师都愿意参与乡土教材开发，但却缺乏与乡土教材开发有关的专业能力。对教师来说，参与乡土教材开发的过程，也就是其专业能力提高的过程。在乡土教材或校本课程开发中，教师的决策审议、合作本身就是养成其课程决策技术能力、人际合作能力的过程，并不是要具备了专业能力才能进行课程开发。[1]

在少数民族地区的课程改革中，教师不仅是课程的实施者，更应该是课程开发的研究者、参与者。沱江镇一小的乡土教材开发个案表明，教师可以从乡土教材开发活动中学习并互相支持，提高教材编写的能力，从而促进其专业发展。因此，乡土教材的开发，不仅仅是指教材本身的编写、使用和推广，更重要的是促使参与其中的教师们能够获得专业发展方面的真正进步。

3. 需要建立学校乡土教材网络资源库，加大乡土教材的推广与应用

笔者在检索乡土教材的研究文献中发现，乡土教材开发迄今已有百年历史，但还没有专家、学者对乡土教材进行全面、系统的研究，乡土教材的内涵与外延至今都没有得到明确的界定。此外，各地乡土教材开发的经验一直以来也都没有得到很好的

---

[1]《教育部人文社会科学重点研究基地华东师范大学课程与教学研究所——工作简报》，2002. 第二季度.

总结。

笔者认为,为了今后乡土教材开发工作能够持续、科学地开展,有必要建立地方性的学校乡土教材网络资源库,主要对乡土教材开发过程中所获得的各种教材资源进行资料化、信息化,使教材开发工作更加系统、完善。同时,学校乡土教材网络资源库的建立,也有利于其他有志于乡土教材开发的人士相互参考、交流,为实现乡土教材资源共享以及成果的推广与应用提供一个良好的平台。

(三) 小结

爱民族、恋乡土的绵绵情愫,是中华民族爱国主义传统的一个重要组成部分。正如苏联无产阶级革命家加里宁说过:"爱国主义教育,是从深入认识自己的故乡开始的。"因此,大力开展乡土教材的使用,不仅是时代的亟需,也是教育工作者的职责。通过对乡土教材的学习,使人们了解到孕育我们的这块土地曾涌现出多少英雄儿女,展现过多少多姿多彩、波澜壮阔的历史画卷。只有对我们的历史有着清晰的认识,我们爱祖国、爱民族、爱故里的感情,才会更炽烈、更坚定、更理性。

(陈 倩)

湖南省汝城县乡土教材调查疏介

一、湖南省郴州市汝城县简介

汝城县位于湖南省的东南端,地处南岭山脉与罗霄山脉的交接处,是湘、粤、赣三省交界之地,106国道和省道1803、1859

线横贯境内,东邻江西省崇义县,南连广东省仁化县、乐昌市,西接湖南省宜章县,北靠湖南省资兴市、桂东县,史称"内为衡(阳)宝(庆)门户,外扼赣粤咽喉"。有记载始见于春秋、战国时期,汝城为楚南边境地。

汝城县境内山岭陡峻,高差悬殊,气候的垂直变化和地域差异比较明显,具有立体气候的特色,属亚热带季风湿润气候区。主要特点是温暖湿润,热量丰富,雨量充沛,光照充足,春暖多变,夏无酷热,冬少严寒,无霜期长。

2002年底,全县总人口355784人,男女性别比为111:100;总人口中农村人口282670人,城镇人口73114人;非农业人口37164人,农业人口318620人。

汝城是一个多民族的县份,境内居住有汉、瑶、畲、侗、壮、苗、土家、傈僳、彝、回、布依、黎、白、京、维吾尔族等27个民族。少数民族中最多人口的为瑶族,占总人口的15.27%,其次为畲族,占总人口的0.24%。全县共有282种姓氏,其中以何氏人口最多,其次为朱、范、李三姓。

二、调查的主要过程及分析

2007年7月16号我回到家中便全面铺开了调研活动。

我先后用了一个星期的时间走访了县教育局、档案局、县第一中学、县城镇中学、县图书馆、县濂溪书院(为纪念周敦颐在本县为官期间所做贡献而兴建的一座秉承传播本地风俗、历史名人的仿古建纪念馆)及数个大小旧书馆和书店。在走访的机关单位中,我试着联系职位最高的负责人,比如书院院长、教育局局长及图书馆馆长等级别的管理层人士,力图寻找最权威的关于本县乡土教材的第一手资料,所幸得到了有关人员的理解,接受采访的人普遍对大学生进行回乡调查活动表示支持,但是对乡土教材这个议题比较陌生。

（一）表现

1. 多数有关人士不理解乡土教材这个概念，通过我的解释后能够正确理解的也不及一半。每走访一个单位，我都会利用分发调查问卷的间隙向当事人员了解乡土教材的认知基础，发现了解这个概念的人确实不多。

2. 书本资料不多。为了寻找我县历史上可能自编过的教材，我在得到馆长的特许之后翻阅了县图书馆绝大多数的从建国起的造册藏书，能跟题目贴近的寥寥无几，甚至找了新中国成立起至"文化大革命"时期的馆藏资料，均很少有自编教材，有的大部分是省里下发的文件。

3. 从问卷调查发现很多家长、老师和学生对乡土教材的认识模糊，极不重视。

4. 历史上乡土教材资料也相当匮乏。在调查过程中接触到了一些我县的元老级的文化界人物，他们可以说对我县的历史文化情况是最了解的一批人（其中不乏编撰《汝城县志》的人），他们对历史上自编教材的印象也相当模糊。

（二）原因分析

1. 从地域和文化历史方面找寻原因

我稍微查了一下我县文化历史，虽然文化名人不多，但是地属湘粤赣三省交汇处，人文环境不算太差，加上历史上曾有过周敦颐贬官于本县，曾兴起一阵程朱理学之风，老百姓普受教化，青少年教育程度属于中等偏上，已经极少出现有孩子到了适龄年龄还上不了学的现象。另外，地域氛围处群山环抱中，自古以来就有读书出山的民风。

但是文化教育产业需要强有力的经济文化交流的带动和推动，我县自古以来就明显缺乏带动、推动教育事业的经济文化交流机遇，这在很大程度上给县城想编书立传的文人带来阻碍。

2. 从目前教育制度和教育资源分配找原因

教育部门及有关部门普遍对乡土教材的赞同度和重视程度不够,这与当前学校教育只重视考试成绩而不重视学生综合素质发展有关。在国家统一应试教育大背景下,在我读书期间还作为初中毕业考试内容的乡土知识已经取消,由于不再与考试挂钩,所以从2003年开始曾经刊印发给中小学生的乡土教材《郴州历史》和《郴州地理》等系列教科书已经从中小学教材中消失。这与我了解到的国家教育部门所倡导的同中有异、乡土教材为统编教材之佐的政策相差甚远,甚至可以说是背道而驰。

有一个例外是,随资料一起搜集来的有一本我县本地文人编撰的《濂溪书院》,旨在介绍汝城县历史文化人才和纪念濂溪先生,传播乡土意识,这本书已经由政府拨款印发我县各小学,作为现阶段汝城县小学生的一个乡土读物。

三、调查收集到资料的主要内容

(一)《濂溪书院》

1. 该乡土教材产生的背景

出版于2005年9月,由政府出资,地方文化界人士(濂溪书院成员)编写。已经免费向我县中小学生发放,旨在让广大学子了解家乡的历史和文化。

2. 该乡土教材主要内容

主要介绍濂溪书院的概况、历史沿革、周敦颐在汝城、汝城县历代英才和一些古文。

3. 该乡土教材的使用范围、实际效果

在汝城县的各大中小学校(城镇小学、城镇中学、城南中学、县一中等)均有使用。作为课外教材,而不设为必修课程,因此没有考核方面的要求。

4. 存在问题

教材内容丰富，但是编撰者并非针对学生，而是为了宣传濂溪文化，因此这个教材难免生涩，其中艰深的古文让学生普遍难以读懂。

（二）《湖南辉煌五十年》

这是由湖南少儿出版社 1999 年出版的初中读本，完整地介绍了湖南的历史人文地理景观等，由于使用年代久远，具体使用效果已经不可考了。

结束语

在完成本次志愿任务中，深感国家应试教育对于中小学生思想的影响。学生没有足够的乡土意识，学校老师和校领导也不会投入到乡土教材建设之中。现阶段的乡土教育的任务，大多由一些文化人士承担，具有自发性和不系统性。因此，要完善乡土教育，任重而道远，研究和探索的道路也将漫长而艰辛。这不仅仅是要提倡，更需要从中央到地方的政策及资金的支持。

就乡土教材的建设我想提出几点建议：

首先，对其定义要明确，确立乡土教材在整个教育系统中发挥的功能以及对每个学生个体的积极作用，做到这一步的前提是需要有一大批极有专业素养的教育专家加入到研究队伍中来。

其次，要通过政策和制度使地方行政事业部门以及文化教育人士投入到该事业中来，可以在各地教育机关（具体到教材编撰组织）增设专门的编撰团队，系统地研究当地的历史、地理、文化概况，增强乡土教材的乡土特色。

再次，可以对国外的教育政策和体制进行研究和解读，以便借鉴在乡土方面成果显著的国家的先进经验。

图1　晚清及民国时期的国文教材

(朱　蕾)

怀化市乡土教材搜集调查报告

一、调查的主要过程

我于1月27日返乡,第一时间找到了沃溪镇金山中学的老师,从他们那儿得知,由于金山中学原来是一所子弟学校,所以在他们任教期间学校没有使用过乡土教材,而很久前用过的乡土教材,早已被作为废品处理了。

这时我又找到在该校就读的寄宿生,这些学生大多来自沅陵县内更为偏远的乡村。我得知大部分的寄宿生曾经使用过一本名为《怀化市乡土教材》的书。于是,我便跟随一名叫向文娟的同学来到她的家乡——楠木铺乡,在她就读过的楠木铺中学走访了一些老师,了解了一些当地的乡土教材的使用情况。

楠木铺乡位于沅陵县的东部,东与官庄镇相接。东西宽13公里,南北长25公里,总面积137.5平方公里。它是一个传统的农业乡。我先从沃溪镇乘车至官庄镇,从官庄至楠木铺乡有五十分钟的车程。

二、调查的主要内容

（一）教材的产生背景及内容

《怀化市乡土教材》是根据国家、省、市教委有关乡土教材文件精神和九年义务教育全日制初级中学《地理教学大纲》、《生物教学大纲》、《历史教学大纲》的要求，由怀化市教育科学研究所编写，由湖南科学技术出版社出版。

这套乡土教材突出介绍怀化市独特的自然环境，描述了本地的生态环境和土特产资源，叙述了发生在怀化市境内的重大历史事件，介绍了各个地区的景点以及历史上的著名人物。很显然，这是一套集历史、生物、地理、政治于一体的教材。让学生们了解自己生活的土地上所积淀的博大的文化，这里曾经出现过的优秀的人物，这里发生过的鲜为人知的事情。

（二）教材的使用情况

《怀化市乡土教材》供全市的初中生使用，它被列入了怀化市初中毕业会考内容。这本教材使用时间从2001年至2005年，之后便改用了由湖南教育出版社出版的《湖南地方文化常识》。

《湖南地方文化常识》则是一本放眼湖南省全境，着重介绍湖南的气候环境、自然资源、风景名胜、历史文化的教材，因而它失去了突出的本乡色彩。

从为我提供教材的学生以及我访谈的老师的口中，我了解到，大部分学生对该书的学习持无所谓的态度，学习它的初衷仅仅是为了会考的需要，并非想更多地了解地方文化。此外，老师也并不是很重视这门课程的讲授，他们仅仅在考前将重点内容划出，作为备考之用。对该课程的轻视从他们处理课本教材的方式就可以看出来——有相当一部分学生早已将课本当作废品处理掉了。

(三) 存在的问题

该教材的编写结构非常合理,将怀化市的自然地理、历史古迹、文化名人、政治经济都囊括进来。但是大多数学生反映,这套教材的内容有些刻板,不生动。在我看来,这套教材是面向初中二年级的学生,而这些学生还都处在一个喜爱幻想的年龄,如果教材的内容过于死板,很容易让他们厌倦。而且,他们对外面的花花世界充满了好奇的心理,对他们而言,去大影院看一场美国大片也许更能提起胃口。所以,如果想让他们安于学习眼前这片熟悉的土地的文化知识,就得让课本生动起来。比如,适当地插入各个地方的一些奇特的民间故事,多给出一些好看的图片等等。

乡土教材的编写及使用,是要传承祖祖辈辈给我们留下来的文化遗产,增强同学对本土文化的了解与自豪感。但是一些人过于追求应试教育,这样就失去了乡土教材的教学意义。所以,当务之急是要加强乡土教材的宣传力度,让人们意识到学习这门课程的重要意义。

(四) 调查的收获与启示

笔者在整个教材的搜集过程中,遇到了不少困难。由于乡土教材的使用范围比较狭小,数量较少。另外,由于交通不便,再加上人们对它的重视程度不够,很多人用完教材后就将其当成废品处理掉,不容易搜集到。虽然有困难,但是随着搜集工作的深入,我逐渐喜欢上了这个工作。我开始意识到这项工作非凡的意义——也许自己正在为挽救一些面临危机的文化而尽自己的绵薄之力。

在调查中,我学到了不少东西,最大的收获就是更加了解自己的家乡。因为,如果在以前,当同学问及我怀化市有哪些风景名胜时,也许我就只能说出张家界,但自从做了这个调查之后,我能很自豪地说出许多关于怀化的历史故事,还有许多地方的风景和特产。这让我明白了,每个人的家乡都会有她的文化,正是这些文化故事熏陶了我们,无论我们以后走到哪,这些都是我们寻根的脉络,她总能唤醒我们灵魂深处的归宿意识。

在我们生活的全球化的今天,天下趋于大同,很多民族化、地方化的东西遭到人们的遗忘。孰不知,正是这些特色化的因素成为现今我们区别于另一个民族和群体的身份标志。而乡土教材源自民间,它实现了文化的多样性和教育的多样化。它作为本土文化的载体,往往涵盖了当地的历史沿革、自然地理、社会经济发展状况、宗教信仰、语言文化等等。所以,乡土教材不仅传承本土文化,而且还建立人们与本土的一种精神血缘联系,让人们有一种强烈的精神归属感。然而在我的搜集过程中,发现很多人对乡土教材持无所谓的态度。他们认为自己脚下的这片土地太熟悉不过了,所以理所当然地觉得乡土教材的学习没有必要。

(胡 蓉)

华北地区乡土教材调研报告

北京市顺义区乡土教材调查报告

乡土教材是指国家统编教材之外的所有教材,包括乡土教材、地方教材、校本、扫盲用书等各种补充读物和教参等。一般由学校、地方教育行政部门、NGO、热爱地方文化的民间人士等编写,内容包括具有地方特色的历史、地理、社会经济、民族习俗、宗教信仰、语言文化等。乡土教材具有本土性、生活性、实用性、趣味性等特征，可以增加学生对于家乡的了解和热爱，培养年轻一代对于家乡的深厚感情。

本次调查地点是顺义区，它位于北京市区的中东部、潮白河两岸，东邻平谷，北连怀柔、密云，西接昌平、朝阳，南临通州、河北省三河市。在春秋战国时期地属燕国，汉时属渔阳郡，唐初于此置顺州，明初改为顺义县。新中国成立后属河北省通州专区，1958年3月划归北京市。1998年3月经国务院批准，撤县设区，称顺义区。顺义平原面积广泛、水道丰富，气候温润怡人，有"京郊粮仓"的美誉，全区有包括回族、满族、朝鲜族在内的二十个少数民族。

本次对顺义的调查主要是针对初中阶段教材进行的，收获有：经北京市中小学地方教材审定委员会2005年初审通过，地质出版社出版，出版的《顺义生物（实验本）》（乔秀芹主编）、《顺义地理（实验本）》（卢凤琪主编）；北京教育科学研究院、基础教育教学研究中心编，北京地图出版社出版，1992年8月出版的北京市中学乡土教材（试用）《北京历史》；由刘殿钰主编，北京图书馆出版社出版，1999年5月出版的学校参考教材京畿丛书《顺义》。

一、调查过程

2009年2月4日到2月10日期间，我先后走访了顺义区图书馆、顺义区档案馆、中山街新华书店、顺义书城、图书音像城及多个旧书店。在顺义区图书馆，借阅了《潮白河畔的美丽传说》、《北京百科全书顺义卷》、《顺义古今》、《顺义县中小学教育教学管理文件汇编》、《北京百科全书·顺义篇》等书，但有关顺义的宣传书籍，全都不是教材。之后我又先后走访了顺义的图书城和书店，也没有发现相关的乡土教材。在顺义档案馆，相关工作人员告诉我，档案馆中人事档案和建筑档案比较丰富，虽然是爱国主义教育基地，但是目前还没有乡土教材的资料。

2月11日到2月16日，我深入到初中学生中，在一位初二学生家中收集到了经北京市中小学地方教材审定委员会2005年初审通过的《顺义地理》和《顺义生物》两本课程教材。在走访教师邵建新时，收集到了1992年版的北京市中学乡土教材（试用）《北京历史》以及1999年版的学校参考教材京畿丛书《顺义》。

2月17日及18日，在国家图书馆搜集到资料由《北京文史资料精选·顺义卷》。该书由北京出版社2006年9月出版，北京市政协文史资料委员会编。分觅古寻踪、教育化民、风雨如磬、红色堡垒、峥嵘岁月、英雄儿女、往事如歌、伟人足迹等几部分，是对各种介绍顺义的史料的汇编和精选。

二、教材分析

目前初中使用的乡土教材是经北京市中小学地方教材审定委员会2005年初审通过的《顺义生物》、《顺义地理》，内容细致详实，十分贴近学生的生活。《顺义地理》分三部分，第一章介绍顺义区的悠久历史和气候、地形地势；第二章介绍顺义的经济地理位置，在农、工、交通、制造业等方面，都占据着重要地位；第三章是科教及环保的介绍，展望未来。《顺义生物》主要分四部分包括顺义的植物、动物、真菌细菌和自然环境。两本书都是以活泼多样的方式呈现出来的，图文相配，生动有趣，融科学性、思想性、实践性和趣味性为一体，使学生们对周围环境产生好奇心和求知欲，在学习的同时，培养热爱家乡、建设家乡的情感。两本书的内容交相辉映，彼此之间有着紧密的联系，"地理"、"生物"均与日常生活息息相关，对于生活在农村的孩子来说，很多课程内容就在身边。

京畿丛书之《顺义》是教学参考教材，相对厚重，内容全面丰富，包括历史沿革、自然环境、风光景物、古址文物、历史事件、人物春秋、名镇史话、民风民俗、民间花会、传说轶事、本地特产、京郊之最等几部分。该书初版于1999年5月，在当时是相对翔实细致的，阐述了自然、历史、地方特色等顺义的历史和古今变迁，更多的侧重于对顺义文化和精神的探究，细数顺义发展中的每一个瞬间。全书能够关照到顺义基层的镇村，提高学生学习家乡知识的兴趣。但是比较于目前使用的乡土教材，此书没有提及顺义的经济地位和作用，也没有把顺义和北京的发展密切关联起来。

1992年出版的北京市中学乡土教材《北京历史》（试用）侧重于对古都北京历史发展的整体梳理，主要是按照时间顺序和重大历史事件进行编写的，分为古代篇、近代篇和现代篇，对古代都城政治地位进行追溯，对近代反侵略斗争进行描述以及对现代社会主义建设的反思和展望。整本书政治色彩浓厚，主要强调北京作为首都由古而今的政治发展历程，并没有给予各区县过多的笔墨，所以对于顺义乡土教材来说，意义不大。

三、思考与建议

北京由于其地理位置的特殊性，教材内容更多的侧重于整体的文化、政治、历史等，而北京本身包括18个区县，在地理、历史、经济等方面还是有着些许差别的，应当注重各区县本身的特色，比如通州的运河、密云的长城、顺义的"粮仓"等。所以，乡土教材还应当细致入微的进行编纂。在收集文本资料的过程中，可以清晰地看到顺义乡土教材的发展脉络，分类越来越细致，内容也越来越翔实，这是一个良好的发展趋势。

当务之急，我们应当考虑的是乡土教材的应用，在教材本身趣味性与知识性并存的情况下，学生的习得效果是最重要的。在走访师生的过程中我了解到，虽然实行了课程改革，但是随着分科日渐细化及劳动技术、书法、篆刻等科目内容的增加,学生的学习任务还是相对很重的。目前使用的乡土教材只是在学期末顺带提一下,在课堂上没有过多课时进行讲解,学生完全是凭兴趣看一下书而已。而已经毕业多年的同学再次拿起当年的初中课本大都会再一次阅读,感慨于乡土教材知识的丰富并为自己家乡而感到自豪,产生了一种初中课本若干年后再学习的怪现象。

对于可实行性的建议,地理、历史在初中都是副科,但是希望老师留好课后作业,规定同学分几次把乡土教材读完,在课堂上多联系本区县的特色进行讲解。

四、收获与启示

作为一名中央民族大学乡土教材收集的志愿者,我感到非常荣幸。在寒假期间,我走访了顺义区的很多地方,看到大量关于顺义的纸质书籍,也听到了许多鲜为人知的故事传说,使我在增加社会经验的同时,也对自己的故乡多了一份认识和热爱。

爱祖国应当从爱家乡开始,只有真正了解了养育了我们的这片沃土,才可能做到日后的胸怀天下,也只有从细微的生活中去观察和学习,才可能真正的去了解祖国的过去和现在。乡土教材给予我们的是启蒙的爱,是对家乡一草一木的深情,即便过了很多年,再一次拿起当初的课本,再一次重读当初的故事,我们仍会有很多的收获,因为随着年龄的增长、阅历的增加,对于脚下这方水土的情谊是与日俱增的,而无论走了多远,故乡的每个细节都是我们不能忘怀的珍贵记忆。

在调查中我看到,乡土教材虽然越来越翔实,越来越有趣味,但是它的利用率仍然很低。毕业后的我们明白了那些课本里的知识的珍贵,但是现在受教育的孩子却大多因繁重的学习与之擦肩而过。对北京郊区的学生来说,故乡不仅有故宫、长城、皇家园林,更有土生土长的民俗、民风和广阔的田野。有人曾说过,唯有乡土才是我们的根,因而对于当代大学生来说,保护和传承乡土知识是我们的责任和义务。

(张 佳)

天津市塘沽区乡土教材调查报告

一、关于乡土教材的编写背景

(一)《天津历史》

根据中学历史教学大纲关于"中国历史在完成教学大纲规定的教学任务以外,各省、自治区、直辖市可以自编地方乡土教材,补充教学"的规定,天津市教育教学研究室编写了《天津历史》这本乡土教材。

天津乡土历史内容丰富,但因课时有限,难以系统地教学,教师可选择有代表性的历史事件和历史人物作为通用历史教材的补充内容,分别插入有关章节讲授,并指导学生自学。

(二)《天津地理》

《天津地理》由天津市教育教学研究室1999年编写,是九年制义务教育七年级下学期使用的乡土教材统编教材。编写的指导思想是:突出反映天津地理环境的主要特点、社会经济发展的现状及可持续发展所面临的问题。激发学生热爱家乡、关心家乡的爱国情感和社会责任感,帮助学生认识协调人地关系和实现可持续发展的重大意义。

《天津地理》在内容的选取上注意引用新概念、新材料,尽量反映天津市近期的变化和未来的发展趋向。

《天津地理》在编写体例上既有重点地理知识的阐述，又有课堂活动设计，还有课下活动的安排。尽量体现地理知识学习与能力训练、观念教育和方法指导的统一。

编写《天津地理》参考的重要书目有：《1996年—2010年天津市城市总体规划图集》（天津市人民政府）；《天津市经济技术开发区发展报告》（天津市经济技术开发区计划统计局）；《1999年天津市环境状况公报》（天津市环境保护局）

（三）《社会》

小学《社会》乡土教材是由天津市教育教学研究室1996年编写的，根据国家教委1992年颁发的《社会教学大纲》要求，经天津市中小学教材使用委员会批准，供小学四年级试用的社会课乡土教材。

（四）《汉语拼音补充教材》

该乡土教材是由天津市教育教学研究室1988年编写的，目的在于适应本市"注音识字，提前读写"教学实验的需要，并且为一般学校的汉语拼音教学提供必要的补充训练内容，以提高汉语拼音教学质量。

"注音识字，提前读写"，实验学校以四省市联合编写的教材为基本教材，并补充使用这本教材的训练项目，从而使学生逐步学会直呼音节和默写音节。一般学校可以根据教学的需要和学生的实际适当补充这本教材中的部分训练项目。

（五）《健康教育》

此教材是由天津市教育教学研究室1988年编写的，目的是在中小学生中普及卫生知识，培养学生良好的卫生习惯和自我保健能力，降低学生常见病、多发病的发病率，促使学生身心健康成长，供各中小学在健康教育课中试用。

《健康教育》课本的编写，是以国家教育委员会有关文件精神为依据，内容力求做到系统性、知识性，并适合各年级学生的特点。需要说明的是，为保护学生视力，普及眼保健知识，已编写出版了《眼的保健知识》，所以关于眼的内容，未列入本课本。但眼的保健知识应作为健康教育课的一项教学内容。

二、乡土教材的使用范围、实际效果、存在的问题

此次所搜集到的乡土教材，主要供普通小学或初中使用，该阶段的学生负担较轻，可以有富余的时间学习与高考内容关系不大的知识，教材编写的内容比较适应当时学生的具体认知水平。但由于有些学校为提高重点科目的成绩，往往忽视乡土教材的教学，少讲甚至不讲，不仅造成资源的浪费，而且忽视了学生的全面发展，导致学生对家乡的事物不熟悉。

三、问题的对策建议

最根本的解决方法是改革教育体制，不能从初中甚至小学就开始"一切向高考让步"，对与高考无关的课程不予讲授。只有如此，才能使乡土教材得到最充分的利用。

（秦明玉）

河北省青龙满族自治县乡土教材调查报告

一、《科学种田》乡土教材主要内容

（一）《科学种田》乡土教材产生的背景

农村经济的发展，对农民的素质也提出了更高的要求。生产经营方式要改进，生产技术要更新，产品质量要提高，服务意识要加强，单一的课本知识已经不能适应现代社会的需求。所以1983年，青龙满族自治县开始探索在初中阶段渗透职教因素的改革实验，根据当地具体情况编写教材，开设专业技术课程。后来，为适应青龙满族自治县的产业结构调整，对原教材进行了改版，并把改版后的系列教材更名为劳动技术课教材。

（二）《科学种田》乡土教材主要内容

劳动技术课教材——《科学种田》的主编为刘丰，此外还有一些人本着"扎实基础、更新技术、实用实效、学以致用"的原则参与了该教材的编写工作。

该书主要介绍了适合当地发展的农村种植、养殖、林果以及相关的专业技术知识。全书共八章，42节，250页，内容包括：绪论、农业八字宪法、有机肥料、化学肥料、合理施肥、蔬菜的栽培技术、塑料大棚、中草药的栽培技术。每章节后都有"思考与练习"，不仅仅做到了老师授课、同学听课，还做到了师生互动，对培养农村人才起到了相当重要的作用。

（三）《科学种田》乡土教材的使用范围、实际效果

所搜集的乡土教材主要在河北省青龙满族自治县各初级中学的

初一、初二年级使用。应该说这些教材对处于农村的学校是必要的，因为各种条件，从农村走出去上大学的人在当时来说是非常少的，在学校掌握一定的专业技术对以后的发展是有一定帮助的。这样的课程教师的配备要求比较简单，而且不仅仅有教室，广阔的田野也是学生的第二课堂，教师可以在课上、课余时间带学生走出课堂。同时，这样的课程可以得到家长的认可，而且有部分家长拿出自己家的果树、土地供同学们实验，实际效果也是很好的。

（四）存在的问题及对策

虽然该教材已改版，但是因为各地都有自己的特色，并不完全一样，所以要想真正使乡土教材发挥作用，还要在修改上下一些功夫，使其更加具有实用性和针对性。在提高学生兴趣方面，应该多带学生深入实际，而不是纸上谈兵，这样既可以提高学生学习该课程的兴趣，又可以锻炼实际操作与运用能力。

还有一个很重要的问题就是：这种课程现在得不到学校的高度重视，只把这门课作为一门可上可不上的课，这就需要教育部门思考一下，我们为什么下大力气编写这些教材，而在实际运用中会出现这样的情况，到底是学校的问题、老师的问题，还是学生的问题？根据我回乡做的另一份调查结果显示，现在80%的农村人认为学一门技术才会有出路，而不是上大学，当然这也和我们国家的国情有关。

老师在教学上不能拘泥于课本，要从实际出发。如果总是照本宣科，那么必然无法调动学生对课程的兴趣。因此，当讲到一些内容的时候一定要结合实际，多结合本地的情况，这样学生知道得还多一些，才会更感兴趣。

（景玉利）

山西省乡土教材报告

一、调查的主要内容

(一)《山西历史文物》

1. 产生背景

该教材是为了落实《面向21世纪教育振兴行动计划》,推进素质教育,实现科教兴国,依据《山西省全日制普通高级中学任意选修课程指导纲要》,由山西省长治市第二中学教师郭金虎、李安虎于2000年编写的。山西省是文物大省,目前国家级文物保护单位56处、重点风景名胜区5处、历史名城5座、省级文物保护单位413处、风景名胜区5处、市县文物保护单位3215处、地面文物古迹31401处。该书对山西历史文物的讲解可增加学生的历史文物知识,增进对自己的家乡的了解,增强学生文物保护意识,对促进山西省考古、旅游事业的发展有重大意义。

2. 主要内容

该书共有十五章、三个附录,十五章按文物种类编排分别为石器、陶器、俑、瓷器、青铜器、壁画、石窟艺术、玉器、金代官印、铜镜、钱范、车马坑、古代建筑、彩绘泥塑。三个附录分别为山西省文物保护名录、山西省实施《中华人民共和国文物保护法》办法、西周年代学研究。在每一章中作者对各时代、各地区该类文物进行了详细描述,并配有图片。

3. 适用范围与实际效果

该书主要供山西省内高中选修课使用。教师普遍认为该教材宣传了本省的传统文化,具有很大的教育意义。但家长普遍认为该教材对高考没什么实际作用,不学也罢。部分学生认为通过学习了解了家乡的悠久历史和历史文物,知道了在自己身边还有如此多的遗址,感到很有意思;但有些学生认为很无聊,教材排版较枯燥,不想看。

4. 对策建议

乡土教材的编写要贴近生活,让学生感到所学知识就在他的身边。老师讲解时应贴近现实,多提一些学生熟知的地名和事情,使学生感到乡土教材的独有乐趣。学生在学习时不应带有升学的功利色彩,而且应适时地搞一些实践性学习(实地调查、参观等)。

(二)《山西乡土教材美术(一年级)》和《山西乡土教材美术(二年级)》

1. 产生背景

本书是根据《九年义务教育全日制小学美术教学大纲》中关于"要按10%—20%的课时比例补充乡土教材,以反映当地社会和经济发展的实际。"的要求,作为人教版美术教材的补充而编写的,供山西省小学生使用。该教材是由山西省教委教材编审委员会、山西省教委教研室1994年编写的。本书结合山西省美术教育实际情况,面向全体学生,注重基础知识的学习和审美能力、创造能力的培养,力求通过各种与当地风土民情及生活特点相应的创造性活动,使学生多种能力得到和谐发展,在学习中增强学生民族自豪感,使学生更加热爱家乡。

2. 主要内容

该书一年级版共有十个章节,为民间玩具欣赏、山西儿童画欣赏、家乡的水果、山西民间家具等;二年级版共有十一个章节,为山西面塑欣赏、家乡的塔高又高、美丽的褐马鸡、塞北的雪、可爱的小动物等。每个章节中都有大量的图画,有少量文字简介或提出相应的问题引起学生兴趣,而且还留有作业(作业中不仅有画画,还有很多剪纸)。

3. 适用范围和实际效果:

两本书分别供小学一、二年级使用。在实际教学过程中学生对自己生活中常见的美术作品很感兴趣,老师也普遍感到效果较好。

4. 对策建议:

反映民间艺术的作品应更多地纳入学生的教材,这对开发和继承民间艺术有重要意义。

二、调查的收获与启示

在这次调查前,我只是从"中心"提供的资料中对乡土教材有一知半解的认识,对乡土教材的重要性和搜集的必要性的认识还不是很清楚,心里一直在"打鼓"。但调查后发现,原来我身边有那么多的乡土教材,这些教材内容贴近生活、贴近现实、生动有趣。更重要的是,乡土教材反映了地方特色,内含很多本地的传统文化。乡土教材还具有普遍的应用性,是名副其实的素质教育教材。当今的中小学教育过于僵化,将学生当成规格统一的商品来生产,而应试的压力使这一形势更加严峻。乡土教材的发掘、推广和应用,对于中国传统文化、地方特色文化得以继承发展,对于学生摆脱应试教育的桎梏和学会生活,有着重大的意义。

(崔鹏飞)

山西省太谷县乡土教材搜集调查报告

一、调查的主要过程及时间安排

1月26日—2月1日：搜集相关乡土教材资料、阅读文献；联系相关机构

2月14日—2月16日：到县政府、县志办、县教育局访问相关人员，并进行录音；进行问卷调查和整理

2月16日—2月18日：对搜集的教材进行整理研究

2月18日—2月20日：总结、撰写修改报告；制作PPT等。

二、调查的主要内容

（一）《金太谷》产生背景及编写宗旨、目的

为了贯彻落实《国务院关于基础教育改革与发展教育的决定》和《基础教育课程改革纲要（试行）》关于实行国家、地方、学校三级课程管理的要求，促进太谷县基础教育的管理和开发，依据《山西省地方课程管理指南》，太谷县教育局地方课程编写组特组织一线教师和有关人员编写了《金太谷》这套教材，从2003年春季起在太谷县各中小学开始使用。

本教材的编写以太谷的历史、文化、经济、社会、自然、环境等内容为主，在充分体现地域性、针对性、时代性、现实性、探究性和实践性的前提下，直接反映太谷县社会、经济、文化发展的需求。学习这套讲义目的在于帮助学生更好地了解家乡、认识家乡，进而激发热爱家乡、建设家乡的思想感情。

（二）教材编排及内容

本套教材共九册（小学六册、初中三册）。在此以初中七、八、九年级使用教材为例。

第一章，三晋大地的一颗明珠：分为七个小节，分别讲授太谷县优越的地理位置、行政区划、地理环境、气候、人口与人口问题、交通、自然资源。

第二章，太谷商业史略：分为四个小节，分别讲授商业史概述、曹家兴衰史、晋商后期代表——孔祥熙、员家及其他富商。

第三章，发展中的太谷旅游业：分为七小节，分别讲授无边寺、白塔、鼓楼、三多堂博物馆、孔祥熙宅院、圆智寺、天宁寺、净信寺、光化寺、龟龄山庄、梅苑山庄、住宅、花园、别墅及其他景点。

第四章，悠久的历史，灿烂的文化：分为六个小节，历史、太谷秧歌、面食、形意拳、书法绘画、民间艺术。

第五章，名扬全国的太谷特产：分为三节，分别讲授三晋名吃——太谷饼、中国国药——龟龄集、定坤丹、其他特产。

第六章，五年来取得的辉煌成就：分为六个小节，分别讲授太谷县的生产总值、农业、工业、基础设施、文教卫生、商贸旅游、民主法制。

第七章，太谷近代杰出人物：分为四节，分别讲授太谷早期的共产党员、抗日战争时期的英雄人物、解放战争时期的英雄人物。

第八章，蒸蒸日上的教育事业：分为八个小节，分别讲授了学前、小学、初中、高中、职业民办以及其他教育。

第九章，太谷的明天更美好：分为四节，分别讲授了农业科技、工业、城市建设及其他。

(三) 教材的特点

1. 运用最新、最准确的图文及数据资料;

2. 增加了研究性的学习的内容,如"动脑筋"、"做一做"、"课后调查"、"实践活动"等;

3. 体现了新课改的理念;

4. 图文并茂,趣味性、故事性较强,很好地激发了学生的学习兴趣;

5. 不仅注重知识的传授,而且注重情感态度和价值观的养成,充分挖掘和利用地方资源,教材具有较强的地方适应性。

本套教材初中三本书的封皮具有很强的地域特色和深远意义。七年级用书的封皮展现的是太谷县的标志性古代建筑——白塔(中国八大白塔之一)、鼓楼,体现了昔日太谷的辉煌;而八年级用书封皮展示了108国道的景象;九年级用书的封皮则勾画出了太谷的未来之景,展现出人们心中未来的太谷城。

(四) 教材的使用范围、实际效果

本教材的使用范围是山西省太谷县的小学、初中(如山西省太谷县师范附属小学、太谷县实验小学、东南街小学、太谷三中、明星中学、五中)。

通过对这套教材的副主编王根太(山西省太谷县教育局副局长)的深入访谈及对使用过这套教材的初中学生和老师的咨询,了解到本教材的实际使用效果有些不尽如人意。

首先,从学生角度看,由于这类教材只是对本城的一些泛泛介绍,一没有突破性,二没有吸引性;同时,这种课不需要考试,也没有作业之类的负担,与升学无关,其"重要性"远不如国家统编教材。

其次,学校没有专职教授乡土教材的教师,大部分都是兼职。如此一来,老师在认真负责本门课之外没有其他闲余时间考虑如何教授乡土教材，且大多数教师本身也不大会重视这类教材的讲授，导致乡土教材的课时安排不合理。有时还会发生这种情况：如果是数学老师兼讲乡土教材，那么这门课很有可能变成数学课或数学自习课；相同地，如果是其他科的老师上这门课，那么结果也会如出一辙。

此外，学生家长以及一些社会人士认为这类教材纯粹是教委、学校乱收钱的幌子，既浪费纸张，又不能起到教育学生的实际作用，和子女升学以及将来都无任何关系……于是怨声连连。笔者上小学和初中时父母及周围人也有过这类的言论。

（五）教材存在的问题及相应对策建议

1. 小学与初中内容基本一致，造成重复

笔者从教材主编之一王根太局长的访谈中了解到：《金太谷》小学版（六册）与初中版（三册）内容并无差异，只是小学的略为简易，较为细化，初中的较为综合。这样的结果只会让学生及家长觉得厌倦，同样的东西要学两次，既浪费时间又浪费金钱。据此，我认为有两种解决方案。第一种是把内容进一步细化，较为简单的，儿童易于接受和记忆的放在小学版，难一些的编入初中册。但必须以《金太谷》在时间和空间方面都扩展深化内容为前提。第二种是只在小学教育中运用这个教材，使学生自年幼时形成根深蒂固的乡土观念；而在初中时则不必硬性应用于教学，可改为课外实践活动的题材，学生可将小学中自己感兴趣的内容在初中进行实践，回自己村、乡、镇甚至自己家中进行调查。

2. 课时安排欠佳

据了解，该教材的教授课时安排欠佳，教授课时不足。人们普遍有这种质疑：与学生升学密切相关的国家统编教材已经让学生喘不过气来了，如果乡土教材再要求学生更多的话，那学生的负担岂不会太重？而实际上这两者并不矛盾，应正确处理好统编教材与乡土教材之间的关系。

3. 启发思考性问题过于简单或不符实际

每章每小节后面的"活动与研究"的问题有的过于简单,宽泛;有的与家乡建设无甚关系……相比之下,镶嵌在行文之中的"动脑筋"就要好很多,既能长知识,又具有启发性。

三、调查的收获与启示

通过这次回乡搜集乡土教材的实践活动,让我受益匪浅。无论是去教育局、县政府县志办、图书馆、档案馆、中小学校进行访问,还是在亲朋好友家中找寻乡土教材,抑或是在与使用过这套教材的初中生以及老师的交谈中,及在自己的认真阅读分析中,不仅让我深入了解了自己家乡乡土教材的现状,也让我锻炼了社交能力和分析能力。同时,更让我了解到了乡土文化的重要性,激发了自己对建设家乡的热情。当然,在搜集过程中也遇到了一些挫折,这些挫折锻炼了我在面对困难时解决问题的能力。

四、结 语

18世纪,法国思想家卢梭和瑞士教育家裴斯泰洛齐就曾主张教给儿童以乡土地理知识。后来一些教育家把乡土教材逐步扩大到乡土历史、乡土社会、乡土自然、乡土文学等等。回顾乡土教材的历史,我们看到它经历了一段很长的时间,发展至今,它经历了怎样的变化和发展,是许多学者一直深思的问题。教育家徐特立就曾经十分强调乡土教材的重要性和必要性。他认为:"最原始的、最基本的、最唯物的教材,就是乡土教材。"他说:"哪怕是一个小村子,抬头看,就有人,低头看,就有地。这虽然是局部的大地,而把它作为教学上研究的出发点,就已经足够了。尤其是与学者的生活有直接利害关系的地方,不独易于认识,而且能认识得特别深刻。"徐特立还进一步指出乡土教材对于教学的重要意义。他说："教学最好是从实地实物的观察入手，这就要把乡村和学校周围的事物补充到一般的教科书里去，使教科书与学者生活联系起来，使学者能够对教科书进行批判，给以删削与补充。"

2003年，教育部颁布条例，允许各地自己开发本土教材，就是俗称的"乡土教材"，许多教育界人士和民间机构，迅速进入这个领域。"乡土教材是对'大一统'教育模式的质疑和改造"，是"对正规教材的反思和挑战"。它关注的重点是乡土的历史和文化。中国是一个幅员辽阔的大国，有着丰富多彩的地方文化和不同民族传统的历史文化，但这些都在慢慢地消失。在全球化这样一个大背景下，我们迷失了方向，找不到民族的、国家的根。所幸的是，乡土教材的出现，不仅仅是增加学生对一些乡土的了解，更主要的是建立他和乡土的精神血缘联系，揭开了教育改革的序幕。

但是，改革毕竟不会是一帆风顺的，总会伴随着各个方面的问题。在城市化背景下，乡土的概念包含哪些因素？乡土教材究竟适合在哪些地区做？要不要展示一个动态的过程？抑或是只介绍过去的传统？要不要承载"公民"的元素？还有，当我们离开家乡，家乡对我们的精神有什么影响？另外，乡土教材与统编教材存在着重复问题，以及难易、深浅、体系等方面的差异，如何处理这二者之间的关系……

当然，这些只是问题中的一部分，但解决起来也需要一个很长的过程。乡土教材的生命力在于民间的自发成长，在于文化多样性和教育多元化，需要以富于时代气息的现代观念作保证。同时，若要在一夕之间改变当下的教育观念，让习惯在单一价值观下生活的国人充分接受教育多元化，还需要一段时间，需要做一些工作。但可以毫不夸张地说，乡土教材是靠小项目来表达大理念，是打破大一统教材格局的利器，是教育改革的破冰之举。

对此，我认为，乡土教材的编写应该确立为乡村需求服务的意识,不能完全是传统的民俗、地域文化,必须立足当今的乡村生活,只有考虑到学生将来的生存与发展,才能让学生对教材产生兴趣,愿乡土教材的未来之路能越走越好,发挥出其重要的作用。

(郭 希)

关于内蒙古地区乡土教材应用与认识的调查报告

乡土教育作为学校教育的有机补充,担负着向下一代传授优秀传统文化的重任。乡土教育的内容主要通过乡土教材来体现,乡土教材建设的状况不但能够反映乡土教育发展的程度,而且还可以直接反映一个国家对其传统文化的重视程度。进入21世纪之后,各个国家将教育作为国家发展的最大动力,由此在世界范围内开始了新一轮的教育改革热潮。我国从20世纪80年代开始对教育进行了几次重大改革,随着我国整体教育的不断深入,乡土教育再一次开始受到重视,各地区纷纷从本地区实际出发建设了大量的乡土教材。而各地区在建设乡土教材的过程中缺乏有效的指导,因为到目前为止,在我国无论是教育部还是学界都尚未对各地区建设的乡土教材进行集中研究,所以也就缺乏统一的有效指导。

通过对教育史的研究发现,我国乡土教材的建设由来已久,早在晚清时期就已经开始出现了系统的乡土教材,百年来我国乡土教材建设的过程如何,还难以细查,及这期间我国乡土教材经历了何种演变、乡土教材中所反映的优秀传统文化如何等等问题均需要我们去研究。从文化保护的角度来看,乡土教材蕴含了深厚的民族传统文化,具有非常广泛深厚的大众基础,而且与广大劳动人民的生产生活密切联系甚至得到融合，所以，每个民族的传统文化在本民族的生存和发展中发挥着极其重要的作用。与国家主义课程中文化的传承方式有所不同，乡土教材并没有纳入课程体系中，多以补充的形式进行，其传承很难有效保证。如果我们不进行及时收集、有效保护，那么许多前辈用毕生心血开发出来的乡土教材可能将永远消失，民族文化的某些内容即使是具有现实价值，也不可避免地会消亡。从某种意义上来看，这种消亡意味着民族个性、民族特征的消亡，意味着文化多样性的潜在消失。所以收集、抢救和保护民国以来的乡土教材，特别是民国时期的乡土教材意义重大。

  从现状来看，由于政府鼓励各地区根据本地经济、文化发展需要，编写地方乡土教材，所以大量的乡土教材应运而生，缺乏交流和沟通，所以很有必要提供一个展示、交流、研究的平台，而且各地乡土教材的编辑都处于摸索中，都在积累自己的编纂经验，缺乏有效经验的支持，迄今为止还没有以经济文化类型理论为指导的，为乡土教材编写提供可参考的经验模式。正因为如此，从保护、继承、发扬优秀传统文化的需要出发，为了收集、开发我国乡土教材资源、保护与传承我国传统文化，并为我国乡土教材提供资源和研究平台，达到资源共享，提供乡土教材编写的成功经验，推动我国乡土教材的建设、教育本土化发展，我们认为成立我国乡土教材收集与研究中心，系统研究乡土教材，是非常必要的，它不仅具有明显的现实意义，而且还具有重要的理论建设价值。

  乡土教材作为本土文化和传统文化的有机组成部分，主要指向教育领域。尽管乡土教材在总体上经历了百余年的发展历程，然而，其发展历程并不顺利，同时其现实地位并不十分明确，无论在教育研究领域还是在传统文化研究领域，乡土教材一直是个鲜有人问津的课题。而实际上一个国家的乡土教材不但能够很好的反映其乡土教育发展的理念，而且还可以直接反映一个国家对其传统文化的重视程度。乡土教材在我国已有百余年的发展历程,它与学校教育的其他教育内容一同担负着向下一代传授科学知识和优秀传统文化的重任。如果说20世纪中国社会的现代化建设尚处缓慢阶段,那么进入21世纪后我国现代化建设已是走上快车道,这就意味着我国延续几千年的农业社会结构将逐渐被城市化的现代化社会结构所代替。社会文明由农业社会进入工业社会,社会结构由农村过渡到城市。这一过程的到来是不可避免的,也是历史发展的必然。进入21世纪之后,各个国家都将教育作为国家发展的最大动力,各个国家都在进行教育改革,我国也面临着教育改革的问题,也有教育改革的需要,那么在我国教育改革过程中将乡土教材置于何地?乡土教材往何处去?当今的国人对乡土教材有哪些看法?带着这些问题笔者在内蒙古地区进行了一项调查,也进行了一系列的访谈工作。

一、内蒙古地区乡土教材调研

2007年10月中下旬至12月底,笔者就内蒙古地区对乡土教材的应用与认识问题,在内蒙古地区呼和浩特市、锡林郭勒盟、阿拉善盟、呼伦贝尔市等地进行了调查研究,调查主要采用问卷访谈的形式,调查访谈对象为各盟市教育行政官员、教师、学生、家长等,地点为区教育厅、出版社,盟、市、县教育局、大学、中学、小学及幼儿园,调查访谈的主要内容是对乡土教材的认识及应用问题。

本次的问卷调查涉及面比较广,涉及了汉族和少数民族,不同学历的学生和教师、家长等等。此次的调查问卷主要是针对乡土教材的应用与认识以及乡土教材和乡土教育的一系列问题,共三十个问题。从此次调查的结果来看,很多人对乡土教材的了解都很肤浅,或许说都不知道,还有一部分人一问什么是乡土教材,都没听过,或仅仅是听过名字,当问到对家乡的乡土文化了解程度时,很多人都对一些关于家乡的政治经济、历史不怎么知道。当采访到一些同学时,他们回答说都很少会去翻阅乡土教材,认为那不是主科,和考试成绩无关,许多家长也都有这种看法。但令人欣慰的是他们都表示要好好的保护这一种本地区本民族的传统文化。

(一) 相关调查

1. 对学生的调查。在对学生的调查中了解到学校开设的乡土教材门类不多,早期的《内蒙古历史》、《内蒙古地理》等乡土教材已不使用,而中学以校本课程《工艺品制作》、《生态环境》、《实践劳动技术》等科课程居多,在使用过程中,学生对这类教材普遍比较感兴趣,并且教材的知识均非常实用(大多是当代中小学生甚至大学生所缺乏的技能),对这种类型的教材比较感兴趣,因为这些是很贴近他们生活环境的,让他们很有亲切感。像《我爱蒙古贞》这样的乡土教材,则在民族小学反响良好,为小学生树立了自豪感,也从自身的角度重温了历史,增加了人文气质。但大部分学校受应试教育的影响,乡土教材、乡土教育的实施受到阻碍。学校学生不重视,很多学校虽定了乡土教材,可没有专门的课,大多是让学生们自己阅读,因此有的学生干脆不读,或是从头到尾就根本没翻开过。

2. 对教师和家长的调查。在调查教师对乡土教育和乡土教材的认识及使用状况时,对于乡土教材学校和老师都不予重视,教材的课程安排都用于语文、数学等"主科",从而使得教材上"培养学生获取新知识的能力和分析问题解决问题的能力以及交流与合作的能力"等宗旨成为口号而未付诸实践。当问及为何不学习此类教材时,老师、学生和家长的答案普遍是"考试不考,学了白学"。有的家长也认为乡土教育有点多余,认为只要主科考试成绩好就行了,从根本上说,造成此问题的还是应试教育的体制。

3. 对教育行政官员的调查。教育官员对乡土教材的赞同度和重视程度严重缺乏，这与当前教育只重视应试成绩而缺乏对学生文化素质的全面提升的要求有关。有些官员认为开发、使用乡土教材是好事，但开发乡土教材谁来埋单是很难解决的问题。据调查得知，近年来教育系统不再推广这样的读物。甚至有教育局的领导说："推广乡土教材会滋生教育乱收费问题。"

4. 对其他人士的调查。在此次调查中，发现一些民间乡土教材的搜集爱好者和一些少数民族群众对乡土教材可谓很青睐，他们都说道："这是我们本土的东西，是祖宗传下来的，我们应该好好继承并把它发扬光大，这是我们本民族的根呀！"由此看出，广大的群众才是乡土教材的积极拥护者，他们仍在尽全力抢救乡土教材，这是令人高兴和欣慰的。

5. 对教材内容和教学的调查。大多教师认为乡土教材作为对统编教材的补充，其编写内容结合了地区的具体情况，并可通过对本地区学生教学情况的调研做及时的修改和修订，在最大程度上做到了融思想性、知识性、趣味性于一体。而乡土教材的出现和在课堂的讲授，又启迪了学生要做到知行合一，使得学习和实践的联系更加紧密，在书本知识的基础上进一步培养了学生的动手操作和探索发现的能力，很受学生欢迎。也有学生反映，有的教材的内容有些刻板，缺乏生动性。调查中，专门针对学时问题作了调查。从调查的情况来看，由于在初中升高中的学业水平考试中有用到这些课程，教师在教学上开始逐渐重视。但是由于所占分值不是太多，所以重视程度远远不够。而且这样的做法也大大影响了教学效果和学生的积极性。

6. 对民族学校的调查。内蒙古始终把民族教育作为整个教育事业的重要组成部分，专门设置了民族中小学建制，主要包括蒙古族学校（分蒙古语授课和汉语授课）、朝鲜族学校（分朝鲜语授课和汉语授课）、鄂伦春族学校、鄂温克族学校、达斡尔族学校、满族学校、回族学校等，保证了这些民族学校在传授科学文化知识的同时，能够充分发挥其传承和繁荣民族优秀传统文化的作用和功能。全区每一所民族学校都把加强"双语"教学作为重点工作，认真贯彻执行党和国家的教育方针政策，积极发展民族语言文字，为国家和自治区的经济建设及社会发展做出了应有贡献。每一所民族学校都开展了特色教育活动，牢固树立了以质量求生存、以特色求发展的理念，把特色学校建设作为立校兴校之本，更加明确了学校工作既担负着传授民族语文及科学文化知识的重任，更担负着传承和繁荣民族优秀传统文化的使命。所以，调查中发现有许多蒙语乡土教材，但多是用蒙语翻译义务教育课程标准试验教科书，版本也比较新，现在除了小学进行双语教学（蒙语和汉语）的学校会使用蒙语编写的乡土教材外，其他大多学校都使用国家统编教材。在中学只有初中地理的一部分课时使用乡土教材，其余各科也都是使用国家统一的教材。调查中发现，由于这些地区教育资源比较匮乏，缺乏多媒体等现代教学设备，乡土教学一般都只是文本教学，也不作为考试科目，所以学生的负担比较轻。教育教学改革增强了民族教育的社会适应性，全区民族中小学均实施了"双语"教学，部分师资力量较好的小学从三年级开设了"三语"课程。各高等院校在基本保证民族语言文字、民族历史、民族医学以及数、理、化等长线专业的同时，对这些专业进行了适度调整，并积极开辟新领域。在通辽市等地的一些民族学校调查时，曾看到过这样的场景：有社会人士的捐助，学校设立了蔬菜大棚。这些大棚不仅为学生提供了新鲜蔬菜，更是他们学习生物课的乡土课堂。教学相长，生活和学习相宜互补，让我们看到了民族教育独特的风景和全新的希望。

（二）存在问题

1. 关于乡土教材的认识等方面存在的问题

其一，人们对乡土教材概念和内涵的理解普遍不够，通过解释后能够正确认识的人数也不是很多，说明人们对乡土教材的认识上存在较大问题。

其二,对该方面的资料和情况普遍不了解。志愿者每走访一个单位,都会利用分发调查问卷的间隙通过访谈了解当事人员对乡土教材了解的程度,发现真正了解乡土教材的人并不多,其原因可能是多方面的。

其三,书本资料为数不多。为了收集各地区历史上自编过的乡土教材,志愿者们纷纷到各地区的图书馆的特藏馆、档案馆查阅,发现地方图书馆和档案馆所收藏的乡土教材很少。

其四,在问卷调查的结果中反映,不但很多家长对乡土教材不了解、不重视,而且许多老师和学生对乡土教材的认识也都模糊,甚至极不重视。

其五,乡土教材的资料相当匮乏。即使是对本地的历史文化情况最了解的文化界、教育界人物,对历史上自编教材的印象也相当模糊。

2. 关于乡土教材的使用方面存在的问题

其一,乡土教材的使用率不高。像在城区内某一小学,音乐美术教材是统编和乡土都使用,本身音乐美术课的课时就有限,还要用两套教材,乡土教材的使用率相对于统编教材低很多。

其二,乡土教材的内容不够丰富。内蒙乡土教材的编写处于起步阶段,还在摸索中,因此领域还局限在音乐、美术、母语学习方面。其实语言的学习是最需要了解其背后蕴藏的文化的。教材还应该涉及到内蒙的历史、地理等。另外虽然丽江以蒙族为主,但还有很多其他少数民族,乡土教材的编写不可以忽略对于兄弟民族的介绍,应逐步扩大乡土教材涉及面。

其三,乡土教材使用存在非连续性。目前使用的乡土教材主要是针对小学生的,小学生由于年龄、文化基础的限制,对民族文化的理解还比较浅显,然而到初中这种文化教育戛然而止。文化教育出现断层,这与编写乡土教材、传承民族文化背道而驰。而且随着年龄的增长,持续的文化教育会使学生对于民族文化的思考更加深入。

其四,乡土教学效果事倍功半。民族学校乡土教材的教学,教师、教材和学生的语言都不一致,虽然"教"和"学"都付出了辛苦的劳动,但教学效果仍然不佳。

(三)思考与建议

本次调查活动,让笔者初步了解到了内蒙古地区的乡土教材的现状,感到家乡的人民群众对乡土教材知道的甚少,进而对自己家乡的情况也知道的不多,这就暴露了乡土教育的力度不够,人们对乡土教材和教育的不重视。因此,我们应该重视乡土教材和教育,加大宣传和普及力度,加强乡土知识的传授,培养学生认识生活周遭环境和自主学习的能力,走进历史现场感受家乡深厚的文化积淀和先辈们的创造精神,通过这种认知和感受达到爱家乡、爱祖国的目的。笔者针对内蒙古乡土教材存在的问题,做如下思考与建议:

1. 政府、学校及学生都应当重视乡土教材的使用、教学及学习。扩大学校系统中校本课程的比例是我国教育改革的重要措施,而使用更多的乡土教材也就成为了必然。因此,社会各界都应当端正对待乡土教材的的态度,更好地编写、使用乡土教材,可在考试中增加乡土知识的比例,以提高教师、学生对课程的重视程度,使其真正成为为地方教育服务、为地方社会做贡献的有利工具。

2. 深入开展研究性学习,走进社区,感受乡土知识。通过研究性学习活动,让学生深入了解自己生活周遭的环境、历史与文化,加强对家乡的认同感,爱乡进而爱国,激发他们建设祖国每一寸土地的热情。"让民族文化进校园",继承和发扬内蒙文化传统。为了使内蒙的民族文化更加系统地在校园传播,引导学生在课余生活和文化活动中继承和发扬民族文化传统,可以采取师生共同阅读、共同研究的教学方式。

3. 乡土教材的编写主要是让学生学习乡土文化，教材一定要反映出本乡本土的文化现象、事实与规律，体现出明显的地域特征；乡土教材要综合反映出区域文化的各个方面，同时考虑内容之间的内在逻辑联系；乡土教材反映的内容一定要是本地区很有价值的，要客观挖掘出价值内涵。只有这样，才能真正使学生产生学习本地区知识的兴趣，而不会感觉到学不到什么东西。乡土教材的文字要生动有趣，要图文并茂，要增强趣味性，让学生爱读、想读，要贴近学生的社会经验和经历。

4. 采用先进的教学方式，遵照学生的个人意愿，引导学生的学习兴趣，让老师和学生都乐于学习乡土知识；教学过程中要利用同学们熟悉的家乡环境、故事、传说等激发大家对乡土知识的学习热情，让他们真正愿意学习，由被动地学习变为主动地去认识；有计划地组织专题讲座，进行实地教育；利用每年春秋郊游的机会，组织学生到室外实地参观，有助于激发他们的兴趣；结合知识特点，进行实践教学，如开展调查活动或者是举办各种乡土知识竞赛，提高学生学习乡土知识的兴趣；参观有关乡土知识的博物馆，通过实际的接触来了解更多的知识。

5. 在实施双语教育方面，应处理好蒙语文教学与汉语文教学的关系。应认识到在民族学校里，蒙、汉语文教学是相辅相成，互为补充，相互促进的。在实践中，应当有更多的适应少数民族教育的乡土教材得到使用和推广，真正为少数民族学生服务。

总之，通过对内蒙古乡土教材的调研，笔者看到了内蒙古地区乡土教材开发使用的情况，也看到了发展中存在的问题，进一步认识到了乡土教材的重要性。乡土教材的编写也是值得注重的问题之一，怎样编写出适合实际又能与国家统编教材基本接轨的乡土教材，是教育工作者努力的方向。为了使优秀的民族文化传承下去，需要更多人关注乡土教材。内蒙古乡土教材的发展任重道远，相信会有越来越多的人开始重视当地文化的传承及民族文化的保护,真正为教育的本土化而努力!

(李素梅　滕　星)

内蒙古通辽市乡土教材调查报告

一、调查过程

2009年寒假我来到自己的家乡——通辽市库伦旗库伦镇,进行乡土教材的搜集工作。为此我专门去了库伦旗图书馆、库伦旗第一中学图书馆,共搜到18本乡土教材。这些教材的主要内容涉及通辽市的历史、地理、人文、经济、宗教。

我首先去了库伦旗实验小学,通过与原实验小学校长扎木苏老师和新上任的赵玉林校长交谈,我发现乡土教材在实际中教学起到了重要作用。他们给我重点介绍了由通辽市教育教学研究室编写、通辽市蒙中印刷厂印制的《社会》,主编为李桂芝。两位老师都称这本书是乡土教材中编辑得不错的一本教材,内容比较全面,语言通俗易懂,小学生一看就能明白。加上丰富的图片说明,更能提高学生阅读本教材的浓厚兴趣。该教材主要是针对蒙古族学生,让更多的蒙古族学生了解自己的家乡,热爱自己的故土。

找到《社会》这本书之后,我又去了库伦第四中学,通过我父亲与库伦第四中学现任校长李满都拉老师取得联系,与他进行了数小时的交谈。他也热情的向我介绍了有关乡土教材的具体使用情况,并帮我找到了库伦旗第四中学用过的乡土教材《内蒙古自治区地理》,该书主编是赵秉诗,由内蒙古自治区教育厅教研室和中国地理出版社合编,内蒙古自治区地图制印院印刷,是初级中学使用的教材,主要讲述了内蒙古自治区的区位划分、地理位置、自然风光、丰富的资源、畜牧业、农业、林业以及经济交通旅游业。该书的地图和照片全部都是彩色的,看起来很美观,整个内蒙古各个盟市的具体内容尽在其中。此外,李校长还给我找到了《民族理论政策常识》,这本书主要讲述了生活在少数民族地区的少数民族具有哪些权利,怎样维护自己的合法权益等等问题。

二、调查内容——以《社会》为个案

(一)《社会》产生的背景

该教材的出版时间为1991年,供小学五年级学生用的。主编针对很多人都不知道自己家乡的人文地理、社会经济或知道的很模糊、很零碎等情况,组织通辽教研组编写了该教材。该书也提到了当今的世界话题——环保问题,在结尾部分着重讲述了环保知识。

(二)《社会》的主要内容

本书共六章:第一章:我的家乡通辽;第二章:有着悠久历史,勇敢的民族;第三章:大河好山;第四章:风光业绩,美好未来;第五章:奇异景观,珍贵资源;第六章:保护生态环境。

目录中我们不难看出,此书内容很全面,涉及的事件、人物也较多,从而增加本书的可读性与知识性。第一章介绍通辽市的地理位置、自然气候和通辽市的旗县组成部分;第二章讲述通辽市的历史背景、历史名人,用历史告诉每位通辽人,通辽是个人才辈出的风水宝地,作为通辽人应感到骄傲,并为通辽的未来而不懈努力;第三章叙述了整个通辽的地形、美丽西辽河平原、发达的西辽河水系;第四章告诉我们通辽有草原煤城,是内蒙粮仓；第五章讲述了通辽丰富的旅游资源，开发旅游业有很大发展潜力，并且有珍贵的历史文化资源，有大青沟保护区、库伦旗奈林稿苏木的辽代壁画、开鲁县境内的元代佛塔和位于奈曼旗境内的王府；第六章从保护生态环境的重要意义开始讲起，介绍环保知识，说明保护环境关系你我、关系下一代、关系全人类。

（三）《社会》的不足

该教材有众多优点，但也有一些缺憾。教材是小学五年级学生用的乡土教材，面临小学生升学这一重要阶段，同学们大都忙着看课本，没心思看乡土教材。虽然老师们再三提示该教材的重要意义，可同学们还是主要针对升学考试重点看自己的课本。教材安排的课时不够合理，从而很容易让人产生一种学校也不在乎的感觉。另外该教材的内容太过简单，不够细致；该教材是翻译本，在翻译的过程中出现一些错别字。

三、个人感触

通过本次调查我深刻体会到了乡土教材的重要性，乡土教材与课本有着密切的联系，也就是与普通教材有着密不可分的联系。乡土教材与统编教材共同对同学们产生重要影响，增加同学们的知识量。乡土教材《社会》在整个地理教学中最能体现"由近到远"、"从已知到未知"的教学原则，因为乡土地理教学的内容是学生日常生活中亲眼看到的具体的地理事物，建立在直观基础上的这些事物，在学生头脑中很容易形成具体的地理现象，对他们理解概念很有好处。乡土地理知识是学好地理的基础，有了这些知识，学生就便于理解新的地理知识了。例如：有山的地区可以结合当地的地理优势，向学生讲述山的概念，因为任何地方的山都有山麓、山坡和山峰；有河的地区则可讲河，因为任何一条河流都有上游、中游和下游。这样因势利导、因地制宜，学生就能从具体的事物形成最初的表象。学生们虽对本乡本土环境有所了解和接触,但往往是一知半解,互不联系,理解起来也不深刻。有了乡土教材的教学,在教师的指导下学习,就能形成比较完善、比较系统的知识,从而提高学生学习知识的浓厚兴趣,激发他们学习的积极性和主动性。如:在我的家乡有一座油湖芦泊水库,为了使学生认识其地理位置和作用,我带他们亲自去参观体验,收到了意想不到的效果,同时通过有计划、有组织的野外实践,增强了学生们对家乡的热爱。

(赖欣欣)

西北地区乡土教材调研报告

宁夏回族文化乡土教材开发的历史与现状

民族的发展,离不开教育。回顾历史,回族自产生以来就与教育结下了不解之缘,教育成为回族文化传承、发展的重要手段和途径。从唐代回族先民的家庭教育到元代的"回回国子学"、"回回国子监"、"蕃学"以及明末的经堂教育、清末民初的新式回民学校教育都反映了教育在民族文化尤其是宗教文化的发展中起着十分重要的作用。不可否认,回族是一个全民信仰伊斯兰教的民族,宗教是回族文化的核心标志,但是除了宗教文化之外,回族文化还包括服饰、音乐、美术、建筑、饮食等内容,他们与宗教文化同在,且直接影响并渗透在回族生活的方方面面。因此,回族文化传承不应仅仅是宗教文化的传承。乡土教材为我们提供了一个视角。

一、乡土教材概述

在我国，乡土教材并非新生事物，早在 1903 年，清政府在《奏定初等小学堂章程》中就写着：历史"尤当先讲乡土历史"，地理"尤当先讲乡土有关系之地理，以养成其爱乡土之心"，格致"宜由近而远，当先以乡土格致"。时至今日，乡土教材的发展已断断续续的走过了一百年的历程，而其之所以经久不衰，是由自身的特点决定的。顾名思义，乡土是一个空间概念，"地方性"是其主要特点。但作为学校教育的重要组成部分"教育性"则是其核心特点。也就是说，只有当"地方性"与"教育性"相结合的教学资源（包括教科书、教学辅助资料、音像制品、实物等）才可以称之为乡土教材。从范围和地位上来讲，乡土教材一直处于统编教材的补充位置，多指学校基础教育。但事实上，在乡土教材的发展历程中也出现了许多乡土成人教材、乡土职业技术教材、民族乡土教材，可见乡土教材的伸缩性和弹性所在。

根据内容，可以将乡土教材划分为单科乡土教材和综合乡土教材，如地理乡土教材、历史乡土教材等属于单科乡土教材；综合乡土教材则是几门学科相结合编制的乡土教材，如社会科乡土教材。民族是一个地方乡土内容的重要组成部分和特色所在，民族文化自然成为乡土教材的重要组成部分。因此，可以根据民族文化的类型大致将乡土教材的内容划分为普通的文化乡土教材和少数民族文化乡土教材两种类型。回族文化乡土教材则属于少数民族文化乡土教材之列。

回族文化乡土教材是民族性与地方性的结合。从民族性上讲，其内容涉及回族文化的方方面面，如音乐、民间艺术、体育、饮食、历史、地理、文学、人物等。但回族文化的地方性特征则较为复杂，从空间范围上讲，回族文化乡土教材的空间范围具有情境性和相对性。回族在中国的区域分布比较广泛，回族文化在整个中国的影响也是比较大的。中国共有1个回族自治区、2个回族自治州、11个回族自治县（包括与其他民族合称的自治县以及单独设立的回族自治县）。乡土教材具有地方性，但是回族大杂居、小聚居的居住特征致使各地的回族文化在差异性的基础上又具有一定的共通性，从某种程度上打破了乡土的地方性界限。从这个层次上讲，"民族"概念的空间范畴超越了"乡土"概念的空间范畴。但是，若局限于某个地区的回族文化研究时，回族文化又涵盖于一定的乡土文化之下。

二、宁夏乡土教材历史变迁

宁夏地处中国西北农耕文化与草原游牧文化之间的交错地带。历史上，宁夏地区行政归属多有变动。公元1368年，明朝把元宁夏路改为宁夏府，以后又设置了宁夏卫。清初，宁夏南北全境均属甘肃省，同心县以北的宁夏北部为甘肃宁夏府，南部则属甘肃固原直隶州、平凉府。1929年国民党政府在宁夏建省。1949年9月宁夏解放，仍沿袭原有宁夏省建制辖区不变，共辖1市（银川市）、2旗（额济纳旗和阿拉善旗）、13县（贺兰县、宁朔县、灵武县、平罗县、中卫县、中宁县、金积县、同心县、磴口县、陶乐县、永宁县、惠农县、盐池县）、1镇（吴忠镇，为县级镇）。1954年11月，宁夏省建制撤销，额济纳旗、阿拉善旗和磴口县归内蒙古自治区；其他市县则并入甘肃省，成立了甘肃省银川专署、甘肃省吴忠回族自治州。1958年10月25日正式成立宁夏回族自治区，原甘肃的西海固回族自治州及隆德、泾源县划入宁夏回族自治区管辖。现辖银川、石嘴山、吴忠、固原、中卫5个地级市，22个县（市、区）（其中包括：2个县级市、7个市辖区、11个县、1个县级移民开发区）。

时空特性是乡土教材的主要特征之一，而宁夏历史上地区行政归属的变动成为影响宁夏乡土教材开发与研究的重要原因之一。从清末至民国时期，中国乡土志书、乡土教材的编纂工作始终没有间断。但宁夏正式的乡土教材却一直没有出现。

1840年鸦片战争以后，阶级矛盾、民族矛盾不断激化，清政府面临内忧外患的局面。为了摆脱这种形势，洋务运动、维新运动相继在全国各地展开。光绪二十九年（1903）十一月，新出台的《癸卯学制》，历史、地理和格致三科内容均以乡土研究为中心。这一政策出台以后，许多国内教育界人士编写了一些乡土教科书和乡土教材，这些乡土教材大多采用课目体。这时的宁夏称宁夏府，隶属甘肃省管辖。在这段乡土志编纂热潮中，宁夏是缺席的。如王兴亮在《清末民初乡土志书的编纂和乡土教育》[①]中列表显示宁夏在清末和民国时期乡土志书的数量为零。

但这一时期，一批先进的回民知识分子在维新运动的影响下，著书立说、办学堂、创建《醒回篇》等，形成回民历史上的新文化教育运动，成为新式回民教育的"前奏曲"。这期间国民政府在中小学教育中并没有实行宗教与教育相分离的政策，一些中小学校开设了阿语课、蒙文课程，使用一些当地宗教界人士主编的教材，这些教材虽具有浓厚的宗教色彩，从严格意义上也不能称之为乡土教材，但为以后宁夏回族文化乡土教材在学校领域的产生开辟了历史空间。

抗日战争、解放战争时期，整个社会处于动荡之中，乡土教材的发展也陷入困境。与全国乡土教材发展态势相反，宁夏中小学校自编的乡土教材应用而生，其编写的主要目的在于解决学校教育经费紧张所造成的教材短缺现象。

在编写的内容上基本符合中国乡土教材开端时期的总体特征——以历史和地理为主要内容，如1942年左右编写的《绥远宁夏两省乡土地理》，是国立绥宁师范学校教师刘继志（又名刘

---

① 王兴亮：《清末民初乡土志书的编纂和乡土教育》，中国地方志，2004（2）。

希圣)、孔宪珂合编,边振方校订,主要内容为绪论(地理位置)、绥宁两省的沿革、绥宁两省之地形等。

1949年9月23日宁夏解放,仍沿袭原有建制辖区不变。1954年11月,宁夏省建制撤销,额济纳旗、阿拉善旗和磴口县归内蒙古自治区;其他市县则并入甘肃省,成立了甘肃省银川专署、甘肃省吴忠回族自治州。因此,在1957年,在《甘肃省乡土志稿》中可以看到一些关于今天宁夏固原、同心等地自然、地理、乡土人情的记录。这是因当时的行政归属,包含于甘肃的乡土志中。

1958年10月25日宁夏回族自治区正式成立,原甘肃的西海固回族自治州及隆德、泾源县划入宁夏回族自治区管辖。

1959年中共中央转发教育部党组《关于编写普通中小学和师范学校教材的意见》,指出:鉴于1958年底自编教材中存在问题,普通中小学教材应保证全国必要的统一性和应有水平,教育部负责制定中小学和师范学校的指导性教学大纲,编写通用教材供各地采用,地方可因地制宜作适当变动,并编写补充教材和乡土教材。响应这一文件精神,从1959年到1966年宁夏涌现出大量的地方自编教材,这些教材从名称上与一些统编教材一样,但在内容上却结合了宁夏的地方特色,并多与工农业实践相联系,带有强烈的政治色彩,体现出浓郁的时代气息。如:1960年,宁夏回族自治区文教厅教研室编写了中学乡土教材《语文》[①](第六册),宁夏回族自治区人民出版社出版,共计12页;同年宁夏回族自治区文教厅工农教育处编写、宁夏回族自治区人民出版社出版的业余学校教材——《工农业余初等学校课本算术》

---

① 该书藏于中国国家图书馆保存本库,但已不能查到,对其是"乡土教材"的界定,依据国家图书馆网站索引中对该书的附注。索书号:〈02.841 060.62\:6

(下册)①，共136页，并附有16页《工农业余初等学校算术教学参考纲要》②，用于业余学校教育。

1961年，宁夏回族自治区文教厅教研室编、宁夏回族自治区人民出版社出版了《初中语文教学参考资料》第一册（总计100页）、第三册（总计86页）、第五册（总计95页）；1962年，又编写、出版了《初中语文数学教学参考资料》第二册（总计111页）、第四册（总计91页）、第六册（总计96页）。1963年，宁夏回族自治区文教厅教研室汇编、宁夏回族自治区人民出版社出版了《小学语文教学参考资料》、《小学唱歌试用教材》。

1966年开始的"文化大革命"给我国的经济建设和社会发展造成了严重破坏，社会动荡不安，也使我国的教育工作受到严重损失，教育失去应有的秩序。十年"文革"期间，原先的课程计划全部被废止，由各地区自行编定的教学计划、教学大纲和教材，教育工作处于无政府状态。表面上看，似乎实行了"课程教材多样化"，实际上教育工作混乱不堪，教材质量严重下降，教育受到极大破坏。

这一时期能见到的乡土教材是1974年宁夏同心中学自编的乡土教材《烧砖》，该教材主要是在高二、初二化学课上试讲，属于学校自编的职业技术乡土教材。

"文化大革命"结束后，党和国家对教育进行拨乱反正和恢复重建。从1978年底开始，以中国共产党的十一届三中全会召开为标志，我国进入了社会主义建设的历史时期。在新的历史时期，国家恢复并重新编订了全国统一的课程与教材，实行课程教

---

① 宁夏回族自治区文教厅工农教育处编：《工农业余初等学校课本算术（下册）》，银川，宁夏回族自治区人民出版社，1960，中国国家图书馆书刊保存本库藏，编号：G722.4。

② 宁夏回族自治区文教厅工农教育处编：《工农业余初等学校算术教学参考纲要（下册）》，银川，宁夏回族自治区人民出版社，1960，中国国家图书馆书刊保存本库藏，编号：G722.4。

材统一管理政策，教育混乱的局面得以纠正。

这一时期能见到的宁夏乡土教材仍然比较少，现能查阅到的只有1979年宁夏大学中文系《宁夏方言》调查小组编写、宁夏大学中文系《教与学》出版的《宁夏人学习普通话手册》。

1990年5月4日至8日在南京召开了全国乡土教材建设经验交流会，会议总结和交流了近几年各地编写乡土教材、深入开展乡土教育的经验，评选了优秀的乡土教材，以进一步推动乡土教材的建设。据不完全统计，从1987到1990年的3年时间里，全国各地编写的乡土教材达2000种以上。①

但宁夏较全国慢一些。1991年，由宁夏回族自治区教委教研室编写的《劳动技术》正式出版，以介绍宁夏的种植业、编织、烹饪等技术为主，试用阶段是中学。此后《宁夏地理》、《银川地理》、《银川历史》等宁夏乡土教材相继问世。

2001年6月，国家教育部颁布了《基础教育课程改革纲要（试行）》，《纲要》中提出国家、地方和学校三级课程管理体系，鼓励校本课程的发展，宁夏回族自治区灵武市成为国家首批34个课改试验点之一。此后，宁夏出现了许多根据《纲要》精神编写的地方教材和校本教材，如西吉中学校本教材《乡韵》、石嘴山乡土读本编辑委员会编著的乡土教材《乡土》、银川市唐莱回民小学编写的智慧鸟丛书《丝绸之路走来的民族》、吴忠市秦渠中学编写的《身边的历史》、《回族查拳》等就是其中的代表。

纵观宁夏乡土教材发展历史，宁夏乡土教材起步晚、数量少，具体到回族文化乡土教材则更少、更晚。现阶段是宁夏回族文化乡土教材有史以来在开发数量和质量上的黄金期，这一盛况的出现主要得益于基础教育课程改革和国家民族文化传承政策。

---

① 肃南二中资料：《中央电化教育馆全国教育技术研究规划课题申请评审书》。

三、宁夏回族文化乡土教材开发现状

悠久的历史积淀,不仅使回族拥有自己独特的文化,而且成为中华民族深厚文化遗产的重要组成部分。当前宁夏回族文化乡土教材开发呈现出以下基本特征:

1. 编写主体多元化。宁夏回族文化乡土教材的编写逐渐从地方教育行政部门的单一编写模式向教育行政部门、学校和教师共同开发的多元编写模式发展。从编写的主体来看,主要有三类模式:一是自治区教育厅编写的区级地方乡土教材;二是由各市县编写的地方乡土教材;三是由学校或教师编写的校本回族文化乡土教材。自治区教育厅编写的回族文化乡土教材如《民族政策常识》;学校编写的校本回族文化乡土教材如银川唐莱小学编写的《回族——从丝绸之路走来的民族》。

2. 编写方式比较灵活

根据教材内容可将回族文化乡土教材分为普通综合式和回族文化乡土教材单列式。普通综合式是指在宁夏乡土教材中包含的回族乡土文化内容。如由自治区教育厅教研室组织编写、宁夏人民出版社出版、在全区小学使用的小学课本《音乐》,就介绍了宁夏回族说唱音乐《数花》等。单列的回族文化乡土教材如唐莱小学编写的校本教材《回族——从丝绸之路走来的民族》,在对回族的历史、习俗、饮食等方面进行阐述的同时,进一步引领学生认识和观察宁夏回族的文化特点。在实施方式上也较为灵活。有单独设课和学科渗透式两种。

3. 社会各界力量对回族文化乡土教材的共同关注

在政府的号召下,文化部门、教育部门、高等院校、中小学教师以及民间人士都开始关心宁夏回族文化乡土教材的开发。回族文化乡土教材的开发应该是自下而上和自下而上的结合,自上而下为主导,自下而上为内动力,民间参与为回族文化乡土教材

的发展增添活力。宁夏回族自治区出台了《宁夏民族民间文化保护工程实施方案》,对全区的回族"花儿"歌手、回族"舞把式"等进行调查并建立档案。除对优秀歌手及舞蹈艺人的表演录制光盘外,还将对重要的"花儿"歌手、"舞把式"传承者进行分级保护,并为他们创造传艺条件。保护工程拟建回族民间文化信息中心和回族民间艺术专题陈列馆,还将选择一些富有回族文化传统的回族村落进行开发;教育部门也编写了一些回族文化乡土教材,并把民族民间艺术的教育列入宁夏中小学音乐、美术课及素质教育,同时在各回民学校有计划地建立艺术团、武术队、美术工艺制作室等回族民间文化活动团体。① 在世界银行贷款项目的支持下,民间剪纸作为宁夏回族文化乡土教材以校本课程形式进入宁夏中小学艺术课堂,推动了宁夏非物质文化遗产教育活动的开展。② 宁夏教育部门还在宁夏南部山区的西吉、海原、盐池等地农村中小学课堂教唱"花儿"。2007年8月宁夏举办了宁夏首届校园花儿歌手(教员)培训班,为宁夏各地培训近50名能够教唱"花儿"的音乐教师。由北方民族大学武宇林教授主编的《简编花儿教程》已下发到宁夏各农村中小学,将"花儿"纳入高校音乐课程推广的尝试也在进行中。③

四、宁夏回族文化乡土教材开发中的问题与建议

1. 回族文化乡土教材理论与实践的断层

宁夏乡土教材的开发受到越来越多人士的关注,回族文化乡

---

① 肖敏:《宁夏启动回族民间文化保护工程》,www.nx.xinhua.com.2004—11—26,15:34。

② 冯舒玲:《宁夏:民间剪纸将进入中小学艺》,http://www.youth.cn.2007—12—03,11:16:00中青网。

③ 艾福梅等:《宁夏:力图用校园传承托起民间文化的明天》,中国民族报,2008年1月11日,第001版。

土教材也成为其中关注的重点之一。但仅仅有关注是不够的，乡土教材开发的过程需要理论与实践并行，而当前的问题就在于关于宁夏乡土教材以及宁夏回族文化乡土教材的理论研究尤其是基于实践的理论研究做得不多、不够深入，整个乡土教材的开发尚处于探索过程中，缺乏总体规划。对此，宁夏高校及科研院所的教育理论与实践工作者有必要深入到开发与编制工作中。

2. 回族文化乡土教材中的传统性与现代性问题

回族文化乡土教材中的传统性与现代性问题，其实质就是回族文化在当前的社会文化变迁过程中的适应性问题。许多乡土教材动用大量人力、财力开发后没用几年就被淘汰了。因此，回族文化乡土教材的开发，一方面要保持回族文化本身的特性；另一方面，也要适应时代发展的需要，尤其是中小学生的身心发展特点，能够而且易于被中小学生所接受。

3. 回族文化乡土教材的实施和评价过程有待完善

乡土教材以及回族文化乡土教材如何实施？它与地方课程、校本课程之间的关系如何？目前许多一线的中小学教师都非常迷茫。乡土教材的地方性、灵活性不等于随意性，有的教师反映乡土教材与地方教材、校本教材以及一些综合实践活动内容重复，没有处理好相互间的衔接关系，缺乏系统性和计划性。一些学校乡土教材课虽在课表上有安排，但实际上没有按照课程表进行，只是"走形式"而已。大多数情况下，乡土教材课被其他"主课占用"，这种趋势在中学高年级较为突出；有的学校乡土教材上完就完，没有考核评价，缺少实施的标准。教育管理与研究部门应动员大、中小学的合作，发挥各自的理论与实践优势，探索有效的乡土教材开发与实施方式和途径。

4. 回族文化乡土教材中的师资培训问题

许多乡土教材的任课教师都是兼课教师，学校领导往往是为了凑足课时才安排这些教师任教，他们在素质和经验上都非常有限，缺乏相关的培训，大大降低了乡土教材实施的质量。因此，乡土教材的开发不仅要从中小学做起,也要从师范教育做起,与普通教育改革成为一体,而不是游离于学校教育之外。

(张爱琴)

《宁夏回族自治区地理》搜集调查报告

乡土教材是我国教材建设中的重要组成部分,也是对青少年进行本土文化教育的重要途径。乡土教材以其本土性、生活性、多样性、灵活性、丰富性见长,这些特点是国家统编教材无法比拟的。乡土教材的开发可以增强当地年轻一代对家乡的了解,培养他们热爱家乡的感情,弥补国家统编教材的不足。

但长期以来,乡土教材的开发、使用、传承都缺乏有效的政策支持与保护措施。尤其是对于一些历史较长的乡土教材,如果我们不进行及时搜集、有效保护,许多前辈利用毕生心血开发出来的乡土教材可能将永远消失。因此,抢救和保护我国的乡土教材,将是一件意义重大、功德无量的事情!

一、调查背景及主要内容

(一)《宁夏回族自治区地理》产生的背景

《宁夏回族自治区地理》是《中国地理丛书》地方卷的组成部分。根据《中国地理丛书》编委会的统一部署,由宁夏人民出版社组织编写。目的在于全面、系统、科学地介绍宁夏的自然地理条件、经济发展状况和生产布局的特点,总结宁夏各族人民长期奋斗、利用自然、改造自然的业绩及其所面临的问题,特别是中华人民共和国成立以来宁夏地区社会主义经济建设所取得的光辉成就以及经验教训。向广大群众,特别是青少年普及宁夏地理知识,激发他们建设家乡的热情,同时也加强国内读者和外国朋友对宁夏的了解。

本书的编写工作始于1984年。后由于种种原因而辍写。1987年6月,宁夏人民出版社又约请徐国相与陈忠祥、雍幼凯、米文宝组成了新的编写团队,在周特先原拟提纲的基础上,徐国相重拟了提纲,分工编写。

各人执笔的初稿,统由徐国相、陈忠祥校改,再由徐国相整编定稿。书中附图主要是由测绘工程师刘蕴华修编和清绘。

(二)该乡土教材的主要内容

本书首先对宁夏的地理和资源进行了总体的概述,然后,就宁夏作为一个回族聚居的民族地区,从伊斯兰教在宁夏的传播、回族聚居区的形成以及回族的风俗习惯等方面对宁夏的文化进行了介绍。紧接着对宁夏的历史发展状况进行了描述,并从自然地理、经济地理、城市、地理分区这几个方面对宁夏做了细致的介绍。

(三)《宁夏回族自治区地理》乡土教材的使用范围

该书主要是在宁夏回族自治区银川市各个中学使用,教授对象是高中一年级学生。这也正好实现了编写这本书的目的之一,即普及青少年的宁夏地理知识。

二、存在的问题

由于时间、调查范围的局限,我未能深入到银川市的中学,向使用过这本教材的师生了解这本书的使用效果等情况。不过,在阅读了这本书之后我有些自己的看法。

我认为编写这样一本介绍宁夏地理、文化、经济的教材,是向青少年普及宁夏地理知识,宣传宁夏和介绍宁夏的好资料。但是这本书的部分内容组织的不是很合理,详略不当,系统性不是很突出。既然本书的主题是宁夏的地理，就没必要在历史和文化上浪费过多的笔墨，这样似乎有些脱离主题的倾向。而且在介绍地理的内容中也存在详略不当的情况。可以略写的部分若是过于细致、文字描述过多，往往会引起读者的反感。这样就会使整本书显得枯燥无味，不容易引起读者的兴趣。

三、对策建议

我个人的建议是，今后在编写此类教材的时候，最好适当地多加些插图，这样会使教材整体显得更加生动。若能用图表表达清楚的，尽量以图表表达代替文字表述，以增强教材的可读性，使读者一目了然，激发读者的阅读兴趣。

（马　静）

宁夏回族自治区银川市乡土教材搜集调查报告

乡土教材，是一个地方贯通古今、自然与社会、历史与现状的"索引"。它在爱国主义教育中，具有举足轻重的地位，发挥着培养人们热爱党、热爱祖国、热爱家乡等美好情操的功能。乡土教材，是相对国家统编教材而言的，是对"大一统"教育模式的补充，它关注的重点是乡土的历史和文化。一名台湾学者将其概念阐述为："乡土教材是乡土教育的着力点，它是从乡土资料中撷取最能符合教育需要的资源，加以调查、存录、整编、规划或陈列，以资作为从事校内、校外乡土教学的凭借。"2003年，教育部颁布条例，允许各地自己开发本土教材，就是俗称的"乡土教材"，许多教育界人士和民间机构，迅速进入这个领域。乡土教材的出现使得教材的选择呈现多元化趋势。这种趋势给我们带来了这样的思考：教材多元化能否体现素质教育？教材的多元化对当前的教育会产生什么样的影响？不同的学校怎样选择、使用乡土教材？乡土教材的编写、使用的情况又是怎么样的？当然，本次调查不可能解决以上这么多的问题，只是就所搜集到的教材中的一本《银川历史》进行具体阐述，其他问题，有待于进一步的调查、研究。

一、调查的主要过程及时间安排

1月25日—2月3日：搜集相关资料、阅读文献。

2月3日—2月12日：走访宁夏银川市教育科学研究所，到银川市图书馆、宁夏教育出版社发行部以及各大书店寻找当地乡土教材。

2月13月—2月15日：进行深入访谈。

2月25日—3月8日：撰写报告及修改。

二、调查的主要内容

（一）宁夏乡土教材的现状基础

就笔者本次调查所了解的情况，宁夏的乡土教材种类还是比较丰富的，但数量却不是很多。宁夏乡土教材分别涵盖了自然地理、社会历史、艺术、体育卫生以及其他课外阅读的书本、读物。

目前就笔者所了解的自然地理方面，已出版了由银川市教育科学研究所教研员段庆升主编的《银川地理》。乡土教材《银川地理》在银川市各学校使用，并获宁夏地理学会"教材类"一等奖。社会历史方面，已出版了《银川历史》（这本教材是本次调查的重点对象,后文将有对它的详细评述);艺术方面,已出版的小学课本《音乐》,是由自治区教育厅教研室组织编写、宁夏人民出版社出版,并在全区小学使用。这是一部充满塞上情调、散发着浓郁乡土气息的音乐教材,充分体现了宁夏地方特色。它分为宁夏民歌、宁夏喜庆锣鼓、宁夏说唱音乐与地方戏曲三个部分。教材的每部分都附有编写说明和教学建议,实用性较强。教材共选用了15首歌曲、10首锣鼓谱、14首说唱音乐和地方戏曲选段。如群众熟悉的歌曲《冻冰》、《歌唱宁夏川》,说唱音乐《数花》和地方戏曲眉户及秦腔选段,还有根据宁夏民歌素材创作的《六盘山高黄河宽》及锣鼓谱《高跷》、《狮子舞》等。这些作品从不同角度真实地反映了宁夏回、汉族人民的生活及思想情趣。乡土教材《音乐》的出版,弥补了全国统编教材的不足,有助于改变宁夏音乐教学脱离本区实际的倾向,对培养学生热爱家乡、建设家乡,了解民族民间音乐、弘扬民族文化起到了积极的推动作用。除此之外,还出版了高中音乐教材(实验本)《音乐欣赏》,由银川市教育科学研究所编,1995年宁夏少年儿童出版社出版。此教材分四册,第一册内容为中国民族民间音乐,共五章:民歌、民间歌舞音乐、说唱音乐、戏曲音乐和民族器乐。第二册内容为中国近现代音乐,共七章:清末民初的学堂乐歌、"五四"时期的创作音乐、工农革命歌曲和根据地音乐、二三十年代的创作音乐、冼星海的创作音乐、解放区的创作音乐、新中国成立以来的创作音乐。第三册内容为外国声乐和外国器乐,共十二章:外国民歌、古典歌曲、艺术歌曲、意大利抒情歌曲、群众歌曲、进行曲、舞曲、序曲、狂想曲、组曲、幻想曲、随想曲。第四册内容为交响音乐,共六章:协奏曲、交响诗、交响曲、歌剧音乐、舞剧音乐、西洋乐器。此套教材是一部很好的音乐知识普及的教材,它对于培养高中生的艺术修养、落实素质教育的目标有积极的意义。

（二）本次重点调查对象《银川历史》的具体情况

1. 产生背景及编写宗旨、目的

乡土教材《银川历史》是为落实《爱国主义教育实施细要》，按照《九年义务教育初中历史教学大纲》的规定而编写的。编写目的是让学生了解宁夏历史沿革、变化；了解历史上宁夏的政治、经济、文化发展的概况和重要的历史事件、历史人物及历史现象。通过学习宁夏地方史，使学生更加热爱家乡，认识到爱家乡是爱祖国的具体表现，激发建设宁夏的美好愿望。

2. 编写特点

据当时编者之一的刘峰老师介绍，《银川历史》是按照《九年义务教育历史教学大纲》编写的。大纲中"处理教学内容的若干原则"是编写《银川历史》的指导性原则。《银川历史》中的基本观点、基本提法和重要概念，必须与大纲和义务教育中的中国历史教材保持一致。

刘老师强调，在编写过程中，他们一直明确一个原则就是：宁夏历史是祖国历史的一部分，宁夏的发展是与祖国历史的发展息息相关的，不能离开祖国历史发展而孤立的写宁夏历史，同时也要充分叙述对宁夏历史发展具有重要影响、作用的历史事实，反映出宁夏历史发展的基本线索和特点。

《银川历史》在内容安排上，没有过分追求系统性和全面性，即：教材内容并没有涉及从古至今的每一朝代或每一个时期，也没有将每一朝代或时期的政治、经济、文化等诸方面的情况进行全面反映。此教材强调突出重点，突出特色，即：着重叙述宁夏历史上发生的重大历史事件和重要历史人物的活动，突出宁夏特有的东西。据刘老师介绍，他们当时在编写时遵守"如果一段时期未发生重大事件或缺乏记载、史料难寻，应略写或越过"的原则。本教材内容时间上多有跳跃，前后不够连贯。

《银川历史》中处理民族问题的原则是：历史上宁夏地区一

直是多民族交往流动和居住的地区，各个民族对宁夏的开发和建设都做出过自己的贡献。各民族一律平等，民族团结，共同维护祖国统一。因此，此教材的内容充分反映了历史上宁夏各族人民的密切联系、友好往来及共同开发和建设宁夏、共同反抗阶级压迫和外来侵略的史实。

笔者在阅读中还发现，本教材在时间上是从远古（灵武水洞沟文化）到当今社会主义现代化建设新时期；空间（地域）上只限于现宁夏回族自治区内发生的历史事实，对于涉及周边或其他地区的人或事，写的都很简略。内容、形式和行文风格，适合初中学生的认知特点，图文并茂，语言生动，并且兼顾思想性、科学性、逻辑性的统一。

3. 编写的体例、结构的特点

此教材基本仿照义务教育历史教材的体例格式。采用编年体与纪事本体相结合，即按时间先后顺序编排，突出重要历史事件和历史人物。

课文分大小字，大小字相间。大字是要求学生掌握的基本内容，文字要概括、简洁，每课一千字左右；小字是阅读课文，主要是把大字内容具体化或拓宽知识面，文字比较生动。图文相间，配以一定数量的历史地图、示意图、文物古迹图及理想图，力争使教材图文并茂，比较能够激发学生的学习兴趣。每课后配有思考、练习题、全书后附大事年表。

三、教材在使用中存在的问题

本教材是为初中一年级和二年级编写的，宁夏各级各类中学都在不同程度和不同时间使用过本教材。笔者在上初中二年级时，历史课上也使用过这本教材。但遗憾的是，对其重视程度远远小于国家统编历史教科书，基本上都是自己阅读，老师选讲或不讲，最后的考核方式是开卷。此次回乡调查中，笔者特别采访了银川市第十五中学、银川市唐来回民中学,银川十七中和银川二中的初中二年级的同学。上述学校近几年没有采用此教材,因此,他们对此教材一无所知。鉴于此,笔者又找到当年与笔者同年级但不同校的同学。在访谈中,大部分同学反映出和笔者当年学此教材时一样的经历。就此情况,笔者又走访了当时的编写者之一,现宁夏教科所研究员夏正建先生,据夏老师介绍,当时他们编写此教材在教学上的计划是:(见下表)

章 节	目 录	所用课时
第1课	隋唐前的银川建置	1课时
第2课	隋唐前银川地区的经济和文化	1课时
第3课	西夏的统治	1课时
第4课	西夏都城兴庆府	1课时
第5课	元朝时期银川地区的社会经济	1课时
第6课	明至清前期的银川	1课时
第7课	民国时期的银川(一)——复杂多变的政局	1课时
第8课	民国时期的银川(二)——马鸿逵的统治	1课时
第9课	民国时期的银川(三)——经济与文化	1课时
第10课	新中国成立后银川地区的社会进步(1949—1953年)	1~2课时

从调查的情况来看,大多数初中并没有按照以上教学计划严格执行,教师在教学上不重视,导致学生对此教材也很不重视。

四、对策建议

对乡土教材的使用重视度不够,很大程度上是由于当地教育部门、学校、老师等对乡土教材作用的认识不到位造成的。再加上不是国家统编教材,没有统一考试,教师们对此教学内容更是不重视。就此问题笔者专门走访了宁夏银川市教育科学研究所所长张建材先生,他为我介绍了一名当年因讲解乡土历史教材很有名气的一名历史老师——宁夏银川二中的谭老师。谭老师向我介绍了当年他在教授《银川历史》时的一些经验。总的来讲就是利用同学们熟悉的家乡环境、故事、传说等激发大家对乡土史的学习热情,让他们真正愿意了解乡土知识,由被动地学习变为主动地认识。笔者听后深有感触,整理出来以供大家参考,期望能对今后乡土教材的使用有一定的启发。

(1) 结合课本内容,补充讲解乡土史料,激发同学们的"乡土情怀"。

(2) 结合民族特点,进行爱国主义教育。注意结合教材内容对学生进行马列主义民族观、宗教观和民族团结的教育。利用历史上和现实生活中的民族、宗教政策及回汉民族和睦相处的事例教育学生增强民族团结的观念。

(3) 有计划地组织专题讲座,进行实地教育。利用每年春秋郊游的机会,组织学生到室外实地参观,有助于激发他们的兴趣。

(刘紫千)

甘肃省甘南地区乡土教材搜集调查报告

一、调查的主要过程

我在 2008 年 1 月去了甘肃省甘南藏族自治州,先后对甘南州图书馆、档案馆、教育局,甘南州合作藏中、甘南州合作藏族小学、甘南州高等师范学校进行了几位老师和学生的寻访,了解了当地乡土教材的有关情况,在老师和学生的热情帮助下我搜集到了校本教材、地方教材、扫盲教材共十多本。

其中,我重点调查了甘南州合作藏族中学。该学校坐落在甘南州州府合作市南郊,成立于 1993 年。合作藏族中学虽然建校历史不长,但学校每年都会向重点大学输送不少的高材生,师资力量雄厚,培养方案健全,师风学风优良,学校正为争创藏区一流学校而努力奋斗。在老师们的辛勤努力下,学校已经推出了近八册的校本教材,适用于初中和高中的学生。这样不但巩固了学生的藏语文基础,而且让学生了解了乡土文化,增加了学生热爱家乡的情感。

离开合作藏中之后,我又到了甘南州教育局,并走访了甘南州夏河县,采访了校本教材的编写人员,了解了所收集乡土教材的具体情况,并且进行系统的分析和总结。

二、调查的内容——以《藏族文化读本》为例

(一)《藏族文化读本》产生的背景

该乡土教材是于 1999 年出版的,是我国政府与加拿大开发

署合作的"藏族基础教育乡土教材的编定与研究"项目的课题之一，此课题由西北师范大学与加拿大多伦多大学共同负责，甘南州教育局、甘南州合作民族师专以及合作和夏河的部分老师为编写组成员。该课题的宗旨是："在全体课题组成员的积极努力下，研究藏族文化的现代化，研究学校教育与传统文化的继承与发展，着手编写一本适合小学生阅读的藏汉双语的乡土教材。"它既反映藏族优秀文化，又与藏族的生活环境紧密联系。通过这本教材不但可以让学生了解自己的文化，增强学生热爱家乡之情，还有助于学生藏汉两种语言的学习，使他们从小就对本民族的文化有比较深刻的了解。

(二)《藏族文化读本》的主要内容

本书由历史、民俗、社会、民间文学、体育五部分组成。讲述了藏族历史上有名的历史人物和地方，以及藏族人的婚丧嫁娶、饮食习惯，使用在农业和牧业中的藏族人生活中不可缺少的生产工具以及对家畜马、牛、羊的命名法，藏族民间流传的民间故事、儿歌、谜语、谚语，藏棋和藏族特有的体育项目——藏族拔河，还有了现代的文明——飞机、火车、电脑等新兴科技。本乡土教材涵盖了众多方面的知识，如果使用到位，学生可以了解多方面的信息，对拓宽孩子的知识面有很大帮助。

(三)《藏族文化读本》的适用范围、使用实际效果

该教材是对甘南州小学生进行家乡教育的地方性教材。用藏汉双语编写，把藏族文化中与小孩子息息相关的内容都表现在文字上，是居住在城镇的小学生了解藏族农牧地区生活的一个便捷窗口，有助于少数民族学生提高汉语水平。一般情况下，本民族的文化应该引起小学生的阅读兴趣才对，但经过调查得知，该教材使用的情况并不理想。老师为了抓成绩，并不太重视该教材的教学，而大部分学生还没有主动学习的意识，有的同学甚至都没

有翻看该教材,部分家长埋怨学校花钱订书。学校和老师对教材的教学不够重视且升学压力大,应试教育程度比较重,课时安排不够合理,所以同学学习兴趣不是很浓。

三、调查的收获与启示

整个调查活动过程中,我深深的感觉到现在就是检验自己能力的时候,如果事情做不好就证明自己锻炼得还不够到位。在调查的过程中我始终记得自己是中央民族大学的一名学生,代表着首都大学生的综合素质与实际能力,所以我认真做好每一次采访、每一件事情。虽然很辛苦但收获还是很大的。

在甘南藏族自治州调查期间,我了解到其实当地好多人对"乡土教材"这一名词没有太多的认识,甚至有些人都没有听说过它,所以调查起来有很大的困难。但当我说有没有"校本教材"、"扫盲教材"时,他们才缓过神来说:有,有,有。在这些校本、扫盲教材中有些是州教育局编写的,也有些是学校机构编写的。教育局编写的一般用于扫盲的,而学校机构则侧重于对教科书的补充或学生知识面的拓展。比如:甘南州合作藏族中学已经用藏文编写了适用于初中和高中的一套由七本书组成的校本教材,内容主要是藏族历史、文学、语法的常识知识,也包括了中学生必背的藏语语法口诀、谚语、格言等。据调查得知,学校还有数学、物理、化学、历史、地理等校本教材正在筹备编写或编写当中。但值得注意的是,他们还没有真正意义上编写有关甘南藏族自治州历史沿革、自然地理、社会经济发展状况的乡土教材,这是他们的一个不足点。

其次,甘南藏族中等师范学校也有研究人员用民文编写校本教材,但他们编写的乡土教材也只是具有地方性质的教科书,没有表现出当地历史沿革、自然地理、社会经济发展状况等内容。我希望甘南的乡土教材在未来的路途上能够把目光集中到自己地方的历史沿革、自然地理、社会经济发展状况等内容上,能够多出一些这样的乡土教材。另外,学校老师应该改变教学理念。他们中的很多人深知学生了解乡土知识的重要性,但却迫于升学的压力而不得不进行选择性教学。教师应该对学生的家乡教育足够的重视,且在实际教学中本着这样的思想理念,抓紧课外乡土教材的学习,培养学生的课外阅读能力以及热爱家乡的情感。

(仁欠吉)

甘肃省张掖市民乐县乡土教材调查报告

一、调查的主要过程

2009年寒假,在"中国乡土教材收藏与研究中心"的组织和号召下,我参加了搜集乡土教材的志愿者活动,成了一名光荣的志愿者。在家乡共搜集到来自甘肃省张掖市民乐县的乡土教材19本,涉及家乡的历史、地理、文化、经济、故事传说、民族风情、名胜古迹等内容。下面是过程简介:

第一站:甘肃省民乐县文化局

2009年1月14日,我前往民乐县文化局,采访了文化局局长任志玲。虽然之前心里有些紧张,但很快被任阿姨和善的态度所感染了。在知道我的来意后,任阿姨给予了我很大支持,向我介绍了民乐县乡土教材的现状。任阿姨说民乐县以前对于乡土教材比较忽视,今年文化局刚刚对乡土教材进行了全面的搜集和整理,目前所有资料都是电子版的,今年正准备印发,在全县普及乡土知识。

第二站:甘肃省民乐县人民政府文化联合会

2009年1月15日，我采访了民乐县人民政府文化联合会主席王振武。他自身就是一个乡土爱好者，并对此深有研究。我们交流了将近一个小时，觉得受益匪浅。最后，王振武叔叔向我们赠送了《民乐史话》等若干乡土教材。

第三站：有关学校

紧着着，我分别去了甘肃省民乐县民乐一中、甘肃省民乐县民乐三中、甘肃省民乐县洪水小学、甘肃省民乐县城关小学。2009年1月16日，我回到母校，恰好遇到了副校长杨明。由于县里对乡土教材的普及推广比较欠缺，杨校长说目前我们高中和初中的教学课本里还没有乡土教材。后来我又去小学老师穆老师的家里做客。她向我提供了推行素质教育时编写的乡土试用教材，但是她也指出乡土教材的推广在我们县乃至整个甘肃省都做的很不够，可以说我们这里很少有人了解和接触过乡土教材，这种现象亟需改进。

第四站：县新华书店、星星书屋等书店

2009年1月17日，我去县里的所有书店搜集乡土教材。但是很遗憾，没有找到。现在才感受到我们文化局局长任阿姨和老师们所说的，我们县对于乡土教材不是很重视。乡土教材的普及是非常必要的，以史为镜，可以知兴替。一个县，如果连介绍她的乡土教材都得不到普及的话，如何让年轻一代从家乡文化中汲取营养？如何让他们植根于家乡？如何让他们记住自己的根？

二、调查的主要内容——以《民乐史话》为例

（一）《民乐史话》产生的背景

《民乐史话》为《甘肃史话》丛书之一种，2002年几位民乐籍的离退休老同志一起商定编写一部雅俗共赏，集历史性、学术性、知识性、趣味性、可读性于一体且能反映本地历史面貌、经

济和社会发展，具有西部民族特色的地方"史话"。采取以人系事、单独成篇的办法，撰写出了60多篇文稿，定名为《民乐春秋》。正打算集结成书的时候适逢甘肃文化出版社组织出版《甘肃史话》丛书。这是一场及时雨，不仅给编委会进一步搞好《史话》编写指明了方向，规定了内容，提出了具体要求，而且也给编委们增添了信心，树立了写好书、出好书的决心。于是，编委会在中共民乐县委、县人民政府的支持和领导下，重新组织力量，在原有工作的基础上，又经过半年多的辛勤耕耘才完成了这部《民乐史话》。

（二）《民乐史话》的主要内容、目的及存在的问题

《民乐史话》分千年沧桑、古迹名胜、文物荟萃、人物春秋、山川览胜、文化天地、乡风民俗、物华天宝等八大篇目，集纳了二十多人的一百多篇史料文稿。

古人云："以铜为镜，可以正衣冠；以史为镜，可以明得失。"《民乐史话》的编纂成书、出版面世，对于帮助人们了解民乐历史，认识民乐县情，无疑具有重要意义。在我采访的过程中文联主席王振武叔叔谈到，本书只能给读者提供一个寻访甘肃大地历史文化的线索图。有些内容只是粗线条的记录，并不详细，这是以后需要弥补的一个缺憾。

（三）对策建议

现在这类图书的编写已有了初步的框架，以后应在此基础上精益求精，并逐步趋向细致化，组织专业学者对此进行编写和审定。同时，应呼吁县乃至省文化局对乡土教材的编写和扩展给予高度的关注，我们甘肃省在乡土教材的普及方面所做的工作还很欠缺，有待取得新的成就和突破。

三、调查心得

"举头望明月,低头思故乡",这儿时就熟记于心的诗句,只有当自己孤身一人踏上陌生的城市求学时才能深深地体会其中的意境。今年寒假我借"中国乡土教材收藏与研究中心"所发起的搜集、研究乡土教材的活动,去我的家乡了解和搜集乡土教材。翻着一页页记载家乡点滴过往的书册,我才惊觉自己对家乡的了解竟如此之少。在调查过程中和文化联合会主席王振武叔叔交谈了近一个小时,王叔叔见我对这些乡土知识如此痴迷,便耐心地给我讲述那些细小的尘埃所穿越的时空。王叔叔不由地感慨现在的中小学生迫于升学的压力,都无暇低头仔细看看脚下的土地。笔者也认为教育若不为人生提供帮助,乃是一大失败。孩子们终究会长大,急速的城市化进程会吸引许多乡村孩子离开故土。背井离乡时,怎样看待自己的家乡,不屑、歧视还是充满珍视?而对于大多数孩子来说,他们将是故乡土地上的主人和建设者。他们需要知道家乡曾经的历史和正在发生的变化,以及在这些变化中,他们可以做些什么,他们以什么方式去创建新的生活。在"大一统"的教育中,这些问题都没有给予解答。如果有了地方乡土教材的补充,孩子们的缺失就会得到弥补,他们的知识领域也会更加充实、完整。

北大著名教授钱理群曾语重心长地指出:"我忧虑的不是大家离开本土,忧虑的是年轻一代对养育自己的土地和这片土地上的文化,以及土地上的人民产生了认识上的陌生感,情感和心理上的疏离感。"他痛心地说:"这就是失根,会最终导致一代人的民族文化缺失。要想立足大地,先得认识脚下的土地,保持住自己的根。"

我想,乡土教材对于一个人的成长是非常重要的。我们大多数人的桑梓情愫,都是缘于这些乡土文化的浸润和培植。因为它真实、亲切，所以很容易融入于我们血液里，成为我们生命的重要元素。也就是这些流淌于血液的元素，让它的子孙，不管是漂洋过海，还是客居他乡，都能时常梦萦故里，深深地爱着自己的故乡。我非常支持乡土教材的编写与推广工作，并希望每个怀揣梦想、心系家乡的大学生都能积极参与进来。困难和希望总是相依相傍，先行者的步履虽然缓慢，但每一步都是有其价值和意义的！

（王坤敏）

裕固族乡土教材开发分析

裕固族是中国人口较少的民族之一，主要聚居在甘肃省肃南裕固族自治县和酒泉市黄泥堡裕固族乡。肃南裕固族自治县肃南二中开发的"裕固族乡土教材"，是裕固族地区的第一套乡土教材，对于裕固族地区的传统文化的继承和发展起到了开创性的作用。本文记录了裕固族乡土教材开发和实施的过程，在田野调查和有关文献分析的基础上，结合班克斯的多元文化课程理论，对裕固族乡土教材开发和实施过程进行研究。

一、裕固族乡土教材开发过程

校本课程的开发是国家新一轮课程改革的一项重要内容，《基础教育课程改革纲要（试行）》明确指出，为保障和促进课程适应不同地区、学校、学生的要求，实行国家、地方、学校三级课程管理。学校在执行国家课程和地方课程的同时，应重视当地社会、经济发展的具体情况，结合本校的传统和优势以及学生的兴趣和需要，开发和选用适合本校的课程。

根据《甘肃省肃南裕固族自治县自治条例》，自治县的学校具有继承和发扬民族文化传统，积极发展具有裕固族和其他民族特点和风格的文学、美术、音乐、舞蹈，收集整理民族文化遗产，保护名胜古迹、珍贵文物和其他重要历史遗产的权利。在这些精神的指导下，结合学生的知识结构和能力水平，研究并开发裕固族乡土教材，以培养学生的民族认同感和民族自豪感，丰富学生的学习生活。[①]

通过了解家长和学生等对裕固族文化和教育的需求，结合学校的实际情况，学校决定编写以下教材：义务教育课程标准实验教科书《语文》、《历史》、《地理》、《体育与健康》、《美术》的裕固族乡土补充教材和牧区寄宿制学校学生安全教育管理，建立组织机构、确定研究目标内容和研究方法，计划用一年半的时间（2004年3月——2005年7月），分四个阶段来完成，并详细规定了每一阶段的主要任务，并分时期分阶段完成。

学校现有教职工34人，专任教师29人，工勤员5人。教师中本科学历3人，大专学历26人，学历达标率100%，有中级以上职称的教师14人，党员教师11人。有15名教师在县级优质课评选中分获一、二、三等奖。校长在全校老师中挑选精兵强将、学科带头人组建了这支乡土教材开发队伍。

学校课题组确定了课题研究的内容是义务教育课程标准实验教科书《语文》、《历史》、《地理》、《体育与健康》、《美术》的裕固族乡土补充教材和牧区寄宿制学校学生安全教育管理；课题研究的对象是肃南二中7~9年级学生；课题研究的方法主要运用

[①] 作者简介：中央民族大学教育学院中国少数民族教育专业2005级硕士研究生，1983出生，回族，山东泰安人，现任北京事通州区宋庄镇中心小学教师五年级班主任。

肃南二中资料：《民族地区义务教育课程改革与裕固族乡土教材建设研究课题研究方案》。

理论研究法、调查分析法、文献资料法、实践总结法进行调查。①

"裕固族乡土教材"开发按照以下步骤进行：

第一阶段：2004年3月—2004年4月，课题立项，成立课题研究组织机构，制订课题研究方案，开展调查研究，论证课题研究的必要性和重要性，完成调查报告和开题论文。

第二阶段：2004年4月—2004年8月，课题组成员搜集、查阅参考资料，分别制订裕固族乡土教材分类编写研究规划和编写设想或提纲。

第三阶段：2004年9月—2005年2月，这是课题研究的关键阶段和攻坚时期，课题组成员主要是在大量细致的查阅、整理参考资料的基础上具体编写裕固族乡土教材。做到尊重历史、尊重风俗、尊重事实，能集中体现裕固族的优秀文化；做到通俗易懂、喜闻乐见、突出特色，能普遍唤起青少年学生的民族自尊心和自豪感，自觉学习和传承民族文化，形成民族精神。

第四阶段：2005年3月—2005年7月，课题组成员通过教学实践，形成范例教案和教学总结，进一步补充完善教材内容，集体完成结题报告，全面总结课题成果。②

二、裕固族乡土教材实施过程

乡土教材进入课堂，是乡土教材付诸实践的过程，乡土教材作为肃南二中的校本课程，其校本课程的实施主要包括：校本课

---

① 肃南二中资料：《民族地区义务教育课程改革与裕固族乡土教材建设研究课题研究方案》。

② 肃南二中资料：《民族地区义务教育课程改革与裕固族乡土教材建设研究课题研究方案》。

程试验、校本课程教学方法选择、校本课程的时间安排等等。[①]

实验教学方案是乡土教材实施的重要阶段,对课程的时间安排、教学组织形式、教学评价等都提出了明确的规定和要求,对于学校老师的教学具有指导性的作用。

课题组根据国家、省、市《义务教育课程设置实验方案》,配合学校教导处制订了《2005年春学期肃南二中校本课程——裕固族乡土教材实验教学方案》。在学校7~9年级实验教学,根据学生的认知规律,确定实验教学的对象、内容、课时、人员。

课题组建立了以学生自评为主,学校、教师、家长、社会共同参与的评价机制和多种评价方式。要求实验教师对自己教学行为进行诊断与反思,注重学生的意见和家长的反馈信息。

通过多方评价,裕固族乡土教材不断完善,实验教师从多种渠道获得改进教学行为的信息,进而不断提高教师的教学水平。[②]

2006年冬学期,学校制订了详细的实施计划,在初中部实行裕固族乡土教材的课堂教学,为此,学校特地制订了详细的课时安排和评价方式。[③]

三、裕固族乡土教材开发过程分析

2006年6月,我在甘肃省肃南县皇城镇肃南二中进行田野调查。到达学校的当天,我得到了一套学校赠送给我们的教材。随后在为期一个多月的田野工作中,为了全面了解裕固族乡土教

[①] 杨平、周广强主编:《谁来决定我们学校的课程——谈校本课程开发》,62页,北京,北京大学出版社,2002。

[②] 肃南二中资料:《肃南二中民族地区义务教育课程改革与裕固族乡土教材建设研究结题论文》。

[③] 肃南二中资料:《关于肃南二中课题组编写的"裕固族乡土教材"校本课程的实施方案》。

材开发的全过程,笔者采用了召开小型座谈会、访谈及参与观察等方法进行调查,以下是对裕固族乡土教材开发过程进行的分析。

(一) 调查研究

为了详细地了解皇城镇社区的群众对于乡土知识的了解程度,裕固族乡土教材课题研究小组在编写教材之前作了一定的问卷调查,问卷调查研究初步探明了当地人民对于裕固族乡土知识的认识程度以及对裕固族乡土知识的学习需求,发现其中存在不少问题。

首先,问卷得到的数据的真实性和准确性存在问题。肃南二中的老师回忆了当时的情景:

> 当时参加问卷调查的教师20多个,问卷发下来以后,他们有的真正是不懂,我在场,我就看着,好多老师都不是太懂,但是他们的心态不一样。他们以为问卷调查和考试一样,结果一个人做出来以后其他人跟上看,一个人写错了,其他人也跟着写错了。学生和家长的(调查问卷)都是比较客观的。家长对这教材的支持比较大,认为(编写这个教材)很好。

其次,问卷统计的方法也存在着一定的问题,比如在对学生的问卷中提到的两个问题,"喜欢"和"愿意学习"是两个题目,统计的时候两个问题成了一个问题。

表1 裕固族乡土知识调查问卷——学生

	内容（情感态度方面）	选项
1	你喜欢裕固族传统体育吗？	A. 喜欢　B. 不喜欢
2	你喜欢裕固族民间歌舞吗？	A. 喜欢　B. 不喜欢
3	你喜欢裕固族服饰吗？	A. 喜欢　B. 不喜欢
4	你喜欢裕固族民族传统手工艺品吗？	A. 喜欢　B. 不喜欢
5	你愿意学习裕固族传统手工制作吗？	A. 愿意　B. 不愿意
6	你愿意参加裕固族传统体育运动吗？	A. 愿意　B. 不愿意
7	你愿意学习裕固族歌舞艺术吗？	A. 愿意　B. 不愿意

（来源：肃南二中民族地区义务教育课程改革与裕固族乡土教材建设研究调查报告）

表2 乡土知识调查问卷统计

	内容（情感态度方面）	喜欢（愿意）	不喜欢（不愿意）
1	喜欢并愿意参加裕固族传统体育运动吗？	90.5%	9.5%
2	喜欢并愿意学习裕固族民族手工艺吗？	83.2%	16.8%
3	喜欢并愿意学习裕固族民间歌舞吗？	92.3%	7.7%
4	喜欢并愿意穿戴裕固族服饰吗？	91.2%	8.8%

（来源：肃南二中民族地区义务教育课程改革与裕固族乡土教材建设研究调查报告）

（二）组织分工

在校长的带领下，肃南二中展开了乡土教材的开发工作。在组织分工方面，由于缺少全体老师的参与和沟通，某种程度上造成了没有参与编写的老师和参与编写的老师思想认识的不统一，很多老师的消极态度，对教材实施过程产生了一定的影响。

（有老师认为）我们搞这些纯粹是为了名利，当时（参加编写教材的）老师的心态（就是）不为名利，（但是）太辛苦了，我都不愿意参加，但等到进行完第一阶段，第二、三阶段的时候，大家（参与编写教材的老师）都凝聚在一起了。①

（教材的编写过程）主要是课题老师参与，其他老师没有参与，有的人认为是出风头，沽名钓誉，主要还是思想认识上的问题。②

他们（没有参加教材编写的老师）的感觉也就是可能觉得我们是为了个啥东西，可能捞个啥东西，因为现在他感觉你做的这个事情就不是你正经应该做的事情，就是不是应该做的事情。③

其次，此次的课程开发工作主要依靠开发教师个人的力量来编写，参与编写的老师都反映教材开发工作是一件很辛苦的事情。

工作量大是许多教师面临的主要问题之一。除了上课，其他如学校行政工作、课外活动、辅导学生、与家长交流、批改作业等也属于教师工作范畴。在这样一个工作压力大的环境中，教师很难会欢迎各种教育改革。同时，由于教师的工作繁重、时间紧迫，专业修养就受到一定的限制。教师们表示：除非是学校或上级的要求，否则他们很少愿意主动参加课程开发。

---

① "中国西部少数民族地区经济文化类型与初中地方性校本课程建构"项目资料—访谈资料—CSH。
② "中国西部少数民族地区经济文化类型与初中地方性校本课程建构"项目资料—访谈资料—WYJ。
③ "中国西部少数民族地区经济文化类型与初中地方性校本课程建构"项目资料—访谈资料—KZJ。

(编写这个教材)老师们很辛苦,从找资料、编册子、打字、打印、装订,都是自己动手。①

(老师们)很辛苦,因为是利用课余时间干工作,平时要上课,你要备课,要写教案,你要管理学生,很辛苦。

(三)收集资料

编写教材需要广泛地参考资料并且从中汲取精华为己所用。在肃南二中此次教材开发的过程中,资料收集是老师遇到的最普遍的问题,在访谈老师的过程中,每个老师都提到了这个问题。

首先是资料的收集。皇城在肃南是一个比较偏远的地方。我们的大学生小彭去兰大、西北民族大学图书馆收集资料,电话上网,网上搜集资料,但是感觉资料不全面,历史方面的资料不全面。经过半年时间各个小册子成型,对于一些有争议的问题,我们客观对待,主要的是让学生自己去理解。

(编写过程的困难主要还是)资料太少,这个民族没有文字(只是现在没有文字),它的资料没有记录下来,仅存的都是从汉文书籍里面星星点点地找的,所以裕固族的史料非常少,而且好多史料都是以讹传讹。裕固族这个名字在历史上有好多,黄番、黄藏都是一些有歧视性的语言,还有撒里畏兀尔等等。确定这个民族(名称)的时候才根据尧熬尔改名为裕固。所以说史料

---

① "中国西部少数民族地区经济文化类型与初中地方性校本课程建构"项目资料—乡土教材座谈会资料—AWW。

可是我写这本书的困难所在。①

（我）手头本身拥有的资料比较少，对裕固族文学作品接触的比较少，（遇到的困难就是）搜集资料的问题。一部分（资料）不太全面，主要是《裕固之歌》，《狂奔的彩虹马》。还有一些作者的作品，比如《燃烧的雪》，还有文化馆的民间故事，民间歌谣，以为有这些资料就足够了，但是拿到以后又感觉无从下手，单选裕固族作者的作品，还是选反映裕固族生活的作品？②

一方面，学校的相关资料少，很多裕固族的研究资料都是在肃南县县庆或者是其他庆祝场合被赠送，很多资料不能真正利用。

学校的资料少，比如，裕固族研究集成（《中国裕固族研究集成》）等书本，最需要的人看不到编写的资料，（很多书籍）基本上都是作为礼品送给领导，真正需要的做学术研究的学者还有学校都没有得到这些资料。③

裕固族这种比较小的民族它的文化实际上很不起眼，除了专门搞学问的这些人研究以外，其他人就很少接触。尽管原来适当地做过，出版过一些东西，个人的手里面也发到一些，但是这些东西实际上也没有多大效果，都是作为礼品馈赠给人家的。你比如说搞县庆或者

---

① "中国西部少数民族地区经济文化类型与初中地方性校本课程建构"项目资料—访谈资料—YAJ。

② "中国西部少数民族地区经济文化类型与初中地方性校本课程建构"项目资料—乡土教材座谈会资料—KZJ。

③ "中国．西部少数民族地区经济文化类型与初中地方性校本课程建构"项目资料—乡土教材座谈会资料—TME。

其他重大活动的时候他都要进行赠送仪式，赠送以后，人家基本上不看，他都是放在书架上。①

另一方面，缺少与专业研究人员的合作。由于工作忙碌、资源有限，许多参与编写的老师并没有和专业研究人员进行研讨。

  当时没有（和专业部门）联系，人家不会认识我们是谁，只有写出（书）来人家才认识。当时谁也没有找，（资料）都是外面托人找的，论文也看的很多，还看了钟进文的《裕固族研究集成》（《中国裕固族研究集成》。②
  （专业部门）也没有联系过，就凭着（手头的）这些资料，外面就没有联系，因为我们也不太熟悉，你像铁穆尔的话我也是第一次见他。③
  （编写过程中）感觉到资料少，我们搜集的还是这里搜集两本，那里拿来一本，对外面怎么编写研究的状况也不是太了解，这都是困难。④

（四）教材编写

教材编写过程是整个开发过程的核心。在教材编写的过程

---

① "中国西部少数民族地区经济文化类型与初中地方性校本课程建构"项目资料—访谈资料—KZJ。
② "中国西部少数民族地区经济文化类型与初中地方性校本课程建构"项目资料—访谈资料—YAJ。
③ "中国西部少数民族地区经济文化类型与初中地方性校本课程建构"项目资料—访谈资料—KZJ。
④ "中国西部少数民族地区经济文化类型与初中地方性校本课程建构"项目资料—访谈资料—CSH。

中，教师要充分考虑教材的内容、学生的需求、可行性等多方面的因素。在肃南二中此次裕固族乡土教材开发的过程中，教材编写方面也存在着一定的问题。

1. 教材内容的选择

教材所采纳的观点是否权威存在广泛的争议，而对于争议性的内容是否要加入教材、如何表达也是一个值得深入探讨的问题。

> （在编写的时候）还有历史的资料，争议的历史可以不提。增加民间的东西，现在的作品少选择一些。①

> （在编写的时候）对于一些有争议的问题，我们客观对待，主要的是让学生自己去理解。②

2. 学生需求的考虑

(1) 男女性别差异的需求

仅就体育来说，男生和女生在体育上存在着不同的爱好，男生和女生的不同需求该如何考虑？

> 我们开发的几个运动项目还是男生喜欢的人数超过女生。裕固族有好多体育游戏。这些游戏开发出来，对调动女生的兴趣很有帮助。③

(2) 不同民族学生的需求

裕固族自治县是一个多民族的地方，肃南二中学校生源由裕

---

① "中国西部少数民族地区经济文化类型与初中地方性校本课程建构"项目资料—乡土教材座谈会资料—TME。
② "中国西部少数民族地区经济文化类型与初中地方性校本课程建构"项目资料—乡土教材座谈会资料—AWW。
③ "中国西部少数民族地区经济文化类型与初中地方性校本课程建构"项目资料—访谈资料—CSH。

固、藏、回、蒙、土、满、汉等 7 个民族构成,其中少数民族学生占 60% 以上,裕固族学生占 47% 左右①。学校是否可以满足不同民族学生的需求?学生的跨文化交流能力如何培养?

> 最近一两周之内,我都是教学生画裕固族女装。我就跟学生说了,我们来画裕固族女装,因为我们生活的是裕固族地区。哪怕你是其他民族的,你可能感觉没什么意思,或感觉不喜欢画,但你得知道,如果你画的话你可以增加技巧。我没有从这种民族方面讲,而是从美术的技巧方面讲。②

3. 教材的修订

教材自编写出来以后,学校的老师一直坚持修改,但是仅停留在对错别字、错句修改的层面,对更深层次的挖掘力度不够。

> 我自己的感觉就是我们这里面还有好多不完善的地方,应该说再进行第二版、第三版的修改,我们现在的修改只限于错别字,错句子的修改,内容上以后再也没有进行过大的修改。(内容上)应该还要充实好多部分呢。体育游戏、健康方面的知识应该更有针对性地去弥补、充实,但是这些仅仅让我一个人去做,我自己没有那个耐心。③

---

① 肃南二中介绍. http://www.snez.cn/xxgk.htm. 2006-8-2。
② "中国西部少数民族地区经济文化类型与初中地方性校本课程建构"项目资料—访谈资料—PJY。
③ "中国西部少数民族地区经济文化类型与初中地方性校本课程建构"项目资料—访谈资料—CSH。

（五）开发经费

学校开发教材的整个过程没有得到经费的支持，所有的费用都由学校承担。学校在论文获奖后，获得了 300 元的奖金，这些资金还远远不能满足教材进一步推广的印刷费用。

> 要是学生一人一套，可能会要点钱，一套至少 30 元。①

教材开发出来后，学校下一步的工作就是如何把教材发给学生，这就关系到经费的问题。事实上，国家实行"两免一补"政策以后，学校很难向学生、家长再收取任何费用，仅凭自身的财政条件，学校可谓捉襟见肘。

（六）网站建设

学习网站的建设已经成为当前信息技术与课程整合的新视点，因为网站可以提供具有教育性、科学性、整合性和趣味性的重要专题，以进行知识结构化重组；网站可以提供巨大的整合资源和强大的协作、交流环境。肃南二中作为民族地区的基层学校，在信息建设方面已取得了一定的成效，办学条件得到了改善，为资源的开发和教育的进一步发展奠定了坚实的物质技术基础。学校充分运用现代教育技术手段实施校本课程资源的开发、利用、管理和评价，形成了《肃南地理》、《裕固族历史》、《裕固族文学作品选读》、《裕固族传统体育与健康》、《裕固族民间美术欣赏》、《牧区寄宿制学校学生安全教育手册》校本课程以及裕固族乡土知识学习网站。

---

① "中国西部少数民族地区经济文化类型与初中地方性校本课程建构"项目资料—访谈资料—WYJ。

网站的内容来源于裕固族乡土教材,围绕"裕固族乡土教材"这一内容主线展开,不仅给本校学生,而且给所有关注裕固族文化的人提供了一种了解裕固族文化的有效途径。网站图文并茂,形式比较活泼,适合学生的口味。但是网站的内容制作上还存在不少错误。

学校电脑硬件设施建设不足。学校现有计算机73台,生机比为5.6∶1。但是这些计算机却远远不能满足师生对计算机的需求,学生上网困难,老师办公的电脑不够用,设备短缺。

(七)资料管理

肃南二中此次裕固族乡土教材研究成果包括了这次开发过程的研究方案、研究过程和研究成果。应当注意的是,档案库建档应克服随意性,进行统一有效的管理;要重视资源开发过程的建档,尤其是对一些重大的或有争议问题讨论的会议记录以及采取一些重要行动的集体审议过程的原始记录。学校保存的资料的内容缺失会议记录。

> 主要开了几次会议,但是会议记录都没有了,实在是很遗憾。[①]
>
> 开会,那开过很多次,记录我没有记录,我们一般这种会议想起来个问题我们就开会,大概与打算开发课题的时间差不多,大概就是四月份,开始召开的,平时碰到什么问题的时候大家一起商量怎么解决。[②]

[①] "中国西部少数民族地区经济文化类型与初中地方性校本课程建构"项目资料—访谈资料—WYJ。

[②] "中国西部少数民族地区经济文化类型与初中地方性校本课程建构"项目资料—访谈资料—YAJ。

校本课程资料的管理应该坚持为课程改革服务。在教学活动中要充分有效地应用现代信息技术,广泛收集、筛选现有的资源,实现教育教学资源共享,为师生共同学习奠定坚实基础。学校可以自己建立校本课程资源库,建设一个规范的、内容丰富的、开放性的和具有"校本特色"的校本课程资源库,为校本课程的开发和实施搭建一个有利的平台。

四、裕固族乡土教材实施过程分析

2007年5月份笔者对裕固族乡土教材的第二轮实施过程进行了问卷调查分析。肃南二中2007年5月初中学生总共有189人,汉族学生82名,裕固族学生56人,藏族学生43人,回族学生5人,土族学生3人。本次研究对189名初中学生进行了问卷调查,问卷189份,回收189份,回收率为100%。有效问卷189份。除此之外,本调查还对进行裕固族乡土教材教学的老师进行了问卷调查。全部以开放题的形式,了解教师在课堂教学中出现的问题。本调查问卷的结果采用SPSS12.0统计软件进行统计。主要进行了单因素方差分析、单变量频度分析、交叉列连表分析、相关分析。

在本次田野调查中,问卷调查的目的是了解肃南二中的学生和教师对裕固族乡土教材进课堂所持的主要态度、意见和建议,问卷在设计时除了部分是受访者的基本资料之外,接下来的几个部分,分别是对裕固族乡土教材课堂的态度、对课堂教学的看法、对裕固族乡土教材的学习效果、评价以及社会支持体系、对裕固族乡土教材学习的意见和建议。对问卷调查的部分结果进行说明和分析时,辅以其他方法调查所得资料。

(一)"裕固族乡土教材"的学习态度

对裕固族乡土教材进课堂很喜欢的学生有49.7%,比较喜欢的占 47.1%,只有 5 个学生选择了不太喜欢,其原因主要是:不太好懂、觉得乡土教材好像没有乐趣和意义;因为裕固族乡土知识基本没有了,裕固族已失去了原有的习俗;内容过于死板,借用别人成果并没什么新变化,枯燥、乏味并不太好理解;有 1 个学生选择了很不喜欢,主要原因是因为校本课程内容不太好懂。统计结果详见下表:

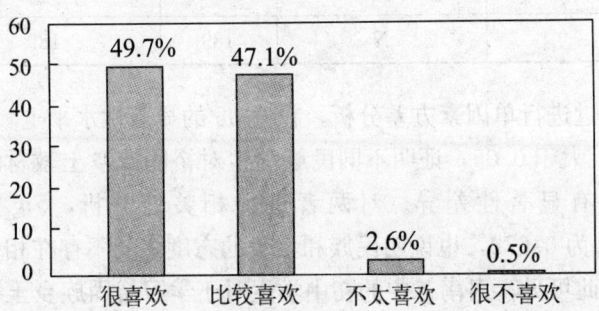

图 1　学生对裕固族乡土教材进课堂的态度

表 3　不同民族学生对于裕固族乡土教材进课堂态度的关系（sig.）

	Sum of Squares	Df	Mean Square	F	Sig.
Between Groups	1.415	4	.354	1.058	.379
Within Groups	61.537	184	.334		
Total	62.952	188			

表 4　不同民族学生对于裕固族乡土教材进课堂态度的关系（Correlation）

		民族	对裕固族乡土教材进课堂的态度
民族	Pearson Correlation	1	−.031
	Sig.（2-tailed）	.	.672

续表

		民族	对裕固族乡土教材进课堂的态度
	N	189	189
对裕固族乡土教材进课堂的态度	Pearson Correlation	−.031	1
	Sig. (2−tailed)	.672	.
	N	189	189

通过进行单因素方差分析，在0.05的显著性水平上，Sig为0.379，大于0.05，证明不同民族学生对裕固族乡土教材的实施态度没有显著性差异。对两者进行相关性分析，Sig.（2−tailed）为0.672，也说明民族和学生的态度之间不存在相关性。

由此可见，肃南二中的初中学生对于学习裕固族乡土教材都有一定的兴趣，学生普遍认为"因为我生活在这个地方，想了解这里更多的地理知识；因为可以了解更多的肃南地理情况；从中我可以了解肃南县内的一些基本情况；多方面了解自己家乡地理特征等等"。这种态度与学生的民族并没有相关性，在此基础上，笔者认为在皇城镇开展裕固族乡土教材的学习具有明显的作用。

（二）裕固族乡土教材的课堂教学

1. 课时

72.5%的学生认为现在的课时合适或者基本合适，学校现在每周都安排有一节校本课，但是在具体实施的过程中，由于很多原因课时并不能完全保证，但还是有部分学生认为需要增加课时。

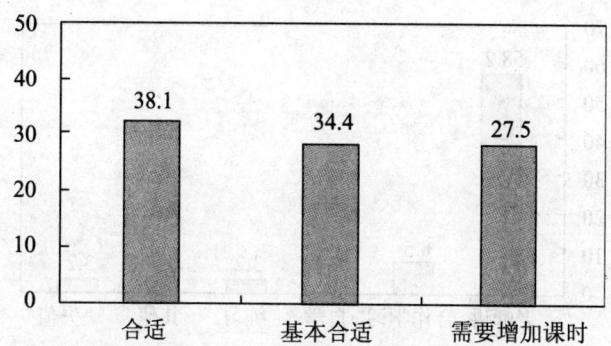

图 2　学生对现在裕固族乡土教材学习课时的看法

2. 学习形式

肃南二中，老师经常采用的课堂教学方式是老师讲授为主，自学辅助；学生喜欢的学习方式中，小组合作学习占了 60.3%，由此可以看出老师现在的教学方式与学生的期望存在一定的差距。

如何改变传统的课堂授课形式，让课堂教学受到学生的欢迎，这对教师的素质提出了更高的要求，教师要综合考虑教学目的和任务、教学内容特点、学生情况、教师能力及特长、课时等多种因素，选取合适的方法和模式。根据教学目的的要求和教学的实际情况，注意多种教学方法或教学模式的合理结合，充分发挥各种教学方法的长处，避免各自的不足，以取得良好的教学效果。在实际教学中，对于预先设计好的教学方法和教学模式，如果得不到实际效果，则应该要根据情况随时调整。

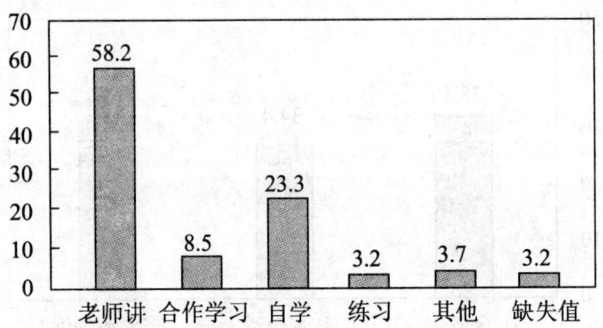

图3 老师对于裕固族乡土教材学习的教学安排

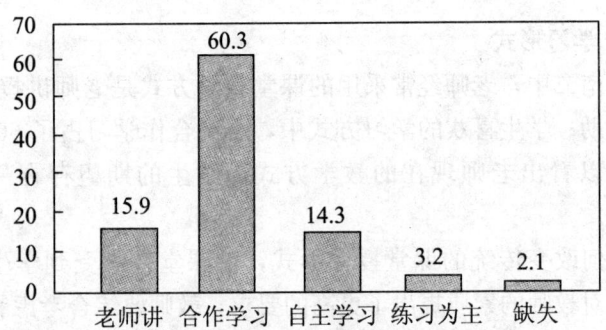

图4 学生喜欢的学习方式

3. 教师的工作态度和课堂气氛

77.2%的教师认真负责或比较认真负责。86.2%的学生认为课堂学习气氛比较活跃或者很活跃。所谓"教学有法,教无定法",在教学实践中教学方法和教学模式的选择也是灵活多变的,老师的教学态度和课堂气氛良好,对裕固族乡土教材学生的学习效果产生了很好的作用。

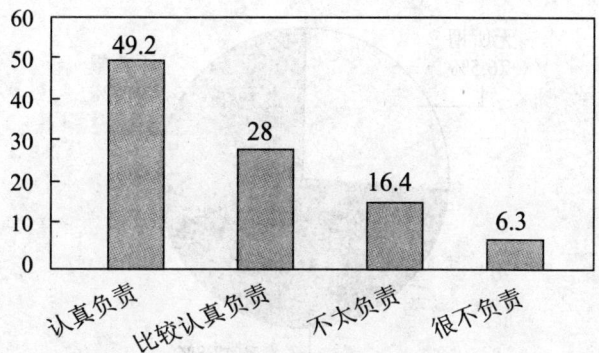

图5 裕固族乡土教材教学老师上课的工作态度

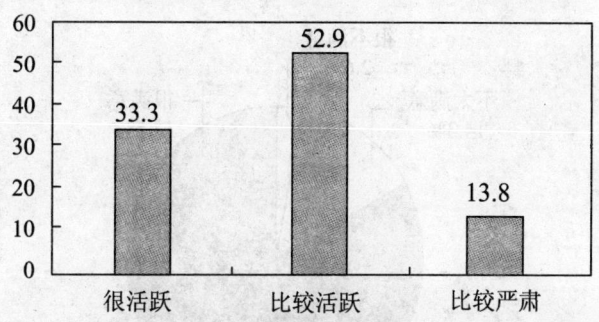

图6 裕固族乡土教材教学的课堂气氛

(三)裕固族乡土教材的评价体系

1. 对教学形式的评价形式

42.9%的学生都不希望此课程的老师布置作业来进行考核。现在学校对乡土教材的主要考核形式是采用附加成绩的方式,这种方式得到了学生的认同,83.1%的学生表示对这种考核形式很满意或比较满意。

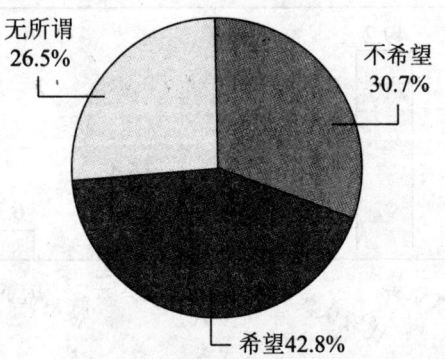

图 7 是否希望老师布置作业

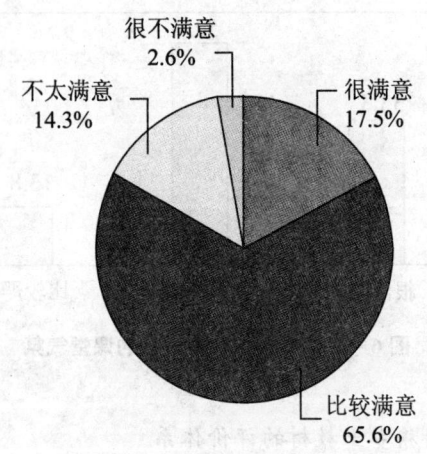

图 8 学生对现在的考核形式是否满意

2. 对课程本身的评价

学生认为学习裕固族乡土教材对学科课程有很大影响的占了 23.4%。学生喜欢学习的裕固族乡土教材依次为：《裕固族历史》、《裕固族民间美术欣赏》、《裕固族传统体育与健康》、《裕固族文学作品选读》、《肃南地理》、《牧区学校安全教育手册》，这基本上反映了学生的学习态度。

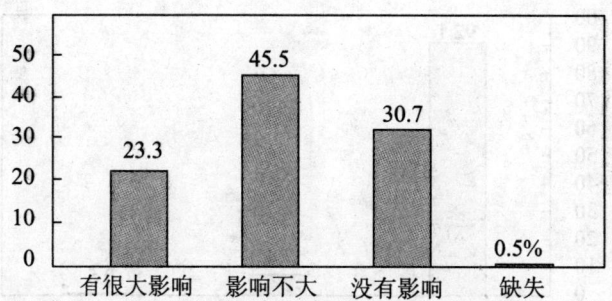

图 9 学习裕固族乡土教材对学科课程的影响

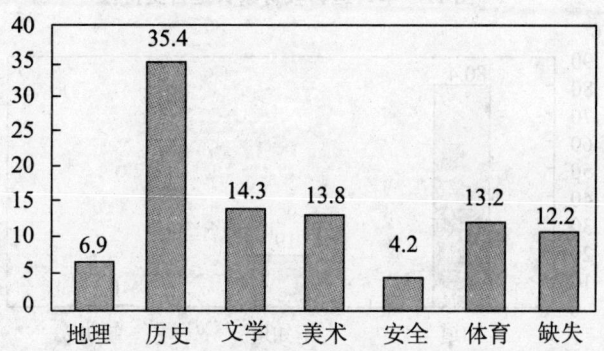

图 10 学生喜欢学习的裕固族乡土教材

（四）裕固族乡土教材的社区支持体系

92.1%的家长都支持学校开发这套裕固族乡土教材，80.4%的家长都知道现在学校开展了裕固族乡土教材进课堂活动。总体来说，家长和学校的联系比较密切，对学习这套教材涉及到的一部分费用，66.7%的学生认为这部分费用应该由双方共同承担。

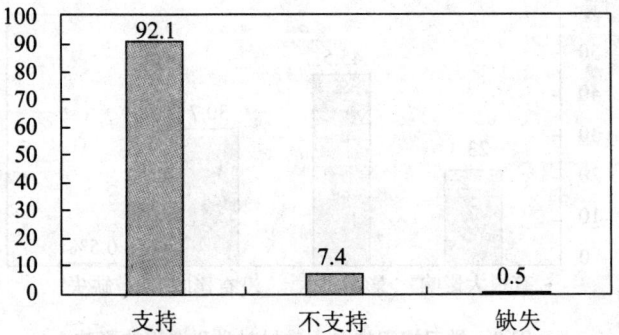

图 11　学习这套教材家长是否支持

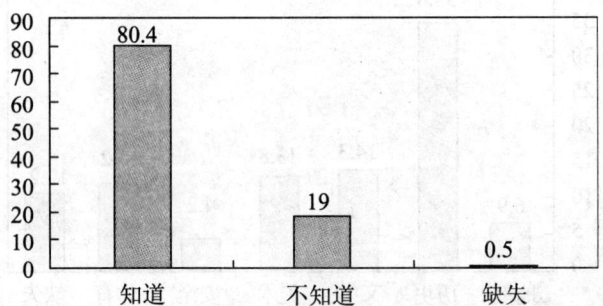

图 12　家长是否知道裕固族乡土教材进课堂

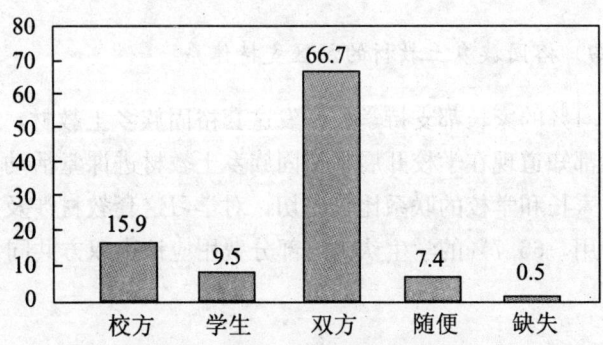

图 13　学习这套教材的费用承担

关于教材费用的问题,调查数据进一步显示出皇城镇的学生和家长在对裕固族乡土教材实施费用的问题上,民族和态度之间没有明显的相关性。

表5　不同民族关于学习教材的费用应该谁承担比较合理(Cases)

	Cases					
	Valid		Missing		Total	
	N	Percent	N	Percent	N	Percent
民族＊学习教材的费用应该谁承担比较合理	188	99.5	1	.5	189	100.0%

表6　不同民族关于学习教材的费用应该谁承担比较合理(Count)

		学习教材的费用应该谁承担比较合理				Total
		校方	学生自己	双方共同承担	随便	
民族	汉族	16	8	51	6	81
	裕固族	6	6	41	3	56
	藏族	7	4	28	4	43
	回族	1		4		5
	土族			2	1	3
Total		30	18	126	14	188

1. 学生学习的收获

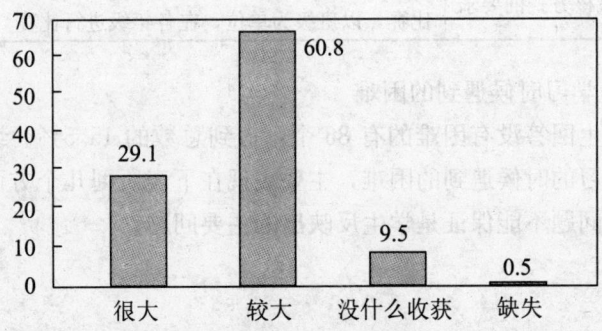

图14　学生学习的收获

总体而言，学生认为学习了这套教材以后的收获比较大，这套教材也发挥了一定的作用。

2. 对乡土教材学习的意见或建议

没有意见或建议有 61 人，占总学生人数的 32%。总结学生对于裕固族乡土教材学习的意见和要求，主要体现在以下方面：

表7 学生对乡土教材学习的意见或建议

意见	具体表现
对老师的要求	希望老师准时上课、改善老师的讲课方式、让老师讲得更充分
对教材内容的要求	希望裕固族乡土教材的内容更加完整、加深（突出裕固族的故事、史事、民间故事、联系学校的历史、家乡的风情、文学类、美术中的图画、多媒体等丰富教材的内容，更加易懂。） 希望裕固族乡土教材继续进行，不断开发，让学校成为民族学校
对于课堂教学的要求	上课方式上，多让同学们自己商量和讨论 自主进行研究调查 课堂气氛更加活跃 多进行活动 能够有多的时间来看这套教材 让老师和同学们一起学习 结合实地调查
对于考核方式的要求	多进行测验，每隔一段时间举行一次乡土教材的比赛，以班级为单位，在各年级进行比赛

3. 学习时候遇到的困难

学生回答没有困难的有 86 个，占到总数的 45.5%。综合学生在学习的时候遇到的困难，主要表现在下表所列几个方面，其中课时问题不能保证是学生反映出的主要问题。

表 8　学生学习乡土教材遇到的主要困难

困难	所占比例
老师没有时间上课	7.4%
书本中的错误比较多	5.2%
历史、地理很难学习	5.2%
内容很难理解	4.2%
图片不清楚	3.7%

(五) 调查结果小结

裕固族乡土教材进课堂体现了学校的独特办学理念，充分利用了学校独有的资源条件，发挥了学校作为牧区寄宿制学校的辐射带动作用。

1. 各个民族的学生对于裕固族乡土教材进课堂的态度没有显著性差异。学生大多都喜欢学习这套教材，这一点就可以消除部分老师的担心。

2. 学生主要喜欢的课堂教学形式还是活动课程。课堂的教学组织形式灵活多样，主要有：班级授课制；小组合作学习，包括学科小组、技能小组、活动小组等；其它活动，如科学讲座、培训、教师指导下的个别活动等。老师在问卷的调查中也提出在课堂教学中、讨论、互动，摒弃传统的教师讲解的方法；注重实践，以学生为主；部分内容要能适应课堂教学，便于学生开展活动。

3. 裕固族乡土教材整体的课堂教学结果比较令人满意。学生学习后收获很大，促使学生个性优势和综合素质得到全面的发展，促使教师向更高标准发展，有利于教师的专业素质的提高。

4. 学校和社区的联系进一步密切，家长对学校开展乡土教材的学习比较支持。从肃南二中的情况来说，虽然家长多数在牧区，交通不方便，但是家长对学校的教育还是比较关注的。

5. 教材需要进一步完善和改进。裕固族乡土教材的开发由于时间和经费等问题，教材的内容还需要进一步规范修改，比如，老师在问卷的调查中也提出在内容上要更加贴近生活，更加贴近现实，只有用身边的东西说事才能有说服力；应更具体、更细致和精确；要更加贴近本地的生活，与本地人们的生产方式相结合；要进一步精炼，突出学生活动等等。

6. 教材全校实施仍然面临一定的困难。笔者在发放问卷的过程中发现，在有些年级，六本教材全部进入课堂的情况不是很多，只是在部分课程中实现了裕固族乡土教材的学习，其原因也是多方面的，我们在下一章中会作进一步的探讨。

综上所述，肃南二中多元文化背景下的校本课程开发初具雏形。我们相信，裕固族乡土教材的开发与实施一定会在教育及社会发展中发挥越来越重要的作用。

五、肃南二中多元文化课程开发模式的探索

（一）肃南二中多元文化课程改革的具体途径

多元文化课程的开发和研究，是实施多元文化教育的核心途径。肃南二中《裕固族乡土教材》课程设置，拓宽了多元文化教育的视野，以班克斯的多元文化课程开发模式为基础，多元文化课程开发以贡献和附加途径为主，正在逐步探索向转换途径和社会行动途径转变。

贡献途径是教师将有关少数民族的内容整合进课程中，是最容易的一种方法。这种途径是肃南裕固族自治县学校广泛使用的一种形式。比如在学校中欢庆一些少数民族的节日。但是在非常多的学校中，欢庆这些节日的活动只局限在本民族人中。这种做法不仅不能促进少数民族的相互理解，往往起到强调少数民族文

化异情调的特点。根据甘肃省肃南裕固族自治县自治条例（1989年3月20日肃南裕固族自治县第十一届人民代表大会第四次会议通过；1989年5月4日甘肃省第七届人民代表大会常务委员会第八次会议批准）第九章附则第五十三条规定：每年8月1日为自治县成立纪念日，全县放假一天。

附加途径是将有关种族文化的内容、概念等的主要观点添加入现有课程之中，但不改变现有课程结构、目标或特色，只是在单元或课程进程中添加进民族文化内容。但是这种附加途径容易使学生用主流文化的观点来审视和判断少数民族文化传统，不易了解少数民族文化与主流文化的关系。此次肃南二中开发出了六本乡土教材，为了取得一定的学习效果，学校把乡土教材的各个单元加入到各科目的单元或学习中。

转换途径使课程的目标、结构和性质已发生变化，使各个少数民族的学生能从不同文化、民族的角度来建构自己的概念、主题与观念，使学生了解多元文化社会文化形成的复杂因素，避免过于简化各少数民族的历史、文化。在此阶段，需要重新修订课程，并且教材的编写与课程的发展需要来自各少数民族与各种文化的观点。

社会行动途径结合了转换途径，又增加了对民族问题、观念及社会问题的反省，在反省中澄清自己的价值观念，并在一定范围内付诸行动。这种方法需要大量的课程设计和教材的准备，并需要给学生提供社会实践的条件。

多元文化教育课程应融入学校整体课程之中，将零星、破碎的亚文化内容附加在学校课程中，是多元文化教育课程发展的最低层次，事实也证明这种方式有许多弊端。课程在文化价值取向上要打破主流文化和弱势、亚文化的界限，将少数民族文化的内容融入相关的科目中。在现有课程中，可以打破原有学科的结构，以社会问题和历史事件为核心，探讨各少数民族的观点、经验和感受。肃南二中在乡土教材的实施过程中，通过各种途径让学生积极参加活动,在社会实践中让学生学到一定的民族文化知识。

(二) 分析与评论

1. 对班克斯多元文化课程理论的评述

班克斯的多元文化课程理论立足于解决美国社会的教育机会不均等,提出了一套较为完整的构想。这一理论有着非常广泛而深刻的影响,对多元文化课程发展作出了重要贡献,在美国许多州,已不同程度地把这一设想转化到教育实践中去,产生了巨大的社会影响。

但是,班克斯的这一课程理论在实践中暴露出一些弊端。美国是个多民族社会,作为社会单位的学校、班级亦然,在美国的一般学校里,一个班级有三、四种不同民族是极为普遍的。批评者指出:若要给所有民族的学生提供了解其民族文化的机会,那么必然导致一种早已为批评家们所极力反对的效率低下的分散化教学。

批评者还指出,多元文化教育者认为,对其他文化的价值观念、信仰、历史及其贡献的了解,就可以增强对其他文化的容忍,但是,实际上,这些范畴几乎一点也不能帮助儿童以移情的作用对待那些在文化方面与自己相异的"他人"的生活经历。

另一位批评者在研究了 1993——1995 年出版的所有 4 年级和 6 年级的读物中的有关内容后,出了一本书(Losing Our Language)。他指出,教材中的英雄人物或有贡献的人物不再是白种男性科学家,而代之以反种族主义者、女权主义者或残疾人,这使学生失去了良好的榜样,本来这些科学家可以引导学生智力的发展,并为其未来的学业树立了楷模;再有,为了了解其他民族的文化语言,在教材中安插了大量孤立的各民族词汇,在课堂教学中也花费了大量的时间,让学生相互交流各自民族的文化、日常生活,多元文化课程占用了学生大量的时间和精力,让学生学习一些贫乏的没有意义的并丝毫无助于他们能力发展的零碎知识，他们本可以利用这些时间、精力提高使用英语的能力，掌握其他有意义的知识，并促进其能力的发展。

的确，在班克斯的课程模式中，片面追求理想化的社会愿望，忽视了对学生的研究，忽视了知识自身的结构体系，从而导致教学内容漫无边际、毫无深度，教学效率低下，学生的发展由此也受到了不良的影响。批评者所指出的这种现象很可能在美国具有一定的普遍性。

2. 班克斯多元文化课程理论对肃南二中的启示

（1）多元文化课程内容的选择

多元文化的课程包含了两个问题：一种文化不同于另一种文化的方面是极其广泛的，不但有价值观、宗教信仰、语言、历史，还有饮食、服饰、身体语言、风俗等，是否应把一种文化与另一种文化的所有不同之处都纳入到多元文化课程呢？世界上有两千多种民族，几百个国家，还有若干的特质群体文化，即使从文化的体系上划分，也有七大文化体系，应该让学生了解多种异质文化知识，还是系统地学习关于某一异质文化方面的内容？

多元文化教育的课程改革，并不是要增加一门或数门关于少数民族文化的课程，也不是要把所有的少数民族文化的内容都纳入现有的课程中。多元文化教育的宗旨是学生既能认同本民族文化，也能认同国家的主流文化，树立平等、宽容的文化观念和态度。

多元文化课程的发展，首先应该体现文化多元的观点，通过课程使学生平等地对待和欣赏本民族文化以及相异的文化，认同国家的主流文化。"泛而不精，专而不博，"这是经验之谈。学生的学习时间有限，精力亦有限，学习多种异质文化必定难有深刻的理解，这对于培养学生对异质文化的理解能力以及基本技能的掌握是不利的，而且，泛泛的学习可能也无助于增进学生对异质文化的接纳，更难以移情性地去尊重其它异质文化。相反，对异质文化的系统深入学习可以解决上述问题。课程的发展是以文化为核心的，文化虽然离不开具体的文化内容，如生活方式、习俗、语言、宗教信仰等等，但是，课程应该透过这些具体的文化内容和事件，传达文化中的价值观。

对裕固族乡土知识的学习，有助于学生理解异质文化的内容，使学生从文化相对主义的观点出发，充分理解文化多元及其各种文化存在的合理性，认同建立宽容、平等的社会秩序与文化秩序的必要性这一观点。多元文化课程旨在提供一种有价值的学习机会，促进学生对其它文化的理解与尊重，达到举一反三、触类旁通的效果。

（2）多元文化课程的设计

在课程设计中，社会、学生、知识三者是相互关联、相互作用的辩证关系，单独强调一种因素是不可取的。班克斯的多元文化课程片面追求社会意义，满足社会要求，以致于给学生的发展造成（或可能造成）消极的影响，在多元文化课程设计中，为了促进学生的发展，应遵循如下几条原则：

①遵循学生多元文化观念形成的阶段性特点

学生的多元文化学习既遵循一般认知发展特点（因为其中有单一文化体系的学习），又遵循多元文化条件下的认知特点（对文化间关系的认识），特别是后者，是多元文化学习所特有的特点。因此，在多元文化课程目标的确立、陈述，课程模式的设计等各个方面均应以此为依据，避免脱离学生的实际发展情况而削弱研究成果的指导意义。

肃南二中学校生源由裕固、藏、回、蒙、土、汉等6个民族构成，其中少数民族学生占70%以上。在多民族共同生活的牧区，学生形成了自己特有的认知方式和认知特点。多元文化观念的形成是一个逐步形成的过程，不可一蹴而就，针对不同民族的学生多元文化观念的形成要具有不同的方法，内容要适合本年龄段儿童的身心发展水平和特点，不宜出现"繁"、"难"的内容。

②协调知识、情意与能力三者之间的关系

异质文化的知识异常丰富，倘若不以促进学生的发展为选择依据，把多种文化的知识都提供给学生，必将导致课程内容漫无边际，极不利于学生的发展，这种后果在班克斯的多元文化课程实施中已露端倪，应当引以为戒。当前我国的课程改革在体现多元文化的理念方面也只是课程内容上的增加，大概处于班克斯所说的贡献阶段或附加阶段，并没有涉及到课程结构的改革，未能做到从不同文化的视角来编制课程。至于培养学生形成多元文化社会所需的能力、情感态度和价值观方面也没有引起充分的注意。

皇城镇是一个以畜牧业生产为主，以现代工业——采矿业、水电业的突出发展和第三产业——运输业、日常生活服务业和草原民族风情旅游业缓慢兴起为辅的正在变迁中的多元文化社区。多元文化社区所需要的跨文化交际能力应该是多民族地区社区和学校的学习者应该具备的能力之一，学校开展乡土教育具有培养学生跨文化理解和跨文化交际能力的特殊作用。

③活动是课程实施的重要形式

班克斯所总结的课程改革的四种途径不仅强调学科课程结构的改革，强调活动是课程实施的一种重要形式，强调活动在实现课程目标和教育目标中的重要作用。如在采用做出决定与采取社会行动的途径时，学生就需要构思各种活动方案，开展各种活动。活动对能力的形成、情感态度和价值观的养成有重要的作用。虽然在目前我国基础教育的改革中，强调活动课程和研究性学习是一个很重要的方面，但是却没有很好地体现多元文化的理念。在我国研究性学习的开展中关于多元文化的主题不多见，也就是说，关于多元文化的活动课程实施还是不够的。在对学生进行多元文化教育时，如何既让学生了解各种不同的文化，又让学生在行动中真正地做到尊重各种文化，也是我国当前课程改革或大力推行活动课程的工作中一个必须要注意的问题。

通过校本课程进行多元文化教育，必须打破单一的课程形式，通过各种途径将多元文化的知识内容有机结合，关注活动课程、潜在课程、非正式课程的重要作用。对学生进行多元文化教育时，不仅要让学生了解各种不同的文化知识，更重要的是让学生在活动中真正做到尊重和理解各种文化，要做到这一点，活动课程是非常有效的。因为通过开展各种相关活动，让学生亲身体验，才能有利于学生价值观、情感态度的培养。例如，少数民族地区的学校可以通过组织参观、访问、调查等实践活动，让学生了解该民族地区的社会民族文化特点和现状，从而增强学生的民族认同感、责任感和使命感。

综上所述，附加模式是多元文化课程开发的主要模式。乡土教材开发或者在少数学校中开设民族文化课，这种途径的前提是不根本改变现有课程与教材的架构。肃南二中的乡土教材开发过程，把少数民族地区的多元文化课程建设与校本课程开发密切结合起来，形成学校的课程建设特色，据此，我们结合其在课程开发过程的经验与不足，试图对少数民族地区多元文化课程开发过程提出一套可以供借鉴和参考的实践策略。

六、少数民族地区多元文化课程开发的实践策略

（一）新课程改革背景下少数民族地区多元文化课程开发面临的机遇

多元文化是社会发展的一个趋势。多元文化教育是西方民族复兴运动的产物，力图通过教育改革，使来自不同文化的民族、种族、社会阶层群体的学生享受平等的教育机会，促进文化多样性的特性与价值，使学生形成客观、平行的文化历史观，提高少数民族群体间的相互尊重，帮助学生获得未来跨文化社会中所需的民族价值观、信念、知识、技能和态度。

1988年，我国著名学者费孝通先生在香港中文大学作Tanner讲演，提出了"中华民族多元一体格局"的思想。一经提出，便引起了国内学术界的普遍认同，认为这是"研究中华民族结构的核心理论，是解开中华民族构成奥秘的钥匙，推动了民族研究的发展"。① 中央民族大学滕星教授指出"多元文化整合教育理论是一个多民族国家的教育在担负人类文化成果传递功能的同时，不仅要负担起传递本国主体民族优秀传统文化的功能，同时也要负担起传递本国各少数民族优秀传统文化的功能"。②

课程是实施多元文化教育最重要的途径，实施多元文化教育的关键就在于多元文化课程的开设。多元文化课程是落实多元文化教育的重要途径，它重视并尊重每一种文化的价值与兴趣，强调文化的主体性、相对性、差异性与互补性，主张不同种族、阶层、宗教、性别的人类相互欣赏学习并丰富彼此的文化。

我国是一个地域广阔、民族众多的国家，各地区的经济、科技文化与教育发展水平相差很大，多元文化课程设置具有多样性和适用性，应根据少数民族地区的教育和社会发展的实际状况，增强课程对文化多元性及地域、民族差异性的适切性和针对性。在多民族多文化共生共存的国家社会背景下，充分体现各民族的文化和保证民族群体对自己所属文化的认同与文化自觉，多元文化课程的开发就显得尤为重要。它可以帮助学生从不同文化视角和民族文化观点来看待"他文化"的概念、价值、观念和实践，同时在参与开放社会中获得所需知识、技能和态度，使不同民族、文化、阶级群体都能平等的与社会实现真正的理解、宽容与尊重。

我国新一轮基础教育课程改革实行"为保障和促进课程对不

---

① 陈连开：《关于中华民族结构的学术新体系》，载《民族研究》，1992（6），23~30页。

② 哈经雄、滕星主编：《民族教育学通论》，580页，北京，教育科学出版社，2001。

同地区、学校、学生的要求,实行国家、地区和学校三级课程管理。""学校在执行国家课程和地方课程的同时,应视当地社会、经济发展的具体情况,结合本校的传统和优势,学生的兴趣和需要,开发或选用适合本校的课程。"① 这些都为多元文化课程开发提供了政策上的保障和发展的良好导向,多元文化课程以"地方课程"和"校本课程"的形式出现,纳入到学校的整个课程计划之中,校本课程开发以法定形式得以确立。少数民族地区是课改薄弱环节,作为新课程改革的重要组成部分,校本课程开发要充分利用本地课程资源,在实现课程目标多元化、课程开发机制多样化、课程管理民主化、课程内容综合化、教学方式灵活化等方面做出应有贡献。

(二) 少数民族地区多元文化课程开发的实践策略

如何构建多元文化课程的基本框架,借鉴肃南二中裕固族乡土教材开发的经验,本文主要是从以下方面加以阐述:首先是多元文化课程开发以校长为核心,积极组织多元文化课程开发。其次,课程开发过程中,首先要树立多元文化的课程目标;多元文化课程内容选择上要具有针对性,要针对该民族地区、学校、学生的民族文化特点和具体情况,注重课程内容的民族性、多元文化性和地方性,开发乡土知识,注重课程内容对民族学生的适应性和发展性;学校要根据学校的实际情况,选择适合本校的课程开发类型。课程实施方面、多元文化课堂的教学形式主要是合作探究教学,要通过多方面、多渠道的努力来促进教材的实施和应用;课程组织和管理方面,应结合学校的实际情况改进学校的组织和管理,保证多元文化课程的合理开发和实施;课程实施和推广方面,要加强课程的推广力度,提升知名度,扩大社会效应。

---

① 教育部:《基础教育课程改革纲要(试行)》,2001年6月。

1. 多元文化课程开发的动因分析

进行多元文化课程开发，校长的作用非常重要。霍德和霍尔曾归纳出三种校长的作用：第一，反应者，该领导风格视校长为专业人员，认为校长的主要作用在于维护学校的正常运作，校长是民主的，教师和其他工作人员应当有参与学校决策的机会；第二，管理者，该领导风格认为，校长的职能是以管理为核心的，其作用在于有效管理教师、学生以及学校的日常事务，忠实地实施国家或学区的变革计划；第三，发动者，校长应有自己的教育价值观、教育理想、教育信念，校长是在这种价值观指引下的课程变革的发动者，应具有教育创新意识，能够与教师、学生一起不断创生新的课程，对国家、学区发动的课程变革，也应该创造性地实施，为此应制定清晰、长远的教育政策与目标。他们认为，校长的领导形象如果能由反应者发展到发动者，课程改革与实施的效率会大大提高。[①]

2. 多元文化课程的开发

（1）树立多元性的课程开发目标

课程目标的确定，是课程设计与实施的出发点的归宿，贯穿于整个课程开发运行过程中，起着极其重要的作用，具有明确的导向与调控功能。针对少数民族地区的多元文化背景，应将多元文化课程开发的目标渗透在课程开发的全过程，从而确定在这一地区多元文化课程开发的目标，关注处于不同文化背景的少数民族学生的发展，提供机会均等的学习机会，促进不同民族间的跨文化的民族文化认同与交流。针对民族地区实施多元文化课程的目标具体体现在：

①不断提供机会，促进学生形成积极的自我认同感和民族认同感

---

① 张华：《课程与教学论》，356页，上海，上海教育出版社，2001。

民族地区实施多元文化课程，目的就是要不断提供各种机会，发展和培养学生形成积极良好的自我认同感和民族认同感。学生需要认同自己本民族的文化，包括语言、习俗和宗教等，使学生能够客观坦然地对待自己和自己的民族。通过帮助学生形成良好积极的自我认同感和民族认同感，有助于消除少数民族学生的自卑心理，消除对少数民族及其文化上的偏见，增强少数民族地区学生的自信心和民族自尊心。这样有利于学生站在一个客观的立场上来审视自己和正确认识自己的民族文化传统。

②培养学生具备多元文化社会所需的知识、能力、情感态度及价值观

民族地区实施多元文化课程，不仅要重视学生对体现多元文化理念的民族文化知识的掌握，而且要强调学生能力的培养，提高学生思想认识和实际行动的能力，帮助学生形成良好的情感态度和正确的价值观。课程应提供给学生文化选择的权利和机会，使他们获得适应本民族文化、主流文化以及社会所需的知识、技能和态度，培养学生具备多元文化的适应力和跨文化的运作能力，让学生学会独立思考，懂得合作，重视能力与态度的协同。用联合国教科文组织为21世纪人类教育的四个目标概括：学生认知，学会做事，学会做人，学会共同生活。①

(2) 丰富课程资源，促进多元文化资源的开发与利用

课程资源是课程改革的重要支持，课程资源的丰富性和适切性程度决定着课程目标的实现范围和实现水平。多元文化资源既是构成课程的素材性资源也是条件性资源，对多元文化课程的开发具有重要的实践意义。多元文化课程资源不仅表现在物质载体的课程资源，更为丰富的是体现在不同精神、价值体系等深层次的文化心理结构为基础的文化生活载体。

---

① 联合国教科文组织国际教育发展委员会编著：《学会生存——教育世界的今天和明天》，321页，北京，教育科学出版社，1996。

①课程内容选择上要具有开放性和多元性,充分体现多元文化的理念

在多元文化课程的设计和内容选择上,应从"多元一体"的多元文化理念出发,以一种开放的态度来进行课程内容的选择和安排,避免和克服从"一元"的角度来选择课程内容,使课程内容能充分注重多元文化性和民族性,有关少数民族的语言文字、风俗习惯、宗教信仰、价值取向等方面的内容均可纳入课程内容,使课程内容能客观地反映出民族地区的多元性。肃南裕固族自治县作为我国唯一的裕固族自治县,其内有丰富的自然资源、人文资源、生产劳动资源和民族文化资源。所有这些都为课程改革提供了天然的自然资源,也是肃南二中在编写教材的过程中利用的重要的课程资源。

②多元文化课程内容向生活世界回归

生活世界是具体的、实际的、直观的,它是人们周围的世界,是人们日常的世界,是经验的世界。生活世界是人的家园,课程实际上就是在人类博大无垠的人类文化遗产中选择出适合学生需要,并能有效地使学生沿着课程"跑道"发展的部分。在多元文化背景下,课程应走进学生的具体生活情景,学生根据自己的经验对知识不断重组与建构。

裕固族地区学生生活的地方就在牧区,牧区的生活对学生来说是最熟悉的,"裕固族也是一个马背上的民族",裕固族的生活和草原和骑马时刻都不能分开,这样的生活才是学生们所熟悉的生活。《裕固族体育》不仅关注学生们都爱好的草原体育运动项目,而且也关注学生日常的身体健康;《牧区学校学生安全教育手册》更是从学生身边的点滴小事情开始,让学生关注安全,保护自己的安全。

> 学生的特点就是他生活在这地方,他对这里有一定的了解,这首先是他了解的一点。第二学生喜欢的一点

就是最有兴趣的就是我们每年的运动会,皇城还有祭鄂博,因为这些活动都有赛马,摔跤祭鄂博的时候都有。祭鄂博有些同学参加不了,但是六一上的摔跤他们都参加过,他们就是看到人,他们就非常的熟悉。有的甚至是他们的家人都参加比赛,有些是他们的亲戚、邻居,他们都非常支持,大人们对他的熏陶都特别大。主要作用是在传统和现代上进行了筛选,还选择了健康的部分。把牧区学生常见的疾病关节炎、沙眼等一些预防的方法,融入学生的生活,在参加运动的过程中,发扬我们的民族文化,课时上有八课时。"[①]

多元文化课程强调向生活世界的回归,是对以往教育与"生活世界"的严重剥离、主体性失落的一种批判与反思,强调自然、社会和人在课程体系中有机统一,使自然、社会、文化和人成为课程的基本来源。这种课程面向学生生活,强调课程开发要关注儿童的生活世界,关注儿童生活于其中的文化背景。人在生活世界中需要的科学文化知识其根本来源于人的生活历史。课程只有把人类的生活经验纳入到学生的生活世界中加以组织,使文化进入学生的生活才能深入到学生心灵深处,激发学生的创造灵感,使学生的生活经验获得重组,这比单纯的向学生灌输知识、经验科学得多。课程面向学生生活,在主体观上,反对主客体二元对立,强调主体与客体的统一;在知识观上强调知识的建构与重组;在学习方式上,倡导学生通过探究、反思、合作、体验,充分发挥课程对人的发展的重要作用。

多元文化背景中课程开发应着力于不同的生活背景,选择对学生生活有益的文化纳入课程,让学生以原有的生活经验去理解

---

① "中国西部少数民族地区经济文化类型与初中地方性校本课程建构"项目资料—访谈资料—CSH。

课程。少数民族地区的多元文化课程开发应充分认识到学生生活的文化背景的多元性，认识到这种多元文化背景下学生生活经验的复杂性，依据学生不同的文化背景和生活经验进行课程开发，实现学生现实生活与可能生活的沟通，实现课程开发的价值。

③寻找适合本校的多元文化课程开发类型

少数民族地区的多元文化课程开发，主要是针对少数民族地区，通过校本课程这一课程层面来实施多元文化教育，帮助民族学生在保存对本民族和文化认同和理解的基础上，学会从自身文化角度和其他文化的角度来观察和审视自己的民族文化，以多元文化的理念来看待自身文化和异文化之间的关系，消除文化上的偏见，增强少数民族学生的民族自尊心、自信心，使课程内容更好地反映地区、文化、学生之间的差异，提高课程对少数民族教育的效率。

在校本课程开发的课程理论与实践中，课程类型主要包括：学科课程与活动课程、分科课程与综合课程、必修课程与选修课程、显性课程与隐性课程等。多元文化课程类型的设置并不是要包括所有的课程类型，少数民族地区的学校可以根据学校学生的具体情况来确定，多元文化课程可以通过学科课程，也可以通过活动课程或选修课程等来实施多元文化教育。校本课程开发已进入有法可依的新的发展时期。结合班克斯的多元文化课程模式，少数民族地区利用校本课程开发多元文化课程的过程中，可以采用以下的类型：

A 学科课程

学科课程是以文化知识（科学、道德、艺术）为基础组织起来的课程，[①] 它的主要优点是有助于系统传承人类文化遗产，同时有助于学习者获得系统的文化知识。通过学科课程来实施多元

---

① 张华：《课程与教学论》，238页，上海，上海教育出版社，2001。

文化教育，将有助于学生全面、系统地理解民族文化的多样性，并能客观地看待自己的民族文化和异文化之间的差异，形成多元文化的理念。

B 活动课程

活动课程亦称为经验课程，或生活课程，它是以学生的主体性活动为中心组织的课程。[①] 其主要特点是：主体性、直接性、经验性和实践操作性。活动课程有利于学生自己来直接感受和体验多元文化的存在，并在具体实践过程中进行文化生成性活动，充分发挥学生的主动创造性。比如《裕固族传统体育与健康》教材中，还引入该民族在长期生活生产实践中形成的民族体育项目。这样便于学生在体育活动中充分感受民族文化的丰富多彩，同时也可以培养他们团结协作、竞争向上的进取精神，也可以通过社会实践及班团队活动等，通过校、班、组的参观访问、调查、参与活动、社会实践等，让学生在活动和行动中真正做到尊重和理解各民族文化，了解本民族的社会文化特点和现实状况，从而增强学生的民族认同感、责任感和使命感，同时也有利于学生能力、情感态度和价值观的形成和培养。

C 选修课程

选修课程是相对于必修课程而言的，它是指依据不同学生的特点和发展方向，容许个人选择的课程，是为适应学生的个性差异而设置的。[②] 学校可以针对少数民族地区学生的兴趣特长和实际水平以及民族地区经济文化的实际需要和现实水平来开设选修课程，体现课程的灵活性和适应性，有利于培养出适应民族地区经济文化发展的人才。

D 隐性课程

是与显性课程相对而言的范畴。隐性课程是学生在学习环境

[①] 张华：《课程与教学论》，244 页，上海，上海教育出版社，2001。
[②] 张华：《课程与教学论》，298 页，上海，上海教育出版社，2001。

（包括物质环境、社会环境和文化体系）中所学习到的非预期或非计划的知识、价值观念、规范和态度。① 隐性课程通过校风校纪、班风班规、师生关系、教师行为等方式起到不可忽视的作用。贯彻实施多元文化教育内容应渗透到全部学校教育和学校环境之中，重视隐性课程对文化传统的潜在作用，实现课程文化的统一性，为多元文化教育的实施营造出一个良好的平等、民主的校园文化氛围，充分发挥隐性课程的特殊功能。

少数民族地区实施多元文化课程，要充分利用学科课程、活动课程、综合课程、选修课程、隐性课程等多种课程类型，重视课程结构的合理性，充分发挥学校和教师在校本课程决策方面的自主权，为实施多元文化教育构建适合自身学校发展需要的多元课程结构。

3. 多元文化课程的实施

(1) 多元文化课堂的教学形式——合作探究教学

国际21世纪教育委员会在向联合国教科文组织提交的报告《教育——财富蕴藏其中》中指出：学会合作是面向21世纪的四大教育支柱之一。我国新一轮课程改革也将合作学习作为一种重要的教学方式。"合作"已成为人的发展和教育的关键词。

合作学习（Cooperative Learning）是20世纪70年代初兴起于美国，在70年代中期至80年代中期取得实质性发展的一种富有创意和实效的教学理论与策略体系。它在改善课堂内的社会心理气氛、大面积提高学生的学业成绩、促进学生形成良好的非认知品质等方面效果显著。合作学习明确指出教育是一个交往过程，只有通过实际发生或隐含的人际交往才能产生教育影响。教学不只是师生之间的双边活动，而是多种动态因素之间多边互动的统一体。

---

① 张华：《课程与教学论》，310页，上海，上海教育出版社，2001。

新一轮基础教育课程改革的核心目标是:"改变课程过于注重知识传授的影响,强调形成积极主动的学习态度,使获得基础知识与基本技能的过程同时成为学会学习和形成正确价值观的过程。"①

合作探究教学强调学生学习的主体性、创造性,是多元文化课程实施的重要途径。因为在探究过程中,通过师生的合作共同反思以往的偏见,以消除文化的"刻板印象"。它通过决定研究主题和拟定假设,然后进行讨论和检讨,最后形成暂时性的假设等一系列的过程,最后达成文化的"共融"。整个探索过程是从不同文化背景学生学习的认知风格、心理特征等特点出发,经过对问题的反省到问题解决的过程,可避免意识形态对课程的霸权,有利于学生对文化多元的反省,培养多元文化知识构建的能力与兴趣,主动参与探究学习。

多元文化的合作探究教学包括两个层面的特征:② ①在学习者的本身因素方面,主要是多元文化的探究教学要重视学生的文化、社会经济背景、学生个别的学习兴趣、能力及对各项探究主题的兴趣与学生自信心的获得等。教师利用合作学习引导学生探究。②在学习的外在因素方面,教师提供与学生生活经验相关的、具挑战性与回馈性的教材,引导学生主动、持续性的探索。多元文化合作探究式教学着重情境,其重点不在于教学生特定的知识,而是在提供学生建构知识和应用知识的机会。

在对裕固族乡土教材学习效果的调查结果显示,活动课程是学生主要喜欢的课堂教学形式。课堂的教学组织形式灵活多样,主要有:班级授课制;小组合作学习,包括学科小组、技能小组、活动小组等;其它活动,如科学讲座、培训、教师指导下的

---

① 教育部:《基础教育课程改革纲要(试行)》,2001。
② 陈美如:《多元文化课程的理念与实践》,150页,台北,师大书苑有限公司,2000。

个别活动等。老师在问卷的调查中也提出在课堂教学上应该采取以下的教学形式：讨论、互动，摒弃传统的教师讲解的方法；注重实践，注重以学生为主；部分内容要能适应课堂教学，便于学生开展活动。

　　课堂教学中学生互动合作的方法是多种多样的。学生可以根据具体课堂教学情况采取小组成就分层法、分组竞赛法、共同学习法、小组调查法等等形式多样的合作方法。再次，学生互动合作不应拘泥于形式而要把握住"合作"的实质。合作学习更重要的是将"合作"作为一种态度和学习内容而不是只将形式引入课堂教学。在课堂教学中，不论学生以何种方式互动合作，方式都只是为达到目的而采用的策略。真正的合作学习是合作精神的养成。在合作学习的过程中，学生要学习的内容除了知识还包括"合作"本身，即彼此接纳欣赏、取长补短、共同进步。学生互动合作的课堂教学如果没有贯彻互动合作，实际上与传统的课堂教学没有本质的区别，很难实现新课程培养学生合作能力的目的。

　　多元文化的合作探究教学，应充分考虑学生本身文化的学习特征，即外在学习环境本身的文化多样性，它所提供的是一个多元而丰富、充满意义的问题情境，着重于情境的认知与探究，经由彼此的合作探究的历程形成多元文化知识的态度、情感、价值观等。

　　（2）确立有效的多元文化课程实施的保障机制
　　①校本课程背景下多元文化课程实施的困境
　　多元文化课程在实施过程中也面临许多困境，分析其原因主要来自观念的影响和多元文化教育、校本课程本身存在的一些理论问题，以及在实践中存在的一系列问题等。比如肃南二中的"裕固族乡土教材"在应用中主要存在着以下两个矛盾：
　　升学压力与乡土教材开发的矛盾：因为升学竞争的客观存在，加上中考、会考无法全面放映和衡量学生的各种素质，学校迫于升学压力，课程计划在具体的执行中往往大打折扣。专门为乡土教材的教育而开设的校本课程，就在升学压力的冲击下被淡化，或被异化为其他科目的补充。

> 教学上，考试对我很重要，所以我就只能把人教版的课本上完，给学生上透讲透，让他们学好，这就是他的目的。所以他对这些东西（乡土教材的内容）根本无暇顾及。①

国家课程与乡土教材开发的矛盾：课程改革的目的是要达到"少课时、少负担、高质量"，减少国家课程比例，给学校一定的自主权开发校本课程，办出学校特色，培养学生个性，促进学生全面发展，但是新课改方案并没有从根本上把内容和要求降下来，学生学习的负担从根本上减不下来，乡土教材建设处于起步阶段，其开发的条件不太成熟，注定了它抵挡不住国家课程的冲击。

> 我感觉是不太现实，因为我们这个一级课程（平时的国家课程）就占得满满的了，这是一个原因，排课你没有办法排，时间上不能保证。②

> 任课老师因为不属于国家的课程，年终不考核，他有可能不重视。③

---

① "中国西部少数民族地区经济文化类型与初中地方性校本课程建构"项目资料—访谈资料—KZJ。
② "中国西部少数民族地区经济文化类型与初中地方性校本课程建构"项目资料—访谈资料—KZJ。
③ "中国西部少数民族地区经济文化类型与初中地方性校本课程建构"项目资料—访谈资料—YAJ。

在升学、成绩合格率指标的压力下，真正对科研感兴趣的老师和真正热衷于科研的老师很少，主要的一个制约原因就是现有评价体系的束缚。要真正调动老师们的参与积极性，首要工作就是对现有评价体系的修改，从政策层面来保证我们项目工作的进行。

②加强多元文化课程实施的支持体系

A、政府的支持：政府机构是影响课程变革的重要力量，学校的课程变革如果与学校所在地的需要一致性越大，就越能得到当地政府的支持，课程改革实施的可能性就越大。因此要充分发挥学校的积极性和主体性，通过课程变革对当地的现状作出建设性的批判与超越，政府才能意识到课程变革的价值，也能够给予课程变革最大程度的支持。

政策层面的支持给多元文化课程的开发提供了一种法定承诺，行政层面的支持则决定着课程开发能不能变成现实，因此政策层面的支持与否就成了多元文化课程开发最后能不能变成现实的支撑力量。政府部门的积极态度、校外专家对于多元文化课程的意见，这些都对开发过程有着重要的启示和参照作用。老师们普遍处于国家课程的制约之下，他们纷纷反映，如果评价体系标准不改变的话，老师们就无力创新。

B、社区的支持：民族文化的传承需要整个社区的积极关注，需要有广泛的社会支持。课程变革越能够与社区文化融合在一起，课程实施的程度就越大。学校教育应当与社区文化相互支持，自觉寻求与社区文化的整合。这样，课程变革就会受到学生家长的认可，获得街道与村落的支持，从而增加课程实施成功的机会。

C、教育系统内的支持：教师之间的合作、信任和支持作用越理想，课程实施的程度就越大。教师之间彼此信任的气氛能增加课程实施成功的机会。

> （教材的编写过程）主要是课题老师参与，其他老师没有参与，有的人认为是出风头，沽名钓誉，主要还是思想认识上的问题。①

4. 多元文化课程开发的组织和管理

（1）以多元文化课程开发为契机，提高老师的课程开发能力和水平

教师是乡土教材开发的主力军，他们的专业水平是教材开发的法宝和根基。有了课程开发意识的老师才会积极主动地克服教材开发中的重重困难。肃南二中参与此次乡土教材编写的老师，普遍感觉到自己对于裕固族乡土知识的了解开始逐渐丰富了，教师的科研意识有了一定程度的提高。

> （编写教材的）收获就是丰富了自己的知识结构，我就是生在这个地方，我对本地非常有感情，我对各个民族也感兴趣，我尤其感兴趣的是他们的历史宗教生活方式。通过开发这个首先（我对这方面的）知识方面更加丰富，再一个通过写这本书，我才知道课题怎么搞，书怎么来写，用一种什么心态，用一种什么观点来写，不能别人说什么，我就写什么，要用一个历史的、辩证的观点。②
>
> 当时自己感觉到收获不小。第一呢，从工作方面说呢，学校的这一个课题结题了，这个任务完成了，自己负担轻了，感觉很轻松。再一个就是当时学了很多知

---

① "中国西部少数民族地区经济文化类型与初中地方性校本课程建构"项目资料－访谈资料－WYJ。

② "中国西部少数民族地区经济文化类型与初中地方性校本课程建构"项目资料－访谈资料——YAJ。

识,尤其是裕固族乡土知识,学了好多,感觉到充实了好多。再一点就是学会了怎么样进行课题研究,在这之前我没有单独进行过研究,好像碰到课题以后感觉难得很呢,不知道怎么下手,直到现在,你让我一个人研究我感觉到没有什么能力。①

再一个我觉得这个搞课题研究,你搞着搞着你自己的思想观念上有个认识了,我的一个明显的认识就是我觉得老师还是要搞研究,适当地搞研究对自己的教学有促进作用。再一个对自己的水平也有一个提高。我在编这本课本以后,我考虑如何把这些文章分门别类地按照一定的系统组织起来。②

①改变教师的工作时间构成和晋升制度

改变教师的工作时间构成,就是要重构学校每天或每周的工作安排,使得教师能有在一起工作和研究的时间;重构学校教职工的工作时间和配置,为所有学校员工在研究辅导小组工作提供时间;向教师提供持续的校本课程开发技术支持,一般至少三年。③

现有的教师晋升制度完全以教师的教学水平为标准,对教师的课程开发能力缺乏考评,当然在现有的教育体制内一时还很难实现对教师晋升制度的正式调整。但学校可以采用一些激励机制

---

① "中国西部少数民族地区经济文化类型与初中地方性校本课程建构"项目资料-访谈资料——CSH。
② "中国西部少数民族地区经济文化类型与初中地方性校本课程建构"项目资料-访谈资料——KZJ。
③ Emily Calhoun & Bruce Joyce, Inside-out and Outside-in: Learning from Past and Present School Improvement Paradigms, International Handbook of Educational Change, Eds. by A. Hargreaves et al, Kluwer Academic Publishers, Great Britain, 1998.

来促进教师的课程开发能力,鼓励教师以个人或者小组的名义而不是以学校的名义与课程开发中心、校外学者或者专家合作,从事课程研究,进行专业对话;鼓励教师与同事建立教学团队,拟定教学计划,互相观摩,共同讨论。

②教师专业发展与校本课程开发相融合

大多数教师处于愿意参与但缺乏与课程相关的知识和经验的状态,对他们来说,参与学校的课程开发决策本身就是一个难得的学习机会,并不是要具备了决策才能才可以进行开发,学校本身就是一个学习组织,在校本课程开发中,教师的决策审议、合作本身就是养成其课程技术决策能力、人际合作能力的过程。

从更广阔的视野来看,仅限于个别教师范围内的校本课程开发活动并不会很大程度上推动学校的课程革新,但如果整个学校把校本课程开发作为学校的团体事务来做,那效果将是极为显著的。教师可以从中学习并互相支持,为变革课程而集思广益,为教师提供阅读、研究和决策的机会。①

在肃南二中的课程开发中,除了集合具有课程开发经验的老师外,同时也要全面调动其他老师的积极性,鼓励他们也参与进来,扩大研究队伍。

另外,还要加强对校本培训的重视。首先,培训的内容和形式多样化,符合老师的心理要求,真正能调动老师的积极性。其次,实行校长负责制,健全校本培训的学习制度,教师是培训的主体,而校长是培训的第一负责人,实现培训的全员化、全程化、团队化、制度化。要努力把对校本培训的考核纳入到对学校老师的考核中去,利用激励机制来促进老师的课程开发意识和专业提升。

---

① 吴刚平:《校本课程开发》,245~247页,成都,四川教育出版社,2003。

(2) 加强校本课程资源库的建设

乡土教材开发是一个持续不断的课程改进的过程，为了使得后续的课程开发更进一步，有必要建立乡土教材资源档案库，档案库中既包括可供利用的资源，以利提取、选择，又包括在乡土教材开发过程中所开发的课程资源及课程产品等，以利自我反思，也供他人学习、批判及后续发展。

教育部《基础教育课程改革实验区评估工作方案》中"评估需要查看的材料"一节就明确指出，评估时需查看"在开发校本课程方面所做的工作及其记录"。因此，建立起相应的课程资源档案库是十分必要的，尤其是一些重要的会议记录。

5. 多元文化课程开发的推广和应用

(1) 依托网络资源，提升社会影响力

网络是与外界有效沟通的重要手段之一。肃南二中建立了裕固族乡土知识学习网站，其价值首先在于更加有效的利用校本课程资源对学生进行民族文化教育，吸收民族文化智慧，增强民族自尊心和民族自豪感。其次，可以挽救面临消亡的裕固族文化，使之得以传承和发展。第三，扩大少数民族文化的传播途径，使其他各民族能够更好地了解裕固族，增进各民族之间的交流和团结，也为进一步研究裕固族文化乃至西部各少数民族提供资料，繁荣中华民族文化。①

(2) 推广应用范围，提高社会效应

校本课程开发"实质上是以学校为基地进行的、开放的、民主的决策过程"，旨在解决学校的实际问题。它以学校为本，但并不把目光局限于本校，拒绝与外部的对话合作，而是要超越学校，充分发挥优质学校的示范、辐射和带动作用，搭建校本课程开发的合作平台，促进资源的共享与互补。尤其在少数民族地

---

① 肃南二中资料：《中央电化教育馆全国教育技术研究规划课题申请评审书》。

区,既能学习借鉴成功经验,取长补短;又能优化课程资源配置,提高现有课程资源的利用率。有利于加快少数民族地区校本课程建设的步伐,进一步挖掘、激活学校课程开发的潜力,丰富、扩充校本课程的内涵,增强校本课程的活力。

随着裕固族乡土教材不断获奖,其社会影响力进一步扩大,此套乡土教材得以在全县推广,并且出版发行,其社会效应日趋明显。

少数民族地区的多元文化教育课程的内容不应仅仅局限在多民族或少数民族的学校中,也应适当地推广到所有的学校中,使学生通过这些课程,了解多民族不同的观点和世界观。这样更加有利于各种文化之间的相互理解,有利于多元文化教育改革的深入发展。

结 语

本研究已取得了初步的成果,笔者认为,裕固族乡土教材在新一轮校本课程建设中有进一步推广的价值。但这一课题还有待于下一阶段进一步研究,主要存在的问题有:

1. 本章注重了对裕固族乡土教材开发过程的研究,对课程具体实施中的问题、制约因素、社会氛围等因素尚未进行深入研究,有待于今后的研究中进一步完善。

2. 裕固族乡土教材在实施中可能是由于高考和就业等的压力,校本课程在少数民族地区的开展过程中遇到了比较大的困难,如何进一步解决这样的问题有待进一步研究。

本章从裕固族乡土教材开发的内容、目标、课程结构到课程实施、课程教学和课程管理、课程评价等,进行了详细地分析和评价。本章的评价只是个人的观点,对于裕固族乡土教材的评价更要放到整个裕固族学校教育的背景中以及新课程改革的背景下进行分析和研究,从而更加凸显此研究的意义和价值。

裕固族学校教育有两个基本的功能，一是传授现代社会主流科学文化知识，促进社区发展，使学习者适应主流社会生活，并通过筛选和分配实现向上的社会流动；二是传承本民族文化，使学习者通过文化濡化适应所在社区生活，从而维系民族认同和所在社区的存在与稳定。展望未来，肃南裕固族自治县皇城镇是一个以畜牧业生产为主，以现代工业——采矿业、水电业的突出发展和第三产业——运输业、日常生活服务业和草原民族风情旅游业缓慢兴起为辅的正在变迁中的多元文化社区。

文化的传承取决于人们对于多元文化的态度。跨文化理念、知识、能力、行为等成为当今或将来社会和时代对人才要求的重要标志。联合国教科文组织21世纪教育委员会认为，教育必须围绕四种基本要求——学会认知、学会做事、学会共同生活、学会做人。教育要进行重新设计、重新组织，教育的使命就是教学生懂得人类的多样性，向跨文化教育、多元文化教育迈进，培养学生跨文化理解和跨文化交际的能力。

新课程改革的背景下，少数民族地区多元文化课程开发面临着新的机遇与挑战，本文针对裕固族乡土教材开发的经验和不足对少数民族地区的多元文化课程建设提出了可供参考的模式和框架。我们期待在新课程改革的背景下，少数民族地区的多元文化课程开发能够更加丰富多彩。

（金清苗）

维吾尔文小学乡土教材搜集报告

一、调查的主要过程

我于 2008 年 2 月 6 号回到新疆，一到家，我就着手开展了调查收集活动。

我先去了市教育局找了几个老师。他们都反映只用国家统编教材，不用地方教材。我问他们这里有没有维吾尔族学校，他们用的什么教材，回答说有是有，但是数量少，规模小，他们使用的教材是维语的，也有和国家教材配套的，也有自己地方编的。因我没有找到专门的管理人员，所以没有拿到教材。

他们又给我介绍了一位地理老师，这位地理老师自己编了一本地理方面的地方中学教材，她给我看了教材的 word 版形式，内容很丰富，图文并茂，最大的特点就是书本中洋溢着轻松愉快的氛围。举个例子，他们介绍农业时，不说是"农业"，而取名曰："在希望的田野上"。但是这本教材只试用了一届学生，后来一直没有采用。她告诉我是因为国家教育局评审专家认为此书内容过于简单，没有把学生应该知道的东西讲清楚，没有给学生灌输知识体系的概念，不同意发行。我问她为什么不自己在地方出版试用，她说是因为经费问题。最后我想叫她送我一本这样的书，她去地下室找了，没有找到，她让我下个暑假再去拿。

我又去找了石河子市的维吾尔语学校。不出所料，就找到两所，一所大门紧闭（由于过年、放假），一所只有看管员在。他们说至少也要过了正月十五才开学。

之后，由于我没有找到我们市的档案馆、图书馆、出版社，我就去了我们市最大的书店——新华书店。在书店的第三层我才看见在小角落里有维吾尔文书籍，而且数量很少，除了一些书是翻译的汉文外，其他书都是介绍新疆风土民情和社会状况的，应该不是用在学校教育方面的。在书店里面我没有看见教科书。管理员说维吾尔族学校的书他们这里不卖，学校自己联系购书。我准备买一本《新疆生活简介》，看这本书的定价是六十几块，而且还是套书，就没有买。这个书店也没有复印设备。

最后，我只有去找有孩子在维语学校上学的少数民族家庭。由于我们家住的地方太城市化，这样的家属也很难找，最重要的是我们不认识这样的人家。托人找了几家，有的是没孩子，有的是没孩子在上维吾尔语学校，有的是有孩子在上维吾尔语学校但是孩子毕业了，书卖掉了。有几家不给，说留着有用。

直到我走的那天才找了3本书，所以我托母亲一旦找到再给我寄过来。后来母亲寄来了一些，它们是：《维吾尔文》、《语文》、《数学》（2本）、《数学新课堂AB卷》、《汉语》、《生活》、《美术》、《音乐》（2本）、《思想品德》等。有许多书都缺页少皮。

二、调查的主要内容——以《语文》（小学三年级）为例

我搜集的书都是小学二、三年级用书，所以就以这本小学三年级上册的《语文》为例。这本书是2005年6月出的第一版，2007年六月出的第三版，经新疆维吾尔自治区中小学教材审定委员会2005年通过的，由阿依夏木·帕、玛依拜·买、卡德尔·阿、吾买尔·托编写。内容丰富，资料详实。书中的内容介绍了新疆民族的风土民情，有描述了新疆地方的山水风景，还介绍了社会现状，有历史事实，也有人文思想。

我问过学习此书的学生对它的看法，他们都说挺有意思的，还很喜欢背诵里面的汉文诗词呢。家长倒是很愿意让孩子上汉语

学校，但大多数还是不会说汉话。

我认为有本民族语言的民族就应该用本民族语言教学，这对于孩子的成长、文化的传承、知识的交融、社会的和谐都有重要的意义，国家应该提倡，政府应该有政策和资金方面的支持。

三、调查的收获与启示

这次活动本人搜集的教材资料不多，但在心灵上获益匪浅。收获少是因为搜集到的教材少，收获多是因为得到的信息多。

在搜集到的为数不多的乡土教材中，我发现很多教材形式单一。只是学校教育系统小学用书，数量也少，基本可用的只有十本，质量也不好，有许多书都缺皮少页。这次从成果方面来说，我是失败的。究其原因，主要是我把它看得太简单，所以没有留足时间进行搜集。还因为我对自己的居住地不甚了解，比如我的家乡是否具有编写乡土教材的条件，是否有此种类型的书目，在哪里有，有多少等问题我事先都没有概念。另外就是没有充分利用人力资源，当我马上就要返校的时候，我才告诉家人我在参与这项活动，他们才来帮我。

我们新疆这样偏远的地方，全国统一教育都搞得这么深入，由此可见，我国的普及教育真的搞得很彻底。但是在这样的教育体制下，乡土教育能否矢志不渝地坚持自己的方向？我们自己民族的人会不会再继续讲着自己的语言？会不会继续传承自己的文化？看来乡土教材的搜集与研究真的刻不容缓！

（潘全珍）

西南地区乡土教材调研报告

四川省凉山彝族自治州西昌市乡土教材收集调查报告

一、调查内容

（一）乡土教材产生的背景

1.《农业基础知识》：此书是我国 20 世纪 70 年代末的初中农业基础知识课本。在 70 年代，只有把我国农业逐步地转移到机器操作的新技术基础上来，才能从根本上改变农业生产条件的落后面貌，加速农业发展，从而巩固工农联盟，促进无产阶级专政，为实现四个现代化提供可靠的物质保证，实现毛主席提出的 1980 年基本实现农业机械化的伟大任务。

2.《彝族儿童画图集》：此书是我在四川省凉山彝族自治州西昌市第一小学上学时的美术课外教材，它由凉山州自学成才的民族美术教育家黄文才老先生编绘，旨在强化民族美术教育，丰富具有彝族特色的儿童画和剪纸艺术。

3.《综合实践活动》：基础教育改革的具体目标之一是要培养学生获取新知识的能力，分析、解决问题的能力以及交流、合作的能力。为此，四川省一批富有前瞻意识和创新精神的老师们编写了这套旨在让学生联系生活与社会实际，通过亲身实践获得知识与能力的教材。

4.《劳动》：劳动与技术教育将为社会培养高素质的人才和新型劳动者打下良好的基础。本教材结合四川省实际编写，强调学生亲历实践活动,与当代科技结合紧密,具有内容丰富、操作性强的特点,适合四川省广大农村及城镇小学生的需要。

(二)乡土教材主要内容

1.《农业基础知识》:作物生长的基本条件;作物育种;作物栽培;植物保护;动物饲养;田间试验等农业科学的基础知识。

2.《彝族儿童画图集》:彝族儿童画人物画法;彝族儿童画创作作品选;彝族儿童漫画及剪纸作品欣赏;各族学子在国际国内参展画中的获奖作品选。

3.《综合实践活动》:春季文化环境社会实践;塑料知识与调查及白色污染治理;空气的性质学习及一些设计制作活动。

4.《劳动》:日常食品制作;日常工具使用;家用电器使用;课外各种劳技学习等。

(三)乡土教材的使用范围和实际效果

1.《农业基础知识》:供四川省20世纪70年代十年制中学初中三年级和九年制中学初中二年级一个学年使用。通过与父辈请教得知,通过学习,学生在一定程度上能了解农业科学基础知识,获取基本的农业技能。

2.《彝族儿童画图集》:供四川省凉山彝族自治州小学校各年级小学生课外兴趣班学习。根据从前自身和同学的学习体验,经过学习能潜移默化地受到具有本地特色的民族美术教育以及美的熏陶。

3.《综合实践活动》:供四川省各小学高年级小学生学习。此课程学生基本未进行学习。

4.《劳动》:供四川省各小学校高年级小学生学习。通过与弟妹辈交流得知此课程基本未进行学习。

（四）存在问题

问题主要在 2000 年以后的实践劳动技术类教材的使用上，通过与教材实际使用者的交流得知：学生对这类教材都比较感兴趣，并且教材的知识均非常实用（大多是中小学生甚至大学生所缺乏的技能）。但是通过调查得知此类教材基本未进行学习，学校和老师也不重视，教材的课时安排都用于语文数学等"主科"的学习上，从而使得教材上"培养学生获取新知识的能力和分析问题解决问题的能力以及交流与合作的能力"等理念停留于口号而并未付诸实践。问及为何不学习此类教材时，答案普遍是"考试不考，学了白学"。从根本上说，造成此问题的还是应试教育。此外，还有乡土教材仍与统编教材存在着内容重复的问题。

（五）对策建议

乡土教材与统编教材存在着重复问题以及难易、深浅、体系等方面的差异，如何处理好这二者之间的关系，是编写好乡土教材的关键。在编写过程中，要认识到：乡土教材毕竟是对统编教材的补充，所以在种类上尽量选择统编教材没有，又符合乡土教学的种类，既突出乡土教材的特点，又不与统编教材过多重复，以体现乡土教材对统编教材的补充作用。再者，又可以在教学过程中使它穿插在统编教材中的有关部分进行教学，以达到乡土教材与统编教材的和谐统一。然而，目前教材需要改进和完善的重点已经不在内容编写上，而在于老师和学生在教学中应该如何充分地使用教材。因为通过调查得知，我所搜集的这类实践劳动技术类教材学生基本未进行学习，内容编得再好也没用。要解决上述问题，还是要从问题的根本——应试教育进行突破，教师、学生、家长都应该转变观念，不能为考试而学习，要使教材真正成为让学生联系生活与社会实际、通过亲身综合实践获得知识与能力的教材。

二、调查的收获与启示

认识我们脚下的土地，从乡土教材开始。

乡土教材是乡土教育的着力点，它是从乡土资源中撷取最能符合教育需要的资源，加以调查、存录、整编、规划或陈列，以资作为从事校内、校外乡土教学的凭借。它能给予学生对自己的生活环境由认同产生认知的教育。培养学生的乡土情怀，孕育乡土之爱，产生乡土意识，加强乡土观念，目的在为他们树立一个切身可及的"生命价值观"，不仅可以看到自己根生何处，也可以让生命与生活的地方共存共荣。"千里之行，始于足下"，徐特立十分强调乡土教材的重要性和必要性，他认为："最原始的、最基本的、最唯物的教材，就是乡土教材。"他说："哪怕是一个小村子，抬头看，就有人，低头看，就有地。"这虽然是局部的大地，而把它作为教学上研究的出发点，就已经足够了。

我所搜集的乡土教材大多是劳动技术类的，劳动技术课是对中小学生很有实用价值的课程，它的教学目的，在于培养学生的劳动观念、劳动习惯、劳动技能和热爱劳动人民的感情，使学生掌握一些生产劳动和通用职业技术的基础知识和基本技能，这些技能都受用终身。我们四川省是农业大省，当今社会，经济的发展与农业分不开，特别在广大的农村，栽培养殖业是农民脱贫致富的重要途径之一。为使本地农村学生毕业后能尽快适应当今改革开放的形势，在乡土教材中适当讲述经济作物的相关知识。根据教学大纲"教学要加强对学生进行政治思想教育，结合我国国情，向学生进行热爱社会主义祖国、热爱家乡的政治思想教育，增强他们的民族自信心和自豪感"的精神，这些乡土教材有重视对学生进行"爱家乡，振兴经济"的教育，突出对本地区经济的介绍，选择了大量与当地经济发展有直接或间接关系的内容。

乡土教材紧扣本地，在乡土上做文章，所选内容都是本地区常见的,对本地区经济发展有影响,或是带有地方特色,或是对本地区经济发展有潜力的内容。通过这些知识的学习,可以使学生了解本地区的情况,加强对本地区资源的合理利用和保护。而统编教材是现行学生使用的教材,是按照教学大纲编写的全国性统用教材。由于它面向全国,只能选择有代表性的典型内容作代表,因而它具有局限性。这就是我所认识到的乡土教材相比统编教材的优点所在。虽然如此,正如我在"对策建议"中所提出的,内容已经不再是重点,关键是要使用它。所以,我希望真正实现素质教育,这也是乡土教材出现的原因之一,因为素质教育是依据人和社会发展的实际需要,遵循教育规律,全面贯彻党和国家的教育方针,面向全体学生,以全面培养受教育者高尚的思想道德情操、丰富的科学文化知识、良好的身体和心理素质、较强的实践和动手能力与审美能力,以及健康个性为宗旨的全面提高教育质量、培养合格人才的教育。在素质教育的思想指导下,各地根据实际情况,出版发行了适合本地区的乡土教材。

(姜希浩)

四川西昌乡土教材收集活动调查报告

一、调查的主要过程和主要内容

2009年1月9日—2009年1月15日,在四川西昌大小凉山地区进行的乡土教材搜集活动中,我们一共搜集到10本乡土教材,其内容涉及地方人文历史、自然地理、民俗文化、社会政治经济等相关内容,并且受到当地人们的热情接待和欢迎。

第一站：西昌市彝族妇女儿童保护中心

基于科研调查的契机，我们居住在西昌市彝族妇女儿童保护中心，而那里也是我们这次乡土教材的大本营。妇女儿童保护中心有一些艾滋病致孤儿童。他们中的许多人都没有了父母，中心将他们接来，在照顾他们的同时，也给他们传授知识。因此，我们将这里设为第一站，了解这些孩子们平时学习过程中乡土教材的涉及。

1月11日到达之后，我们开始熟悉基地和周边环境，并对基地进行了一个初步的寻访，参观了这些艾滋病致孤儿童的环境。留给我印象很深的是这个基地的建筑设计，即使是一草一木、瓦边墙角都留下了精心设计的痕迹，充满了彝族特色。在学生上课的教室里，墙上挂满了手工艺品。编织的挎包、布艺制品，彩绘的瓶罐、朴拙的绘画等等，虽然只是一个简陋的教室，但是充满了人性与生气。他们所使用的教材有的看着很眼熟，与我们使用的教材相同。在我们跟同学们的访谈中得知，他们的课程除了数学、英语等基本知识的教学外，还有生活技能培训，而且他们只学习汉文，不学习彝文。当问及有没有乡土方面的知识学习时，他们给我们三本《诺苏》的书，这是他们学习彝文和彝族乡土知识的重要的书籍。其实《诺苏》是一本杂志，内容包括社会生活的方方面面，由彝族文化研究所出版，创刊于2007年。学生们跟我们说，他们希望有更多的乡土方面的书可以看，来了解本民族的文化。

《诺苏》虽然不是教材，但是作为用汉文兼彝文出版的读物，对当地的人们有着很重要的教育作用，很受当地人们的欢迎。

第二站：彝族文化研究所

由于《诺苏》一书是由彝族文化研究所出版的，所以12日我们就来到西昌市内，准备对其进行采访。走在西昌市的街头上，我们感到了很强烈的民族气息，街上的店铺所有的标牌都是汉文彝文对照的，在这样的环境之中，乡土文化显得异常的浓郁。研究所的大门口挂着红色的横幅很是惹眼。

所长将我们带到他的办公室进行访谈,他的办公室也很具有地方民族特色,墙上是研究所设计的奥运会信封海报和带有彝族吉祥图案的汽车海报,在办公室的阳台上还有毕摩做法用的稻草人。采访中,吉克曲日所长向我们介绍了彝族文化的发展历程及其近年来的发展情况,介绍了诸如彝族太阳历等乡土知识,其间还给我们看了研究所自己编辑的杂志,也就是中心学生送给我们的《诺苏》。我们看到后期的杂志里甚至还出现了英文,这不仅是向当地群众进行知识普及的一种读物,也是对外宣传彝族文化的途径之一。吉克曲日所长还为我们介绍了当地毕摩编写的经书《占母十经文》和《占布十经文》,这两本书介绍了毕摩文化和毕摩信仰,很有意思的是,这两本书为公母配套书。

由于《占母十经文》、《占布十经文》和《十月太阳历》(彝族日历)是所里仅存的资料,所以没能给与我们,最后我们在研究所购买了《彝族教育经典》、《凉山彝族饮食文化》这两本书,《彝族教育经典》完全是用彝文编写的,而且是 2008 年刚刚编写完,而《凉山彝族饮食文化》则是用汉文居多,主要讲述了彝族的饮食文化和饮食习俗,编写于 21 世纪初。(书中配图上为《十月太阳历》,下为《占母十经文》、《占布十经文》)

第三站:西昌学院

在我们做科研调查的过程中,结识了西昌学院学生吉火尔古,13 日我们就去了西昌学院,对其进行了简短的访问。在访问中我们得知,西昌学院的学生们喜爱自己民族的语言和文化,非常愿意阅读本民族的书籍和杂志,在谈话过程中他也提到了《诺苏》一书,言语中可以感觉到他们对家乡出版的杂志、书籍的热爱和自豪。

吉火尔古对于我们乡土教材的搜集工作很支持,在宿舍里给我们翻箱倒柜找书籍,由于一些书本对他还有用处,所以就给了我们《民族》、《小凉山》、《哈体特侬(译为《解密经书》)》、《凉山大学学报》和《语文（初一第二册）》，而且《语文》一书还是他哥哥的孩子的书。《民族》、《小凉山》是西昌学院内比较流行的杂志，学生们也是在这本书内学习彝文和彝族文化历史等知识的。《哈体特依》则是一本占卜算命的书籍，也是吉火尔古在一次偶然的机会中碰到复印的，《凉山大学学报》则是一本学术性很强的增刊书籍。吉火尔古希望更多的人来搜集彝族的书籍，让更多的人了解彝族的文字和文化，让彝族的文化更加发扬光大。

第四站：西昌市图书馆

14日我们去西昌市图书馆进行调查，当我们询问关于乡土教材的有关情况时，图书馆的工作人员告诉我们，负责乡土教材的工作人员不在，无法让我们参观并介绍相关情况。

第五站：螺髻山

15日，随着调研小组来到海拔三千多米的螺髻山，顺便搜集乡土教材。但是令我们失望的是，这里的乡民多数不识字，不看书，好多小孩子也不上学，上学的孩子们使用的多是人教版的基础教材，所以这次没有什么收获了。

二、调查的收获与启示

一个寒假的乡土教材搜集活动虽然短暂，但是一路下来的感受颇多，在这片土地上我们不仅感受到了彝族人们的淳朴和好客，而且了解到许多彝族的文化、风俗习惯，收获丰富。就以《凉山彝族饮食文化》（四川民族出版社）为例，谈谈我从四川西昌乡土文化中获得的一些收获和启示。

居住在中国西南的凉山彝族人民在长期的生活中，形成了自己独特的饮食文化，包括食风食俗、食品食具，真可谓丰富多彩。《凉山彝族饮食文化》这本书则详细地介绍了凉山彝族人民的饮食习俗和饮食文化。本书一共分为两个大的部分：第一部分为"凉山彝族的饮食习俗"，第二部分为"凉山彝族饮食制作"。

第一部分包括的主要内容有无酒不成席、饭前食烧肉、来客须椎牲、猪头赠主客、主客须分席、羊膀送长辈、吃鸡先占卜、仔猪砣砣肉、婚礼油炒饭、吃饭不用桌、古兴手抓饭、无汤不成菜、忌讳食狗肉和火把节、彝族年、婚事、宗教饮食等等。为了使读者从各个方面了解凉山彝族的饮食文化,在第二部分饮食制作中较为详细地介绍了各种食物、食具以及使用方法,介绍了各种食物的制作方法和食用习惯,包括各种饭食、肉食、汤菜、酒类、饮料、水果、风味小吃等的制作工艺。

饮食之道,古来有训,是人生中的一件大事,"民以食为天"为人之生存的根基。孟子曾有"衣食足而明礼仪"之说,说明从饮食文化中可以窥见一个地区、一个民族的社会心理特征和文化程度。凉山彝族饮食文化,包含整个彝族的历史、社会、经济、政治、文化的心理变化以及生活、生产的方式。因此,你要想了解这个古老的民族,你就得领略饮食文化的内涵。凉山彝族饮食习俗,表现出饮食的独特风格,富有特殊的历史意义和社会意义,也有着许多较深层次的文化因素,是透视中国彝族古今文化的一个窗口,是中国彝族历史文化宝库中的一个重要组成部分。

凉山彝族人民在长期特定的历史环境和自然环境中,以自己的聪明才智创造了独具特色的饮食文化,令人神往。它将把你带回远古的彝人部落群体,把你带到饮食的乐趣中,把你带进彝族人的历史长河中,把你带到奇异的饮食文化氛围之中。

(王　幽　吴维丽)

四川德阳绵阳乡土教材搜集活动调查报告

一、调查的主要过程及内容

(一) 四川省德阳市新华书店家属区

基于2008年寒假搜集乡土教材的经验,我决定"故地重访",一来尝试能否搜集到教材,二来也看看一年来乡土教材的使用情况。

1月20日,我来到德阳市教材发行事业部,发行部正在紧张地向德阳市各中小学发行下学期老师学生所用的教材。除了上次搜集到的《德阳地理》,德阳市尚未有新的乡土教材给老师和学生们使用。

在了解到我来意后,黄女士提及她家中尚留有几本当年的老教材,不知其中是否有乡土教材。随黄女士来到她家里后,我在这些教材中找到了一本《语文基础知识(下)》。我以北京图书馆赔偿书计算价值的方法,以原书价格的十倍向黄女士购买了这本书,这是一本20世纪70年代的老书,在当时仅售三毛九分钱,现在的价值远远大于我所付出的,真感谢有这些热心乡土教材发展事业的人士对我们调查活动的支持。

《语文基础知识(下)》是四川省中师函授试用教材,由四川人民出版社出版,1979年发行。书中介绍了一些概念和作文文体。通过阅读,我发现书里的语言尚带着那个年代特有的味道,经常有"毛主席说……"、"阶级"等词。在这本乡土教材里,我们可以了解到四川七八十年代函授教育对语文基础知识的教授方法和内容。

（二）四川省德阳市袁家镇

1月27日，再次来到蒋义芬老师家，是因为在上个寒假对老师的参访中已经得知老师原为北川县城人，在这次大地震中其亲人很多遇难，上次老师对其乡土教材的慷慨捐献让我心中依然满怀感激。借着放假之际，我代表我们乡土教材收藏与研究中心去看望蒋老师。除了经历这次大灾难后明显的苍老以外，老师还是一如既往的热情，她希望这次还能对我的实践活动有所帮助。一顿翻箱倒柜后，在蒋老师拿出的一堆旧书里我选了一本她儿子当年上学使用的《中小学生作文选》。

该书由德阳市中区教师进修学校主编，1988年5月出版。这本书蒋老师依然坚持不收钱送给我，这也让我不好意思再多向她搜集教材。

1月28日，在我的建议下，到袁家镇的第二天，蒋老师带我来到了他丈夫退休前任教的袁家中学，并帮我联系到了学校的杨校长。在杨校长那里，我搜集到了两本由四川教育出版社出版的中学生学习教材——《植物学》、《世界地理》，同样以原书价格的十倍购买。

这两本书也是校长收藏的20世纪80年代的老书，以前供初中学生使用。虽然这两本书的内容没有特别涉及到乡土知识，但是从这两本书中可以看到80年代由四川自主编辑出版的统一教材对这些知识的编排和侧重，对认识当时的地方教育还是有一定作用的。

（三）四川省绵阳市北川县

寒假期间，我去了此次5·12地震中受损最严重的绵阳北川，此行的目的之一也是看看在地震中羌族文化的损坏和存留情况。因为在地震中，北川县城里的羌族文化档案馆也毁于一旦，里面的档案、数据虽经清理挽回了一些，但是损失还是相当惨重的。

在可以瞭望到北川县城的山腰处,有专门开辟出来供游客参观和凭吊亡灵的地方。通过交谈,我在这里认识了北川县城人唐先生,唐先生的妻子、女儿、孙儿都不幸在地震中遇难,现在只剩下他和儿子以及一些家庭同样残缺不全的亲戚朋友。唐先生介绍说地震时正在文化馆开会的禹风诗社会员66人、县文化馆6名工作人员全部遇难。充分体现羌族文化、大禹文化的羌族博物馆及数千件珍贵文物,羌族民俗文化研究所、文化馆、图书馆、石雕房、禹王宫、禹乡坊和大量的研究资料都被埋在废墟下。

了解到我的专业和寒假所做的这次乡土教材搜集活动后,唐先生说他在清理屋子废墟的时候,尚有一些书压在书柜里未被损坏,里面有一本北川县文物局印的《新三字经》,应该符合我要搜集教材的范畴。这本《新三字经》可以说是意外所得,也是我本次调查中搜集到的最有意义的乡土教材。此书原本年代久远,震后复得更是显得弥足珍贵。《新三字经》由小靳庄贫下中农编,北川县文物局翻印,年代为1975年元月,算下来应该有35年了。

二、调查的收获启示——详读《中小学生作文选》、《新三字经》

(一)《中小学生作文选》

《中小学生作文选》由德阳市中区教师进修学校主编,1988年5月出版,是一本20世纪80年代的老书,这本中学版的作文选收录了当年德阳市市区及各乡镇中学学生的优秀作文,是为了迎接即将到来的"六一"儿童节而专本出版的"六一"评选专辑。

在目录里,我欣喜地发现了很多熟悉的学校。看着文选里孩子们尚且稚嫩的笔触所表达的真挚情感,对家乡人、家乡事的细致描述。在当时的年代,她们看到自己的文字变成铅字一定很激动吧。这些对家乡人、对家乡事的细致描述不仅是她们情感的表达,也是对家乡历史文化、风情民俗的一种特殊的记载。像当时孝泉中学初一学生赵晰同学的《新兴的百货市场》细致地描写了当地"姜公百货市场"的风采、来历和与孝泉特有的孝道文化的联系;袁家乡初中钟坤菊的《哥哥相亲》生动地描写了袁家乡镇上人民相亲的民情风俗和十一届三中全会的春风给当地人民生活带来的影响。那时的德阳在孩子们的眼中是怎样的,在今天我们看来都是很有趣并极具价值的。而且这样定期作文竞赛评选的机制,这样的乡土教材的出版和发行,也能鼓励学生们努力学习。试想,在学习作文写作时,同学们参考的例文出自其他省市学生的优秀文选和出自自己身边的同学之手是完全不同的,并且对熟悉亦或相同的家乡事物,身边的同学是怎么描写的,同学之间可以进行一个比较学习,对大家的启发作用一定更大。相信这样的乡土教材在当时一定激励了不少莘莘学子。

(二)《新三字经》

《新三字经》由小靳庄贫下中农编,北川县文物局翻印,年代为1975年元月,这本书其实是一个复印本,它是修改初稿之二,最后北川《新三字经》的正式定稿不完全跟这本书中的一样,但也许正是因为这样才显出其价值。三字经里的内容和我们所熟知的开头以"人之初、性本善、……"的《三字经》完全不同,它只是借用了《三字经》文体。这本《新三字经》共1152字,内容带有很强烈的年代特色。首先从历史讲起,从奴隶制到解放,简短精练,歌颂了我党和伟大领袖毛主席。对于解放前后的事情记述得较为详尽,包括井冈山的斗争、"文化大革命"、批孔批林、大炼钢铁等等,最后号召大家跟着党的领导,一定能开创出美好的生活和幸福的明天。这本由贫下中农编辑的三字经读起来颇有意思，虽然非常短小，但是语言朴实真挚，从农民们的角度来记录当时轰轰烈烈的大事件和对党的情感，体现了农民们的智慧。相信在当时，这样的三字经一经定稿后，一定也是广泛发放给大众阅读的，因为三字经的形式原本也是为了方便老百姓阅读记忆的。

北川虽然只是处于大山之间的一个小县城，但它是全国唯一的羌族自治县，并且完好地保留和传承了羌族的文化，在改革开放中县城人民的生活蒸蒸日上，那里有最古老的羌族文化，最原始的羌族风光，也曾是人与自然和谐相处的神奇之地。当年红军长征的时候，这里也曾留下了他们的足迹。正是由于大山之间的民众对祖国朴实的感情和北川在解放前的斗争中的历史（在去年的乡土教材搜集中，我曾搜集了一本《红军在北川》，书中详细记载了这段历史），也才有了羌族人民编写这本《新三字经》的文化背景和情感积淀。

（王　幽　吴维丽）

贵州省独山县乡土教材收集调研报告

一、调研过程

2009年寒假，为了响应"中国乡土教材收藏与研究中心"的号召，我参加了搜集乡土教材的志愿活动，共搜集到来自贵州省独山县的乡土教材5本，分别是《"独山花灯"进校园知识读本》、《独山花灯论文选集》、《黔南事变研讨会文集》、《莫友芝年谱》和《走进独山》。

第一站：独山县教育局、文化局、档案局

为了收集乡土教材，我来到独山县教育局并采访了黄绍祥副局长，就本县地方教材的编写和教学情况进行了解。黄局长谈到："我们由基础教育部下发文件把乡土教育纳入地方课程，要求我县各级各类学校予以重视，目的是传承我县优秀的民族文化。传承优秀的民族文化，是学校德育的具体表现形式，对激发学生热爱家乡、热爱祖国具有现实意义。"黄局长对我们搜集乡土教材的活动给予了很大的支持，还主动捐赠了由独山县教育、民宗、文化三部门联合出版的一本新的乡土教材《"独山花灯"进校园知识读本——独山县民族民间文化进校园系列教材》及其配套光碟。《独山花灯论文选集》和《走进独山》也是黄局长捐赠的。

遗憾的是，此次我并没有找到比较具有历史价值的乡土教材。当我到县档案局询问后，一位工作人员告诉我，现在全县统一的乡土教材只有一种，就是去年刚编写好的《"独山花灯"进校园知识读本》，各乡镇学校自己开发的乡土教材大约有十几种，但是由于各种原因都没有普及。并且各个乡镇学校自己编写的乡土教材也只是作为学生的兴趣读本，并没有落实到课堂上。

第二站：独山县图书馆

在县图书馆文献阅览室查阅期间，我发现：独山县有着悠久的历史文化——花灯文化、抗战文化、影山文化。关于这三种文化的地方性文献也不少，但是却很少有统一的教材供学生学习。比如说我这次收集到的《黔南事变研讨会文集》和《莫友芝年谱》就属于此范畴。这两本书均是由独山县委宣传部和政协文史资料委员会所编，但是它们都不属于教材，只是作为资料读本，所以就没能普及。

独山县三大历史文化（活动或地点）：

花灯歌舞迎新春　深河桥抗日文化纪念园　影山草堂（莫友芝纪念馆）

第三站：独山县第三小学、独山县民族中学

首先我来到独山县第三小学，并对几位老师进行了简单的访谈。其中一位老师告诉我在小学阶段由于学生没有很大的升学压力，所以学生对乡土教育的兴趣比较浓厚，容易开展，但是好的乡土教材并不多。其次，我去了独山县民族中学，当我询问了几位老师后得知，乡土教育在高中阶段开展起来有很大的难度，往往流于形式。由于主课的压力冲击以及升学考试的压力等等，学校不会安排太多的课时在乡土教材的学习上，学生及其家长也往往不重视乡土教育。

二、问卷调查结果

①对乡土教材的了解程度：

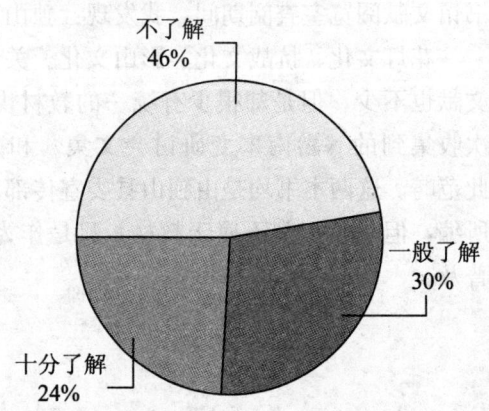

②乡土教育对学生的作用：

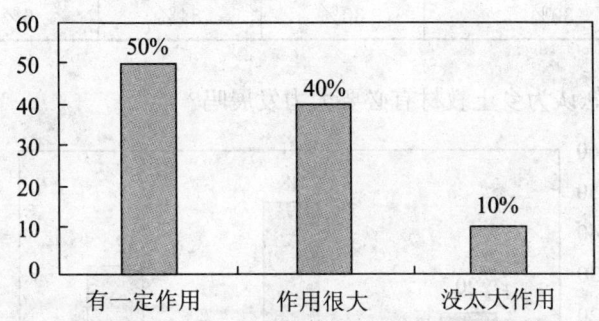

③您认为学校应该重视乡土教育和乡土教材吗？

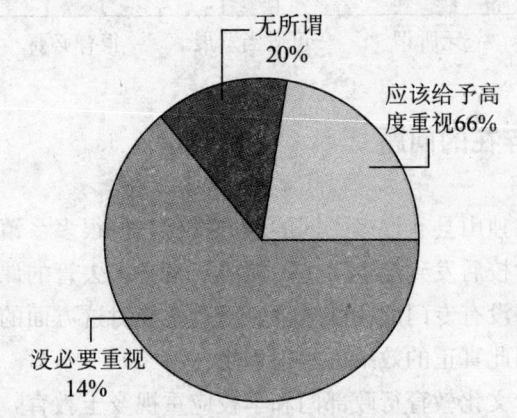

④您认为乡土教育内容与学校教育的其他内容之间：

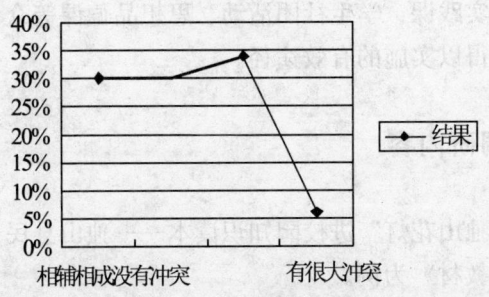

相辅相成没有冲突	无所谓	有些冲突	有很大冲突
30%	30%	34%	6%

⑤您认为乡土教材有必要大力发展吗？

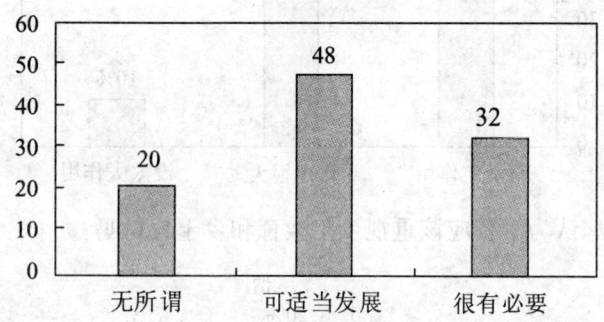

三、存在的问题

尽管在独山县有许多不同的地方教材，但很多乡镇往往都是教材进入学校后发到学生手里，就成了没有人去管的课外阅读的读物了。并没有专门的任课老师，而且学校对这方面的工作也不够重视，因此真正的效果不是很理想。

建议：文化教育行政部门和学校应重视乡土教育，统一编写乡土教材，同时在学校开设乡土教育课，请专门的任课老师。另外，校园的实践课、学生社团活动、思想品德课等众多途径也都是乡土教材得以实施的有效途径。

四、调研内容

以《"独山花灯"进校园知识读本——独山县民族民间文化进校园系列教材》为例。

（一）产生的背景

传统民族民间文化进校园是学校德育教育工作的重要任务之一。把以独山花灯为代表的优秀民族民间文化作为资源引进中小学教育，建设富有地方民族特色的校园文化，此举顺应了当今基础教育改革与发展的历史要求。它对传承和弘扬民间优秀文化和打造具有时代特征的基础教育具有同等重要的意义。

（二）该教材的主要内容

该书共有八个章节，分别从不同方面详细介绍了独山花灯。该书首先对独山花灯作了一个整体的概述，接着又介绍了独山花灯的构成和表演形式，然后重点介绍的是独山花灯的音乐基础知识和舞蹈基础知识，最后介绍了中小学生花灯操（第一套）、独山花灯的一些传统节目以及附录（包括独山花灯的发展成就、传承人及历届花灯艺术节）。

（三）该教材的使用范围、实际效果

该教材是独山县对中小学生进行爱家乡民族民间文化教育的地方性教材，2008年才进入校园使用的。经过调查分析，由于文化教育部门领导的重视，该教材的使用情况比较理想，并且现在独山县的中小学在上课期间每天都会有10分钟的花灯操时间。还有很多学生反映，对该教材感觉很新鲜，以前对自己家乡的文化一点也不了解，现在有机会好好了解家乡的文化。这在某种程度上也体现了该乡土教材的实际效果。而且该教材配有光碟，这为该教材的使用提供了方便。

（黄玮）

重庆市奉节县乡土教材搜集与调查报告

一、调查安排

笔者选择对重庆市奉节县进行乡土教材收集调查活动，原因有两点：一是长江三峡之首的瞿塘峡在重庆市奉节县境内，其中还包括著名旅游景点白帝城、永安宫等三国故址。因此，重庆市奉节县有着丰富的三峡巴蜀地域乡土文化，也有着三国时期地域乡土文化，同时在清代以前，奉节县称为夔州，为川东荆楚地的地理文化中心，历史悠久、文化丰富。二是调查研究的方便，重庆市奉节县为笔者的家乡。

此次调查将分五个阶段，第一个阶段：笔者将采访两所小学，一所普通小学一所重点小学；采访两所中学，一所普通中学一所重点中学。在这些学校中，笔者将调查乡土教材的课程开设情况、学生和教师对乡土教材的了解和使用情况。在采访过程中，全面观察，深入探讨，做好乡土教材相关记录，如学校开设乡土教材的课程数目、课时，同时，做好相关数据的比较分析。在调查过程中，笔者将收集乡土教材，调查它们的编写背景、目的、使用情况。第二阶段：调查三本乡土教材的编写者，调查和采访乡土教材编写中的具体情况，如编写的目的、背景、经费来源。第三阶段：采访学校相关人员，调查学校对乡土教材的课时和教学如何安排，学校共编写和使用了哪些乡土教材，使用目的和整体效果怎样。第四阶段：采访教育部门相关人员，调查乡土教材相关政策，对乡土教材的经费和人力投入，乡土教材在全县的教学情况。第五阶段：整理和分析资料。

二、结果与分析

此次调查,笔者共搜集了 27 本乡土教材,采访了《乡土教材》、《重庆历史》、《爱我竹园》三本乡土教材的编写者,同时电话采访了重庆市奉节中学教务处副主任、汾河中学教务处主任、永安小学教务处副主任和木瓜小学校长。最后,还实地采访了奉节县教育局教科所王科长、木瓜小学李老师,同时还采访了四个学校的学生和教师,查阅了奉节县教育局相关资料。经过对所搜集到资料的初步浏览、阅读编码、分析整理,笔者得到了以下数据。

(一)数据分析

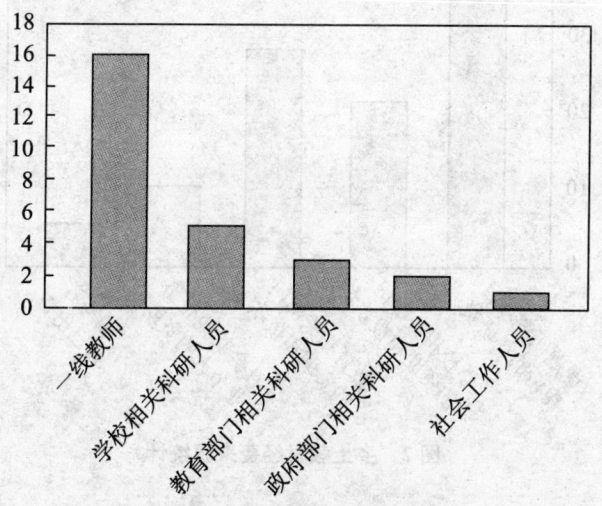

图 1 乡土教材编写人员统计

笔者对 27 本乡土教材的编写人员作了一个统计,得到了图 1 的数据。从图 1 中,我们可以看出,27 人中,16 人为一线教师，5人为学校相关部门科研人员，3人为教育相关部门科研人员，2人为政府部门相关科研人员，1人为社会工作人员，没有一人为专职编写工作者。对数据分析可以看出，在编写方面，乡土教材缺乏专职乡土教材的编写人员，编写乡土教材都是兼职，乡土教材的编写只能在完成自己工作之后，所以乡土教材的编写任务就特别重。其中编写任务最重的是一线教师，笔者采访《乡土教材》的编者陶德荣。他告诉我，他任两个毕业班的语文教学，平时的教学任务就特别重，周六、周日及寒暑假都要给毕业生补课，所以，编写乡土教材都只能是在晚上，一般是从晚上十点编写到凌晨两点多，第二天八点又要开始给学生上课。就这样，《乡土教材》这本书共用了一年多才出版。

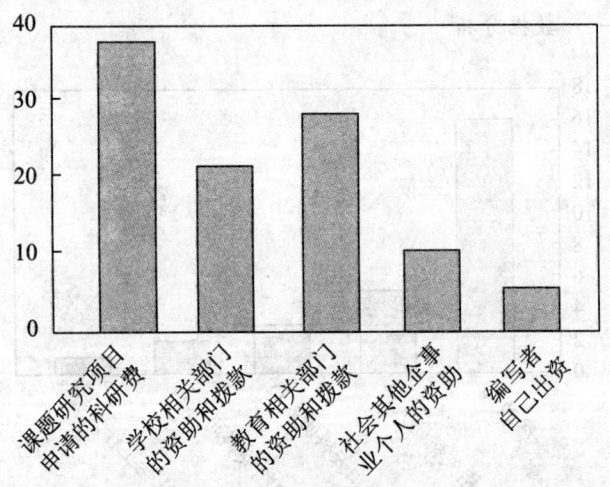

图 2　乡土教材经费来源统计

在对乡土教材编写经费来源的调查中，笔者通过对搜集到的乡土教材的资料统计，得到了图2的数据。从图2可以看出，乡土教材编写的经费来源主要有以下几个方面：①课题研究项目申请的科研费，此类占了 36.7%。②学校相关部门的资助和拨款，此类占了 20.6%。③教育相关部门的资助和拨款,此类占了 27.7%。④社会其他企事业个人的资助,此类占 10.0%。⑤编写者自己出资,此类占了 5.0%。

从经费来源来看,科研费用的比重最大,同时,学校和教育部门也有拨款,但编写者个人出资占了 5.0%。笔者在调查中发现,科研经费来源都只是针对课题申报的相关乡土教材,学校和教育部门的拨款也大部分是用于辅导教学等方面,而对民间艺术、文化、风俗、乡土教育方面,学校和教育部门的投入和拨款就特别少了。所以,编写民间艺术、文化、风俗、乡土教育方面的教材,没有足够的经费来源,有些编写者只好自己掏钱。而且,学校教育部门等相关部门对乡土教材的后勤保障不到位。学校、教育等相关部门在拨款之后就没有后续保障工作,对出版、发行和使用都不过问。

在对搜集到的 27 本乡土教材的编写背景、目的、内容的统计和分析中,笔者得到了图 3 中的数据。从图中我们可以发现,乡土教材的编写背景和目的有以下几个方面:①课题研究,如《长江三峡》,此书是重庆市奉节中学地理教研组向重庆市申报的课题研究项目,在 27 本书中,共有 12 本书都属于课题研究,占 44.5%。②辅导教学,如《重庆市历史》、《重庆市地理》,27 本书中共有 6 本,占 22.2%。③响应上级的号召或完成上级的任务,如《奉节县中小学生法制教育读本》、《奉节县中学生安全知识常识》、《奉节县中学生劳动技术》,共有 4 本占 14.8%。④当地部门为促进经济的发展或宣传政绩而编写的,如《夔门特产》、《奉节县 30 年改革开放发展史》,共有 2 本,占 7.4%。⑤继承当地文化遗产,促进当地文化发展,如《历代名人咏夔州诗文选》,共有 2 本,占 7.4%。⑥其他特殊背景,如《重庆市奉节中学百年发展史》,此书是为纪念奉节中学百年校庆而编写的校本教材,共 2 本,占 3.7%。

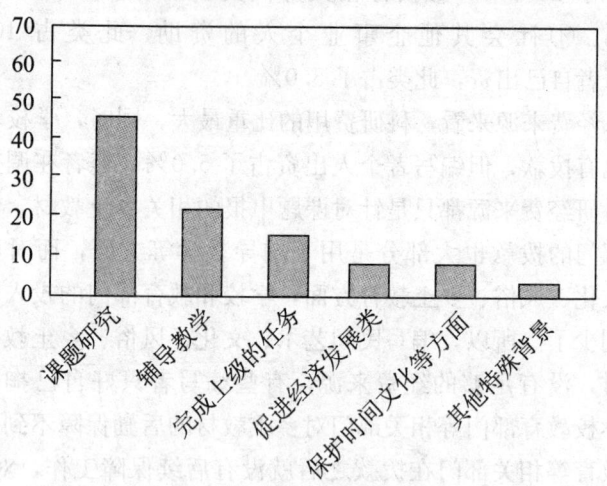

图3 乡土教材编写背景统计

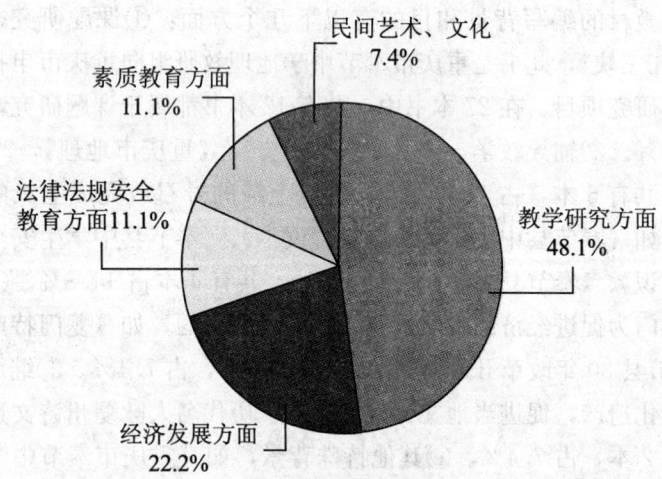

图4 乡土教材编写内容统计

在对乡土教材的编写内容调查中,笔者通过对 27 本乡土教材统计,得到了图 4 中的数据。从数据中,我们可以看出,乡土教材的编写内容主要有以下几个方面:①教学研究方面,共 13 本,占 48.1%。②经济发展方面,共 6 本,占 22.2%。③法律法规安全教育方面,共 3 本,占 11.1%。④素质教育方面,共 3 本,占 11.1%。⑤民间艺术、文化、风俗、乡土教育方面,共有 2 本,占 7.4%。

从上面的两组数据我们可以看出,编写背景最多的是课题研究、辅导教学、响应上级的号召或完成上级的任务,而保护乡土文化、民间艺术,对青少年进行乡土教育的乡土教材却特别少;同样,以教育研究、经济发展为内容的乡土教材比重特别大,而民间艺术、文化、风俗、乡土教育方面为内容的教材却只有很少的一部分。

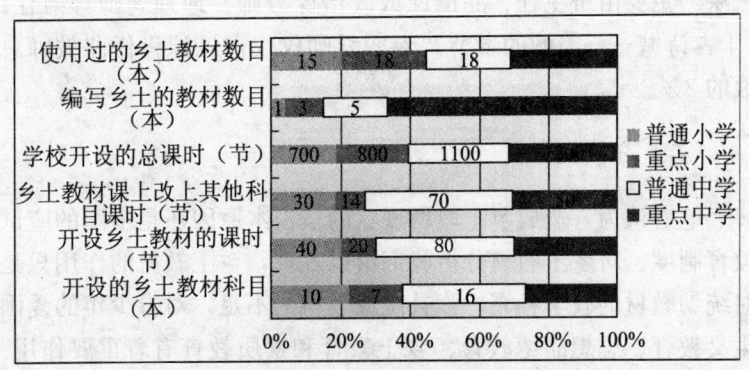

图 5　乡土教材使用情况统计

笔者在采访奉节县教育局教育科王科长和查阅奉节县教育局相关文献资料,并采访了四所学校的学生、教师和学校相关负责人以后,了解到全县共有 19 所中学、35 所小学,自主开发并通过义务教育阶段的地方教材共 27 套。调查显示虽然地方课程已经进入大多数学校制定的课程计划并列入学校的课程表中,但学校实施情况不容乐观,很多本应该上乡土教材的课时被改上了其他科目。笔者对所搜集到的四所学校的乡土教材课程做了个统计,得到了图5的数据。从图5中可以看出,农村普通学校开设的乡土教材科目、课时比城市重点学校的多,而在编写乡土教材的数目和使用过的乡土教材的数目却比城市重点中学少。在占用乡土教材教学的课时上来看,四所学校都存在很大比例,重点学校更严重,开设总课中乡土教材所占的比重都特别低。

同时,在对四所学校乡土教学老师调查时,笔者发现,在负责乡土教材教学的教师中,存在着严重的师资兼职,《瞿塘民间文学》、《长江三峡》、《千古诗城——美丽的奉节》等,其任课教师学科背景五花八门。比如《瞿塘民间文学》的任课教师在各个学校分别由历史、地理、体育、语文、政治、音乐等学科的教师任教,其中地理教师占36%、历史23.5%,语文20.6%;《长江三峡》主要由班主任、品德课或政治课教师、地理老师等兼任;《千古诗城——美丽的奉节》专职教师仅仅占该课程任课教师总数的3%。

(二)分析思考

笔者认为,造成乡土教材现状的最根本原因还是中国的应试教育制度。对乡土教材分析我们可以发现,乡土教材的作用只是对统编教材的教学补充,弥补统编教材的不足,对青少年的爱国主义教育、思想品德教育、乡土教育和素质教育有着重要作用。而在应试教育中,考查学生的唯一标准就是学科成绩,考察学校教学质量的唯一标准就是升学率。所以,学校和教育部门就只重视学生成绩和升学率,其他方面就特别不重视。乡土教材在学校教学中不是主科,再加上乡土教材也没有列入中考、高考考试科目,所以,乡土教材课程就不会得到教师和学校的重视,这就出现了本应该上乡土教材的课程而改上了其他升学考试科目的情况。而以课题研究、辅导教学、响应上级的号召或完成上级的任务为背景编写的乡土教材其内容对青少年来说，就比较乏味，没有吸引力，这也是造成乡土教材教学问题的又一个原因。

经费不足，缺乏专职编写者和专职教师，这也是造成乡土教材编号及使用现状的又一个重要原因。从调查来看，乡土教材的经费来源一般都是附属相关课题或其他项目，对乡土教材的专门拨款特别少，经费来源的不足，就限制了乡土教材的编写工作。很多学校和教育部门也就只是编写一些能够申请到经费的乡土教材，如课题研究、经济等方面的乡土教材，而对民间艺术、文化、风俗、乡土教育方面，由于无法申请到相关经费，所以学校和教育部门就不编写这一方面的教材。同时，由于乡土教材本身涉及多个领域，而现有的各学科教师都是单一学科背景，难以适应综合性地方教材的教学；乡土教材教师绝大部分都为兼职教师，兼职教师兼职科目多，工作任务繁重，备课和教学难度大，影响了乡土教材的教学。缺乏专职编写者和专职教师，乡土教材的编写就不可能得到改善，乡土教材的教学就得不到改善。

乡土教材相关工作还没有全面展开，缺乏相关经验，这也是造成乡土教材现状的又一个重要原因。由于乡土教材工作才开始，各方面工作都没有太多的经验可寻，各种与乡土教材有关的制度都还没有完善，与乡土教材相关的条例、规章还没有出台或者出台的不够。如编写、出版、发行、教学等方面的工作都没有很好地衔接，有时候书编写好了，却找不到出版商；有的发行了，学校却不让进行教学。各种编写后勤保障也都不到位，很多乡土教材在编写时，学校等相关部门就只是在开始的时候给编写者提供了相关物质上的资助，然后就不再过问，这在很大程度上影响了乡土教材的编写工作。

三、建议与对策

教育部在1996年发布的《课程计划》等文件中指出，可实行课程多样化，在教材编写中发挥地方和学校的作用，增加地方课程和校本课程。在实际运用中，编写乡土教材既要适应农村经济建设与社会发展的要求，又要有利于学习者的学习。乡土教材建设是整个基础教育改革的一个重要组成部分，也是整个基础教材建设的一个重要组成部分，所以我们必须给予足够的重视，乡土教材存在的问题必须得到有效解决，从而使乡土教材的作用得到最大的发挥。

在应试教育制度下，要想使乡土教材得到发展，我们就必须解决好乡土教材与统编教材的问题。在内容上，我们在编写乡土教材的时候，乡土教材不要在统编教材的基础上去加深和拓展基础知识，而是要利用乡土教材资源，对学生加强思想政治教育和品德教育，注意理论联系实际，培养实践能力，加强劳动技术教育和实用技术教育。这样既可避免与统编教材知识的简单重复，又可避免与统编教材知识体系的脱节，同时也可以做到不加重学生的负担。在教学上，我们要逐步创造条件，把乡土教材列入教学计划，教育部门在制定教学大纲时应腾出必要的机动时间由各地的乡土教材补充，同时改进教学方法，在教学时要做到教育性、乡土性，同时还要做到科学性、时代性、实践性，努力提高乡土教材的教学效果，按年级段穿插使用乡土教材，安排部分乡土教材作为学生课外阅读教材。同时，最重要的是把乡土教材作为考核学业成绩的内容之一。

要想解决乡土教材编写中存在的问题，我们就必须总结最近几年乡土教材建设的实践经验，并借鉴外国经验，进一步明确编写乡土教材的目的和意义。在编写乡土教材的时候，要联系当地的生产实际、社会实际，把地方的思想教育素材发掘出来，对乡土教材的一些资料进行认真的研究，去粗取精，去伪存真，精心取舍增删。我们在选择乡土教材编写的题材时，要根据教学目的精心的选择，对生产活动、文化活动、文化遗产、民情风俗、历史人物和事件方面的内容，要特别重视，增加对这些方面的关注度。同时在编写教材时,我们要注意使乡土教材具有思想性、科学性、趣味性。针对缺乏专职教师和教学老师的情况,各个学校的老师应该相互合作,同时加强与教育教学专家的交流。

要想解决乡土教材各项工作的衔接问题,笔者认为,教育行政、教研、科研部门应该实行"三位一体"的地方教材管理模式,同时加强对任课老师的培训,配备专职教研员去组织有关地方课程和教学的论文、案例、课件等征集、评选和交流活动,加大经费支持力度,为任课老师提供尽可能丰富的辅助教学资源,从而推动乡土教材实践的深入开展。

要想使乡土教材存在的问题得到根本性的有效解决,国家和社会应提高对乡土教材重要性的重视程度,增加对乡土教材的投入力度,制定相关有利乡土教材发展的制度。解决好了重要性和经费问题,乡土教材编写的内容、质量才会得到根本性的改善;解决好了相关制度问题,乡土教材各项工作才会得到很好的衔接。国家和社会为乡土教材努力创造各种有利条件,为乡土教材的各项工作提供有利的保障,才能从根本上解决乡土教材存在的问题。只有这样,才能促进乡土教材更好地发展,才能使乡土教材的作用得到最大化的发挥。

四、结束语

笔者参加过 2007 年寒假中央民族大学中国少数民族地区基础教育研究中心收集各地乡土教材的志愿活动,笔者再次参加乡土教材的收集与调查活动,是因为通过上次的搜集与调查活动清晰地认识到乡土教材已经被边缘化,想再次通过对乡土教材的收集与调查来引起相关部门的重视,从而让乡土教材的作用得到真正的发挥。当然此次调查活动也有很多缺陷:第一,由于时间的限制,不能做更深刻的研究;第二,由于各种条件的限制,不能再次实地的去调查地进行调查和采访,同时由于电话采访的限制,所搜集到的资料不是很具体和完善。

钱理群在编《贵州读本》时就很明确地提出一个口号——"认识你脚下的土地"。他说乡土教材不仅仅是增加学生对一些乡土的了解,更主要的是建立他和乡土(包括乡土文化及乡村的普通百姓、父老乡亲)的精神血缘联系。我们不管走到哪里,最不能忘记的就是家乡,忘记不了家乡就不会忘记祖国。所以爱祖国首先爱家乡,进行爱国主义教育首先必须进行爱家乡的教育。

笔者真诚地希望国家和社会重视乡土教材,重视乡土文化,倡导文化多元化。学校和相关教育部门应努力将乡土教育的理念付诸实践,社会各界为乡土文化的传承和发展积极努力,以此让乡土教材能够拥有它本该有的地位,能够让它的价值作用得到最大化的发挥。

(李绪江)

云南省昆明市乡土教材搜集调查报告

一、调查的主要过程

我于2008年2月14日到了云南省昆明市开始对乡土教材进行搜集调查,调查时间共7天。2月14日,搜集相关资料,阅读文献,了解云南省乡土教材的概况;2月15日—16日先后到云南省昆明市各大书店如:昆明第一教学书店、新知图书城、新华书店、滇池书城和大观民族书屋搜集当地的乡土教材;2月17—18日到云南省图书馆对馆藏的乡土教材进行调查;2月19—20日先后到云南省教育出版社、云南省科技出版社和云南省民族出版社搜集乡土教材,并对乡土教材的编写者进行了访问；2月24日—3月5日撰写调查报告并进行修改。

此次乡土教材的调查与搜集活动真可谓"历经坎坷"。2月15日、16日两天，我到了昆明市各大书店（昆明第一教学书店、新知图书城、新华书店和滇池书城）对乡土教材进行调查与搜集。结果，这些书店几乎没有符合要求的乡土教材。接下来的两天里，我到了云南省图书馆，在那里我找到了很多乡土教材，可就在我请求将这些教材借出馆复印时，却遭到了拒绝（据图书馆的管理人员说，需要办一个价值两百多元的借书四级卡才能将馆内的书拿去复印，且考虑到版权问题，最多只能复印书本的1/3）。于是，我想把图书馆馆藏的书借出去复印的梦想破灭了。2月19日、20日，我先后到云南省教育出版社、云南省科技出版社和云南省民族出版社搜集乡土教材，并对乡土教材的编写者进行了访问。在克服了种种困难后，我终于搜集到了34本教材。

二、调查主要内容——以大理白族自治州地方教材《历史》为例

（一）该乡土教材产生的背景以及编写宗旨和目的

该乡土教材出版于2003年，作为云南省大理白族自治州基础教育课程改革实验学校的地方教材，供初二年级学生使用。其前身大理州中学乡土教材《历史》（试用本）编写于1987年，随着基础教育课程改革的深入，为加强地方教材的建设，大理白族自治州教育科学研究所和大理白族自治州教育学会历史专业委员会合起来对原大理州中学乡土教材《历史》（试用本）作了修订，并在此基础上将教材改名为基础教育课程改革实验、大理白族自治州地方教材《历史》。编写此书的目的在于使学生对大理地区的历史有一个比较完整、系统的认识，从而增强其对家乡的热爱。该教材自始至终贯穿着增进民族团结、增强祖国大家庭民族

凝聚力的理念,这对于培养学生热爱祖国、热爱家乡的情感是很有意义的。

(二) 该乡土教材的主要内容

该书共有22课,讲述了大理地区各个民族在历史发展中所作出的卓越贡献和发挥的巨大作用。书中涉及到很多历史上著名的事件,尤其是对大理洱海地区白族的介绍占有很大篇幅,这些故事家喻户晓,为人们广泛流传。

该教材所载历史,从战国开始到1949年底止,长达两千余年。书中介绍了历代封建王朝和近代史上发生的重大历史事件和出现的杰出人物,讲述了各个朝代大理的政治、经济、文化和对外关系。

通过学习,我们可以了解大理地区的兴衰。在历史的起伏中,我们看到的是一个文化日益繁荣、经济快速腾飞、科技越来越进步的大理。

(三) 该乡土教材的适用范围及使用效果

该教材作为大理自治州基础教育课程改革实验学校的地方教材,供大理地区初二年级学生全年使用。上学期学习第1至第10课,下学期学习第11课至第22课。每学期安排4~6节课,由老师作启发式讲解。该书自从投入使用后,受到了师生的欢迎。

然而,由于受到"主科"的冲击,该地方教材并没有受到学校、老师、学生和家长的重视,造成教材使用不充分,这样既是对金钱的浪费,也是对人力资源和时间的浪费。

三、调查的收获与启示

本次调查发现,教材在使用过程中存在的一个最大问题是:

由于学校、老师及学生对乡土教材的不重视，造成乡土教材的使用非常不充分。此外，地方教材的课时本来就很少，有些学校甚至还将它用来改上其他课程。可见，应试教育模式还没有得到彻底改变。这就应该从学校、老师、家长以及学生本人四方面加强对地方教材的重视程度。学校应该把乡土教材的教授落实到实处，这也是推进中国教育模式由应试教育向素质教育转变的一步。

乡土教材多以学生自主学习为主要的学习方式，老师作启发式讲解。因此，老师在教学过程中，可以结合当地实际，组织学生开展研究式学习，以激发学生的"乡土情"，并使学生能够积极主动地学习。当然，还可以采取一些强制措施对学生进行考核。

虽然在调查过程中遇到了很多挫折，可是我收获很大。首先，我有幸参加了这次乡土教材的调查与搜集活动，让我为抢救和保护地方文化遗产尽了自己的微薄之力。然后，再次阅读这些乡土教材，让我重温了家乡的历史、地理、风土人情，培养了我深深的"乡土情"，增强了我对家乡的热爱，并再一次让我树立起了"服务家乡、建设家乡"的远大志向。再次，在调查过程中，我和许多人进行沟通与交流，这就加强了我的人际交往能力，使我得到了锻炼。最后，参加本次调查活动是我此次假期做的最有意义的事情，它丰富了我的假期生活，使我积累了宝贵的社会经验。我觉得它是我人生经历中重要的一笔。

非常感谢学校给我们提供了这样一个平台，使我能够有机会为家乡的乡土教材的保护事业贡献自己的一份力量。参加本次调查活动，既使我得到了锻炼，也丰富了我的人生阅历，让我的假期变得特别充实而有意义。

（何春珠）

云南省德宏州乡土教材搜集调查报告

根据中央民族大学中国少数民族地区基础教育研究中心暨"中国乡土教材收藏与研究中心"(筹)与校团委联合举办的"中国乡土教材搜集志愿者招募活动"的要求,我于2007年2月寒假回乡期间,深入云南省德宏傣族景颇族自治州的学校对本地的乡土教材进行了搜集与调查。

本次我一共搜集到4本当地的乡土教材,并针对其产生及使用情况进行了调查,本次调查主要使用了文献法、访谈法。

一、德宏概况

"德宏"是傣语的译音,意为怒江下游的地方。德宏州是德宏傣族、景颇族自治州的简称,成立于1953年7月23日,是云南省8个少数民族自治州之一。德宏州位于云南省西部,地处云贵高原西部边缘,德宏少数民族以傣族、景颇族为主。全州除梁河县外均有国境线,国境线长达503.8千米,全州绝大多数村寨与缅甸毗邻。到2005年底全州人口共有106.78万人,其中傣族有33.73万人,景颇族有12.89万人,德昂族有1.32万人,傈僳族有2.62万人,阿昌族有2.84万人,佤族有0.09万人,汉族有51.53万人,少数民族人口占全州总人口的比例为52%。

二、乡土教材搜集情况

此次搜集乡土教材的时间在寒假,因此,我回到家乡时很多学校都已放假,这给搜集带来了困难。在这种情况下,我先到位于昆明市的云南省图书馆查一些相关资料。在省图书馆的四层地方图书资料室中有一架专门的民族语书籍,上面几乎包含了云南所有拥有自己文字的民族的各种相关书籍。其中有许多民语乡土教材,但大多都是用民语翻译义务教育课程标准试验教科书,版本也比较新,这样我就决定回德宏时再搜集相关教材。

在我2月14日回到德宏后,我就到表弟就读的德宏州第一民族中学找到当时值班的老师,在我说明来意后,老师很热心地跟我介绍他们使用乡土教材的情况。从他那儿我了解到,德宏州现在除了小学进行双语教学(民族语和汉语)的学校会使用民族语编写的乡土教材外,其他大多学校都使用国家统编教材。在中学只有初中地理的一部分课时使用乡土教材,其余各科也都是使用国家统一的教材。

在此之后,我找到表弟的同学借了他的《德宏地理》一书,这就是上面那位老师提到的初中地理中使用的乡土教材。这本教材主要介绍了德宏的地理位置、民族特点及行政区划、地形、气候、河流、自然资源等情况,旨在让德宏州的初中学生能够系统地学习和掌握本州的地理概况、资源优势、经济特点,培养他们热爱家乡、建设家乡的思想感情。

《德宏地理》的使用范围为德宏傣族景颇族自治州各中学初一、二年级的学生,其中以初二年级学生为主。在调查中,我了解到在实际使用中并不是所有学校都使用此教材,有的是发给学生自学,有的是发了却根本不用。这样就没有达到编写的目的,对于德宏州这样无论从地理位置还是民族特点都具有自己独特性的自治州来说,培养青年学生热爱家乡、建设家乡的思想是非常必要的。但无论从老师还是学生都没有给予足够的重视。

此次搜集活动中,我另外搜集到的三本教材是适合小学一、二年级学习德宏傣语的学生使用的民汉对照教材。它们是由专门的民族语研究者对照国家统编的义务教育课程标准试验教科书中的语文教材翻译、编写的,旨在为德宏州的傣族双语教育服务。据我了解,此套教材只在州内开设傣语双语教育小学低年级使用,目的是为了使傣族学生尽快过渡到用汉语学习。

据了解,在我国有本民族文字或无本民族文字的民族,在小学或初中一年级阶段,为了使学生真正学懂学好汉语文,达到提高基础教育的目的,在汉语文教学过程中,借助民族语言或民族文字辅助教学。民语的使用要随学生年级的增高逐年递减,并主要用在对汉语的词和特殊句子的理解方面。

在我国,民族地区由于历史原因,社会经济文化比较落后,在语言、心理素质、风俗等方面都与汉族存在着差异。民族学生无汉语口语基础,只得将汉文读出来转换成汉语口语,再通过翻译转换成民族语言。初入学的民族儿童,立即对他们进行汉语文教学,教师、教材和学生的语言都不一致,虽然"教"和"学"都付出了辛苦的劳动,但教学效果仍然不佳。在我的调查中许多家长和学生也都反映这种教学不是很理想。

三、启发及建议

在本次搜集活动中,我进一步了解了德宏州的乡土教材使用情况及双语教育情况,以下是我在本次活动中获得的启发和提出的一些相关建议:

(一)政府、学校及学生都应当重视乡土教材的使用、教学及学习

扩大学校系统中校本课程的比例是我国教育改革的重要措施,而使用更多的乡土教材也就成为必然。因此,社会各界都应当端正对待乡土教材的态度,更好的编写、使用和学习乡土教材,使它真正成为为地方教育服务、为地方社会做贡献的有利工具。只有教育与地方实际相结合才能取得最佳效果。

（二）在实施双语教育方面，应处理好民语文教学与汉语文教学的关系

实践表明：在不通汉话的民语区，先学好民语文是发展民族儿童思维、增长知识的有效途径。学习汉语文能使少数民族学生学习更多的文化科学知识，对少数民族的进步和繁荣是有利的。应认识到在民族学校里，民、汉语文教学是相辅相成、互为补充、相互促进的。而不应该把民族语放在次要位置，这对民族多样性的保存是极其不利的。因此，在实践中，应当有更多的适应少数民族教育的乡土教材得到使用和推广，真正为少数民族学生服务。

（三）政府和相关教育机构应系统编写民族语文、数学和双语文教材

乡土教材既然对少数民族学生如此重要，那么政府和相关教育机构就应当系统地编写民族语文、数学和双语文教材。根据整个教学计划、目的、要求，按照国家统编教材的基本形式和编写方法，自编适合当地实际的教材，使之贴近当地民族的语言习惯、生活特点。

总之，这次搜集乡土教材的活动让我进一步认识到了各地在国家统编教材外使用乡土教材的重要性，只有适合当地实际的教材才能真正为当地教育服务，为当地培养更多实用人才服务。而乡土教材的编写也是值得注意的问题，怎样编写出适合实际又能与国家统编教材接轨的乡土教材是教育工作者需努力实践的。相信会有越来越多的人开始重视当地文化的传承及民族文化的保存，真正为教育的本土化而努力！

（登 蓉）

云南省永德县乡土教材调查报告

乡土教材,是相对于国家统编教材而言的,它关注的重点是乡土的历史和文化。乡土教材的内容往往涵盖当地的历史沿革、自然地理、社会经济发展状况、民族风情习俗、宗教信仰、语言文化等,是我国教材建设中的一个重要组成部分。乡土教材以其本土性、生活性、多样性、丰富性、灵活性见长,可以增强当地年轻一代对家乡的了解,培养热爱家乡的深厚感情。

近几年随着现代化的价值取向成为主导,教育的价值观也越来越城市化、国际化、西方化。中国是一个幅员辽阔的大国,有着丰富多彩的地方文化和不同民族的文化,乡土教材的开发和使用对传承地方文化及民族文化具有重要意义。

一、调查的主要过程

1月22日至1月31日,我查阅了有关资料,询问了一些老师及亲朋好友,了解他们对乡土教材的认识与看法,并且上网搜集了相关信息,对当地的乡土教材状况有了一定了解。

2月1日至2月20日之间,先走访了永德县图书馆、永德县新华书店、永德县宣传部,采访了图书馆与书店工作人员,了解当地乡土教材的编写、出版情况。之后,又去了永德县一中与永德县教育委员会进行调查与搜集,进一步了解乡土教材的使用与效果。在这次调查中一共搜集到15本乡土教材。

2月21日至3月10日之间,对调查的结果和搜集到的材料进行分析与总结,撰写调查报告。

二、调查的主要内容——以《永德史话》为例

（一）该乡土教材产生的背景

本书是由中共永德县委宣传部和永德县教育委员会编写的，主编李德栋，于 2000 年出版并投入使用。永德是一片生机勃发的热土，是一块人才辈出的宝地，孕育了众多才华横溢的作家、诗人。但他们并不以此为满足，他们将目光聚焦到永德未来的发展上，将希望与理想寄托在新世纪下一代的成长上，将培养下一代的着力点定格在爱国主义教育这一重大主题上，由县委宣传部牵头，一批关心永德教育事业、关注永德未来发展的作者聚集到一起，编辑出版了爱国主义乡土教材《永德史话》。

该书的编写目的在于深化人们对县情、乡情的认识，继承并发扬家乡人民自古以来所形成的优秀品质，广大人民特别是青少年一代进行爱国主义教育，让他们认识永德、心系永德、热爱永德，从而激发爱国热情，发奋学习，立志报效祖国，扎根家乡，建设美好家园。

（二）该乡土教材的主要内容

这是一本介绍县情的书，属于县委宣传部、县教委联合实施的中小学生爱国主义教育工程之一，作为乡土教材在全县中小学校发行。

全书共十四个部分，不仅介绍了永德县的历史沿革、地方风情、物产名胜、科教文化卫生事业，还展示了永德县深厚的人文资源。

（三）该乡土教材的使用范围、实际效果

该教材主要是为全县中小学编写的，笔者在上中学时，学校

也曾使用过这本教材,老师基本上不给学生讲解,以学生自己课外阅读为主。在与永德县教委及永德县一中相关人员的访谈中发现,学校和社会对该教材的重视程度远远低于国家统编教材,大多数学生也没有主动学习该教材的意识,使用效果并不理想。

(四)对策建议

学校、老师应该注意该课的教学安排,可以利用大家所熟悉的家乡环境、故事、传说来激发大家了解乡土状的热情,培养"乡土情",由被动学习转为主动认识。教学内容与形式应该多样化、生动化,可以结合地方及民族特点,补充讲解乡土史料。

三、调查的收获与启示

调查历时近一个月,我在其中得到的收获很多。这次调查锻炼了我的社会实践能力,让我认识到人与人之间交流的重要性。而且,在对当地乡土教材的调查与搜集的同时,充分了解了自己家乡的历史、自然地理、社会经济发展状况、民俗风情、语言文化等,增加了对家乡的热爱之情。

这次调查结束后,我对家乡的乡土教材现状有了深入的了解。由于永德县地处云南省西南边陲,交通不便,文化教育水平和经济发展相对落后,对乡土教材的关注和使用都比较少,乡土教材的开发、使用、传承都缺乏有效的政策支持和保护措施。这次调查中,共搜集到15本乡土教材,但这些教材的收效并不是太好。因此,对当地乡土教材的重视和保护是一件意义重大的事。

北京大学中文系教授钱理群说过这样一段话:"我忧虑的不是大家离开本土,到国外去学习,忧虑的是年轻一代对养育自己的土地和这片土地上的文化,以及对生活在土地上的人民产生了认识上的陌生感,情感和心理上的疏离感。我觉得这会构成危机的。我经常跟学生说你离开了本土,没有了本土的意识,同时又很难融入到新的环境中去,从农村到城市,你很难融入到城市,到美国,也很难融入到美国。这样一边融不入,一边脱离了,就变成了无根的人,从而形成巨大的生存危机。而且从民族文化上说,对民族文化也构成巨大的危机。所以我编《贵州读本》时就很明确地提出一个口号——'认识你脚下的土地'。在全球化这样一个背景下提出这样的口号,其实就是寻找我们的根,我们民族国家的根。所以乡土教材不仅仅是增加学生对一些乡土的了解,更主要的是建立他和乡土(包括乡土文化及乡村的普通百姓、父老乡亲)的精神血缘联系,我觉得这是乡土教育一个重大的特征。"

守住乡土教材,守住我们的根。

图:搜集到的乡土教材

(杨 倩)

云南丽江乡土教材搜集调查报告

一、调查的主要过程（时间及行程安排）

1月22日—1月25日：撰写乡土教材搜集计划书，预约相关工作人员。

1月26日（星期六）：到新华书店、新知图书城、交流会的书摊、忠义市场旧书籍贩卖所查找购买相关乡土教材书籍，并到和志刚（著名断臂的书法家）书屋、月亮姆酒吧（从事纳西族民族音乐的创作与传承工作）访谈和志刚、和文光两位知名人士，搜集其藏书。

1月27日（星期天）：到东巴文化博物馆、东巴文化研究所、东巴文化展示中心、东巴宫、东巴文化学校参观，访谈相关的领导及工作人员，并搜集相关的东巴文化学校自编的乡土教材。

1月28日（星期一）：到丽江市政府、玉龙县政府了解乡土教材的相关分布情况，并到玉龙县教育局搜集相关资料，了解乡土教材的使用情况，又到丽江市残疾人联合会、玉龙县老体协、玉龙县公安局询问有关科普、法律等知识的普及书刊情况，并采访相关工作人员。

1月29日（星期二）：到丽江市文化广播电视局、玉龙县民族宗教事务所收集相关乡土教材，采访有关人员，并到有关部门开证明。

1月30日（星期三）：到玉龙县拉市乡美泉村访谈木树春老师及木季云等学生，并询问有关乡土教材的使用情况，向村子里的一些藏书人士咨询并找寻乡土教材。

1月31日（星期四）：整理资料，撰写调查报告。

二、调查的内容——以拉市乡小学乡土读本《我爱拉市海》为例

（一）产生的背景

这本《我爱拉市海》是北京天下溪教育咨询中心、乡村教育促进会与各个拉市乡村学校老师一起努力的结果，是专门为拉市乡小朋友编写的一本乡土读本，旨在使小学生了解家乡、热爱家乡。

（二）主要内容

相比其他的课本而言，这本教材显得有些特别。首先，它的内容讲的都是拉市乡本地的故事，而且它也不讲其他的课程，老师讲同学们听，它需要老师和同学一起，边调查、边动手、边游戏，共同参与学习。甚至有些时候，同学们还要当小老师，扮演不同角色。

拉市海是一个美丽可爱的地方。在这本书里，把拉市海的种种故事收集起来，让每一个小学生都可以了解自己的家乡，热爱自己的家乡。

全书共分21个章节，分别为：拉市海的孩子；水从哪里来？落水洞的故事；十年变迁；拉市鲫鱼和海菜花；龙王喜爱的地方；老房子，新公寓；披星戴月的纳西人；美丽的彝族姑娘；忙碌的四季；山林中的智慧——混农林；"喜余谷"（好地方）；木木家的盛宴；到阿果家做客；今天我们做大厨；火把节的故事（上）；火把节的故事（下）；山间又响马铃声；湿地——共有的家园；山村里的变化；明天在我心。内容都写得很通俗易懂，是家长和孩子的一本好书。

（三）适用范围、使用效果

该乡土读本的适用对象是拉市乡各个完小四、五年级的小学生，从本书编成之后就开始使用。据了解，有些家长也很喜欢读这本教材。

这本教材的编写初衷是让拉市乡的孩子们更加了解家乡、热爱家乡。这本书的编排很好。以三个小主人公之间发生的故事来贯穿全书，并融入家乡的风情，还有很多活动游戏和课外阅读。但是，由于该教材没有列入考试范围，不进行考评，很多学生没有认识到学习家乡历史文化的必要性，老师有的时候对该课也不是很重视，而且一周就只有一节课，这样就使这本教材使用不是很到位。书中虽然有很多的图片，但是孩子们却很难认识到学习这本教材的好处。这样该书的使用效果不是很理想。

（四）存在的问题

这本书在使用初期，编者和老师们都很期望自己的劳动果实能够得到最好的利用。但是在使用过程中，不免还是出现了一些问题：

1. 课时安排不合理。一周只有一节课，而教材有21章，导致课程不能得到很好地深入讲解。

2. 老师不够重视。老师基本上是讲书上的知识，没有认真备课，只把教课重心放在应试课程上。

3. 由于小学生辨别能力较弱，再加上老师不重视，自然就不是很用心，很难改变孩子们对家乡知识知之甚少的状况。

4. 教育局等相关部门对该教材的使用也没有什么规定，不重视，学校往往只把中心放在应试教育上。

5. 家长平时监督孩子的时候，对乡土教材看法不是很乐观，往往带来负面影响。

（五）对策建议

针对以上问题，我认为可以从以下方面进行解决：

首先，教育局等部门应该肯定并重视乡土教材的价值，采取一些积极的措施来鼓励学校对乡土教材的有效利用。

其次，学校要重视教师的教学态度。乡土教材也要备课，给学生们讲解尽量多的知识，尽可能引起同学们的兴趣。

学校应该安排适当的时间给乡土教材，而不仅仅局限于一种形式，应该把乡土教材变成一本真正的学校教材。

三、收获与启示

在这次乡土教材的搜集调查过程中，我很高兴了解了很多家乡的教育文化和经济等方面的发展变化，也有了很多意外的收获。

随着社会的发展和不断进步，人民群众的精神生活越来越丰富，图书市场上各类图书层出不穷，琳琅满目，然而市场上热销的大多是青春小说、商务理财等现代经济生活的产物，地方上具有乡土气息、民族特色的读物少之又少，即使有，也常被束之高阁、冰封雪藏。长期以来，乡土教材的开发、使用、传承都缺乏有效的政策支持与保护。尤其是对于一些历史较久远的乡土教材，如果我们不进行及时搜集、保护，许多前辈利用毕生心血开发出来的乡土教材可能将永远消失。

在此次调查活动中，我们走访了丽江许多书店和教育教学机构，还深入民间，拜访家乡一些书香门第，希望得到更完备、全面的资料。

在丽江的各大图书市场，如新华书店、新知图书城、报刊亭、旧书市场，我们发现按书架上的分类很难判断乡土教材的归属，只好沿着书架逐排查找。但令人失望的是，在书店中这类书籍很少，有些店甚至没有，能称得上乡土教材的一些书籍也就是一些旅游指南类的书籍。这类书籍往往装潢精美，文图结合，且语言优美，内容也涵盖了丽江的历史地理、社会经济、民族风情、宗教信仰、语言文化等。翻开浏览也着实让人惊喜，不管是生动有趣的描写，还是色彩斑斓的插图，无一不吸引读者继续阅读下去。欣喜过后，却不得不面对这样的事实：这些精美的书籍都是旅游业在家乡不断发展的产物，在课堂上、学校里却难以见到这类可以让孩子们了解家乡文化的教材。如果小学生、中学生的课本里也能出现这些内容，那么乡土教材就真正得到发展了。

走访了书市后，我们来到了丽江市博物馆。博物馆与图书市场的情形还是有所不同。通过我们的仔细观察以及讲解员的耐心讲解，我们可以发现在博物馆里保存了许多丽江人民的社会经济文化痕迹，尤其是纳西民族的风情习俗，更是一览无余。而保存下来的记录这一切的古籍有很多东巴文出版的书刊，另外诸如方国瑜等历史学家也撰写了不少关于东巴文等方面内容的书籍，如《纳西象形文字语》。我们还在博物馆内陈列的一个书架上发现了很多其他书籍，如云南美术出版社出版的《东巴常用字典》，滇南美术出版社出版的《东巴文化精选》，云南大学出版社出版的《摩梭社会文化研究论文集》，丽江市古城区文化广电新闻出版局编的《丽江古城文化丛书》，云南出版集团公司和云南人民出版社出版的《纳西象形文字实用注解》、《常用东巴文字常用名言俗语欣赏》、《纳西东巴文字实用字句》等。这为我们的调查注入了不少文化气息，更可喜的是，我们终于发现了真正意义上的乡土教材，即由云南人民出版社出版的丽江东巴文化学校教材第二册《纳西族传统祭祀仪式》和第三册《纳西象形文古籍》，皆由李锡主编，是一套介绍纳西民族文化、精神生活的书籍，同时也是传承纳西东巴文化的两本很好的书籍。

在丽江玉龙纳西族自治县教育局里我们采访了教育局办公室主任及其他人员，听他们介绍了当地乡土教材的情况，了解到他们在教育方面一般就注重应试教材，对各学校的要求也就是把各种考试课程教好，而对乡土教材一般就是支持使用，但不曾倡导过，这也许是当地乡土教材越来越少的原因。据了解，现在仍在普遍使用的乡土教材是一套音乐课本，其他的就根据各地方的不同而有差异了，但现在用这些书的已经很少了。出现这种情况的原因很多，家长一般经济不宽裕，于是老会抱怨收费高，所以尽量少用与考试无关书籍，而且现在专门编写乡土教材的人已经很少了，使用的人就更少了。

我们走访的其他政府机构和社会组织主要有玉龙纳西族自治县县政府、体育局、商务局、公安局、残疾人联合会等，每到一处皆是采访该处办事人员，了解各领域情况，想看看他们是否有些宣传书刊。但很让我郁闷的是，他们都没有面向百姓的宣传资料。

而在学校，我们到达了束河小学、美泉完小、均良完小、南尧完小等。由于正值寒假期间，老师学生放假未归，我们没找到比较有价值的教材，只能对留校的老师询问些信息，再挨个走访学生家庭。

在民间我们也积极寻访了各地一些藏书人家，得到了一些比较有价值的书籍，如纳西族的一些古老书刊，但由于"文革"期间的内乱，他们都没有"文革"前期的书。

在得到的有限的乡土教材里，我们可以发现这些教材内容包括丽江市的地域环境和特征、民族及历史、风俗、生计、语言、地方名人、地方变化等，还包括一些培养孩子调查、发现能力的书，传承地方民间艺术及技艺，激发兴趣和组织能力的活动课。如欣赏、制作美术工艺作品，这增加了这些教材的地方特色和文化含量。在结构上它也尽量构成一个观察的路径，从地域历史到生产生活，再到文化艺术和我们当下生活的状况。通过对教材学习，孩子们就会知道在自己惯常的平淡如水的生活中原来蕴藏着这样丰富的内容，可以激发孩子们对生活的探究兴趣。而且最重要的是，教材将民族的历史放在了比较重要的位置，这也体现了编者的思想：一个了解自己民族历史的人才是有自信的人。

教材突出了对文化性和能力的培养。教育局的工作人员告诉我们这类教材以传播乡土知识为目的，使孩子们建立认识家乡的意识，逐步培养关注家乡的心、观察家乡的眼睛和传承家乡文化的愿望，做个有根的人。同时，不仅要建立一种文化的观察视角和思想方法，还要力求运用现代的视角和认知方法去了解和探求家乡文化。

通过9天的实地考察，得到的结论是：总体上，丽江市有一定数量的乡土教材，但质量和数量还远远不够。

乡土教材是我国教材建设中的一个重要组成部分，也是对青少年进行本土文化教育的重要途径。乡土教材的开发可以增强当地年轻一代对家乡的了解，可以培养他们热爱家乡的深厚情感，弥补国家统编教材的不足。乡土教材从宏观意义上来说，它是发展多元文化的一种重要手段。对于每个个体来说，认识自己家乡的历史、文化及本民族的历史、文化，是使一个人充实而有自信的重要手段。很多人不了解自己家乡的历史，对于那个家乡来说，那个历史就有可能中断，而对于这个人来说，就可能缺乏自信和力量，缺乏一种脚踏实地的向前的精神。一个人，是在惯性中生活，还是在情趣和认识中生活，是区分生命质量的一个分水岭。

丽江之所以吸引世界游客，源于她的古色古香，源于她的贴近自然，源于她的民族风情，而这一切大概最初是因为丽江的封闭。由于封闭，他们个性鲜明的文化得以被保存。但在日渐开放和广泛的交流之中，这些文化特色正在渐渐远去或褪色。丽江的趋同化也以令人担忧的速度和步伐在推进。甚至于本来应该作为地方文化精英的教师们，在编写这些教材之前，很多人都不了解丽江的历史，不了解自己民族的历史。

另外，我们认为中国社会有很多阶层，他们尽管都是从乡土社会分化出去的，但是由于长时间的发展，对于乡土社会完全没有了认同感或亲切感，盲目地追求现今社会的快节奏生活和精神文化产物，这使得乡土文化很容易被湮没，传统文化正在遭受严峻挑战。

鉴于此情况，我们认为丽江应该积极推进乡土文化教育。即使不能存亡续绝，也要让个性的旗帜飘扬更久一些。当然，不仅是丽江，还有很多地方，在全国、全世界，我们都应该注重乡土教材的发展和普及。

（木肖玉）

云南省怒江傈僳族自治州乡土教材搜集调查报告

一、调研缘由

乡土教材是记录当地地域知识的载体。乡土教材的内容来源于一个地域特定的自然、社会环境，属于某一地域的文化积淀和历史产物，是祖国文化瑰宝中重要的一部分。编写乡土教材是教育改革的一个突破口，因此，国家越来越重视乡土教材的建设，根据本地区的实际情况，编写出适应本地区经济和社会发展需要的、具有职业教育因素的、又有利于劳动技能培养的乡土教材是很必要的。而当地乡土教材的编写及使用是否科学、合理、实用、有效？是否有可持续发展性？带着这一系列问题，笔者响应中国少数民族地区基础教育研究中心暨"中国乡土教材收藏与研究中心"（筹）的号召，在中央民族大学的支持下，在寒假回乡期间，分别于2009年1月15日—2009年1月23日、2009年2月6日—2009年2月15日，深入家乡怒江傈僳族自治州州府所在地六库的学校、档案馆、图书馆、出版社、书店并寻访有关个人，对本地的乡土教材进行了搜集与调查，并对教材挖掘、编写内容、学生使用等相关情况进行调研。同时，我也希望通过本次乡土教材的搜集和调研活动对家乡有更进一步的了解，在活动过程中检验和锻炼自己社会实践的能力。

二、调研过程

调研时间为2009年1月15日—2009年1月23日及2009年2月6日—2009年2月15日，地点是云南省怒江州六库镇。本次共计搜集乡土教材23本，内容涵盖地理、历史、经济、文化等方面。

（一）怒江州州教委

怒江州州教委教研室的何菊老师热情地向我介绍了怒江州乡土教材的使用情况，并提供了《爱我怒江》乡土教材丛书，包括《怒江历史》、《怒江地理》、《怒江经济》、《怒江文化》。介绍了这4本书的使用对象和学习时段以及书中的大致内容。以下是笔者和何菊老师的对话：

  笔者：何老师，这些乡土教材是哪个时段的学生使用的？
  何老师：这部丛书的主要的使用对象是初级中学一、二年级学生，也就是现在的七年级、八年级学生。
  笔者：何老师，请您简单谈谈对《爱我怒江》丛书的一些看法。
  何老师：我认为这套乡土教材资料翔实、风格朴实生动。它比较系统地、有选择地介绍了怒江的历史文化、风土人情、经济建设等情况,帮助学生们进一步了解了自己的家乡。

笔者:学校有没有将其纳入教学计划内?

何老师:没有,这部教材是同学们的辅助教材。

笔者:据您了解,学生们对这套教材反映如何?

何老师:学生们还是很感兴趣的,只是要面临中考,升学压力大,所以他们没怎么花时间去读这套书。

(二)怒江州泸水县教育局

泸水县教育局的姬国强老师向我介绍了乡土教材的使用情况以及泸水县傈汉双语教学的基本情况,并提供了乡土教材《身边的科学》(新傈僳文)、《傈僳文识字课本》(老傈僳文)、《实用扫盲课本》,还介绍了泸水县2009年春季学期义务教育免费教科书(地方教材)的情况:

年级	一年级	二年级	三年级	四年级	五年级	六年级	七年级	八年级	九年级
相应教材	童眼看云南	植物王国	丰富的云南特色物产	建设民族文化大省	云南的自然环境	珍爱生命远离毒品	云南优势资源	建设和谐美好家园	遏止艾滋同担责任

笔者:老师,请您介绍一下《身边的科学》(新傈僳文)、《傈僳文识字课本》(老傈僳文)。

姬老师:这两本书主要是通过傈僳族文字教学来扫除傈僳族青壮年文盲,用傈僳族文字脱盲的群众可以阅读《怒江报》傈僳文版,为傈僳族群众生产、生活水平的提高及早日脱贫致富打下良好的基础。

笔者:那实际效果怎么样?

姬老师：到目前为止，我县傈僳族文字脱盲人数为14186人。效果还算可以，但由于师资和教材短缺，加之对此教学研究的滞后以及学制等问题，总的来说，傈僳族文字教学水平比较低。

傈僳族信仰基督教，笔者还去了泸水县大兴地乡灯笼坝的教堂了解情况，他们所用的圣经是傈僳文译本。据了解，教堂有专人教授傈僳族文字，一般三个月毕业。

（三）泸水县第三中学（老六库）、泸水县第一中学、泸水县上江中学、泸水县民族中学、怒江州民族中学

在这几所中学，笔者共发放了200份"关于乡土教材应用与认识的调查研究"问卷（教职员工30份、学生170份），了解他们对乡土教材的认识以及态度。调查问卷中反映出来的情况是大多数学生对乡土知识很感兴趣，认为学校开设乡土教育课很有必要。但是因为升学压力大还有主课的冲击，所以乡土教材在实际中落实得并不好。在泸水县第三中学，学校把已经毕业的同学们所使用过的教材收集到图书馆，我发现省级类的乡土教材很多，比如云南省义务教育地方课程系列教材《独特的云南地理》、《云南资源概况》、《云南历史文化概览》、《云南社会发展概况》、《禁毒教育》、《艾滋病预防教育》等，何息文校长热情地向我介绍了情况，并提供了《独特的云南地理》等8本教材。

（四）泸水县文化局、泸水县档案局、怒江州图书馆、六库新知图书城、六库新华书店

在泸水县文化局、泸水县档案局和怒江州图书馆，我主要了解了地方志的情况。怒江州图书馆资料室工作人员赵丹雁说："地方志虽然不是教材，但是地方志为爱国主义教育、地情教育提供了翔实的资料。地方志记载了我们怒江的山水名胜、文化古

迹及著名历史人物、英雄模范、能工巧匠等，是对我们当地群众特别是青少年一代进行爱家乡、爱祖国教育的好教材。而且，地方志在地方文化建设中具有根基作用，也为我们当地旅游开发提供了新的资源，并起到宣传的作用。"他向我介绍了图书馆所陈列的地方志，如《怒江州工业志》以及《怒江州卫生志》等等。赵叔叔说，这些书被借的频率很低，原因可能是这些书的内容比较单调，虽然对家乡的认识有很大帮助，但还是很少有人能耐着性子读这些书。

在泸水县文化局和泸水县档案局我主要了解到《泸水文史资料》的情况，文化局文化馆茶馆长说："文史资料客观翔实地记载了我县各个历史时期的重大事件和重要人物史料，全面反映了泸水各个领域所取得的成绩和经验教训，对建设泸水、发展泸水具有借鉴意义。"在茶馆长的帮助下，我收集到了《泸水县文史资料》两本。

在六库新知图书城和六库新华书店里有一个专柜销售怒江本土书籍，有怒江诗人的诗作，有当地的杂志等等。但是，工作人员说，这些书籍并不畅销。

三、乡土教材文本分析——以《爱我怒江》丛书和《云南资源概况》义务教育地方课程系列教材为个案

（一）产生的背景、主要内容、使用范围

1. 《爱我怒江》乡土教材丛书

本丛书共有 4 册，包括《怒江历史》、《怒江地理》、《怒江经济》和《怒江文化》。《爱我怒江》丛书旨在加强对怒江青少年进行热爱家乡、热爱祖国的教育。这部丛书是怒江州初级中学一、二年级和中等专业学校学生的辅助阅读读物，不安排课时进行教学。编排和统编教科书类似，分单元进行，每课课后有思考练习

题。我认为此套乡土教材涉及范围很广泛,在《怒江历史》中就包括了悠久的民族历史,怒江州各族人民以及怒江各族人民反土司封建统治斗争,怒江各族人民反帝国主义斗争,解放斗争,民族平等团结的新时期以及历史人物的介绍。《怒江地理》包括了怒江重要的地理位置、地质地貌、气候、丰富的自然资源、怒江秀美的风光以及六库、片马等新兴边境城镇的介绍。《怒江经济》包括了怒江原始农业的转变,畜牧业、渔业以及工业史话,水电水利等等方面。《怒江文化》则是介绍了怒江各个民族的语言文字、文学、自然历法、礼仪习俗、民族节庆等等。可以说《爱我怒江》所涵盖的范围是十分广泛的,内容也很翔实。

2. 义务教育地方课程系列教材《云南资源概况》

这套教材包括《独特的云南地理》、《云南资源概况》、《云南历史文化概览》、《云南社会发展概况》、《禁毒教育》、《艾滋病预防教育》共 6 册,是云南省教育厅响应《基础教育课程改革纲要(试行)》关于新课程标准要求开发地方课程的精神,组织有关专家学者编写的,供云南省初中学生(七至九年级)使用。这套教材是彩色版的,图文并茂,形式生动活泼,介绍了云南省的生物资源、历史文化和社会发展状况,同时介绍了禁毒知识和艾滋病预防措施等。旨在帮助学生们进一步认识云南,增进学生对云南省自然、社会、文化和历史的认识,提高其综合素质。

(二)实际效果和存在问题

收回的调查问卷所显示的结果是,同学们都认识到了乡土教育的重要性。但是,他们中的绝大多数人很少把时间花在乡土教材的阅读上。笔者认为原因可能是教材以概念知识为主轴,只注重概念的解释,缺乏趣味性,无法吸引学生。我所调查的五所中学都使用过这两套乡土教材,但都没有为其安排课时,学生和老师虽然都对乡土教育有着很高的呼声,但是迫于升学压力,导致这些教材在实际教学中处于一种"附属品"的地位。有的同学认为课程压力很大，乡土教材的发放很多余。在我搜集到的几本乡土教材中，就有这些同学涂鸦的痕迹，俨然将其当做草稿纸了。

（三）思考和建议

1. 教材的编写

乡土教材制订的目标应是全面的，教材内容应关注家乡的自然地理、社会经济、历史文化等领域。乡土教材中要设计必要的活动，充分联系实际。乡土教材的编写还应当充分关注教材使用者，满足使用者的需求，遵循发展性原则。乡土教材的编写者也应充分交流、共享经验。

2. 教材使用者

首先我认为学校应该将乡土教材列入课程范围内，安排相应的课时，加强对乡土教材的重视。教学内容应尽量与生活经验及乡土教材相结合，并将乡土课程融入到区域活动中，以热爱家乡情感教育为主线，在校园里深化乡土文化教育活动。

十几天的乡土教材收集活动结束了，依稀还记得收拾行囊回家的喜悦，现在却已到了落笔的时候，总感觉快乐的日子过得很快。回顾搜集乡土教材那段日子，还觉得鲜活在目。姑且不论自己有了怎样的实践成果，我想，至少我对家乡的风土人情有了更进一步的了解，在活动中锻炼了自己的能力。这里谈一下自己的收获和感受。

苏霍姆林斯基曾经说过：学生是"从直接表达爱家庭、爱学校、爱故乡的感情，逐渐过渡到认识更加深刻的社会关系，从理性上认识祖国的概念"。乡土知识具有直接性、具体性的特征，将"爱国"具体化、深刻化。乡土教育是爱国主义教育的重要组成部分。不爱家乡怎能热爱祖国？我们往往会对教材中有关自己家乡的人和事怀有浓厚的兴趣，这些人、事和他们生长、生活的环境密切相关，因而备感亲切，从中萌发了一种爱乡之情、爱国之情。乡土教材还能帮助人们塑造人格，培养正确的世界观、人生观、价值观,是基础教育中重要的一环。

所以,我认为,乡土教育不是一件可有可无的事,而是一件必须办好的事。办好乡土教育,乡土教材是基础。我们的乡土教育既然要以培养人们对乡土的感情、了解乡土、亲近乡土为目的,就应该更多地关注乡土教材。但是调查结果有些令人惋惜,很多乡土教材的作用并没有很好地得到发挥,失去了它们原有的价值。

好在现在有关部门已经将这个工作重视起来,组织专门力量,不仅对现有乡土教材,从内容选编到叙述方式进行全面修订和更新,还根据实际需求编写乡土教材。我们都知道,社会在发展,科技和知识层出不穷,不论是教材编写者还是教材使用者都应当不断学习、思考、探索和成长,不断地在与时俱进中为乡土教材的发展奠定基础。

(康 宁)

西藏乡土教材调查报告

一、情况简介

中国历史悠久,幅员辽阔,尤其是少数民族地区自然条件差别很大,有值得讲述的革命传统和风土人情,具有地方特色的乡土教材有助于激励儿童发扬革命传统和爱国主义精神。作为本土文化本身,包括了宗教、风土民情、众生群像等说不完、道不尽的故事。西藏自治区在 2004 年也审定通过了中等师范、职业技术学校用的《思想政治》。在搜集西藏乡土教材的过程中,我有几种认识,第一,随着社会文化交融、进步及老一代民间文化传承人的谢世,一批藏族民间文化项目如石刻经文、绘画艺术、木雕、藏药、砖雕、泥塑正在渐渐消逝,乡土教材的出现可以让学生意识到保护民族文化的重要性,对于传承并发扬民族文化有重要意义,对于认识本土文化资源有积极的启示作用。第二,对于学生认清历史,反对分裂,维护祖国统一方面更是具有重要意义。由于西藏的特殊性与敏感性,此次的西藏乡土教材的收集工作遇到了很大困难,部分乡土教材还处于保密状态,所以收集成果极其有限。

西藏自治区位于中国的西南边疆,青藏高原的西南部。它北与新疆维吾尔自治区和青海省毗邻,东连四川省,东南与云南省相连,南边、西部与缅甸、印度、不丹、锡金和尼泊尔等国接壤,形成了中国与上述国家边境线的全部或一部分,全长近4000公里。全区土地面积为122万多平方公里,约占全国总面积的12.8%。西藏自治区下辖"六地一市",即林芝、昌都、山南、日喀则、那曲、阿里6个地区和自治区首府拉萨市,共有75个县(含一个市辖区、一个县级市和一个特别行政区),931个乡。

知我家乡,爱我家乡,建设我家乡是爱国主义教育的一个重要组成部分。为此,西藏自治区教工委、教育厅自1990年起即组织人员编写《思想政治》、《西藏地理》两本乡土教材,以配合区编教材,对学生进行思想教育。

二、乡土教材内容编写的相关采访

对于这两本书的编写过程,笔者特地采访了拉萨市教体委德育科的毛雅丽老师,以下是部分采访内容:

(一) 编写原则

(1) 以马克思主义辩证唯物史观贯穿教材,以实事求是的态度介绍地方历史，公正评价特定历史条件下产生的人物、事件，使学生逐步树立起历史唯物主义观点，社会发展观点，劳动创造世界和人民群众创造历史的观点，阶级和阶级斗争观点。

（2）宣传西藏历史上涌现出的民族英雄、革命志士、科学家、文学艺术家的事迹，弘扬西藏民族文化。引导学生学习优秀人物的高尚品质和献身精神，培养青年学生的爱国主义和国际主义思想。

（3）介绍西藏各民族发展概况及其对区域历史发展所作的贡献，对学生进行中华民族优秀传统的教育，帮助学生树立各民族一律平等、维护祖国统一、维护民族团结的观念，激励他们奋发向上、勇于进取、开拓创新。

（4）有利于中学生德智体美诸方面素质的提高，有利于对拉萨市中学生进行热爱家乡、建设家乡的爱国主义教育。

（5）依据地理学科的教育原理，遵循"少而精"的原则确定和处理教材内容，把握住人类生存的重大环境问题、可持续性发展问题、人地辩证关系问题，突出地方特色。

（6）促进学生树立科学意识，培养学生爱国情操，增强学生社会责任感。

（7）理论联系实际，注重运用地理基本知识，发展分析、评价问题的能力，培养学习思想政治的兴趣。

（二）教材特点

（1）以马克思主义的辩证唯物主义观点贯穿全文，富于启发性。教材站在历史和现实的高度，以客观的态度，不仅介绍西藏突飞猛进的发展步伐，还分析了发展建设中的不利因素。这些不仅激发学生热爱家乡、建设家乡的自豪感与自信心，更重要的是激发了学生建设家乡、服务家乡的历史责任感，帮助学生树立起正确的认识。

（2）知识传授与能力培养并重，强调服务性。学习乡土教材，目的在于知我家乡、爱我家乡、建设家乡，培养既懂乡土知识，又有开拓能力的建设者。教材编写中既重视介绍有关的基本知识，又注重了运用知识发展能力的训练，目的在于培养学生运用地理知识解决实际问题的能力。

（3）资料翔实，乡土气息浓郁，富有科学性。一本教材的可信度、科学性直接涉及学生素质。西藏乡土地理是微观地理，综合总结出乡土气息浓郁、具有较强地方特色的内容进入教材，保证了乡土教材应有的科学性。

（三）编写情况

（1）编审组织。

领导：宋和平、马升昌、旺堆。编写：丁桂荣、卫绒娥、王春焕等。

（2）发行使用。

初稿完成后，召开三次改稿会，邀请有关部门、领导、专家、教师修改完善。2000年5月经西藏自治区原教育厅教材审定领导小组初审，自治区中小学教材审定委员会审定付印。2004年3月由西藏人民出版社出版发行，供西藏自治区中等师范、职业技术学校使用。

（三）教材内容安排

全书分四个内容：

（1）西藏地理位置、行政区划、人口和民族等地理要素的状况特征，突出民俗民情。

（2）优越的自然环境。重点编写西藏地形、气候、河流、湖泊等自然环境要素的状况和特征，介绍西藏优越的自然环境。

（3）马克思主义祖国观，各民族人民共同缔造了伟大的祖国，强调祖国统一的重要性，西藏自古以来就是祖国不可分割的一部分。

（4）马克思主义民族观和文化观，介绍当代西藏的发展成果及对外文化交流，科学对待保护西藏传统文化。

三、心得体会

一个月的社会实践虽然比较辛苦，但回想起来才发觉原来辛苦中充满着希望。乡土教材搜集活动意义在于：

这次实践活动使我成熟许多，考虑事情更加周全，能全方位把握事情。能力得到很好的锻炼，表达方面学会委婉，尽力避免触碰敏感问题。最重要的是深入各个偏僻乡镇中小学，从中感受到很多书本上学不到的东西，也真实的理解了"倾听"的真正涵义。冒着严寒，徒步走很远的路到偏僻的白朗乡、林周县等中小学，由于12月至3月属于拉萨的寒假时间，所以遇到的学生、老师等被采访对象很有限，与他们聊天，询问乡土教材的使用情况以及学生和家长对此的反应，并记录他们的意见。遗憾的是，因为普及时间及力度的问题，大多数学生和家长不知道乡土教材的相关情况，只有个别老师知道一些或者只是听说过，着实给相关调查问卷的收集工作带来很大困难和阻碍。

通过这次调查活动让我对西藏乡土教材现状有了更深的认识，从现在来看，乡土教材的使用和普及对于西藏的重要意义比其他地区更加突出，不仅仅在于宣传本土文化的漫长历史及发展过程，勤劳智慧的藏族人民创造的丰富灿烂的藏传统文化——建筑、绘画、藏刻、藏药、藏戏、天文历算等系统知识，对于弘扬传承藏族优秀文化传统有重要意义，更重要的一点体现在西藏乡土教材向所有学生展现了西藏发展历程，还原一个真实的西藏，从和平解放、民主改革、摆脱封建农奴主压迫和剥削成为主人的经历，更能认清达赖组织鼓吹的"西藏文化遭到毁灭"是谬论，他真正的企图是制造民族隔阂挑拨藏汉民族间的关系、将西藏从祖国分裂出去。

四、对于乡土教材普及的建议

通过这次乡土教材搜集活动,我也学到了很多知识,而此前我对历史的很多认识都很表面、肤浅。感性认识要深入到实践中去,所以,只有把个人的命运同社会、同国家的命运联系起来,才是青年成长成才的正确之路。对于西藏乡土教材《思想政治》的普及我有几点建议:

(1)创意的教学实践。思想政治可以通过丰富多彩的教学内容体现,真实再现历史画面的和谐完美、内容的包罗万象,这些都为学生主动学习提供了广阔的舞台。因此,必须使思想政治课不再枯燥无趣,要正确引导学生思想,从小培养其爱国意识。加强对材料的正确把握,教材设计的理论依据和思路是要使学生知道用公正客观的眼光去看待历史,坚定立场,对分裂活动作出理智的判断,懂得和谐、相互依存、相互联系的重要性,这是《思想政治》的生命所在。

(2)开发课程资源,激发学生学习兴趣。兴趣是引发学生主动学习的潜在动力,运用本土资源,以丰富多样的藏文化——习俗、文字、信仰、体育活动让学生深度了解自己的历史背景及与现代文明的融合,培养更好的气质、情操、民族自豪感等。

(3)政府及教育部门应给予大力支持及足够重视。乡土教材的普及,不仅符合教学由近及远、由具体到抽象的原则,而且有助于儿童熟悉乡土和培养热爱乡土的观念,更有助于培养学生树立祖国领土完整的意识,有利于祖国统一。

(龙姗姗)

第四部分　总结与展望

进入 21 世纪之后，各个国家都将教育作为国家发展的最大动力，各个国家都在进行教育改革，我国也面临着教育改革的问题，也有教育改革的需要。在我国教育改革过程中将乡土教材置于何地？乡土教材往何处去？当今的国人对乡土教材有哪些看法？带着这些问题我们协同乡土教材志愿者一起在少数民族地区进行了访谈和调查。现就调查结果及历史变化进行总结和展望。

一、中国乡土教材应用现状的调查总结

（一）乡土教材实物收集情况

2006 年 10 月，项目负责人滕星教授与教育部民族教育司多次商讨，达成共识，教育部民族教育司于 10 月 8 日向各省市教育厅有关部门下发"关于协助搜集少数民族地区乡土教材的通知"（教民司函 [2006] 69 号），2006 年 11 月 24 日又下发了《关于报送协助搜集少数民族地区乡土教材有关负责人名单的便函》，中国乡土教材研究项目由初步的资料检索进入全面搜集乡土教材实物的操作实施阶段，中国乡土教材的搜集和调查由个别地区、个别机构（个人）开始进入到国家有关部门的决策视野。在民族教育司的协助下，我中心在全国包括西藏、新疆、青海、

浙江、内蒙等十几个省区都已经确定了搜集乡土教材的联系人，加之乡土教材搜集志愿者队伍，建立了一支自上而下、自下而上的强大的搜集队伍，形成了覆盖面极广的搜集网络。

项目组成员和志愿者队伍在这几年的乡土教材收集活动中收集、购买、复印、拍照、扫描了大量的乡土教材。目前，乡土教材的数量已达一千多本，地域范围涉及20多个省、市、自治区和直辖市。这些乡土教材，既有21世纪以来各地新编的乡土教材、地方教材及校本教材，也有清末及民国时期的乡土志和乡土教材，还有新中国成立初期及20世纪80年代和90年代各地编写的乡土教材。其中一些已经成为孤本，只能利用拍照或复印的方式得到，如清光绪三十四年的《范县乡土志》，民国时期曹凤南编《小学乡土教育的理论与实际》、蔡衡溪编《乡土教育纲要》、王镶的《乡土教育研究》、吴志尧编《小学乡土教学》、水心著《怎样编辑地方教材》、汕头市立第四小学校《社会科乡土教材》、王懋德编《大单元乡土教学实例》、束秀东《泰县乡土教材》、李占仁、胡怀天《乡土教材（中级第一册）》、杨春绿《乡土教材（中级第二册）》、曹钧石《乡土教材（高级第二册）》、曹钧石《乡土教材（高级第三册）》、马精武《乡土教材（高级第四册）》，等等。还有一批新中国成立以来的首批乡土教材，如《河南语文乡土教材》（共三册）、《河南地理乡土教材》、《河南历史乡土教材》等。

在所搜集的乡土教材实物中，一般是适用于学校教育教学系统的，也有一部分是供群众了解地方文化、普及地方知识的。应用于学校系统的，主要是中小学阶段，也有应用于职业教育、成人教育、扫盲教育的。在所搜集的乡土教材中，大部分是用汉文编写，有小部分是用少数民族文字或民汉两种文字编写。

（二）志愿者的访谈与调查

从2006年至2009年，中国乡土教材搜集志愿者队伍已达三百多人，志愿者在四川、云南、贵州、陕西、湖南、黑龙江、内蒙古、宁夏、广东、湖北、吉林、江苏、江西、山西、青海等23个省市地区进行了乡土教材搜集和相关的访谈与调查活动。他们的足迹遍布云南省红河彝族哈尼族自治州弥勒县和路南彝族自治县、湖北恩施土家族苗族自治州恩施市白洋坪县、四川省巴中市、山东省潍坊市、青海省大同回族土族自治县、湖南省长沙市汝城县、凤凰县、黑龙江省牡丹江市等地区，对学校、图书馆、博物馆、地方志办公室、教育行政部门、教师、学生就乡土教材的问题进行了实地调研和访谈。调研和访谈的内容主要是乡土教材产生的背景、乡土教材所包含的内容、乡土教材的应用情况与效果、存在的问题等方面。其调查和访谈结果汇总如下：

1. 关于乡土教材的认识等方面存在的问题

其一，人们对乡土教材概念和内涵的理解普遍不高，通过解释后能够正确理解的人数也不是很多，说明人们在对乡土教材的认识上存在较大问题。

其二，对该方面的资料和情况普遍不了解。志愿者每走访一个单位，都会利用分发调查问卷的间隙通过访谈了解当事人员对乡土教材了解的程度，发现真正了解乡土教材情况的人并不多，其原因是多方面的。

其三，书本资料为数不多。为了搜集各地区历史上可能自编过的乡土教材，志愿者们纷纷到各地区的图书馆的特藏馆及档案馆查阅，发现地方图书馆和档案馆所收藏的乡土教材很少。

其四，问卷调查的结果反映，不但很多家长对乡土教材不了解、不重视，而且许多老师和学生对乡土教材的认识也都很模糊，甚至极不重视。

其五，历史上有关乡土教材的资料也相当匮乏。很多志愿者都接触过一些地区的元老级的文化界、教育界人物，这些人大多都是对本地的历史文化情况最了解的一批人（其中不乏编撰《县志》的人），他们对历史上自编教材的印象也相当模糊。

2. 乡土教材的编写与使用状况

调查者在对乡土教材搜集和调查中发现乡土教材在编写及使用方面存在着一些现实的难题。

第一，乡土教材的编写质量存在一定的问题。

从编写内容看，存在着乡土教材与统编教材的内容如何衔接的问题，还有各年级乡土教材内容之间如何避免重复的问题。如志愿者提到山西乡土教材《金太谷》，《金太谷》小学版（六册）与初中版（三册）内容并无差异，只是小学的略为简易，较为细化，初中的较为综合。这样的结果只会让学生及家长觉得厌倦，同样的东西要学两次，既浪费时间又浪费金钱。

从编写形式来看，原来的乡土教材语言比较严肃，只注重概念的解释，缺乏趣味性，21世纪最近几年编写的乡土教材往往是图文并茂，文字也比较生动活泼，比以前有很大的改善，更能够引起学生们的兴趣。

第二，乡土教材使用效果不很理想。

乡土教材在编写出来之后，其使用却是没有保障，从志愿者调查报告中透露出来的信息我们可以看到，各地不同程度地存在着此种现象。一方面表现在学校的教学上，一方面表现在学生和家长对乡土教材的态度和接受程度。在学校教学中，学校没有专职教授乡土教材的教师，大部分都是兼职。如此一来，老师在认真负责本门课之外没有其他闲余时间考虑如何教授乡土教材，且大多数教师本身也不太重视这类教材的讲授，导致乡土教材的课时安排不合理。也许有时还会发生这种情况：如果是数学老师兼讲乡土教材，那么这门课很有可能变成数学课或数学自习课；如果是政治老师上这门课，那么结果也会如出一辙。一些地方乡土教材则没有课时安排，大都是发给学生，让他们自行阅读，而一些孩子由于年龄的原因，尚不能明白乡土文化的意义，所以大都是束之高阁，或转手当做废纸卖出去。在这种状况下，家长也认为发给孩子们这样的书是一种浪费。志愿者郭希在调查中发现

"学生家长以及一些社会人士认为这类教材纯粹是教委、学校乱收钱的幌子,既浪费纸张等国家资源,又没有什么教育学生的实际作用,和子女升学以及将来都无任何关系……于是怨声连连。曾记得笔者上小学和初中时父母及周围人也有过这类的言论。"严海生在调查中发现:"大部分初中学生还没有主动学习的意识,有的同学甚至都没有翻过该教材,部分家长表示不理解这种学校花钱订书但不学习的浪费行为,这些都是使用效果很不理想的表现。"刘亚坪在调查中采访了茨坝中学附小教导处主任陶桂老师,在问及她对乡土教材的教学存在问题的看法时,她说:"有些老师和学生对教材的重视程度不够,还由于当地的教育部门对乡土教材这一块不实行统考,所以造成有些老师在使用的时候认识不到位,在教学过程中有可能有部分、极少数的老师会出现敷衍了事这样的现象。还有一个原因是因为乡土教材是非统考科目,有些老师和同学对其重视程度不如统考教材。"而对于县级、乡级的学校来说,由于教学设施比较落后,课堂教学大多不能使用多媒体,单是一本教科书显得较为单一和乏味,学生的兴趣不能得到激发。

3. 乡土教材志愿者的感悟

乡土教材志愿者大多是在读的大学本科生,几乎各个专业的都有。他们利用寒暑假回家的机会在自己的家乡收集乡土教材,并进行相应的调研活动。通过参加乡土教材志愿者活动,许多同学都受到了深刻的乡土教育,以下是部分同学在乡土教材收集和调研活动中的感受:

"对于乡土教材的收集,我认为是一件意义重大的事。这次暑假所进行的乡土教材搜集的活动,虽然只搜集到了7本书,但我觉得搜集的过程本身就是对我的一次考验和煅炼,不仅如此,它还让我对我生活了19年的家乡有了一个全新的、更加全面和深刻的了解。不论是家乡的经济、政治、历史、地理、民族文化,我都得到了很多。它让我重温家乡的历史,让我看到了中国乡土教材和乡土教育的现状,可以说在这 20 天的时间里,我对乡土教材有了一个全面的了解,这让我在以后的日子里更加坚定的继续加入到搜集保护乡土教材的志愿者行列中去,为我国的乡土教材保护,为我们民族优秀的传统文化,为家乡本土的民族文化得以继续发扬光大而尽自己的一份力量,同时也坚定了我毕业后用所学知识建设家乡,让家乡更加美丽和繁荣的决心!"

"乡土教材作为对统编教材的补充,其编写内容结合了地区的具体情况,并可通过对本地区学生教学情况的调研做及时的修改和修订,在最大程度上做到了融思想性、知识性、趣味性于一体。而乡土教材的出现和在课堂的讲授,又启迪了学生要做到知行合一,使得学习和实践的联系更加紧密,在书本知识的基础上进一步培养了学生的动手操作和探索发现的能力。"

"乡土教材的编写主要是让学生学习乡土文化,教材一定要能反映出本乡本土的文化现象、事实与规律,体现出明显的地域特征;乡土教材要综合反映出区域文化的各个方面,同时考虑内容之间的内在逻辑联系;乡土教材反映的内容一定要是本地区很有价值的,要客观挖掘出价值内涵。这样才能真正使学生产生学习本地区知识的兴趣,而使学生不会感觉到学不到什么东西;乡土教材的文字要生动有趣,要图文并茂,要贴近学生的社会经验和经历,总之,要增强教材的趣味性,让学生爱读、想读;有计划地组织专题讲座,进行实地教育。利用每年春秋郊游的机会,组织学生到室外实地参观,有助于激发他们的兴趣。"

乡土教材的巨大作用毋庸置疑,当这些在统编教材的教育下成长的一代可以生活在别处的时候,他们中的大多数惊讶地发现,他们一直生活在没有归属感的地方。故乡如他乡,他乡更加的陌生,这种无法表达清楚的身份认同缺失让人们有失根兰花的痛楚和无奈。"“课程教材建设的民族化问题从中国化延伸到地方化和乡土化,使课程教材建设更具有中国特色、民族气派和风格,使民族化更加具体生动。而生动的课程和教材更易于学生的接受。在全球化的浪潮中，做世界公民固然是时代的必然选择，但在我们的精神世界中，我们要寻找的思想的重心和内心的平静，乡土教材可能为我们打开了一扇新的希望之门。"

"现实中乡土教材却总是被人遗忘，我们大都忽视了它的存在。""乡土教学在现行的教育模式中几乎找不到容身之地，这固然与现行的以考试为教学目的教育体制有关，乡土教材本身的编写、推广等方面也有很多的问题。""想依托乡土教材对学生进行乡土教育还有很长的路要走，近几年各地兴起的乡土教育的一些结果也值得反思。""乡土教材在乡土教育、唤醒民众对传统文化的关注中的作用到底有多大呢，以乡土教材进行乡土教育能被多少人接受呢，对学生、对民众进行乡土教育，在目前仅仅使用乡土教材可能远达不到预期的效果，在一切为了经济，一切为了现代化的今天，只依靠乡土教材来唤醒民众对传统文化的认识与热爱显得有些苍白无力。""乡土教材可以说是反映出一地乡土文化的'活化石'，它凝聚了很多保护乡土文化的前辈的心血，也是我国教育史的一部分，我们要把这一宝贵的资源的价值和内涵充分挖掘出来，而不要让我们眼睁睁地看着它们消失"。

"在完成本次志愿任务中，深刻地感受到了国家应试教育对于中小学生思想的影响，对于一般的学生没有自我培养乡土认识的意识，学校老师和校领导也不会真正地基于提倡素质教育的出发点而将乡土教材建设提高到重点建设的高度，现阶段的乡土教育的任务，大多散落在一些文化人士的肩上，具有自发的和不系统性。因此，要完善乡土教育，任重而道远，研究和探索的道路也将漫长而艰辛，这是一个自上而下的认识的提升，而不仅仅要得到提倡，而是需要从中央到地方不断的政策及资金支持，而且是经过较长周期才能促使这个文化事业真正地得到发展，起到它作为这一独特领域也是目前国家的盲点领域该有的作用。"

"通过走访和调查，让我看到了现在家乡乡土教材的流失严重，而且由于保护不力，一些珍贵的乡土教材已经散轶，难以找到完整的,有些由于保管不善,已经丢失,我觉得这是非常令人痛心和可惜的。乡土教材可是我们祖辈们的心血,它的丢失是对我们祖辈心血的一种极大浪费。"

在对乡土教材有了一定的认识之后,调查者对目前中国教育有了更加深层的反思,如马旭同学在报告中写到,"我们目前面对的应试教育模式,把教育真正的活力和生命力全都抹杀了,学生成了分数和考试的奴隶,这引起了教育界的高度重视。应试教育从20世纪80年代到现在,愈演愈烈,已经到了难以收拾的地步。另一方面,近几年随着现代化的价值取向成为主导,教育的价值观也越来越城市化、国际化、西方化。在这个过程中,教育的内涵变质了,也就是说作为一个中国人的独特的教育越来越模糊了。中国是一个幅员辽阔的大国,有着丰富多彩的地方文化和不同民族传统的历史文化,但这些都在慢慢地消失。地方化、个性化、基层化的东西越来越少,代之以城市化、国际化、西方化,这是当今教育中最基本的一个矛盾。乡土教材的出现和发展,在很大程度上缓解了这一问题。"马一为认为"基础教育是一个行为个体在为人之初所接受的知识体系,对今后的生活有着至关重要的影响。在这个阶段了解家乡,正像树木熟知自己的每一条根系,唯有如此,才具备生长的养分和根基。乡土教材的教育同样也是国家培养高素质人才的需要,真正的人才绝对不是机械化、大批量生产的配件,而是有独立思想、有心魂、有根脉的社会行为个体。我们有责任也有义务让孩子们了解自己的祖先和生养他们的足下的土地。能给孩子上好人生第一课的,便是乡土;真正蕴含了地方精神文化的,才是乡土;具备天然风华和坚韧力量的,唯有乡土。"

(三)乡土教材开发与建设中存在的问题及归因分析

1. 主观认识的偏差

什么是乡土教材?为什么要编写乡土教材?很多正在一线大

搞乡土教材编写的人员并没有真正明白乡土教材的真正含义，以为乡土就是民间的风俗习惯，一般的民间工艺和技艺。然而，事实并不是这样。一些边远地区以及少数民族地区的人们对于学校的期望并不在于传递本土文化的一般技艺，人们望子成龙的愿望是迫切的，人们期望自己的小孩走出大山、走出贫困的愿望远远大于学习本土文化的内容。但另一方面，人们又担心孩子离开家后忘记自己的祖宗，忘记生养自己的土地。

因此，在乡土教材开发的过程中，教材编写者一定要了解当地人真正希望自己的孩子获得什么样的知识，知道什么内容对当地人来说是最重要的。只有那些深深嵌入人们心中的文化内容才是最有生命力的，也才是乡土教材首先要考虑的。无论学生走到哪里，这样的乡土知识都能够深深地影响到学生的未来，使他们受益终生。

2. 关于教材内容的选取

实际上，能否合理地选择乡土教材内容可以反映出教材编写者对当地文化的尊重。鞋子是否合适，只有脚趾头知道。每一个地区和民族都有自己独特的文化传承方式，如果编写者们仅仅以专家身份自居去选择教材的内容，用自己的眼光去判定什么是有价值的文化，而不征求或咨询当地人的看法，那么，他们开发出来的乡土教材就没有尊重当地人的文化，缺少人类学视野中他者的眼光。本土文化（地方性知识）就是人类文化的一个缩影，因为文化是人类为了幸福生活所创造的一切物质成果和精神成果的总和。教材编写者必须摒除自己的小聪明，真正理解当地人的物质与精神需要，理解当地人千百年来对大自然的理解与认识，理解当地人做人做事的风格和特点，理解当地人对自己的定位与对生命的理解，这其实是对千百年来乡土历史和文化的承认与尊重。

3. 开发主体的困惑

人是文化中最重要的角色，没有人也就没有了文化，尊重当地乡民才是对人类文化尊重的具体体现。往往一个具有丰富生态和社会资源的地区,学者、教授、国内外项目、基金会、NGO蜂拥而上,拿出几样看得到的成果,然后走人。在乡土教材的编辑过程中,一定要尊重当地的人,将地方的文化景观上升到国家、人类的文明中去。让学习者感到自身的角色,建立自我、建立自尊、建立自信。

4. 对服务对象认知的模糊

乡土教材的直接服务对象是学生,是让学生在学习过后能够感到充实与愉悦。充实就是让学生学到知识,让学生感到学过知识以后自己有所提高和进步。愉悦是在充实上的心里体验,是在掌握和学到新知识后的愉快体验。因此,乡土教材编写者在教材的编写过程中要明确服务对象,乡土教材编写的目的并不是要拿出自己的个人成果公之于众,而从根本上忽视了学生的感受和体验。乡土教材编写要以学生为发展目标,让学生能更加自信地主动学习其他学科,使学生能够更好地面对多元文化,更好地适应现代生活。

(四)调研后的建议

1. 以确定每一个学生的幸福生活为本的理念

教材内容应该以学生活生生的日常生活为起点,然后再拓展为区域、本土文化,再延伸到国家文化与人类共享文化。教育应该给儿童真正的力量,乡村儿童应该学会在教育实践中发出自己的声音。

2. 关注教师的成长

在前期培训的过程中,教师要学会了解不同地区、不同民族的文化知识,主动了解当地的价值观、文化习俗和生产生活方式等"地方性知识",以便在教材编写的过程中,主动提高多元文化教育的理念。同时,加强教师对民族学、人类学、心理学以及文化的一些基本概念等基础理论的学习。在教学实践环节中,提高在有限的课时中对内容的选择、教学语言的使用以及课堂气氛的调节的能力。

同时,在教材开发的过程中,教师的计算机操作能力、寻找资源的能力都能够得到不同程度的提高。

3. 建立合理的相互尊重的团队机构,实施平等、互学的参与式工作方式

对乡土教材的内容选择与认定的人员主要由当地文化人、地方专家、政府文化机关的专家和当地教师共同组成。教材编写者只是小组的组织者与服务者,通过学习心理学、教育学、社会学和发展学方面的知识信息,解答其为什么要编写教材的原因,组织提供共同讨论、认定成果、集中其搜集内容的资料等等工作。

乡土教材的整个编写工作都是开放的,每一个参与其中的人都应该知道具体想做什么,每个人都应当了解编写者在做什么。所有的人都是参与者,都可以提供自己的思路与方法建议。每个人都在工作中探索,找到自己的位置,工作的过程便是每个人的学习过程,当地人在此过程中学到了知识,教师在工作中学到了知识,教材编写人员也在此工作中学到了许多许多。最终,在各方力量参与、协商和促进的过程中形成专家学者、地方各级教育主管部门、地方领导和学校教师共同参与、积极探索、齐心协力的机制。

4. 乡土教材的开发与使用不仅限于学校,要与社区及地方政府发生联系,突出学校在当地经济文化发展中的核心作用

首先,对学生家长进行思想动员,取得他们的认同与支持。同时,当地文化、民族、生产、技术培训等部门或单位参与无疑会形成巨大的合力,以便乡土教材在当地实现真正的价值。

5. 建立资源平台

在教材的开发和编写阶段,当地丰富的自然生态和文化生态无疑是最大的宝藏,而建立一个资源整合的平台,对于乡土教材的开发和持续性发展有着巨大的作用。一方面,系统地保存传统文化,其内容包含历史、地理、文学、艺术、风俗、生计以及民

族语言等,既包含影音资料,也含有文字资料的资源包,可以最大程度地形成资源的共享。另一方面,资源平台的建立与维护是教材内容的修订及更新最持久的动力。而最重要的一点,就是可以共享的资源可以起到以点带面,从社区出发,最终形成地方共同的知识。

总之,合理地对乡土教材进行开发与编写,乡土教材才会出现勃勃生机。因为教材开发不是目的,而是一种态度、情感、或是文化、价值观的传递。教材开发的过程,收获的不仅仅只是一本教材,更多的是成长。在关注教师个人成长的今天,乡土教材开发也是提高教师教育教学实践与研究能力的有效途径之一。

二、中国乡土教材未来发展的展望

(一) 中国乡土教材在百年历史长河中始终在发展

如上所述,乡土教材的百年嬗变反映了我国历史的整体发展和变化过程,乡土教材的百年嬗变不但能够说明主流学校教育的发展变化过程,而且也能反映清末以来国家由阵痛、巨变到盛世的历史轨迹,能够反映民族由耻辱感到自主感的心路历程。我国经历了由清末时期的维新变法、辛亥革命、第一次国内革命战争到抗日战争、解放战争再到新中国成立以来的六十多年几大历史阶段。这几大阶段无论从哪个角度上来分析,都是对国家和民族的生存发展具有决定性意义的时期,有巨变也有挣扎,有内乱也有外侵,有坎坷也有发展,有四分五裂也有太平盛世,在这么复杂的历史过程中,犹如海面上的一叶孤舟的乡土教材却始终得到了不息的发展,这是值得我们每一位国人深思的。究其原因可能和乡土教材的本土性根基与具有深厚的文化功能有关,可能与学校教育发展的历史机缘有关,也和中华民族热爱教育、崇尚教育、崇尚传统文化有关,只有如此归因,才能合理地解释乡土教材在百年时间上的延续和空间上的发展的过程。

(二)中国乡土教材的发展有高峰期也有低谷期

清末民初至今的乡土教材的发展嬗变伴随了我国的百年历史,在这一过程中乡土教材的发展有高潮也有低谷。总体上来看,我国乡土教材的百年嬗变经历了三个时期五次高峰期。第一个时期:清末—20世纪初。以1903年《奏定学堂章程》及1905年《乡土志例目》为标志掀起乡土教材研究的第一次高峰期。第二个时期:民国时期1910—20世纪30、40年代。这一时期又分三个阶段——辛亥革命时期,抗日战争时期,解放战争时期。其中,以1932年教育部颁布《小学课程总纲》为标志,掀起乡土教材研究的第二次高峰期。第三个时期:新中国成立至今。这一时期又分为三个阶段:第一阶段,新中国成立最初十年;第二阶段,"文革"时期;第三阶段,改革开放以后。其中,以1958年颁布的《教育部关于编写中小学、师范乡土教材的通知》为标志,乡土教材研究进入第三次高峰期;1987年6月,国家教委在浙江建德召开了全国乡土教材工作会议为标志,乡土教材研究进入第四次高峰期;1999年,《中共中央国务院关于深化教育改革全面推进素质教育的决定》和2001年教育部颁布的《基础教育课程改革纲要》,乡土教材研究进入第五次高峰期。这三大时期五次高峰期均与我国不同时期社会改革及革新意识具有密切关系。每当国家处于变革或改革呼声要求迫切时期,本土化建设就会进入一个迅速发展时期,从而也就带动乡土教材的迅速发展。而每当国家处于没有外患或进入太平时期,国际化要求高或者国家存在内隐问题时,国家的内部整顿就开始,这样的时期文化的发展要求从本土化上转移,所以,乡土教材的发展也就进入一个低谷时期。从民国初期的军阀割据到抗日战争时期再到解放战争时期,都是我国近现代历史上的关键时期。这一时期在我国代表进步思想并最具特色的是乡土教育思潮,所以,民国时期的乡土教材是与当时的中国化思潮和本土化进步教育思想是分不开的。尤其是"民国黄金十年"期间乡土教材从理论到实践方面都得到了空前的发展；而第一次和第二次国内革命战争时期以及新中国成立以后的"文化大革命"时期乡土教材的发展就进入了一个低谷时期。改革开发以后乡土教材又进入了一个新的发展时期。这些都反映了我国乡土教材的发展有高潮也有低谷，而这些都与国家发展的形势、所处历史阶段和主要任务有关。

（三）乡土教材具有教育与自我发展的双重特性

乡土教材具有与学校教育同样的文化功能，即文化选择功能、文化传递功能和文化创造功能。这是很显然的，因为学校并不是一种价值中立的机构。教育作为国家政权统治的工具，代表着一定阶级和集团的利益，学校所传递的知识、文化，不论是显性的还是隐性的，都是经过精心选择的，其所施教的任何内容都是与权力、经济资源和社会控制有关。在不同国家乃至同一个国家不同历史时期学校的文化材料或产物，如教科书等中都会反映优势集团的利益和所主张的文化，这是教材分析的重要功能之一。国家或统治阶级通过学校教育传承其主流文化时首先主要是通过课程来实现的，因为课程是社会主流文化最为有序和系统的体现者，而包括乡土教材在内的所有教材都是课程的最具体、最集中的表现。因此，教科书作为学校教育传承文化的重要载体，在儿童的社会化、文化化过程中起着极其重要的作用。教科书或教材是学校教育的重要媒介，代表着社会权威的知识、价值和观念系统，明确体现社会领导阶级为青少年社会化所选择的特定内容和文化。孕育于社会文化中的教材文化，直接投射社会文化的意见和主旨，是社会文化的折射和反映，对学生和未来社会的发展影响极大。我国乡土教材在百年的嬗变过程中始终传递着优秀的传统文化，并通过选择和改造来创造和发展着文化，从而使传统文化得以更加丰富和有生命力。而乡土教材通过其文化选择、文化传递和文化创造等功能,也不断地丰富了自己,使乡土教材本身获得了生命力,在对传统文化的选择、传递和创造过程中不断地促进了乡土教材本身,这正是乡土教材百年来能够得到不断发展的深层机理。

(四)乡土教材在我国的发展任重道远

在乡土教材的搜集、调查、访谈过程中,调查者运用问卷调查法、文献法、观察法、访谈法等多种方法进行了调查,详细说明了该乡土教材的主要内容、使用范围、实际效果、存在问题,提出建设性的意见。从志愿者们上交的调查报告可以看出,在调查收集过程中有许多收获,他们都进行了认真的思考与踏实的实践,他们自己也认为一方面提高了思考与分析问题的能力,同时也有助于自己以及更多的人真正了解乡土、培养他们热爱家乡的感情,从而真正实现本次活动的意义,真正实现乡土教材搜集与调查的宗旨——"从实求知,走向乡土"。然而调查也给我们许多反思和启迪。乡土教材运用现状不令人满意,意识薄弱,认识不足,师资、教材匮乏,无相应的考核评估体系,无强有力的政策制度保障。还应加大乡土教材的宣传力度,加大它的普及力度,乡土教育教学应形成规范并制度化;应编写出更多图文并茂高质量的乡土教材。国家可以制定专门政策来保护,组织专门人员进行此方面的研究,以便把我们的民族文化更加发扬光大。

主要参考文献

[1] 陈侠．中国大百科全书教育卷．北京：中国大百科全书出版社，1985

[2] 哈经雄、滕星．民族教育学通论．北京：教育科学出版社，2001

[3] 庄孔韶．教育人类学．哈尔滨：黑龙江教育出版社，1989

[4] 詹栋梁．教育人类学理论．台湾：五南图书出版有限公司，1989

[5] 刁培萼．教育文化学．南京：江苏教育出版社，1992

[6] 克利福德·吉尔兹．地方性知识——阐释人类学论文集．北京：中央编译出版社．2004

[7] 郑金洲．教育文化学．北京：人民教育出版社，2000

[8] 孙秋云．文化人类学教程．北京：民族出版社，2004

[9] 冯增俊．万明钢．教育人类学教程．北京：人民教育出版社，2005

[10] 何丕坤，何俊，吴训锋主编．乡土知识的实践与发掘．昆明：云南民族出版社，2004

[11] 杨国枢、李亦园等．社会及行为科学研究方法．重庆：重庆大学出版社，2006

[12] 陈向明．质的研究方法与社会科学研究．北京：教育

科学出版社，2002

[13] 李素梅．中国乡土教材的百年嬗变及其文化功能的考察．北京：中央民族大学，2008

[14] 曹凤南．小学乡土教育的理论与实际．上海：中华书局，1936

[15] 王伯昂．乡土教材研究．北京：商务印书馆，1948

[16] 王骧．乡土教育研究．上海：新亚书店，1936

[17] 蔡衡溪．乡土教育纲要．上海：大华书局，1935

[18] 张三花．我国中小学教科书研究述评．教育科学研究，2005（5）

[19] 曾天山．教材论．南昌：江西教育出版社，1997

[20] 王鉴．民族教育学．兰州：甘肃教育出版社，2002

[21] 李素梅，滕星．我国百年乡土教材演变述评．广西民族大学学报（哲学社会科学版），2008（1）

[22] 祁伯文译．乡土教育论．陕西教育，第二卷第三十二、三、四期合刊，陕西：陕西省教育厅印行，1934

[23] 邱椿．家乡研究与小学课程之改造．教育杂志，第二十一卷第五号，1929

[24] 杨军昌．杨大恩与《石阡乡土教材辑要》．贵阳：贵州文史丛刊，1990（1）

[25] [日] 石山脩平．乡土教育论．祁伯文译．西安：陕西教育旬刊，1934

[26] 程美宝．由爱乡而爱国清末广东乡土教材的国家话语．历史研究，2003（4）

[27] 吴志尧编．小学乡土教学．北京：商务印书馆，1948

[28] 于魁荣编著．小学历史启蒙教育．北京：光明日报出版社，1989

[29] 河北省涿县一中史地教研组．中学历史教学经验选集，第一集．北京：人民教育出版社，1959

[30] 中学历史教学法编写组编. 中学历史教学法. 郑州：河南人民出版社，1980

[31] 丁世良，赵放. 中国地方志民俗资料汇编·西南卷上、下. 北京：北京图书馆出版社，1991

[32] 费孝通. 人的研究在中国. 天津：天津人民出版社，1993

[33]（美）丹尼斯朗，陆震纶. 权力论. 郑明哲译. 北京：中国社会科学出版社，2001

[34] 马大正. 新疆乡土志稿·序言. 北京：全国图书馆文献缩微复制中心，1990

[35] 赵培中主编. 吴泽霖纪念文集. 武汉：湖北科学技术出版社，1988

[36] 侯鸿鉴. 锡金乡土历史·卷上，第17课，（商业）续上. 无锡：无锡艺文斋活字本，梁溪文苑阁排印，1908

[37] 孙濬源，江庆沅. 江宁县乡土志·上册. 第24课至27课. 北京：中华书局，1916；马锡纯. 泰州乡土志. 上海：上海锦章书局印刷，1908

[38] 吕明达. 大力推动乡土教材建设. 人民教育，1987（11）

[39] 全国乡土教材建设经验交流会在宁召开. 教育学报，1990（3）

[40] 安德蓉. 云南少数民族地区美术教育乡土教材建设探析. 民族艺术教育，2000. 增刊

[41] 杨才林，张海鹰. 简论乡土教材《甘肃历史》的编写特色. 兰州：甘肃教育，2003（7）

[42]（英）奈杰尔·巴利. 天真的人类学家——小泥屋笔记. 上海：上海人民出版社，2003

[43] ［美］艾尔·巴比. 社会研究方法. 北京：华夏出版社，2000

[44] 冯增俊．教育人类学．南京：江苏教育出版社，2001

[45] 费孝通．中华民族的多元一体格局．北京大学学报（哲学社会科学版），1989（4）

[46] 国家教委编．100所高校社科青年教授．长沙：湖南师范大学出版社，1993：1625

[47] 国立编译馆主编．贾馥茗总编纂．教育大辞书8．台湾：文景书局出版社，2000：265

[48] 苏德．多元一体化视野下的中国少数民族高等教育的文化整合功能．民族教育研究，2007（3）

[49] 李定仁．西北民族地区校本课程开发研究．北京：民族出版社，2005

[50] 林耀华主编．民族学通论．北京：中央民族大学出版社，1997

[51] 滕星．文化变迁与双语教育．北京：教育科学出版社，2001

[52] 滕星．族群、文化与教育．北京：民族出版社，2001

[53] 田伏隆．湖南瑶族百年．长沙：岳麓书社，2000

[54] 万明钢主编．少数民族学生心理发展与教育研究．兰州：甘肃教育出版社，2003

[55] 滕星、苏红．多元文化社会与多元一体教育．民族教育研究，1997（1）

[56] 王军．文化传承与教育选择．北京：民族出版社，2002

[57] 吴刚平．校本课程开发．成都：四川教育出版社，2003：88

[58] 吴明海编．中国少数民族教育史纲．北京：民族出版社，2006

[59] 袁同凯．走进竹篱教室——土瑶学校教育的民族志研究．天津：天津人民出版社，2004

[60] 张则魁．古今永州．长沙：湖南人民出版社，2003：305-306

[61] 中国人民政治协商会议江华瑶族自治县委员会学习文史宣教卫体委编．江华文史（第五辑）．江华：2006：1

[62] 朱慕菊主编．走进新课程．北京：北京师范大学出版社，2002：197

[63] 王鉴．试论中华民族多元文化与一体教育观的形成与发展．广西民族研究，2002（4）

[64] 费孝通．乡土中国．上海：上海人民出版社，2006

[65] "中华民国"课程与教学学会主编．教科书之选择与评鉴．高雄：复文国书，2003

[66] 台湾"教育部"．国民中小学课程纲要．2000

[67] 台湾"教育部"．国民教育课程总纲纲要．1998

[68] 台湾"教育部"．国民中小学课程标准．1993

[69] 台湾"教育部"．国民小学乡土教学活动课程标准．1994

[70] 林瑞荣．国民小学乡土教育的理论与实践．台北：师大书苑，1998

[71] 吴天泰．原住民教育概论．台北：五南国书，1998

[72] 黄政杰、李隆盛主编．乡土教育．台北：汉文，1995

[73] 张建成主编．多元文化教育：我们的课题与别人的经验．台北：师大书苑，1990

[74] 台湾"教育部"编．第四次中华民国教育年鉴．台北：正中，1974

[75] 唐钺、朱经农、高觉敷主编，孙邦正修订．教育大辞书．1964

[76] 台湾"教育部"审定南一书局出版的国小社会三年级至六年级教材．2009

[77] 林修澈．政大版原住民族语言教材编写的回顾与展望

见:"行政院"原住民族委员会编印. 舞动民族教育精灵——台湾原住民族教育论集(民族教育). 2006

[78] 夏黎明. 乡土定义分析. 台东师院学报,1998. 创刊号

[79] 周婉窈. 实学教育、乡土爱与国家认同——日治时期台湾公学校第三期"国语"教科书的分析. 中央研究院. 台湾史研究. 第四卷. 1997 (2)

[80] 吴文星. 日治时期台湾乡土教育之议论. 乡土史教育学术研讨会论文集. 1997

[81] 汤芝萱. 台湾乡土教材目录初编. 文讯,1996 (4)

[82] 姚诚. 人与土地的思考——论"族群意识"与"乡土意识". International Journal of the Humanities,1996 (6)

[83] 黄玉冠. 乡土教材发展与实施之分析研究——以宜兰县为例. 台湾师范大学教育研究所(硕士论文),1994

[84] 黄政杰. 乡土教育的课程设计. 师友月刊,1994 (6)

[85] 欧用生. 乡土教育的理念与设计. 载于台湾师范大学教育研究中心(主编). 乡土教育系列研讨会(1)——乡土教育的理念与实施座谈会资料. 1994

[86] 林雅雯. 台湾省各县市国小乡土教育教材初步调查. 国教辅导. 第33卷,1994 (4)

[87] 詹茜如. 日据时期台湾的乡土教育运动. 台湾师范大学历史研究所(硕士论文),1993

[88] 彭震球. 社会中心教育与乡土教育. 台湾省教育厅编. 社会中心教育论集,1950

[89] 崔允漷. 校本课程开发理论与实践. 北京:教育科学出版社,2000

[90] 钟福祖、贺卫光. 裕固族与藏族关系述论. 西北民族学院学报,1998 (3)

[91] 徐玉珍. 校本课程开发的理论与案例. 北京:人民教

育出版社，2003

[92] 杨龙立．校本课程的设计与探讨．广东：广东教育出版社，2005

[93] "中小学校本课程资源开发的研究与实验"课题组编著．校本课程资源开发指南．北京：人民教育出版社，2004

[94] 刘旭东、张宁娟、马丽．校本课程与课程资源开发．北京：中国人事出版社，2003

[95] 杨平、周广强主编．谁来决定我们学校的课程．北京：北京大学出版社，2002

[96] 崔允漷主编．中国校本课程开发案例丛书：初中案例．上海：华东师范大学出版社，2006

[97] 范玉梅．裕固族．北京：民族出版社，1986

[98] 张如珍．裕固族教育史．中国少数民族教育史．第一卷．广东等：广东教育出版社，1998

[99] 甘肃省肃南裕固族自治县地方志编纂委员会．肃南裕固族自治县志．兰州：甘肃民族出版社，1994

[100] 钟进文．裕固族文化研究．北京：中国民航出版社，1995

[101] 裕固族简史编写组．裕固族简史．兰州：甘肃人民出版社，1983

[102] James A. Banks. Cultural Diversity and Education：Foundations, Curriculum, and Teaching. Boston：allyn&bacon. 2001

[103] 肃南县裕固族文化研究室主办．尧熬尔文化——裕固族教育专刊，2006（2）

[104] 安玉忠．肃南县民族教育发展的思路和对策．甘肃教育，2003（7~8）

[105] 白文宏．裕固族伦理道德观．社科纵横，1999（2）

[106] 刁乃萍、张景仪．略谈乡土教育与乡土教材的编写与教学．教育探索，1988（5）

[107] 张明成、李海英．建设多媒体乡土教材的探讨与实践．电化教育研究，2002（9）

[108] 王丽珍．信息技术与课程整合的新视点——大同市乡土教材"云冈石窟"研究性专题学习网站的建设．中国教育技术协会 2004 年年会论文集，2004

[109] 杜长慈．乡土教材的编辑探究——编辑《内蒙古自治区地理》有感．中小学图书情报世界，2005（11）

[110] 方协邦、丁莉．乡土教材在体育史教学中的作用．青海师范大学学报（哲学社会科学版），2004（1）

[111] 吴刚平．校本课程开发的特点与条件．教育研究与实验，2003（3）

[112] 郑晓梅．论基础教育校本课程开发的原则．教育探索，2003（1）

[113] 吴刚平．课程资源的开发与利用．全球教育展望，2001（8）

[114] 崔允漷．校本课程开发意味着什么．中国教育报，2002（8）

[115] 高新芝．课程资源开发的几点思考．宁波大学学报（教育科学版），2002（5）

[116] 郭元祥．关于地方课程开发的几点思考．课程、教材．教法，2000（1）

[117] 沈斌．乡土地理的地方课程教材开发的思考和实践．教学参考，2003（6）

[118] 赵虹元．开发地方课程资源：少数民族地区教师发展的有效途径．民族教育研究，2003（4）

[119] 和学新．从现实到理想——天津市上海道小学的校本课程开发模式分析．教育科学研究，2002（7）

[120] 徐玉珍．校本课程开发：概念解读．课程·教材·教法，2001（4）

[121] 徐玉珍．校本课程开发：背景、进展及现状．比较教育研究，2001（8）

[122] 王鉴．西方多元文化教育与我国民族教育之比较研究．西北师范大学学报（社会科学版），1995（3）

[123] 王鉴、何喜刚．詹姆斯．A·班克斯的多元文化课程理论．比较教育研究，2000．增刊

[124] 余晓莹．国外多元文化教育研究的发展．外国教育研究，1996（2）

[125] 王鉴．多元文化教育论纲．西北师范大学学报（社会科学版），1998（3）

[126] 张华．"多元文化教育"的理论范型和实践模式探析．比较教育研究，1998（3）

[127] 刘启艳．当代国外多元文化教育对我国民族地区教育的启示．贵州民族研究，2001（2）

[128] 裴娣娜．多元文化与基础教育课程文化建设的思考．教育发展研究，2002（4）

[129] 尹可丽．国外多元文化教育对我国民族地区教育的启示．广西民族教育，1999（3）

[130] 涂元玲．论班克斯多元文化课程改革的途径及启示．比较教育研究，2003（2）

[131] 鲁子问．试论跨文化教育的实践思路．教育理论与实践，2002（4）

[132] 明钢．论跨文化心理学研究的一个新领域．西北师范大学学报（社哲版），1993（3）

[133] 成渝．西南少数民族地区基础教育多元文化课程发展模式研究．课程·教材·教法，2003（5）

[134] 辛治洋．当前我国多元文化教育研究存在的问题及思考．贵州师范大学学报（社会科学版），2002（3）

[135] 王牧华、靳玉乐、李森．多元文化背景中的基础教育

课程改革(笔谈).教育研究,2003(12)

[136] 阎丽娟、钟福国.裕固族心理素质透视.西北史地,1998(1)

[137] 阎富江.飞速发展的裕固族教育.甘肃教育,1994(11)

[138] 巴战龙.文化多样性·裕固族·文化研究.读书,2004(4)

[139] 巴战龙.简论民族文化传承与裕固族教育.牧笛,2004(1·2).合刊

[140] 巴战龙.社区发展与裕固族学校教育的文化选择——人口较少民族乡村学校教育的民族志研究[硕士学位论文].北京:中央民族大学,2005

[141] 王吉春.地方、国家与教育变迁——裕固族小学教育变迁的个案研究[硕士学位论文].南京:南京师范大学,2006

[142] 王鉴.多元文化教育课程的本土建构[博士学位论文].兰州:西北师范大学,1998

[143] 孟凡丽.多元文化背景中地方课程开发研究[博士学位论文].兰州:西北师范大学,2003

[144] 马正学.西北少数民族地区校本课程开发研究[博士学位论文].兰州:西北师范大学,2004

[145] 廖辉.西南少数民族地区多元文化课程开发的个案研究[硕士学位论文].重庆:西南师范大学,2004

[146] 李庶泉.多元文化课程理论研究[博士学位论文].兰州:西北师范大学,2004

[147] 孙伟霞.多元文化背景中校本课程开发研究[硕士学位论文].重庆:西南师范大学,2004

[148] 陈月明丹.多元文化教育视野下的校本课程研究[硕士学位论文].昆明:云南师范大学,2004

[149] 曹石珠.地方课程开发的理论探索与案例分析[硕士学位论文].长沙:湖南师范大学,2005

附录一

关于协助搜集少数民族地区乡土教材的函

教民司函 [2006] 号

各省、自治区、直辖市教育厅（教委），新疆生产建设兵团教育局：

少数民族地区编写、使用适合本民族、本地区的乡土教材由来已久，不同的历史时期，均有不少体现民族特色、符合当地实际需要的乡土教材问诸于世，尤其是 2001 年《基础教育课程改革纲要（试行）》出台以来，根据《纲要》精神编写的少数民族地区乡土教材更是不胜枚举。这些乡土教材是少数民族地区教育教学及民族文化的宝贵财富和优秀成果。为了提供平台，使这一优秀成果得到更好地展示和交流，宣传、保护地方文化和民族传统文化，更进一步做好对少数民族学生进行乡土教育等有关工作，培养学生热爱祖国、热爱家乡的感情，增强中华民族凝聚力，建设美丽和谐的家乡，为促进少数民族地区经济社会发展服务，经研究，我司决定成立中国少数民族地区乡土教材陈列室（陈列室设在中央民族大学），并开展少数民族地区乡土教材的搜集和整理工作，请各地按下列要求协助做好有关工作：

一、此次搜集、陈列的乡土教材主要内容：

1. 地域范围为少数民族地区（包括散杂区）的乡土教材；

2. 内容范围为国家统编教材以外的所有教材（包括乡土教材、校本教材、扫盲教材和各种补充读物等）和教参；

3. 时间范围为民国（1911 年）以来至今的乡土教材。

二、分类要求：

按编写机构（省区、州、县、市、乡、村寨）编写分类；按学习时段即幼儿（稚）园、小学、初中、高中分类；按学科内容即历史、地理、自然、社会、政治、经济等分类；按编写文字即少数民族文字编写与汉文编写分类；按学校系统与非学校系统（私塾、民间团体等）分类。（见分类表）

三、搜集到的乡土教材按分类表分别填写好，并将电子稿发到我司乡土教材陈列室负责人信箱。（lisumei05@163.com 或 baobyl2005@yahoo.com.cn）

四、搜集到的实物乡土教材于 2007 年 5 月 1 日前统一寄至我司乡土教材陈列室。（地址：北京市海淀区中关村南大街 27 号中央民族大学 5 号楼 734 房间　李素梅收　邮编　100081）

教育部民族教育司
二〇〇六年九月十八日发

附录二

中国乡土教材搜集暨中央民族大学假期社会实践活动志愿者招募倡议书

亲爱的同学：

　　乡土教材是指国家统编教材以外的所有教材。它是各地在学科课程标准（或教学大纲）的范围内，结合学校所在地方的实际和特点而编写的教材。乡土教材的内容往往涵盖当地的历史沿革、自然地理、社会经济发展状况、民族风情习俗、宗教信仰、语言文化等等。

　　乡土教材是我国教材建设中的一个重要组成部分，也是对青少年进行本土文化教育的重要途径。乡土教材以其本土性、生活性、多样性、灵活性、丰富性见长，这些特点是国家统编教材所无法比拟的。乡土教材的开发可以增强当地年轻一代对家乡的了解，培养他们热爱家乡的深厚情感，弥补国家统编教材的不足。

　　但长期以来，乡土教材的开发、使用、传承都缺乏有效的政策支持与保护措施。尤其是对于一些历史较长的乡土教材，如果我们不进行及时搜集、有效保护，许多前辈利用毕生心血开发出来的乡土教材可能将永远消失。因此，抢救和保护我国的乡土教材、特别是民国时期的乡土教材，将是一件意义重大、功德无量的事情！

　　为此，由教育部民族教育司、国家民委教育科技司共同发起，中央民族大学中国少数民族地区基础教育研究中心主任、博士生导师滕星教授全权负责筹建"中国乡土教材收藏与研究中心"，这是中央民族大学"985"工程教育中心重点课题"中国乡土教材开发的教育人类学田野调查与基础理论研究"的一项重点建设内容。"中国乡土教材收藏与研究中心"的建立，可以加强对我国乡土教材资源的抢救与保护，并为我国乡土教材研究提供一个多面向、高水平的资源平台和研究平台。

2007年寒假来临之际，"中国乡土教材收藏与研究中心"与校团委合作，首次诚招乡土教材搜集志愿者招募活动，并把它纳入2007年寒假我校大学生社会实践活动的一个重要组成部分。

一、招募条件

（1）在校大学生；

（2）热心社会公益活动、有志保护和传承民族文化、愿意为了抢救和保护我国乡土教材而奉献自己的时间与精力。

二、具体要求

1. 每位志愿者可搜集当地的乡土教材若干（包括提供相关信息），并完成社会实践报告一份。

搜集要求：（1）地域：志愿者可以考虑向家乡所在地的学校（特别是中小学校）、档案馆、图书馆、出版社、书店及个人搜集；（2）内容：国家统编教材以外的所有教材，具体包括地方教材、校本教材（如根据2001年《基础教育课程改革纲要（试行）》编写的各种校本教材）、扫盲教材、各种补充教材、读物和教参等（附部分乡土教材目录及样书）；（3）时间：从20世纪初（1900年）至今；（4）搜集册数：同一种乡土教材至少搜集上交一册，多交不限。

写作要求：完成《乡土教材搜集调查报告》一份，内容主要包括该乡土教材的产生背景、主要内容、使用范围、实际效果以及此次调查对志愿者本人的启示等。

2. 志愿者报名后进行一次集中培训，组织者就此次活动的目的、意义、内容等进行详细说明。

3. 若需借阅、复制及邮寄等，请保留相关票据，经鉴定核实后，实报实销。

三、志愿者回馈

1. 校团委将对此次社会实践活动进行评奖；对有突出贡献的志愿者颁发荣誉证书；

2. 中国少数民族基础教育研究中心将为每一位搜集上交乡土教材的志愿者出具一份志愿者服务证明；

3. 志愿者姓名将连同所搜集到的教材一起被载入"中国乡土教材收藏与研究中心"的《中国乡土教材收藏名录》史册与中国教育人类学网作为永久纪念。

四、本次招募活动

1. 报名时间：从即日起至 2007 年 1 月 30 日截止；

2. 报名地点：中央民族大学 5 号楼 1308 室"中国乡土教材收藏与研究中心"，邮编：100081；

3. 报名电话：电话 010－68936406（以下联系人电话均可）；

4. 联系人：李红婷（010－68937537、13811721912）；李素梅（010－68939470、13141383625）；海路（010－68939496、13466540654）；陈慧中（010－68931746、13269672663）；

5. 联系邮箱：xiangtujiaocai@163.com。

中国乡土教材收藏与研究中心期盼您的参与！

中央民族大学中国少数民族地区基础教育研究中心
暨中国乡土教材收藏与研究中心（筹）
2007 年 1 月 18 日

附录三

中国乡土教材搜集与调查项目
暨假期社会实践活动要求

　　本项目是中央民族大学"985"工程中国少数民族地区基础教育研究中心重点课题"中国乡土教材开发的教育人类学田野调查与基础理论研究"的一个重要组成部分，由教育部民族教育司、国家民委教育科技司共同发起，中国乡土教材收藏与研究中心（筹）与校团委联合举办"中国乡土教材搜集志愿者招募活动"暨2007年假期社会实践活动。这项活动的实施主体是全国在校大学生。鼓励这些学生利用寒假和暑假回乡期间，深入家乡所在地的学校（特别是中小学校）、档案馆、图书馆、出版社、书店及有关个人对乡土教材进行搜集与调查。通过搜集与调查乡土教材可以使年轻一代大学生了解"乡土状"，有效培养其"乡土情"，树立学生热爱家乡、建设家乡的浓厚感情，在此基础上完成搜集任务和调查报告并提交给中国乡土教材收藏与研究中心（筹）。中国乡土教材收藏与研究中心（筹）根据搜集的乡土教材和调查报告，建立《中国乡土教材收藏名录》和《中国乡土教材陈列馆》。

　　1. 参加该调查项目学生的条件：
　　（1）在校大学生。
　　（2）热心社会公益活动、有志保护和传承民族文化、愿意为了抢救和保护我国乡土教材而奉献自己的时间与精力。
　　2. 社会实践活动成果内容要求：
　　（1）教材搜集范围。
　　①地域范围：志愿者可以考虑向全国各个地方的学校（特别

是家乡所在地的中小学校)、档案馆、图书馆、出版社、书店及个人搜集。

②内容范围：国家统编教材以外的所有教材，具体包括地方教材、校本教材（如根据2001年《基础教育课程改革纲要（试行）》编写的各种校本教材）、扫盲教材、各种补充教材、读物和教参等（附部分乡土教材目录及样书）。

③时间范围：从20世纪初（1900年）至今。

(2) 至少搜集上交2种（本）不同的乡土教材，多交不限。

(3) 完成一份2000字以上的《乡土教材搜集调查报告》，内容主要包括该乡土教材的产生背景、主要内容、使用范围、实际效果、存在问题、对策建议以及此次调查对调查者本人的启示等。

(4) 尽量提供丰富翔实的图片、影像资料。如搜集反映各种乡土教材的照片，做成图片形式并附带文字解说（如反映此次社会实践过程的PPT展示文稿），有条件的可自行拍摄编辑DV短片以及母带提供给中国乡土教材收藏与研究中心（筹）制作搜集调查纪录片（制作后返还），这将在评比中给予加分。

(5) 尽量多收集其他各种重要材料。

3. 注意事项：

(1) 由于本次乡土教材搜集与调查活动由中国乡土教材收藏与研究中心（筹）组织，届时，本中心将对每位按时提交调查结果的大学生提供志愿者服务证明，并将在所有志愿调查员中选拔100名有志乡土教材搜集与研究的同学作为核心调查员，经过系统的培训后对全国30个省（区）的乡土教材进行系统、深入的调查。校内网、中青网、《中国民族报》、《中国民族》、《中国民族教育》等媒体也将对这个活动进行全程报道。

(2) 除向中国乡土教材收藏与研究中心（筹）上交搜集到的乡土教材实物外，所有参与该调查项目的作品均需向中国乡土教材收藏与研究中心（筹）上交一份作品（包括电子版和打印版），参加成果评比。

（3）请提供乡土教材搜集者、乡土教材捐赠单位与个人的详细信息，包括地址、邮政编码、电话和电子邮箱及负责人姓名。捐赠单位名称与个人姓名、志愿者姓名将连同所搜集到的教材一起被载入中国乡土教材收藏与研究中心（筹）的《中国乡土教材收藏名录》史册与中国教育人类学网作为永久纪念。

4. 其他说明

（1）本次人员以个人参加为主，有条件的也可组队参加；

（2）参与社会实践的同学在新学期开学一周内向中国乡土教材收藏与研究中心（筹）提交搜集到的乡土教材实物及相关调查报告（打印稿、电子版各一份）。

（3）如有其他不明事宜请及时与中国乡土教材收藏与研究中心（筹）联系。

中国乡土教材收藏与研究中心（筹）

地址：中央民族大学5号楼1308室，邮编：100081；

中心办公室电话：010－68936406；

联系人：李素梅（010－68939470）、李红婷（010－68937537）；

联系邮箱：xiangtujiaocai@163.com。

中央民族大学少数民族地区基础教育研究中心
暨中国乡土教材收藏与研究中心（筹）
2006年1月24日

附录四

附：2007年寒假乡土教材搜集与调查社会实践成果上报要求

一、上报时间：

新学期开学两周内，即2007年3月5日—3月18日。

二、上报方式：

搜集到的乡土教材实物请交至中国乡土教材收藏与研究中心（筹）（中央民族大学5号楼1308室）；调查报告打印版一份，请交至中国乡土教材收藏与研究中心（筹）（中央民族大学5号楼1308室）；电子版以邮件中添加附件形式分别发送到中国乡土教材收藏与研究中心（筹）邮箱：xiangtujiaocai@163.com。

三、成果形式要求：

（一）打印版要求：

1. 在上交的调查报告中不得以任何形式出现作者姓名、所在院系、指导教师的姓名等与作品无关的内容，否则取消评比资格。

2. 每份实践成果必须由牛皮袋包装。包装袋正面贴上个人成果汇报表（见附件二）。袋中物品必含的项目为：调查报告、个人成果汇报表；选含的项目为：实践心得、照片、DV光盘或母带、当地政府证明、媒体报道及相关资料等。

3. 调查报告的排版及装订形式不限。

（二）电子版要求：

1. 所发邮件名为"个人姓名＋调查报告名称"。

2. 将相关实践成果放于同一个文件夹中，压缩文件夹并以附件形式发送邮件。

3. 实践成果相关内容，如调查报告、实践心得、照片等文件命名务必与实物版相一致（注：照片可只交电子版，在实物版成果汇报表中也要注明，直接打钩即可）。

附录五

关于"乡土教材搜集调查报告"写作的说明

完成一份 2000 字以上的《乡土教材搜集调查报告》，内容主要包括该乡土教材的产生背景、主要内容、使用范围、实际效果、存在问题、对策建议，以及此次调查对调查者本人的启示等。

一、调查目的

二、调查方法

三、调查的主要过程

四、调查的主要内容

（一）该乡土教材产生的背景

（二）该乡土教材主要内容

（三）该乡土教材的使用范围、实际效果

（四）存在问题

（五）对策建议

五、调查的收获与启示

附录六

少数民族地区乡土教材征集分类表

教材名称	编写机构				学习时段			学科内容							编写文字		使用对象		教参
	省区	州	县	市	乡	幼儿园	小学	初中	高中	历史	地理	自然	社会	政治	经济	其它	少数民族文字	汉文	学校系统	非学校系统	

注：1. "教材名称"、"编写机构"、"少数民族文字"需用文字标明，其余各栏均可打对钩。

2. 本表在栏目不变的情况下，可根据需要增加或自制。

附录七

关于乡土教材应用与认识的调查问卷

各位朋友你们好!

  为了很好地了解在我国学校教育中乡土教材方面的各种情况,我们进行了本次调查。请您在百忙当中能抽出点时间给予支持,并能够如实地回答以下的问题。本调查是用于教育政策研究的,不会对您本人产生任何不良影响。为此,我们也采用了匿名性调查,但是您回答情况的真实度则直接影响调查的结果,也会影响我们对乡土教材问题的了解和判断,所以,请您务必给予真实的回答。

  谢谢您的合作!

填写说明:1. 本问卷除少数题目有特殊说明外,其他各题都只选择一项答案,请您在所选答案的题号上打√。
     2. 问卷右侧的字母、数字是用于统计编码的,与您的填写无关。

1. 您的基本情况:
(1) 您的性别:①男　　②女　　　　　　　　　　　Q1
(2) 您的民族:①汉族　　②少数民族　　　　　　　Q2
(3) 您的年龄:_____(请填写)　　　　　　　Q3
(4) 您的学历:　　　　　　　　　　　　　　　　　Q4
①研究生及以上　②大学　　　　③专科
④中专　　　　　⑤中学或小学
(5) 您的工作:_____(请填写)　　　　　　　Q5
2. 您对乡土教材的了解程度是　　　　　　　　　　Q6

①很多　　②了解一些　　③不太了解　　④不了解

3. 上学期间您学过的乡土教材门类大概有　　　　Q7

①5门以上　　②2—4门左右　　③1门　　④没有

4. 您在平时的学习和阅读中了解乡土知识　　　　Q8

①很多　　②了解一些　　③不太了解　　④不了解

5. 您对乡土知识的兴趣是　　　　Q9

①很有兴趣　　　　②有些方面有兴趣

③不太感兴趣　　　④没兴趣

6. 您对自己家乡的了解程度　　　　Q10

①十分了解　　②一般了解　　③不太了解　　④不了解

7. 您对家乡的地理、历史、文学和经济等方面情况的了解

Q11

①很了解　　②了解一些　　③不太了解　　④不了解

8. 您觉得学校开设乡土教育课　　　　Q12

①很重要　　②重要　　③不太重要　　④不重要

9. 您认为乡土教育对学生的作用　　　　Q13

①很大　　　　　②有一定作用

③没太大作用　　④没什么用处

10. 您认为我国乡土教材的历史有：　　　　Q14

①一百年左右　　　②五十年左右

③二十年左右　　　④五年左右

11. 您认为学校教育对乡土教育和乡土教材的重视程度：

Q15

①很重视　　②一般　　③不太重视　　④不重视

12. 您认为学校应该重视乡土教育和乡土教材吗？　　Q16

①应该高度重视　　　　②给予一般重视即可

③无所谓　　　　　　　④没必要重视

13. 学生的家长对乡土教育和乡土教材的认识　　Q17

①很高　　②一般　　③模糊　　④没有

14. 学生的家长对乡土教材及其教育的重视程度为　　Q18
①很高　　②一般　　③不太重视　　④不重视

15. 教师对乡土教育和乡土教材的认识　　Q19
①很高　　②一般　　③模糊　　④没有

16. 教师对乡土教材及其教育的重视程度为　　Q20
①很高　　②一般　　③不太重视　　④不重视

17. 您认为在学校教育内容中安排乡土教育内容：　　Q21
①十分必要　　　　②可有可无
③没太大必要　　　④没有必要

18. 您认为乡土教育内容与学校教育的其他内容之间　　Q22
①相辅相成没有冲突　　②无所谓
③有些冲突　　　　　　④有很大的冲突

19. 您认为目前在学校教育中使用的乡土教材质量　　Q23
①很好　　②一般　　③较差　　④存在很多问题

20. 如果说目前使用的乡土教材存在问题，那么主要是在

　　　　　　　　　　　　　　　　　　　　　　　Q24
①内容上　　②目标上　　③形式上　　④地位上

21. 教育行政部门对乡土教育和乡土教材的认识　　Q25
①很高　　②一般　　③模糊　　④没有

22. 教育行政部门对乡土教材及其教育的重视程度为：　　Q26
①很高　　②一般　　③不太重视　　④不重视

23. 乡土教材内容在实际教育教学活动中落实程度　　Q27
①很高　　②一般　　③不太好　　④很差

24. 乡土教材在实际教学中落实时最大的困难是　　Q28
①主课的压力冲击　　　　②家长和教师不重视
③师资不好　　　　　　　④学生不爱学

25. 目前编写的乡土教材在内容上　　Q29
①很丰富　　②一般　　③较为单一　　④较差

26. 您认为乡土教材在教学方法上存在的最大问题是　　Q30

①知识讲授过多　　　　　　②学生作业少
③活动性少　　　　　　　　④不够灵活

27. 您认为乡土教材有必要大力发展吗？　　　　　Q31
①很有必要　②无所谓　③可适当发展
④没必要

28. 您认为乡土教材发展的最大困难是：　　　　　Q32
①升学考试压力　　　　　②各方面重视不够
③学生不爱学　　　　　　④缺乏师资

29. 您认为乡土教材应该是学校教育的补充吗？　　Q33
①肯定是　②差不多　③不确定　④不应该是

30. 您认为乡土教材在学校教育中的地位应该：　　Q34
①进一步加强　②维持现状　③削弱
④取消该课程

你对乡土教材方面还有什么想说的吗？请您随意发表
自己的看法。　　　　　　　　　　　　　　　　Q35

（李素梅　滕　星　班红娟　刘卓雯）

后 记

　　本书的出版是项目组所有成员及所有参与调研人员集体的劳动成果，是集体智慧的结晶。主编滕星教授作为项目负责人，对本报告的完成进行了统一部署，统筹安排了各项工作，并对项目的研究和完成进行了认真细致的指导；副主编李素梅博士作为项目助理付出了很多辛苦，具体负责了项目的管理和组织工作，落实志愿者培训、组织人员撰写研究报告，执笔、修改了项目研究的中期、结题报告并与主编共同拟定了本书的写作提纲，并一同完成了本书的导论、第一部分和第三部分的写作任务；副主编博士研究生班红娟协助主编和项目助理承担了大量的组织协调和管理工作，组织志愿者的招募、培训工作，执笔了项目研究的结题报告，并负责本书第二部分的统稿、修改以及部分内容的写作等任务；博士研究生张爱琴、硕士研究生刘卓雯、陈倩、蔡春虹做了很多具体工作，除了完成本研究报告的部分写作、修改任务外，还参与了志愿者招募和培训、整理乡土教材等多项工作。博士研究生温润芳、萨玮玲、硕士研究生格桑、李腼等也参与了研究的具体工作及部分调查报告的写作及修改；博士研究生李红婷、海路、彭亚华在前期志愿者招募活动中做了大量具体、细致的工作。

　　在此特别要提到的是广大热心的志愿者们，他们以极大的热情投入到本项研究当中，他们当然是本课题组的组成人员，本书的第二部分内容大部分是由他们完成的。可以说，没有他们出色的工作也就没有本书的出版。

　　此外，本项研究的完成还得到了诸多热心人的支持，包括教育部民教司、各地区教育行政部门的相关负责人，各地区档案馆、图书馆和学校的领导、教师们，还有其他很多热心的人士。另外，民族出版社对本书的出版给予了强有力的支持。在此，向参与我们项目研究的诸位热心人士和机构表示我们诚挚的感谢，向那些热爱教育事业、热爱乡土教材的人们表示我们崇高的敬意和真挚的谢忱。

编　者
2009年3月于中央民族大学

图书在版编目(CIP)数据

中国乡土教材应用调查研究/滕星主编.—北京:民族出版社,2011.7
(教育人类学研究丛书.第3辑)
ISBN 978-7-105-11595-2

Ⅰ.①中… Ⅱ.①滕… Ⅲ.①乡土教材—研究—中国 Ⅳ.①G423.3

中国版本图书馆 CIP 数据核字(2011)第 142870 号

策划编辑:虞　农
责任编辑:欧　泽
封面设计:海龙视觉
出版发行:民族出版社出版发行
地　　址:北京市和平里北街 14 号
邮　　编:100013
网　　址:http://www.mzcbs.com
印　　刷:北京迪鑫印刷厂印刷
经　　销:各地新华书店经销
版　　次:2011 年 7 月第 1 版　2011 年 7 月北京第 1 次印刷
开　　本:880 毫米×1230 毫米　1/32
字　　数:423 千字
印　　张:15.25
定　　价:40.00 元
ISBN　978-7-105-11595-2/G·1804（汉 847）

该书如有印装质量问题，请与本社发行部联系退换
编辑室电话:010-58130047　　发行部电话:010-64224782